2016—2020年 A股上市公司重整

案例解析

孙向禹 ◎ 主编

冯竞彦 马旻姝 ◎ 副主编

立信会计出版社
LIXIN ACCOUNTING PUBLISHING HOUSE

图书在版编目(CIP)数据

2016—2020 年 A 股上市公司重整案例解析 / 孙向禹主
编. —上海：立信会计出版社，2021.12
ISBN 978 - 7 - 5429 - 6986 - 6

Ⅰ. ①2… Ⅱ. ①孙… Ⅲ. ①上市公司—公司法—研
究—中国— 2016-2020 Ⅳ. ①D922.291.914

中国版本图书馆 CIP 数据核字(2022)第 001691 号

策划编辑　　冯　晶
责任编辑　　张巧玲

2016—2020 年 A 股上市公司重整案例解析

2016—2020 NIAN A GU SHANGSHI GONGSI CHONGZHENG ANLI JIEXI

出版发行	立信会计出版社	
地　　址	上海市中山西路 2230 号	邮政编码　200235
电　　话	(021)64411389	传　　真　(021)64411325
网　　址	www.lixinaph.com	电子邮箱　lixinaph2019@126.com
网上书店	http://lixin.jd.com	http://lxkjcbs.tmall.com
经　　销	各地新华书店	

印　　刷	上海盛通时代印刷有限公司	
开　　本	787 毫米×1092 毫米	1/16
印　　张	24.75	
字　　数	535 千字	
版　　次	2021 年 12 月第 1 版	
印　　次	2021 年 12 月第 1 次	
书　　号	ISBN 978 - 7 - 5429 - 6986 - 6/D	
定　　价	86.00 元	

如有印订差错,请与本社联系调换

本书编委会

主　　编　　孙向禹

副主编　　冯竞彦　　马旻姝

成　　员　　高晓欣　　梁　芹　　刘洁燕　　毛　美

　　　　　　彭　瑛　　汤　璇　　王清清　　袁婉云

　　　　　　郑　韵

PRAISE
推荐语

本书通过案例剖析，阐述了许多企业陷入破产困境的原因，分析了破产重整的制度、流程和相关要点。阅读本书，或能在一定程度上帮助后来者避免重蹈前人覆辙，也给陷入困境的企业，提供了涅槃重生的路径启示。

——张建平，教授、博士生导师、对外经济贸易大学资本市场与投融资研究中心主任

近年来，我国的经济下行压力加大，信用风险集中释放，P2P违约、债券违约、公司财务造假等事件层出不穷。孙向禹女士曾多次参与并主导这些财困企业的重组工作，拥有资深的行业经验和远见。在国内破产法实践的黎明时期，我们非常乐意看到有这样一本书，积极响应时局变化，对财困企业各类案例作出如此详细、有机的复盘，具有非常高的实用性和借鉴性。

——李淑妍，深圳市中兵康佳科技有限公司董事总经理、深圳市女企业家协会会长

孙向禹女士及其团队在跨境重组、上市公司重大资产重组等方面有着丰富的行业积累及境内外知名项目实践经验。作为评估方，我们曾与孙女士的团队合作数次。本书所编写和解读的案例多与实践经验有机结合，相信阅读本书将会对有意深入了解重组行业的读者有所裨益。

——高文忠，北京中企华资产评估有限责任公司执行总裁

中国的《企业破产法》非常年轻，其实施至今才十余年，中国企业破产法律制度是在实践中不断完善和发展的。本书对于上市公司破产重整案例的梳理也是对中国企业破产法律制度实践的归纳及总结。如果你对破产重整业务感兴趣，这本书一定是很好的选择。

——岳运生，北京岳成律师事务所主任

序

自 1998 年我参与粤海重组和广国投破产清算以来的 20 多年中,我先后参与了 10 多家企业的债务重组。我想借此分享自己对于重组的一些体会:

第一,重组是一个系统性工程。做企业债务重组需要对会计核算、企业财务、金融和实物资产的评估、各种法律体系下不同的法规、金融工具以及不同类型企业经营管理知识有深刻理解。例如,在提重组方案之前,首先要弄清被重组企业究竟是处于资不抵债状况,还是仅仅存在流动性不足问题。在这两种不同的情况下,债务重组设计方案的出发点及具体方案是完全不同的。而这一判断需要会计核算、企业财务以及金融和实物资产的评估知识。再如,债务重组目标的确定,即重组后的企业资产负债率和 EBITDA(税息折旧及摊销前利润)倍数达到什么水平,才能保证企业正常运转,并产生一定有现金流的净利润。这是企业债务重组成功与否的关键,即在债权人同意重组方案的条件下,被重组企业在重组后能够正常运转,债权人的利益能够得到充分保障。而确定债务重组目标的基础就是对会计核算、企业财务、不同类型企业经营管理知识的充分理解和运用。

第二,重组的核心是利益平衡。企业债务重组必须充分照顾到各种不同类型债权人的利益和颜面。不同类型的债权人对实际削债率的理解和容忍度是不同的。银行大多是以贷款利率要高于存款平均利率的逻辑评价金融工具价值的。信托和投资银行是以金融工具的收益率要高于资金成本来考虑问题的。一般贸易债权人是以今后的贸易能否持续进行,是否有利可图为逻辑进行思考的。因此,一个高明的重组方案,必须充分照顾到各种债权人的想法和颜面,但也没有必要把削债率说得一清二楚。对同一重组方案,不同类型的债权人对削债率的评估不一致,甚至相反,该重组方案也许恰恰是最高明的债务重组方案。

第三,每个企业的债务重组方案都是不同的,几乎没有哪个企业的债务重组方案可以拿来照搬照用。由于每个进行债务重组的企业的行业不同,经营方式不同,资不抵债的程度不同,资金流动性短缺的程度不同,所处的司法体系不同,股权结构不同,债权结构不同,触发资不抵债或流动性短缺的原因不同,企业内部的管理架构不同,债权人和债务人的诉求不同等,我们很难找到一个标准模式的重组方案。

第四，重组的操盘手，一定要是一个多面手。找到一位合适的企业债务重组操盘人是件不容易的事。这是因为：首先，重组的操盘手需要的技能是综合的、全面的，需要有丰富的会计、财务、金融、评估以及法律知识。其次，社会大范围出现问题企业是周期性的，一般 10 年、20 年出现一轮回。这就决定了熟悉企业债务重组的专业人士的职业生涯很短。最后，并不是每一位参与过企业债务重组的人士都能处于当时的主导重组的位置。在债务重组中只做一般性的配合工作的人士不可能对重组方案的设计逻辑有充分的理解。

认识孙向禹女士十几年，她尊称我为老师，我也经常跟她分享我在重组方面的经验和看法。难能可贵的是，孙向禹女士不仅精通境内重组，还涉猎跨境重组，对中国香港、百慕大、开曼群岛等地区的重组也非常熟悉。闲暇时，我们也常常就境内外重组大事件进行探讨。这十几年，我看着她一步一步成长为独当一面的债务重组专家，并在国内债务重组和不良资产处置行业小有名气。看到她取得的成绩，我甚是欣慰。

孙向禹女士主编的这本书，对近 5 年上市公司的重整实例进行了整理分析，她所做的工作是十分有意义的，可以为参与企业债务重组的相关人士带来很多现实的借鉴意义，推荐大家阅读。

是以为序。

深圳市富海银涛资产管理股份有限公司董事长
中信银行（国际）有限公司独立非执行董事
中国工商银行（亚洲）有限公司独立非执行董事

前言

在优化营商环境的背景下,我国《破产法》的适用将呈现常态化趋势,作为现代破产程序有机组成部分的重整制度也将发挥更加重要的作用。破产重整制度对于帮助陷入困境的企业脱困、实现债权人利益最大化、保障企业职工和股东利益,乃至维护地方市场经济环境和金融生态环境均具有重大的现实意义。利用破产重整制度推进我国"去产能、调结构"的经济体制改革,不仅具有市场化的引领作用,更是一种法治文明的彰显。但是,从现实状况来看,陷入财务困境之后,通过破产重整方式来化解财务危机、实现涅槃重生的企业占比较小。根据最高人民法院院长周强向第十三届全国人民代表大会第四次会议所作的最高人民法院工作报告,2020年全国法院审结破产案件10 132件,其中破产重整案件仅占全部破产案件的7.2%,而通过破产重整获得新生的企业占比仅为5.3%。绝大多数破产案件的结果是:企业直接破产清算或者重整失败后彻底消亡。

自国务院发布《关于进一步提高上市公司质量的意见》以来,政府和监管部门支持上市企业通过并购重组、破产重整等方式出清风险。毋庸置疑,上市企业破产重整具有资产与债务规模大、股东人数众多、债权债务关系复杂、企业治理结构庞杂及牵涉面广等诸多特点,可能引发金融、经济和社会稳定的系统性风险,故而各相关方实现利益统一难度较大。对于破产重整的上市企业,局中人——包括企业自身、股东、债权人及政府等,往往不得不选择多方妥协减亏、壮士断腕;而局外人——潜在产业投资人及财务投资人等,大多被上市企业的"壳"资源吸引,更有动力争取"最合理对价"入股、控股甚至操盘上市企业,以期在"雪中送炭"的同时实现利益最大化。

破产重整制度是实现利益分配平衡的艺术。在兼顾公众利益、群体利益和个人利益三个位阶层次的同时,如何克服思路僵化和我国重整实践领域相对空白的困难,探索社会主义市场经济的重整路径,是摆在所有权利人和利益相关者面前的难题。

针对这个问题的解答以及对上市企业破产重整案件的研究,具有相当的必要性和现实意义。目前各地执法尺度不一,前置审批程序复杂,司法实践面临府院联动机制不健全、监管操作缺乏稳定性和一致性等问题,且可供参考研究的审结案例较少。本书在梳理上市企业破产重整程序的基本情况、特点、受理流程、股东权益和债权人权益之间的平衡以及重整经营计划与实施效果的基础上,对2016—2020年公开的最新、最前沿上市企业重整案例中的重点问题进行了整理研究，对重整理论、重整程序、重整背景、重整计划要点和实施效果进行了归纳，旨在从行业分布、地理区域分布、财务状况、重整程序和重整计划等维度对 26 个案例进行系统性汇总及解析，挖掘上市企业破产重整面临的主要问题，使读者可以"一览众山小"地看到这些案例企业债务重整的共性与特性，以便在未来重整工作中有的放矢地参考借鉴。

本书的数据及信息来源均为公开渠道可获得的信息，包括上市公司指定的信息披露媒体或公司网站所发布的各类文件，如招股说明书、募集说明书、上市公告书、定期报告、临时报告、重整计划草案、重整进展公告等。

本书主要针对 A 股上市公司的重整情况进行分析，包括重整前的公司情况，重整思路，出资人权益调整方案，债权调整及受偿方案，重整计划的表决和执行等方面。但是，随着重整程序的推进和公司的后续经营或资产重组后，公司相关经营或重整执行与重整计划草案会出现不一致的情况，此外，为保持全书案例的数据格式一致，本书对各案例数据进行简化处理，或导致部分加总数据存在尾差，各案例的具体数据以重整方案及上市公司公告为准，请读者知悉。

目录

上篇
重整概述与案例汇总解析

◎ **重整概述**
　　☆ 破产重整概述
　　☆ 破产重整流程
　　☆ 重整计划草案主要内容
　　☆ 预重整
◎ **案例汇总解析**
　　☆ 案例公司基本信息
　　☆ 案例公司财务情况分析
　　☆ 案例公司重整程序分析
　　☆ 案例公司重整计划分析
　　☆ 案例公司重整结果分析

第一章　重整概述

一、破产重整概述

（一）中国破产法环境现状与发展历程

公司破产是现代市场经济体制运行中不可或缺的一环。破产法律制度从法律层面保障了被淘汰公司或产能健康退出市场，对维护市场竞争秩序、实现社会资源的优化配置及产业结构的良性调整起着至关重要的作用。在现代市场经济中，破产法已经成为一个国家、一个社会信用状况的标志。

中华人民共和国成立后，我国有相当长一段时间处于计划经济体制下。在"政企合一"的大环境下，公司没有自主意志、私有财产和独立的法律地位，破产无从谈起。直到改革开放后，随着市场经济体制的引入，才有了对破产环节立法的需求。

1986 年 12 月 2 日，第六届全国人民代表大会常务委员会第十八次会议通过了我国第一部破产法律——《中华人民共和国企业破产法（试行）》（以下简称"《破产法（试行）》"）。《破产法（试行）》共六章四十三条，于 1988 年 11 月 1 日生效实施，适用范围仅限于全民所有制企业。由于其适用范围的明显局限，1991 年 4 月 9 日，第七届全国人民代表大会第四次会议通过的《中华人民共和国民事诉讼法》第十九章专章规定了"企业法人破产还债程序"，适用于非全民所有制法人型企业，与《破产法（试行）》共同构成我国当时的破产法律制度。

受限于经济发展状况和法学理论水平，以《破产法（试行）》为核心的破产法律制度存在一系列制约市场经济进一步建立和完善的问题。例如，在破产程序中，由政府组成清算组接管破产企业，负责破产财产的保管、清理、估价、处理和分配，并向人民法院报告工作，但其基本以清算为主要方向，不考虑引入市场化资本及专业机构。这从本质上讲是与市场经济基本原则相悖的。

随着社会主义市场经济改革的逐步推进以及我国经济发展与世界接轨的需求与日俱增，一部新的破产法应运而生。2006 年 8 月 27 日，第十届全国人民代表大会常务委员会第二十三次会议审议并表决通过了《中华人民共和国企业破产法》（以下简称"《破产法》"）。该法从 1994 年开始起草，历时 12 年，经过多次修改，又经全国人民代表大会常务委员会两年三次审议后，才最终得以通过。《破产法》共十二章一百三十六条，于 2007 年 6 月 1 日生效实施,是我国社会主义市场经济体制改革过程中具有标志性的一部法律。2011 年,最高人民法院出台《最高人民法院关于适用〈中华人民共和国企业破产法〉若干问题的规定(一)》;2013 年,最高人民法院出台《最高人民法院关于适用〈中华人民共和国企业破产法〉若干问题的规定(二)》,并于 2020 年进行修正;2019 年,最高人民法院出台《最高人民法院关于适用〈中华人民共和国企业破产法〉若干问题的规定(三)》,并于 2020 年进行修正。

《破产法》广泛借鉴国际立法经验和技术,确立了符合市场规律的退出机制与挽救机制,构建了破产清算、和解、重整三位一体的制度体系。在破产程序中,清算组制度被管理人制度取代,同时存在以会计师事务所、律师事务所、破产清算事务所等社会中介机构担任管理人,也保留以政府牵头的清算组形式,实现了破产管理从行政化向市场化的转变。一方面,专业机构的介入有利于引导破产公司及各利益相关方准确把握瞬息万变的市场信息,作出更加有效率、更能发挥市场经济体制对国民经济发展推动作用的决策。例如,多年来与国内外实体经济及金融市场密不可分的会计师事务所,在对公司财务状况的把握、资产和资源的估值、各类金融工具的运用及与国际市场接轨等方面都具有明显的专业优势。另一方面,重整制度的引入,比起"一刀切"的清算制度,从制度层面赋予了破产公司和各利益相关方全新的选择和可能性,使之充分面向市场,对市场经济体制下优胜劣汰的生态环境作出灵活应对。这体现了破产法律制度本质上作为商业及经济类法律,需要与时俱进,同国民经济其他方面相适应、相配套的不可逆的发展趋势。

2007 年 10 月 8 日,第十届全国人民代表大会常务委员会第三十次会议作出《关于修改〈中华人民共和国民事诉讼法〉的决定》,删除《中华人民共和国民事诉讼法》(1991 年)第十九章"企业法人破产还债程序"。自此,公司破产问题统一由《破产法》调整。《破产法》实施后,最高人民法院颁布了一系列破产法相关文件,包括《破产法》本身的配套司法解释、其他民商类调整破产问题的法律法规及政府、组织规章等,这些文件共同构成了对《破产法》重要的阐释与补充,对指引破产领域实践工作意义重大。

随着我国破产法律制度的立法不断完善,就司法层面而言,近几年我国破产实践领域也取得了相当的成就及突破。据 2017 年至 2020 年《最高人民法院工作报告》,2017 年,我国审结破产案件 1.2 万件,重庆钢铁、东北特钢等破产重整案取得了良好效果;2018 年,我国审结公司清算、公司破产等案件 1.6 万件,妥善审理了青岛造船厂等一批资产规模大、职工人数多的公司破产重整案件,并在北京、上海、深圳设立破产法庭;2019 年,我国妥善审结破产重整等案件 4 626 件,涉及债权 6 788 亿元,推动"僵尸企业"平稳有序出清,让 482 家有发展前景的公司通过重整走出困境,帮助 10.8 万名员工稳住就业;2020 年,我国审结破产案件 10 132 件,涉及债权 1.2 万亿元,充分保护债权人及相关方合法权益,让 532 家有发展前景的企业重获新生,帮助 48.6 万名员工稳住就业。

(二)重整、和解、破产清算的决策流程

一家企业在面临财务困境、考虑进行重组时,通常来说有两种思路,即庭外重组和司法破产程序,二者之间的区别主要在于是否存在司法程序介入。

庭外重组是指不依靠司法介入,完全尊重当事人意思自治原则,由债权人、债务人、出资人、重整投资人等各方通过自愿平等的商业谈判,自行协商实现对公司的重组。目前,在国际国内的各类庭外重组实践中,"权威机构的协调"是不可或缺的要素。1997 年亚洲金融危机后,由英格兰银行和一些主要银行建立起来的"伦敦规则"被亚洲国家广为接受,作为权威机构的英格兰银行可以在解决相关债权人之间争议时提供调停帮助。2016 年 7 月 6 日,我国银监会①发布《关于做好银行业金融机构债权人委员会有关工作的通知》,倡导对于债务规模较大且符合一定条件的困难公司,可以由三家以上债权银行业金融机构发起成立金融债权人委员会,参与到对公司的拯救过程中来。

司法破产程序,顾名思义,就是由人民法院担任困难公司的"主治医师",直接进入司法流程对公司进行拯救。自《破产法》颁布实施以来,我国构建了以破产清算、和解、重整三位一体为基础的破产法律制度体系。

破产清算是指公司在宣告破产以后,由清算组接管公司,对破产财产进行清算、评估、处理和分配。破产清算作为破产制度的重要组成部分,具有淘汰落后产能、优化市场资源配置的直接作用,对于缺乏拯救价值和可能性的债务人及时通过破产清算程序对债权债务关系进行全面清理,重新配置社会资源。《破产法》规定程序的启动主要有两种途径:一是由债务人、债权人或者清算组直接申请债务人破产清算;二是由和解程序或重整程序转化而来。此外,自 2015 年 2 月 4 日起施行的《最高人民法院关于适用〈中华人民共和国民事诉讼法〉的解释》提供了第三种途径,即由执行程序转换到破产清算程序。

破产和解是指具有破产原因的债务人向法院提出和解申请,在法院许可后,债务人和债权人之间就债务人延期清偿债务、减少债务数额等事项达成和解协议,经法院认可后终止破产程序,从而预防公司宣告破产的法律制度。和解程序是《破产法》中的破产预防程序,就现阶段而言,主要适用于经营规模较小或者债权人人数较少,有挽救可能但适用重整程序成本过高的债务人。破产和解可以分为进入破产程序之前的和解和进入破产程序之后的和解两种类型。《破产法》第九十五条规定:"债务人可以依照本法规定,直接向人民法院申请和解;也可以在人民法院受理破产申请后,宣告债务人破产前,向人民法院申请和解。"

破产重整是指对可能或已经发生破产原因但又有挽救希望与挽救价值的法人型公司,通过对各方利害关系人的利益协调,强制性进行业务重组与债务清理,以使公司避免破产、获得重生的法律制度。就总体数量而言,这类公司在财务困难公司中占比不大,但这类公司通常经营规模较大、涉及利益相关方众多,对于其所处行业甚至整个产业链的上下游都具有一定战略意义。如果这类公司由于暂时性支付困难而进入破产清算程序,很可能会造成大量职工失业、资源浪费、社会经济损失甚至社会动荡的不良影响。

以上三种方式的具体决策流程如图 1-1 所示。实际情况中,只要债务人符合程序开始

---

① 银监会全称为中国银行业监督管理委员会,成立于 2003 年 4 月 25 日,后于 2018 年与中国保险监督管理委员会重组为中国银行保险监督管理委员会,简称银保监会。

的条件，当事人就可以直接选择一个程序进入，但是，申请进入一个程序后，并非完全不可逆转。原则上，法院受理破产申请后、宣告债务人破产前，针对债权人申请破产清算的，债务人或者出资额占债务人注册资本1/10以上的出资人，可以向人民法院申请重整；而已经进入重整程序的公司，如果出现法律法规规定的情形（债务人缺乏拯救的可能性、重整程序非正常终止或债务人不能执行或不执行重整计划等），也会转入破产清算程序。同样，法院受理破产申请后、宣告债务人破产前，债务人可以向人民法院申请和解，转入破产和解程序；而和解协议未获通过或认可、当事人不能执行或者不执行和解协议或和解协议违法的公司，也会转入破产清算程序。但是就我国的立法政策选择而言，破产和解和破产重整之间是不可以相互转换的，主要是考虑到二者都属于再建型程序，当事人应当在程序开始时就进行理性的选择，这样更有利于减少司法成本。

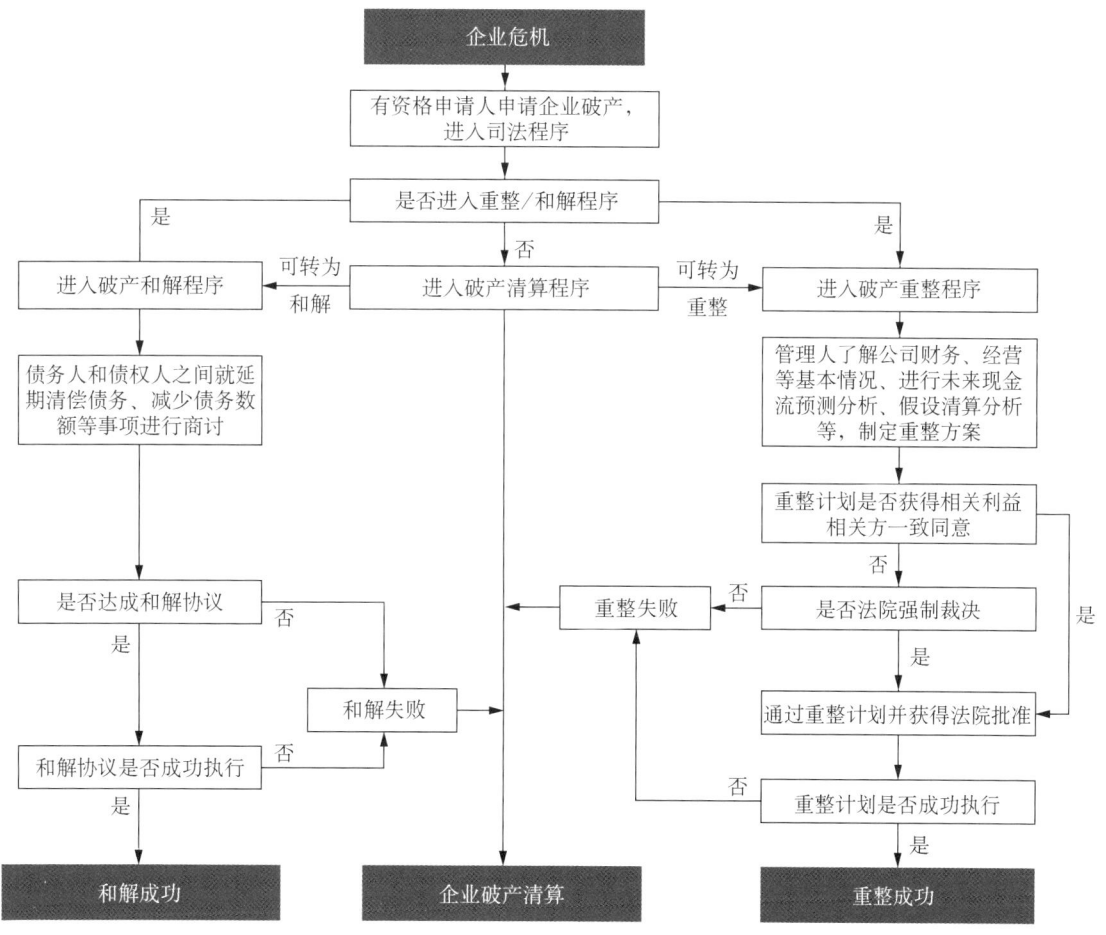

图1-1 重整、和解、破产清算决策流程示意图

庭外重组和司法破产程序在破产实践中都存在明显的短板。前者可能会因为缺乏制度保障、信息不对称等问题而陷入利益相关方各自为政的僵局；后者消耗的司法成本和经济成本高，在有限的司法保障期限内，很有可能由于各方未能达成一致意见而重整失败。于是，

随着破产实践的发展,一种"将法庭外重组与法庭内重整相衔接"的新模式——预重整制度应运而生。对于预重整制度的介绍与说明,具体请参见本书上篇第一章中预重整相关内容。

(三)重整的现实意义

《破产法》是基于我国现阶段市场经济的法律制度。相比《破产法(试行)》以破产清算为"债"的主要调整方式,对出现财务困难的公司直接"判死刑",《破产法》是一套完善的"医疗方案",有"保守治疗"的和解程序,也有结合了"外科手术"对公司本身融资结构甚至生产经营进行调整的重整制度,只有在各利益相关方理性选择不再救治后,才会"宣告死亡"。这套方案中计划和实施起来最复杂、难度最大的重整制度,集中体现了《破产法》的拯救功能,在"债"的调整问题上,不仅提供了公平有序的制度环境,更是充分考虑了各利益相关方的诉求,发挥了市场经济的效率性优势。

对金融机构债权人而言,最大的诉求是获得最大清偿,让债务人还本付息,或者被补偿与之对等的其他经济利益。在我国破产法的空白期,这一诉求通常会在提起诉讼申请法院强制执行公司财产后陷入僵局,又或者使得一些处于弱势地位的债权人实质上丧失求偿的权利。在《破产法(试行)》体系下,债务人只有破产清算一条路可以走,虽然各方在信息对称的情况下实现了相对公平有序的清偿,但是由于僧多粥少,债务人可分配财产往往非常有限,债权回收率极低。《破产法》体系下的重整制度从制度层面提供了公司继续经营下去的可能性,并在执行层面设立管理人制度,为各方一致行动以实现公司重组创造了条件。从中长期来看,困难公司如果能够通过继续经营恢复盈利能力,持续造血,则是有利于金融机构债权人提高债权回收率、降低损失的。从信息公开的角度来看,由破产领域专家或专业机构任职的管理人往往能在第一时间提供公允清晰的债务人信息,并协助各方模拟分析清算情形和重整情形下的受偿率、未来现金流情况及偿债能力,以协商达成最适合公司的重整方案。从方案执行的角度来看,经法院裁定的重整方案具有法律效力,可以约束各方一致行动,共同解决债务危机,并设立资金共管账户,使公司在阳光下运作,保障公司在重整后健康运营和正常还本付息。此外,对于一些大型公司而言,重整是费时耗力的,与其就传统的造血还债方案作出判断,不如金融债权人接受债转股方案,成为公司的股东。这也不失为一种占据有利地位、提高公司长远受偿率的有效控制手段及投资策略。

对供应商而言,与金融机构债权人类似的诉求是收回赊销的货款和违约金,或者被补偿与之对等的其他经济利益,不同的诉求是希望在保证资金安全的情况下与困难公司继续保持稳定业务关系。在《破产法(试行)》体系下,供应商由于与困难公司之间存在天然业务联系而处于比较被动和弱势的地位,公司清算并以低清偿率偿还欠款很有可能导致供应商本身也陷入资金链断裂、业务停滞的困境。重整制度不仅保障了各供应商在债务重组过程中受到公平对待,更为困难公司提供了"活下去"的可能性,从某种意义上来说拯救了供应商,甚至可能拯救了整个产业价值链体系中重要的一环。

对债务人而言,尤其是那些诚实劳动、合法经营的公司,一旦出现财务困难,最大的诉求是"活下去"。一家公司出现财务困难,往往不完全是甚至可能完全不是公司日常生产经营管理不善的问题,可能是投融资结构错配导致的现金流周转问题,也可能是整个行业一段周期内低迷造成的系统性风险,还有可能是局部区域或者短期内部分业务板块运营成本过高影响了公司整体盈利状况等种种原因。这些问题在债务人看来,都不足以抹杀其本身的价值,只要度过了困难期,公司仍然是一家好公司。在我国破产法的空白期,债务人往往只能"跑路"或者成为"老赖",在经济活动中大举借债,"拆东墙补西墙",甚至不惜占用职工工资,即使丧失清偿能力也拒不及时解决问题,陷入一个恶性循环的不利局面里。在《破产法(试行)》体系下,虽然债权债务关系的"死结"解开了,但一刀切的清算制度使债务人一旦进入破产程序就丧失了继续经营的可能性。《破产法》体系下的重整制度从制度层面为债务人提供了合理的救济措施,包括拟定并保障实施减免债务、处置非核心资产、债转股及引入新的投资人等多种灵活有效措施相结合的综合性重整方案。一个优秀的重整方案往往不仅能挽救出现财务困难的公司,使其恢复偿债能力继续经营下去,更能充分利用市场经济的效率机制,促使困难公司制定更合理的经营方案,在未来的市场竞争中占据更有利的地位。

对投资人而言,重整制度不仅从制度层面提供了收购或者投资困难公司的可能性,还保证了投资标的资产、债务状况清晰,资产权属交割有保障且债务能够得到清理。在投资标的的业务具有一定重组价值,与投资人持有公司的业务本身能够形成协同效应时,重整制度所创造的信息公开透明、各利益相关方行动一致的制度环境,保证了投资人资金投入及获取合理投资回报的安全性。

对政府而言,重整制度具有私权保护与社会利益相协调的特点。现代破产法已经不再是纯粹意义上的私法,同时也具有公私法交融的经济法属性。重整制度的建立是破产法社会价值取向发展中的一次突破,在现代立法由个体本位逐步向社会本位的转变过程中,重整制度体现了国家公共权力通过司法程序对私人经济活动的主动介入,在维护当事人利益的同时,也强调保护社会的整体利益、对社会整体利益的保护。这一方面体现为对社会稳定的维护。各方利益相关方共同协商制定及执行重整方案有利于化解地区金融风险、支持实体经济建设,降低负面报道对市场信息的影响,保证公司生产经营稳定,合理解决员工安置问题,避免发生集体性事件,并保障弱势群体也可以公平受偿。另一方面则体现为对市场经济运行效率的改善。从负面来说,如果任由一家具有挽救希望和挽救价值的公司直接清算,不考虑其可能带来的经济效益及对整个行业发展的战略意义,显然是对社会经济资源的极大浪费。从正面来说,运营各种灵活的市场机制和资源,利用公司既有的行业经验及优势,帮助困难公司脱离困境,实现债务重组及业务重整,就可以盘活企业经济,促进社会经济的健康高效发展。

对管理人而言,接手一家困难公司的目标是在法律赋予的职权范围内,勤勉尽责、忠实执行职务,平衡各方利益,提高效率、节约成本,以实现债权人利益的最大化。管理人制度为整个重整制度的执行层面提供了保障,重整制度则为有能力、有意愿担任重整管理人的破产领域专家或专业机构提供了发挥主观能动性、实现自我价值的制度平台。

二、破产重整流程

本书将从申请条件、申请主体、重整受理三个方面简述破产重整流程。

1. 申请条件

破产原因提供了以下情形，公司若满足其一应当被认定为具有破产原因，符合破产申请条件：一是不能清偿到期债务，并且资产不足以清偿全部债务；二是不能清偿到期债务，并且明显缺乏清偿能力；三是有明显丧失清偿能力的可能。

破产重整是对可能或者已经发生破产原因但又有希望再生的债务人，通过各方利益关系人的协商，并借助法律强制性调整他们的利益，对债务人进行生产经营上整顿和债权债务关系上的清理，以期摆脱财务困境，重获经营能力的法律程序。为了拯救因为一时的周转经营困难而陷入破产境地的公司，对公司进行重整，无论是对于公司法人、公司员工还是公司债权人，都具有积极的现实意义。

2. 申请主体

可以申请对债务人进入破产重整程序的主体包括以下三类：

（1）债权人可以直接向人民法院申请重整。

（2）债务人可以直接向人民法院申请重整，也可以在人民法院受理破产申请后、宣告债务人破产前申请重整。

（3）出资额占债务人注册资本 1/10 以上的出资人只有当债权人申请对债务人破产清算时，在人民法院受理破产申请后、宣告债务人破产前的期间内申请重整。特别地，如果债务人是商业银行、证券公司、保险公司等金融机构，国务院金融监督管理机构可以作为申请主体对债务人申请重整。

3. 重整受理

1）重整受理并指定管理人

如果破产申请主体是债权人，债务人所在地人民法院应当收到破产申请之日起 5 日内需通知债务人。若债务人对申请有异议的，则应自收到人民法院通知之日起 7 日内向人民法院提出。人民法院应该自异议期满之日起 10 日内决定是否受理，特殊情况需要延长时间的，经过上一级人民法院批准，可以延长至 15 日。人民法院决定同意受理的，应当自受理裁定作出之日起 5 日内送达债务人、25 日内通知债权人并予以公告。债务人应当在裁定送达之日起 15 日内，向人民法院提交各项所要求的资料（公司财务状况说明、债权债务清册、财务会计报告等）；人民法院决定不同意受理的，应当自裁定作出之日起 5 日内送达申请人并说明理由。申请人如对判决不服的，可以自裁定送达之日起 10 日内向上一级人民法院提起上诉。

如果破产申请主体是债务人，债务人所在地人民法院应当在收到破产申请之日起 15 日内裁定是否要受理。如人民法院决定同意受理的，应当自裁定作出之日起 5 日内送达申请人；如人民法院决定不同意受理的，应当自裁定作出之日起 5 日内送达申请人并说明理由。申请人若对判决不服的,可以自裁定送达之日起 10 日内向上一级人民法院提起上诉。

特别地,当 A 股上市公司作为被申请破产的主体时,破产申请程序会涉及召开听证会、证监会审批以及报请最高人民法院审查等,因此人民法院作出受理裁决的时限会相对加长,实际情况需按照不同案例的具体情况而定。

人民法院受理破产申请的同时,应当指定破产管理人。管理人是负责债务人财产的管理、处分、业务经营以及破产方案的制定和执行的专门人员。其主要职责包括:接管债务人的财产、印章和账簿、文书等资料;调查债务人的财产状况,制作财产状况报告;决定债务人的内部管理事务;决定债务人的日常开支和其他必要开支;在第一次债权人会议召开之前,决定继续或者停止债务人的营业;管理和处分债务人的财产;代表债务人参加诉讼、仲裁或者其他法律程序;提议召开债权人会议;人民法院认为管理人应当履行的其他职责。

2)申报债权

根据《破产法》规定,在人民法院裁定受理破产申请之后,应当确定债权人申报债权的期限。债权申报的期限自人民法院发布受理破产申请的公告之日开始计算,最短不得少于 30 日,最长不得超过 3 个月。

3)召开债权人会议

依法申报债权的债权人为债权人会议的成员,有权参加债权人会议,享有表决权。债权尚未确定的债权人,除人民法院能够为其行使表决权而临时确定的债权额外,不得行使表决权。

债权人会议行使下列职权:核查债权;申请人民法院更换管理人,审查管理人的费用和报酬;监督管理人;选任和更换债权人委员会成员;决定继续或者停止债务人的营业;通过重整计划;通过和解协议;通过债务人财产的管理方案;通过破产财产的变价方案;通过破产财产的分配方案等其他人民法院认为应当由债权人会议行使的职权。

第一次债权人会议由人民法院召集,自债权申报期限届满之日起 15 日内召开。以后的债权人会议,在人民法院认为必要时,或者管理人、债权人委员会、占债权总额 1/4 以上的债权人向债权人会议主席提议时召开。

4)提交重整计划草案

自人民法院裁定债务人重整之日起 6 个月之内,债务人或管理人应当同时向人民法院和债权人委员会提交重整计划草案。如果 6 个月期限届满,债务人或者管理人可以向人民法院提出延期请求,有正当理由的,人民法院可裁定延期 3 个月。

重整计划草案的制作主体,取决于对债务人进行管理财产和营业事务的主体。由债务人自行管理财产和营业事务的,则债务人需制作重整计划草案;由管理人负责管理财产和营业事务的,则管理人需制作重整计划草案。

人民法院自收到重整计划草案之日起 30 日内,应召开债权人会议,对重整草案进行表决。根据规定,出席债权人会议的债权人需要进行分组表决。同一表决组的债权人过半数同意重整计划草案,并且同意重整计划草案的债权人所代表的债权额占该组债权总额的2/3以上,即可认为该组通过了重组计划草案。重整计划草案涉及出资人权益调整事项的,应当设出资人组,对该事项进行表决。当各个表决组均通过重整计划草案时,重整计划才被视为通过。

部分表决组未通过重整计划草案的,债务人或者管理人可以同未通过重整计划草案的表决组协商,该表决组可在协商后再表决一次。在未通过重整计划草案的表决组拒绝再次表决或者再次表决未通过重整计划草案,但重整计划草案符合《破产法》规定的系列条件下,债务人或者管理人可以向人民法院申请强制裁定批准重整计划草案。

5)提出批准重整计划

重整计划经债权人会议表决通过之后,自重整计划通过之日起10日内,债务人或者管理人应该向人民法院提出予以批准重整计划的申请。

6)裁定重整计划并终止重整程序

人民法院收到批准重整计划的申请之后,如经审查认为符合《破产法》规定的,应当自收到申请之日起30日内裁定批准。至此,重整程序终止并予以公告。

但是,如果重整计划草案未获通过且未获批准,或者已获通过但未获批准的,人民法院也应当裁定终止重整程序,并宣告债务人破产。

三、重整计划草案主要内容

重整计划草案,是指债务人或者管理人依法制订的,以维持债务人继续营业、谋求债务人重生为目的,以清理债权债务关系为主要内容,由债权人、债务人和其他利害关系人在充分协商的基础上,就债务清偿和公司拯救等做出的计划安排,是重整程序中各利害关系人权益最集中体现的文件。

《破产法》第八十一条规定,重整计划草案应当包括下列内容:

(1)债务人的经营方案。

(2)债权分类。

(3)债权调整方案。

(4)债权受偿方案。

(5)重整计划的执行期限。

(6)重整计划执行的监督期限。

(7)有利于债务人重整的其他方案。

债务人或者管理人应当自人民法院裁定债务人重整之日起6个月内,同时向人民法院和债权人会议提交重整计划草案。期限届满,经债务人或者管理人请求,有正当理由的,人民法院可以裁定延期3个月。债务人自行管理财产和营业事务的,由债务人制作重整计划草案。管理人负责管理财产和营业事务的,由管理人制作重整计划草案。

本书选取重整计划草案中的核心部分展开分析。

(一) 债权分类、调整及受偿

1. 债权分类

根据《破产法》第八十二条的规定,债权可分为以下几类:

(1) 对债务人的特定财产享有担保权的债权。

(2) 债务人所欠职工的工资和医疗、伤残补助、抚恤费用,所欠的应当划入职工个人账户的基本养老保险、基本医疗保险费用,以及法律、行政法规规定应当支付给职工的补偿金。

(3) 债务人所欠税款。

(4) 普通债权。

债权分类存在必要性,一是要贯彻"必须给予所有同一类别的请求权和利益以相同待遇"原则。二是应特殊保护特别类型的债权人,即对特定财产享有担保物权或者法定特别优先权的债权人给予优先受偿,从而使其别除权得到保护。三是"生存权大于债权"。劳动债权的优先保护是为了维持债权人基本生存之必需,也是社会稳定之基本保障。基于各类债权的种类性质、协商难度、受偿顺序,《破产法》对债权分类及分组表决作出明确的相关规定。

2. 债权调整

债权调整实际上是对债权人债权的一种变动,涉及削减全部或者部分债权人的债权数额、减免利息、股票清偿等情况。重整计划应对债权的调整明确规定,并且在对债权或股权进行调整时,应该对每一类请求权或权益给予同等待遇,但在不同性质及种类的债权或股权之间,可以有所差别。对债权的调整应注意以下三点:

(1) 统筹社保债权不得调整。根据《破产法》第八十三条的规定,重整计划不得规定减免债务人欠缴的《破产法》第八十二条第一款第二项规定以外的社会保险费用,即债务人所欠的应当划入职工个人账户的基本养老保险、基本医疗保险费用以外的保险费用。对这种统筹社保债权不得调整,该项费用的债权人不参加重整计划草案的表决。

(2) 对职工债权、税收债权的调整。对职工债权、税收债权一般都应当全额清偿,只有在出席债权人会议的同意人数且其代表的债权金额达到法定要求的情况下,才能对上述债权作适当的调整。

(3) 对普通债权的调整。对普通债权人的债权进行调整,可以将小额债权以较高的清偿比例清偿,但这种向弱势群体倾斜的清偿,不能以减少普通债权人的清偿比例为代价,也即普通债权人的债权清偿比例不能低于其在重整计划草案被提请批准时破产清算情形下的清偿比例。

3. 债权受偿

债权受偿方案是关于债权人的债权得以清偿的具体方法、方式。其内容包括清偿债务的资金数额及其来源,清偿期限、条件、数额及顺位,债务担保的履行及债务的支付方式等。

(二) 出资人权益调整

出资人权益调整是指在破产重整过程中,对原出资人持有的 A 股上市公司所有者权益的调整。经过调整,A 股上市公司的总股本、持股人、持股份额、持股比例等或会发生一定变化,从而达到清偿公司债务,解决公司财务问题,恢复公司活力,实现可持续经营,摆脱破产困境的效果。

1. 出资人权益调整的原因

通过债权分类及债权调整,债权人以减免债务、变更清偿方式等形式,减轻债务人的偿债压力,为实现困境公司重生作出巨大的牺牲。但债务公司陷入经营困境,出现破产情况,作为出资人的股东尤其是控股股东有着不可推卸的责任。从某种意义上讲,出资人权益调整是股东承担公司经营失败责任的一种重要方式。若不对出资人的股份作出一定的削减和牺牲,放纵出资人专享重整收益,仅由债权人承担重整的巨额成本,有违实质公平原则。股东调整的那部分权益既可以认为是出资人所承担的投资损失,也可以认为是公司重整所需要的一部分成本,更可以认为是股东为了自身利益最大化而作的自主决定。因此,为分担重整成本,实现债权人与出资人权益保护的实质性公平,需要通过债权调整和出资人权益调整实现重整程序的分配制度:将债务人公司的重整价值(包括清算价值以及未来的增值价值)在债权人与出资人(包括新的投资者)之间合理分配的规则,以达到各方的利益平衡。

从出资人、战略投资人及债权人的角度来看,出资人权益的调整也是实现各方利益最大化的必要手段。

首先,从出资人角度来看,公司达到破产界限时,股东的股权价值面临减少甚至完全归零的风险,若直接进入破产清算程序,股权价值归零,股东权益得不到任何保障;若出资人权益得到合理调整、重整取得成功,股东权益不仅不会受到侵害,反而还能够实现股权的保值和增值。

其次,从未来战略投资人角度来看,战略投资人向债务公司投资的根本目的在于希冀以较低的成本取得公司的控制权,往往关注公司稀有的特许资质、品牌、商誉、市场占有率等无形资产,因为这些无形资产存在着可交易利益。假若不对出资人权益进行必要的调整,现有股东不作出一定的让步,那么战略投资人就无法进入公司,也就根本不会进行任何投资。只有通过成功引入战略投资人进行注资,才有可能盘活困境公司,促使股权重新获得价值。

最后,从债权人视角来看,新的战略投资人通过受让股票等方式成为上市公司的新股东,通常会对上市公司注入资金或优质资产,提升上市公司重整成功的概率,债权人也可以获得更高的清偿额。另外,如果债权调整中涉及股票清偿的债权调整方案,则债权人也可成为公司新股东,享有公司未来经营价值红利。

2. 出资人权益调整的方式

从权益调整的手段来看,上市公司股东权益调整有以下三种方式:

(1)缩股,即按比例缩小整个上市公司的总股本数额,股东持有的股份数额也相应缩小。这种方式一般适用于股本总额过大的上市公司为便于引进重组方,降低重整成本的情形。

(2)增股,包括资本公积转增股本和定向增发股份。资本公积转增股本即在保持公司所有者权益不变的情况下按一定比例增加上市公司股本总额,并以新增之股份数额清偿公司债务;定向增发股份即以非公开发行股份方式向重组方定向增发股份购买优质资产进行重大资产重组。

（3）送股,即在保持整个上市公司总股本数额不变的基础上调减全部或者部分股东的持股数额,并将股东让渡的股份直接分配给其他股东、债权人或者转让给重组方。送股不仅有利于提高重整债权清偿率,而且是引进重组方最直接有效的方式,可以充分调动各方当事人参与重整的积极性,是股东权益调整的主要手段。送股既可单独适用,也可与其他股权调整手段并用,目前已实施股东权益调整的重整上市公司几乎均采用过该股权调整手段。

上市公司重整程序中如何采用上述股东权益调整手段、各调整手段的调整幅度如何确定等具体问题体现的是重整参与人之间的利益博弈,应尽量由各方当事人自行协商,但法院必须以积极的态度平衡重整参与人之间的利益,确保股权调整方案公平公正保障重整顺利进行。作为重整计划重要组成部分的出资人权益调整方案,在经人民法院裁定批准之后,通常由债务人负责具体执行。

（三）投资人及投资方案

1. 投资人引进的途径

引进外部投资人就是为债务公司引入再生的资金和资源,使已经具备或者可能具备破产条件的公司获得重生的机会。管理人可通过媒体向社会不特定人士发布招募投资人公告,通常此类公告披露的信息较为简单。若意向投资人对目标公司所在行业、核心竞争力及成长性等方面进行了解后初步判断具有投资价值,则可联系公告中的对接人员获取更为详细的资料。除获取书面文件外,意向投资人还可以与了解目标公司情况的人员一同考察现场。

除通过发布招募公告引进投资人外,意向投资人还能通过自身渠道主动识别进入重整程序、欲招募投资人的目标公司或是由目标公司的利益相关方(如债权人、管理人组成机构人员等)推荐产生。

2. 投资方案的内容

若意向投资人通过尽职调查等手段对目标公司各方面分析后,发现目标公司具有投资价值,则投资人应制作初步投资方案。由于投资方案的大部分内容最终会反映在重整计划草案中,投资方案的内容可以参考《破产法》第八十一条(即重整计划草案的内容)。

（1）目标公司的经营方案。该部分内容应对目标公司的核心资产及发展前景等方面进行分析和论证,正确识别目标公司陷入困境的原因、恢复生产经营可能存在的障碍及限制,并提出切实可行的解决之道。重整制度设立的立法本意是挽救有价值、有潜力的危机公司。只有在目标公司具有可持续发展能力的前提下,债权人及出资人的让步才有意义,公司破产重整的目的才可能实现。故经营方案被视为重整计划草案的"重中之重"。

（2）债权分类及受偿方案。如前所述,根据债权的性质、让步幅度以及清偿顺序的不同,债权可以分为有担保债权、职工债权、税款债权以及普通债权四类。制定债权受偿方案应考虑债权的受偿金额、受偿时间、受偿方式以及受偿条件等。理论上,破产重整程序中的清偿率不能低于破产清算程序下的清偿率。

（3）投资人投入目标公司的资金。进入破产重整程序的公司基本都处于现金流枯竭状态，及时获得现金流以恢复目标公司生产经营的重要性不言而喻。除处置目标公司自身的资产以获取现金流外，投资人亦需向目标公司投入资金。故投资方案需包括投资人投入的金额、资金来源、投入时点等方面内容。

（四）未来经营方案

债务人的经营方案是债务人通过何种方法、途径和措施能够确保公司的正常运营和盈利，是为拯救债务人而提出的维持债务人财产的营运价值及证明债务人具有重生前景的一个方案。因此，制订重整计划草案应根据公司的资产结构、人力资源、管理水平等，分析市场情况，通过调整结构、盘活资源要素、引进战略投资者等各种措施，来改善债务人生产能力、盈利能力、市场竞争能力，从而达到救活公司和清偿债务的目的。

经营方案的内容一般要顾及以下几个方面：

（1）对资产的重组：包括但不限于对保留核心资产、处置非核心资产、注入优质资产的考虑。

（2）对业务的重组：对公司经营规模、经营结构、范围、方式的调整，对亏损严重经营项目关停等。

（3）对经营人员的重组：对公司组织架构、管理人员的改组与调整，对员工的调整与裁减。

（4）对股权的重组：通过债转股或引进战略投资者收购全部或部分股权，增加或者减少注册资本，发行新股等。

（5）其他有利于公司盘活的措施：如针对集团之下的系列公司，选择性地保留盈利能力强的公司、出让经营亏损公司，及时止损并集中资源盘活公司，以获取现金流用于清偿债务。

四、预重整

预重整，顾名思义，实为重整的预备工作。其本质为在法庭正式启动重整程序前，预先开展债务重组等相关工作（如梳理资产负债、与各利益相关方沟通谈判，协商重整草案的内容等），以判断债务人是否具备重整价值及重整成功可能性，提高法庭内重整程序的审判效率，从而节约公司的重整成本。这是在破产实践中发展起来的一种模式。

（一）预重整的理论基础

1978年，美国的破产法中首创预重整制度。但直至目前，我国预重整制度尚缺乏专门的立法规范。近年来，经我国学术界反复研讨，预重整制度陆续在地方公司破产重整中得到应用和实践。

浙江省高院于2013年通过《关于企业破产案件简易审若干问题的纪要》，设立了预登记制度。该制度允许在预登记期间公司与债权人就债务清偿方案或资产重组方案进行协商，待法院受理破产重整程序后，协商的结果对各利益相关方仍然具有拘束力。

2018年3月6日，最高人民法院发布的《全国法院破产审判工作会议纪要》提出"探索推行庭外重组与庭内重整制度的衔接",肯定了庭外重组的模式及在一定程度上认可了预重整制度。2019年6月,最高人民法院参与、国家发展改革委牵头13部委联合发布《加快完善市场主体退出制度改革方案》,明确提出"研究建立预重整制度,实现庭外重组制度、预重整制度与破产重整制度的有效衔接""明确预重整的法律地位和制度内容"。而在此基础上,最高人民法院于2019年11月发布《全国法院民商事审判工作会议纪要》,正式确认了庭外重组方案或协议的有效性以及与重整计划的可衔接性,并且对各利益相关方具有法律约束力。

　　虽然立法机关和最高人民法院尚未出台正式的法律文件,但最高人民法院对于预重整制度持肯定的态度。部分地方人民法院及地方人民政府通过实践探索,就预重整作出了系统性的规定。截至2021年5月,全国有23个地方出台了预重整制度相关文件,文件名称等基本信息如表1-1所示。

表1-1　23个地方预重整制度相关文件信息概览

序号	文件名称	简称	条文	地区	发布主体	发布时间
1	《大连市中级人民法院关于审理企业预重整案件的工作指引(试行)》	《大连指引》	全文	辽宁省大连市	中级人民法院	2021年4月9日
2	《四川省遂宁市中级人民法院破产案件预重整审理指引(试行)》	《遂宁指引》	全文	四川省遂宁市	中级人民法院	2021年1月21日
3	《重庆市第五中级人民法院预重整工作指引(试行)》	《重庆指引》	全文	重庆市	中级人民法院	2021年1月8日
4	《陕西省高级人民法院破产案件审理规程(试行)》	《陕西规程》	第八章第二节	陕西省	高级人民法院	2020年12月30日
5	《攀枝花市中级人民法院破产案件预重整操作指引(试行)》	《攀枝花指引》	全文	四川省攀枝花市	中级人民法院	2020年12月11日
6	《南阳市中级人民法院企业破产案件预重整工作指引》	《南阳指引》	全文	河南省南阳市	中级人民法院	2020年12月10日
7	《南华县人民法院审理破产预重整案件工作指引(试行)》	《南华指引》	全文	云南省楚雄彝族自治州南华县	基层人民法院	2020年11月12日
8	《青岛市中级人民法院破产案件预重整操作指引(试行)》	《青岛指引》	全文	山东省青岛市	中级人民法院	2020年9月25日
9	《眉山市中级人民法院破产案件预重整操作指引(试行)》	《眉山指引》	全文	四川省眉山市	中级人民法院	2020年9月18日

（续表）

序号	文件名称	简称	条文	地区	发布主体	发布时间
10	《成都市中级人民法院破产案件预重整操作指引（试行）》	《成都指引》	全文	四川省成都市	中级人民法院	2020 年 8 月 24 日
11	《北海市法院破产重整案件审理操作指引（试行）》	《北海指引》	第三章	广西壮族自治区北海市	中级人民法院	2020 年 7 月 31 日
12	《江苏省宿迁市中级人民法院关于审理预重整案件的规定（试行）》	《宿迁指引》	全文	江苏省宿迁市	中级人民法院	2020 年 7 月 9 日
13	《淄博市中级人民法院关于审理预重整案件的工作指引（试行）》	《淄博指引》	全文	山东省淄博市	中级人民法院	2020 年 6 月 30 日
14	《广州市中级人民法院关于破产重整案件审理指引（试行）》	《广州指引》	三、关于预重整	广东省广州市	中级人民法院	2020 年 5 月 28 日
15	《四川天府新区成都片区人民法院、四川自由贸易试验区人民法院预重整案件审理指引（试行）》	《天府指引》	全文	四川省天府新区	基层人民法院	2020 年 5 月 22 日
16	《厦门市中级人民法院企业破产案件预重整工作指引》	《厦门指引》	全文	福建省厦门市	中级人民法院	2020 年 5 月 21 日
17	《苏州工业园区人民法院审理破产预重整案件的工作指引（试行）》	《苏州工业园指引》	全文	江苏省苏州市工业园区	基层人民法院	2020 年 4 月 20 日
18	《苏州市吴江区人民法院审理预重整案件的若干规定》	《吴江指引》	全文	江苏省苏州市吴江区	基层人民法院	2020 年 2 月 19 日
19	《南京市中级人民法院关于规范重整程序适用 提升企业挽救效能的审判指引》	《南京指引》	三、预重整	江苏省南京市	中级人民法院	2020 年 1 月 20 日
20	《北京破产法庭破产重整案件办理规范（试行）》	《北京指引》	第三章	北京市	中级人民法院	2019 年 12 月 30 日
21	《苏州市吴中区人民法院关于审理预重整案件的实施意见（试行）》	《吴中指引》	全文	江苏省苏州市吴中区	基层人民法院	2019 年 6 月 27 日

（续表）

序号	文件名称	简称	条文	地区	发布主体	发布时间
22	《深圳市中级人民法院审理企业重整案件的工作指引（试行）》	《深圳指引》	第三章	广东省深圳市	中级人民法院	2019 年 3 月 25 日
23	《企业金融风险处置工作府院联席会议纪要》	《温州纪要》	全文	浙江省温州市	人民政府办公室	2018 年 12 月 27 日

各地方预重整制度指引比较如下。

1. 适用预重整程序的债务人情形

根据上述 23 个预重整制度相关文件，关于适用预重整程序的债务人情形的规定可大致分为以下三类：

（1）对企业规模、安置职工人数、债权人人数、债权债务关系等方面要求作出详细说明。各地方文件规定如表 1-2 所示。

表 1-2　部分地方文件关于适用预重整程序的债务人情形的详细规定

文件简称	适用范围
《深圳指引》	（1）需要安置的职工超过 500 人的。 （2）债权人 200 人以上的。 （3）涉及超过 100 家上下游产业链企业的。 （4）直接受理重整申请可能对债务人生产经营产生负面影响或者产生重大社会不稳定因素的
《南京指引》	（1）债权人人数众多，债权债务关系复杂，或职工安置数量较大，影响社会稳定的大型企业。 （2）产业规模庞大，占据行业龙头或重要地位，对地区经济发展和金融环境稳定有重大影响的大型企业。 （3）上市公司以及对上市公司影响较大的关联企业。 （4）其他直接受理重整申请可能对债务人生产经营产生负面影响或者产生重大社会不稳定因素的企业
《成都指引》《南华指引》	（1）债权人人数众多、债权债务关系复杂，或需要安置职工数量较多，可能影响社会稳定的。 （2）债务人企业规模较大或在该行业或对该区域经济具有重大影响的。 （3）直接受理重整申请可能对债务人生产经营产生负面影响或者引发重大社会不稳定因素的
《广州指引》	（1）上市公司及对上市公司影响较大的关联公司。 （2）产业规模庞大，占据行业龙头或重要地位，对地区经济发展和金融秩序稳定有重大影响的大型企业。 （3）债权人较多，债权债务关系复杂，职工安置数量较大，影响社会稳定的大型企业或企业集团。 （4）其他直接受理重整申请可能对债务人生产经营产生负面影响或者产生重大社会不稳定因素的企业。 （5）人民法院认为可以适用预重整程序的其他债务人

（续表）

文件简称	适用范围
《青岛指引》	（1）债权人人数众多，债权债务关系复杂，或职工安置数量较大，可能影响社会稳定的大型企业。 （2）债务人企业规模较大或在该行业或对该区域经济发展和稳定具有重大影响的。 （3）其他直接受理重整申请可能对债务人生产经营产生负面影响或者产生重大社会不稳定因素的企业
《吴中指引》	（1）上市公司的子公司、母公司及对上市公司影响较大的关联公司。 （2）具有金融和准金融机构性质的保险公司、证券公司、融资担保公司、小额贷款公司。 （3）涉及众多购房者权益的房地产开发公司。 （4）债权人较多，债权债务关系复杂，影响社会稳定的大型企业。 （5）符合国家产业政策、行业前景良好的重点优质企业。 （6）其他符合重整价值的企业
《淄博指引》	（1）债权人人数众多，债权债务关系复杂，或职工安置数量较大，影响社会稳定的大型企业。 （2）产业规模庞大，占据行业龙头或重要地位，对地区经济发展和金融环境稳定有重大影响的大型企业。 （3）上市公司或对上市公司影响较大的关联企业。 （4）其他直接受理重整申请可能对债务人生产经营产生负面影响或者产生重大社会不稳定因素的企业
《陕西规程》	（1）债务人已经和全体债权人或主要债权人，以及相关利害关系人达成重组协议或者重组意向。 （2）政府有关职能部门或者企业行业主管部门已经决定并参与了债务人的重组事务。 （3）企业尚处于生产经营之中，直接受理重整申请可能对债务人生产经营产生负面影响或者产生重大社会不稳定因素。 （4）债权人人数众多，债权债务关系复杂，需安置职工人数众多，或者企业资产规模较大，对地区经济发展和金融环境稳定有重大影响的大型、特大型企业。 （5）人民法院基于准确识别重整价值和重整可能，以及降低重整成本、提高重整成功率目的。 （6）人民法院认可的其他情形
《遂宁指引》	（1）债权人人数众多、债权债务关系较为复杂的。 （2）债务人企业规模较大，或在该行业或对该区域经济具有重大影响的。 （3）需要安置职工数量较多，或其他可能影响社会稳定的。 （4）直接受理重整申请可能对债务人生产经营、信誉等方面产生负面影响的

（2）对适用预重整程序的债务人情形表述较为宽泛，着重强调"具有重整/挽救价值"以及"重整原因"。《大连指引》《温州纪要》《吴江指引》《宿迁指引》《苏州工业园指引》《重庆指引》以及《攀枝花指引》属于此类，如表 1-3 所示。

表 1-3　部分地方文件关于适用预重整程序的债务人情形的宽泛规定

文件简称	适用范围
《大连指引》	具有重整原因且经初步判断具备重整价值以及重整可能的债务人

文件简称	适用范围
《温州纪要》	符合国家产业政策，行业前景较好，具挽救价值的当地核心优质企业
《吴江指引》	具有重整原因且非明显不具备重整价值和挽救可能的债务人
《宿迁指引》	具有重整原因的债务人
《苏州工业园指引》	具有重整价值及重整可行性的企业
《重庆指引》	具有挽救可能，有能力与主要债权人开展自主谈判的企业法人
《攀枝花指引》	具有重整原因且具有重整价值和可能性的债务人

（3）对适用预重整程序的债务人情形未有具体规定。除上述两种类型外，剩余文件未对适用预重整程序的债务人标准作出具体规定。

2. 预重整期间

以上指引大多采用"预重整期间＋延长期间"的方式对预重整期间作出规定，最短为4个月（3个月＋1个月），最长为9个月（6个月＋3个月），如表1-4所示。

表1-4　各地方文件对于预重整期间的规定

预重整期间	文件名称
3个月＋1个月	《深圳指引》《吴江指引》《宿迁指引》《重庆指引》《广州指引》《苏州工业园指引》《淄博指引》《天府指引》《遂宁指引》
3个月＋2个月	《成都指引》《攀枝花指引》
3个月＋3个月	《青岛指引》《南华指引》
5个月＋1个月	《陕西规程》
6个月＋1个月	《眉山指引》《大连指引》
6个月＋3个月	《温州纪要》《南京指引》《吴中指引》
无具体规定	《北京指引》《厦门指引》《南阳指引》《北海指引》

3. 预重整管理人/临时管理人的选取

（1）预重整管理人/临时管理人选取范围。

大多文件规定预重整管理人/临时管理人应出自人民法院管理人名册。部分文件还规定，预重整管理人/临时管理人选取范围可不限于本地管理人名册，即可以从外省（市、自治区）管理人名册中选任，如《重庆指引》《南华指引》《广州指引》。

（2）预重整管理人/临时管理人的遴选方式。

预重整管理人/临时管理人可通过"摇号""轮候""推荐""竞争"等方式产生，不同地方指引规定略有出入。

各地方文件关于选取预重整管理人/临时管理人的主要规定如表1-5所示。

表 1-5　各地方文件对于选取预重整管理人/临时管理人的主要规定

文件名称	相关规定
《大连指引》	(1) 债务人、主要债权人和重整投资人共同推荐已编入大连市中级人民法院破产管理人名册的机构。 (2) 人民法院通过公开摇号或竞争指定
《遂宁指引》	(1) 由债务人、享有过半数表决权以及占无财产担保债权总额 1/2 以上的债权人、出资人等利害关系人在规定期限内协商。 (2) 未能协商一致的,由法院指定临时管理人,法院可以在利害关系人推荐的临时管理人中选择,也可以采用竞聘的方式指定。 (3) 临时管理人应系编入四川省高级人民法院企业破产案件管理人名册或四川省遂宁市中级人民法院企业破产案件管理人名册的社会中介机构或其他具有企业破产管理人资格的组织机构
《重庆指引》	(1) 债务人经与主要债权人协商,一般应从本市管理人名册中聘任预重整辅助机构协助债务人准备重组协议;案情特别复杂、在本市或者全国范围内有重大影响的,也可以在外省、市管理人名册中协商聘任。债务人应当将聘任的预重整辅助机构报人民法院备案。 (2) 债务人与主要债权人协商不成的,可以请求人民法院在本市管理人名册中随机选任预重整辅助机构
《陕西规程》	根据预重整申请人的申请或者根据预重整的需要指定临时管理人
《攀枝花指引》	(1) 预重整管理人的指定参照《攀枝花市中级人民法院破产案件管理人指定实施办法》通过轮候方式产生。 (2) 由债务人或债务人、主要债权人、重整投资人从已编入法院管理人名册的机构中协商推荐产生
《南阳指引》	债务人、债权份额占债务人已知债权 1/4 以上的债权人(包含一人、多人债权人组合)可以申请人民法院依照《破产法》的规定指定临时管理人
《南华指引》	(1) 通过在人民法院备案的管理人名册中采取轮候、抽签、摇号等随机或者竞争方式产生。 (2) 在债务人及其出资人、主要债权人、重整投资人协商推荐或有关主管部门推荐的已编入人民法院破产管理人名册的中介机构中产生。 (3) 临时管理人除从本地名册选任外,还可以从外省(市、自治区)管理人名册中选任,确保破产案件能够遴选出最佳管理人
《眉山指引》	(1) 临时管理人可由债务人及其出资人、主要债权人或者有关主管部门在已编入眉山市法院破产管理人名册或四川省高级人民法院破产管理人名册中推荐。 (2) 债务人、债权人或有关主管部门未作推荐的,随机摇号确定。 (3) 特别重大案件,可以采取竞争方式确定
《青岛指引》	(1) 编入本院管理人名册的一级管理人自愿报名并随机摇号产生。 (2) 债务人、初步审查享有普通债权总额 1/2 以上的债权人和政府有关监管部门或主管机关可在本院管理人名册的一级管理人中共同推荐产生。 (3) 特别重大的案件可以采取竞争选任方式产生
《成都指引》	(1) 编入本院管理人名册的一、二级管理人和会计师事务所自愿报名并随机摇号产生。 (2) 债务人、初步审查享有普通债权总额 1/2 以上的债权人和政府有关监管部门或主管机关可在本院管理人名册的一、二级管理人和会计师事务所中共同推荐产生。 (3) 特别重大的案件可以采取竞争选任方式产生

(续表)

文件名称	相关规定
《北海指引》	(1) 管理人一般通过轮候或竞争方式方式在广西破产管理人名册中指定。 (2) 对于影响重大、法律关系复杂、涉及利害关系人人数众多的重整案件,可以通过公开竞争方式指定管理人
《宿迁指引》	(1) 临时管理人的指定一般应参照《宿迁市中级人民法院破产案件管理人选任办法》执行。 (2) 在债务人及其出资人、主要债权人或者有关主管部门推荐的已编入人民法院破产管理人名册的机构中指定
《淄博指引》	临时管理人的指定参照《淄博市中级人民法院关于规范企业破产案件管理人选任工作的实施办法》执行:选任委员会根据债务人情况、案件情况等,并可参考管理人履职信息数据库,确定以推荐或招投标方式选任管理人;管理人一般应当从山东省高级人民法院企业破产案件管理人名单中选任
《广州指引》	(1) 由债务人与主要债权人协商一致推荐产生。 (2) 由有关监管部门、机构推荐产生。 (3) 上述主体对临时管理人人选意见不一致或无推荐意见,由人民法院依法指定管理人。推荐人选应当优先从广东省破产管理人名册中产生,也可以从广东省外在册管理人中产生
《天府指引》	(1) 参照《成都市中级人民法院审理企业破产案件指定管理人实施办法》执行。 (2) 也可经债务人、主要债权人、重整投资人协商一致,选择已编入成都法院破产管理人名册的机构担任临时管理人
《厦门指引》	债务人、债权份额占债务人已知债权 1/3 以上的债权人可以申请人民法院依照《破产法》的规定指定临时管理人
《苏州工业园指引》	(1) 临时管理人的确定参照《苏州市中级人民法院关于审理企业破产案件指定管理人工作的若干意见(试行)》,通过随机或者竞争方式产生。 (2) 也可以在债务人、主要债权人和重整投资人协商推荐已编入苏州法院破产管理人名册的中介机构中产生
《吴江指引》	(1) 临时管理人的指定参照《苏州市中级人民法院关于审理企业破产案件指定管理人工作的若干意见(试行)》执行:指定破产案件管理人从管理人名册中指定,受理法院应当组成专门的评审小组,负责采取竞争方式指定管理人时的遴选工作。 (2) 也可以在债务人及其出资人、主要债权人或者有关主管部门推荐的已编入苏州法院破产管理人名册的机构中指定
《南京指引》	根据案件情况可以采取竞争、推荐等方式指定管理人。采取推荐方式的,可以在债务人、主要债权人(金融债权人委员会)或者有关主管部门等推荐的中介机构中指定管理人
《北京指引》	(1) 管理人一般通过随机方式在管理人名册中指定。在本市完成管理人分级管理后,一般应当在一级管理人中随机指定;简单重整案件,也可以在二级管理人中随机指定。 (2) 对于影响重大、法律关系复杂、涉及利害关系人人数众多的重整案件,可以通过公开竞争方式指定管理人。 (3) 除重整申请受理前,根据有关法律规定已经成立金融机构的行政清理组,或公司强制清算程序中人民法院已经指定成立社会中介机构清算组的案件外,人民法院应当在管理人名册中指定管理人

（续表）

文件名称	相关规定
《吴中指引》	通过竞争方式从苏州法院企业破产管理人名册确定的社会中介机构或其他具有企业破产管理人资格的组织机构中指定预重整管理人
《深圳指引》	（1）管理人一般通过摇珠方式在一级管理人中选定。 （2）也可以在债务人及其出资人、主要债权人共同推荐或者有关监管部门、机构推荐的已编入管理人名册的机构中指定
《温州纪要》	由属地政府指定入选人民法院管理人名册的中介机构，并征求债务人和主要债权人意见

4. 预重整管理人/临时管理人的续任

关于预重整管理人/临时管理人的续任，各地规定的概览如表 1-6 所示。

表 1-6　各地方文件对于预重整管理人/临时管理人的续任的规定

文件名称	相关规定
《深圳指引》	预重整期间已经指定管理人的，指定预重整管理人为债务人管理人
《温州指引》	原则上应指定预重整阶段的管理人继续担任管理人
《吴中指引》	预重整管理人一般即指定为债务人管理人
《陕西规程》	预重整程序转为重整程序后，临时管理人可被优先指定为重整管理人
《厦门指引》《南阳指引》	指定了临时管理人的，人民法院可以指定临时管理人担任债务人的管理人
《大连指引》《南京指引》《吴江指引》《北京指引》《宿迁指引》《重庆指引》《广州指引》《南华指引》《眉山指引》《北海指引》《淄博指引》《天府指引》《遂宁指引》《攀枝花指引》《苏州工业园指引》	根据预重整管理人是否满足一定条件（如：履职表现、胜任能力或者是否违反《最高人民法院关于审理企业破产案件指定管理人的规定》第三十三条、第三十四条等条件）决定是否转为重整管理人
《成都指引》《青岛指引》	应当征询债权人对预重整管理人是否适合担任重整案件管理人的意见，在同时具备下列条件时，可以指定预重整管理人为重整案件管理人：享有普通债权的已知债权人过半数同意且其所代表的债权额占普通债权总额 2/3 以上；对债务人特定财产享有担保权的已知债权人未提出异议

5. 预重整中的中止执行效力

关于预重整程序中的中止执行效力，各地方文件对中止执行措施的负责主体、中止执行措施的强制程度以及中止执行措施的区域等规定略有不同，如表 1-7 所示。

表 1-7　各地方文件对于预重整中的中止执行效力的规定

文件名称	相关规定
《深圳指引》	在预重整期间，合议庭应当及时通知执行部门中止对债务人财产的执行。已经采取保全措施的执行部门应当中止对债务人财产的执行

文件名称	相关规定
《淄博指引》	执行案件移送破产审查的,债务人进入预重整程序后,由合议庭通知所有已知执行法院中止对债务人财产的执行程序。也可以由临时管理人协调债权人,向执行法院申请中止对债务人财产的执行
《宿迁指引》	在预重整期间,人民法院应当及时通知执行部门中止对债务人财产的执行,已经采取保全措施的执行部门应当中止对债务人财产的执行
《成都指引》《眉山指引》	作出预重整决定的,本市辖区内法院应中止对债务人为被执行人的相关执行、保全措施
《遂宁指引》	在预重整期间,债务人、临时管理人认为需要对债务人中止执行或对财产解除保全措施的,应当提出书面申请。经申请执行人或担保债权人同意,或本院认为确有必要采取中止执行或解除保全措施的,本市辖区内法院应中止以债务人为被执行人的相关执行措施或解除相应的保全措施
《天府指引》	在预重整期间,临时管理人可通过债务人执行案件执行部门函告申请执行人商榷中止对债务人财产的执行,促进已经采取保全措施的执行部门视情中止或暂缓对债务人财产的执行
《北京指引》《北海指引》	执行案件移送破产重整审查的,管理人应当及时通知所有已知执行法院中止对债务人财产的执行程序
《广州指引》	债务人在执行程序中通过"执转破"程序提出预重整申请的,负责移送案件的执行人民法院经审查符合《最高人民法院关于执行案件移送破产审查若干问题的指导意见》第二条、本指引第十五条规定条件的,应当根据《最高人民法院关于执行案件移送破产审查若干问题的指导意见》第八条的规定,及时通知其他执行人民法院中止对债务人财产的执行
《重庆指引》	在预重整期间,债务人应当与债权人积极协商,争取债权人在预重整期间暂缓对债务人财产的执行。执行案件移送破产审查后,债务人申请预重整的,对债务人有关财产的执行应当按照《最高人民法院关于执行案件移送破产审查若干问题的指导意见》第八条的规定处理
《吴中指引》	进入预重整后,加强与执行法院(部门)的沟通与协调,请求执行法院(部门)及申请执行人协助和支持债务人预重整工作,暂停对债务人财产的执行
《温州纪要》	在预重整期间,应优先保障债务人的重整,由属地政府与相关法院协调,暂缓采取可能影响债务人重整的执行措施
《攀枝花指引》	在预重整期间,应优先保障债务人的重整,预重整管理人应积极协调,暂缓采取可能影响债务人重整的执行、保全措施,必要时,预重整管理人可申请相关法院进行协调。如前款事项无法协调,则应驳回申请人的预重整申请
《陕西规程》	预重整程序不具有重整程序所具有的中止执行、解除保全、冻结担保债权的行使等法定程序效力。但在预重整期间,受理预重整案件的人民法院可以根据预重整的需要,通过采取和相关执行法院(执行部门)协调、沟通等方式,取得有关执行法院(执行部门)的配合,解除有关保全措施和中止有关执行程序,以便保障预重整程序顺利进行

(续表)

文件名称	相关规定
《大连指引》《南京指引》《吴江指引》《厦门指引》《南阳指引》《青岛指引》《南华指引》《苏州工业园指引》	未作具体规定

（二）预重整模式

目前，我国的预重整模式主要是按照时间顺序划分的，具体可分为以下三种。

1. 破产申请受理前的法庭外预重整

第一种模式是指在正式进入司法前的法庭外预重整，这种模式通常不是由法院主导。在该模式下，债务人、债权人、出资人、重整投资人及其他利益相关方通过谈判协商形成初步重组方案后，再向法院申请破产重整。经法院批准后，债权人按照破产申请前形成的重整方案进行会议表决，待重整方案通过后执行完结。

该模式下的代表性案例当属 2016 年中国第二重型机械集团有限公司（以下简称"二重集团"）与二重集团（德阳）重型装备股份有限公司（以下简称"二重重装"）重整案。在向德阳市中级人民法院提起重整前，在国资委等有关部门的支持下，近 30 家金融债权人成立了中国二重金融债权人委员会，并展开了庭外重组谈判。2015 年 9 月 11 日，在银监会的组织下，各方达成了框架性的重组方案。债权人机械工业第一设计研究院等向德阳中院提起了对二重集团、二重重装的破产重整申请，德阳中院于 2015 年 9 月 21 日裁定受理该申请，并指定北京市金杜律师事务所和北京大成律师事务所担任中国二重以及二重重装的管理人。以上预重整模式流程如图 1-2 所示。

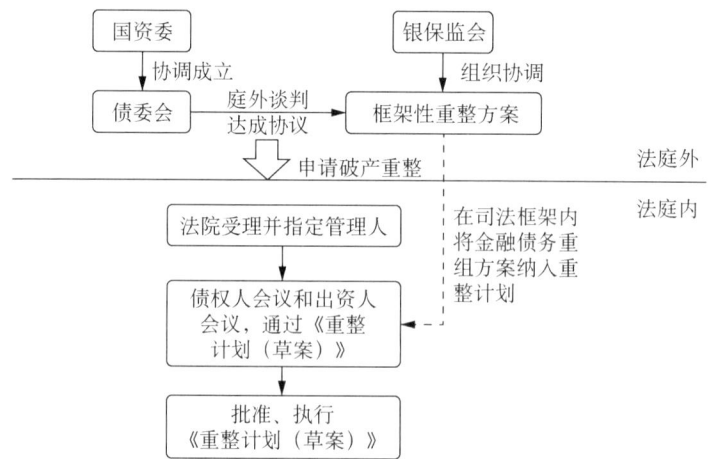

图 1-2　破产申请受理前的预重整模式流程图

本案中,在有关部门的推动、指导下,二重集团、二重重装与主要债权人金融机构进行了庭外重组谈判,并达成了框架性金融债务重组方案。进入重整后,法院在司法框架范围内,尽可能维持了重组方案确定的原则,将其依法合规纳入重整计划,得到了金融债权人的认可。该案有效地将预重整程序与重整程序进行衔接,从法院裁定受理重整到终止重整程序仅用了 70 天的时间,大大缩短了法院重整程序的时间,节省司法成本。

2. 法院受理破产清算后的预重整

第二种模式是法院受理破产清算之后的预重整。在该模式下,在法院正式受理债务人破产申请后、宣告债务人破产之前,债权人、债务人、出资人、投资人等各利害关系人在此阶段进行协商谈判并达成预重整方案,条件成熟时再提出重整申请,由清算程序转重整程序。

该模式下的典型案例为杭州凌动逸行科技有限公司(以下简称"凌动逸行")破产重整案。凌动逸行成立于 2017 年,是一家主营网络预约出租车汽车客运的公司。2019 年 12 月 30 日,法院受理凌动逸行破产清算申请,并指定浙江楷立律师事务所为管理人。后在法院的指导下,管理人在有影响力的公众号上发布招募投资人公告。在凌动逸行的第一次债权人会议召开后,利益相关方参与了凌动逸行重整计划的表决。2020 年 12 月 21 日,法院裁定批准凌动逸行的重整计划,并终止重整程序。

关于此种预重整模式,学界和业界还存在一定的争议。有部分学者和社会中介机构认为,法院受理破产清算申请后,案件已经进入法定破产程序,若再转为预重整,即又将破产案件移至程序之外。同时,《大连指引》《北京指引》《深圳指引》《广州指引》及《北海指引》明确提出破产清算期间不适用指引中的预重整规定。

3. 重整申请后,法庭受理前的预重整模式

第三种模式是法院收到重整申请后,先进行预立案登记,经听证作出初步判断,认为债务人有重整价值且投资人有足够重整意愿,则在受理重整申请前先行指定管理人,而不同时裁定受理重整。该模式流程如图 1-3 所示。管理人在接受指定后发布债权申报公告,把程序内应进行的第一次债权人会议之前的工作(如债权人谈判、对外寻找投资人、进行初步资产债务清理、并引导股东与主要债权人达成重组方案)提前到预重整阶段,由法院主导预重整程序,管理人负责具体事务。该模式是破产申请受理前的预重整的典型。

近期的深圳市飞马国际供应链股份有限公司(以下简称"飞马国际")重整案件为该模式下的案例之一。2019 年 8 月 19 日,债权人向深圳市中级人民法院(以下简称"深圳中院")申请对飞马国际进行重整。2020 年 1 月 16 日,深圳中院批准对飞马国际预重整,并指定北京市中伦(深圳)律师事务所担任预重整期间临时管理人。在预重整期间,飞马国际引入新增鼎资管作为意向重整投资人。2020 年 9 月 16 日,深圳中院裁定受理飞马国际重整一案。

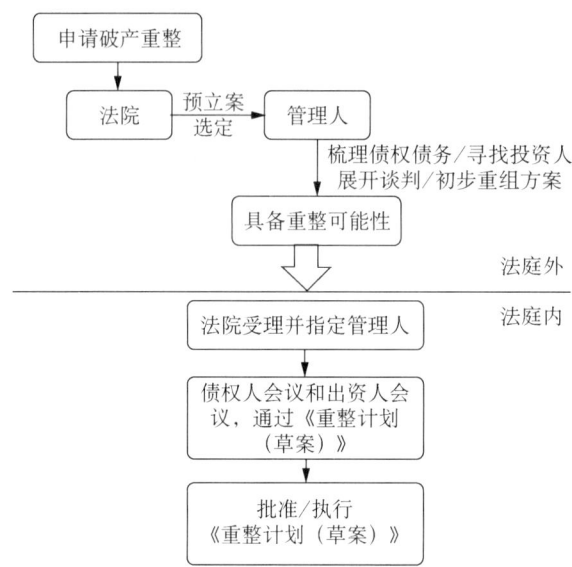

图 1-3　法庭受理前的预重整模式流程图

（三）预重整优势及风险点

1. 优势

1）效率高

受到司法程序中的时间限制，如果在重整期限内无法达成大多数通过的重整计划草案，可能会导致司法重整失败，并且司法重整程序是个不可逆的程序。预重整其实就是模拟司法重整，在正式进入程序前，对债务人进行债权和资产的梳理，寻找投资人，并和各利益相关方进行沟通、协调、谈判制定初步的重整方案。法院可以通过预重整的工作结果来判断债务人的重整价值及成功的可能性，决定是否受理，如此便可在进入程序前筛选掉一大部分不具备重整价值或可能性的债务人，避免后期进入司法重整程序后的长时间消耗，从而达到提高效率的目的。

2）成本低

对于破产重整的企业，能够迅速恢复正常的生产经营是降低重整的机会成本，提高企业价值的最佳方式。通常，面临破产危机的债务人不得不面临停产、停工等窘境，同时，进入司法程序后的债务人的经营活动会受到严格的限制，客户及供应商对债务人也信心不足，普遍都会终止或者暂停合作。而通过预重整程序，一是可以节省重整时间尽快完成重整，减少后续重整程序给企业带来的时间及管理成本，二是可以实现恢复正常生产经营，最大限度保持企业价值。

3）成功率高

在实务中可以看到，很多债务人最后重整失败大多由于时间消耗太长，错过了最佳的重整时机。其中，债务人和出资人的摇摆不定的态度是负面影响较大的因素之一，由于其无法预期重整的结果,故不愿意启动可能会导致其控制权丧失的重整程序。而通过预重整程序,债务人和出资人可以先行通过与债权人的谈判及投资人的沟通协商达成重组方案,打消其对重整后所享有权益及企业控制权不清晰的顾虑,加快重整进程。

2. 风险点

1）无法取得司法保护保障

预重整程序并非正式的司法程序。我国目前还没有预重整程序的立法规范,各地的预重整文件规定略有出入,预重整程序无法享有与司法重整同等的司法地位优势。《陕西规程》明文规定,预重整程序不具有重整程序所具有的中止执行、解除保全、冻结担保债权的行使等法定程序效力。

2）预重整结果有效性的局限

预重整通过的方案本质上只是一个意见征集的结果,并没有法律效力。在法院批准前,存在一个空档期,理论上债权人有权利也有可能随时反悔。同时,在预重整结束后,需要导入正式的重整程序,在《破产法》的规定下进行表决、批准、通过。预重整阶段对于重组方案的表决效力与司法重整程序能否有效衔接暂时没有明文规定,只有预重整成果合法化才能打破有效性的局限。

3）需要多方的配合

预重整首先需要获得债务人的同意及配合。如果债务人没有开展预重整的积极性,甚至不同意启动预重整,预重整程序的推进将遇到很大的阻碍,就连最基础的工作梳理资产和负债都将无法顺利实施。虽然目前预重整大多有政府的参与,但若跳过债务人、纯由政府主导,则可能会产生一系列的法律问题。

政府及法院的支持至关重要。政府若能够出面担任协调者的角色,如组织召开金融债权人会议,消除金融债权人权责分担的顾虑,解决金融债权人谈判困难的问题。法院若能在司法程序中确认预重整的谈判成果,缩短和解和破产审判周期,缩短重整的程序时间,将大大降低重整成本及负面影响。但若没有政府及法院的支持,预重整推进的效率及效力都将大大降低。

债权人配合进行谈判,并且在预重整阶段不采取激烈的法律行动,对于预重整的推进十分重要。通过谈判得到债权人的认可,达成框架性金融债务重组方案,是之后与司法重整程序衔接的前提。

(四) 预重整程序与重整程序的衔接及效力延伸

1. 与重整程序衔接

由管理人申请转入重整程序的,法院综合考虑企业是否具有重整价值及可能性裁定是否转入重整程序。《南京指引》明确规定,法院裁定不予受理重整申请后,债务人具备破产原因的,债权人或者债务人可以另行提出破产清算的申请。

2. 效力延伸

重整计划草案应在预重整方案的基础上制订,重整计划草案对预重整方案内容没有实质变更、没有对相关权利人权益产生实质性影响、预重整方案表决前债务人未隐瞒重要信息及披露虚假信息的。在预重整期间,债权人、出资人对于预重整方案的表决意见视同对重整草案的表决意见。

相关规定中较为特殊的是《吴中指引》。该指引明文规定"重整计划草案应当经重整程序中债权人会议分组投票表决。分组表决时,已经在预重整阶段同意重整方案或方案核心内容的债权人、出资人投反对票或弃权票的,管理人应当解释说明,债权人、出资人可以变更其表决意见。如债权人、出资人坚持投反对票或弃权票的,按其预表决时的意见处理",进一步强调了预重整表决的效力。

第二章 案例汇总解析

2016—2020年,26家A股上市公司(以下简称"案例公司")的重整计划草案取得法院裁定。这26家案例公司重整程序及重整草案有众多相似之处,但又有各自的特点。本书通过对这26家案例公司的整体解析,总结案例公司重整的个别性和普遍性特征,包括行业、区域、财务状况、相关重整特征,以期对相关人员未来可能参与的重整工作有所借鉴。

以下数据及信息来源均为公开渠道可获得的信息,包括上市公司指定的信息披露媒体或公司网站所发布的各类文件,如招股说明书、募集说明书、上市公告书、定期报告、临时报告、重整计划草案、重整进展公告等。

一、案例公司基本信息(见表2-1)

表 2-1 案例公司基本信息概要

序号	公司名称	公司简称	股票代码	股票简称	重整计划裁定时间	公司性质	行业	注册地
1	中南红文化集团股份有限公司	中南文化	002445	*ST中南	2020/12/25	民企	传媒	江苏省
2	深圳市飞马国际供应链股份有限公司	飞马国际	002210	*ST飞马	2020/12/18	民企	商务服务业	广东省
3	郴州市金贵银业股份有限公司	金贵银业	002716	*ST金贵	2020/12/16	民企	制造业	湖南省
4	永泰能源股份有限公司	永泰能源	600157	ST永泰	2020/12/16	民企	能源	山西省
5	银亿股份有限公司	银亿股份	000981	*ST银亿	2020/12/15	民企	房地产	浙江省
6	吉林利源精制股份有限公司	利源精制	002501	*ST利源	2020/12/11	民企	制造业	吉林省
7	力帆实业(集团)股份有限公司	力帆股份	601777	*ST力帆	2020/11/30	民企	制造业	重庆市
8	宝塔实业股份有限公司	宝塔实业	000595	*ST宝实	2020/11/13	民企	制造业	宁夏回族自治区
9	大连天神娱乐股份有限公司	天神娱乐	002354	*ST天娱	2020/11/6	民企	互联网	辽宁省

（续表）

序号	公司名称	公司简称	股票代码	股票简称	重整计划裁定时间	公司性质	行业	注册地
10	安通控股股份有限公司	安通控股	600179	*ST 安通	2020/11/4	民企	运输	黑龙江省
11	天海融合防务装备技术股份有限公司	天海防务	300008	天海防务	2020/9/9	民企	制造业	上海市
12	德奥通用航空股份有限公司	德奥通航	002260	*ST 德奥	2020/5/28	民企	制造业	广东省
13	青海盐湖工业股份有限公司	青海盐湖	000792	*ST 盐湖	2020/1/20	国企	制造业	青海省
14	陕西坚瑞沃能股份有限公司	坚瑞沃能	300116	保力新	2019/12/27	民企	制造业	陕西省
15	莲花健康产业集团股份有限公司	莲花健康	600186	莲花健康	2019/12/16	民企	制造业	河南省
16	庞大汽贸集团股份有限公司	庞大集团	601258	ST 庞大	2019/12/10	民企	批发和零售业	河北省
17	沈阳机床股份有限公司	沈机股份	000410	*ST 沈机	2019/11/16	国企	制造业	辽宁省
18	宁夏中银绒业股份有限公司	中银绒业	000982	*ST 中绒	2019/11/13	民企	制造业	宁夏回族自治区
19	厦门厦工机械股份有限公司	厦工股份	600815	厦工股份	2019/11/1	国企	制造业	福建省
20	柳州化工股份有限公司	柳化股份	600423	ST 柳化	2018/11/26	国企	制造业	广西壮族自治区
21	抚顺特殊钢股份有限公司	抚顺特钢	600399	ST 抚钢	2018/11/22	民企	制造业	辽宁省
22	四川泸天化股份有限公司	泸天化股份	000912	泸天化	2018/7/2	国企	制造业	四川省
23	重庆钢铁股份有限公司	重庆钢铁	601005	重庆钢铁	2017/11/20	国企	制造业	重庆市
24	云南云维股份有限公司	云维股份	600725	ST 云维	2016/11/21	国企	制造业	云南省
25	江苏舜天船舶股份有限公司	舜天船舶	002608	江苏国信	2016/10/24	国企	批发和零售业	江苏省
26	川化股份有限公司	川化股份	000155	川能动力	2016/9/29	国企	能源	四川省

注：本表中股票简称为截至 2021 年 6 月 30 日的上市公司股票简称。

如表 2-2 所示，按照案例公司进入重整程序时其控股股东的性质进行划分，案例公司中国有公司有 9 家，民营公司有 17 家。控股股东为民营公司的占 26 家案例公司的比例为 65%。

按照案例公司进入重整程序时所处行业性质进行划分，案例公司中有 17 家制造业公司，占 26 家案例公司的比例为 65%；有 4 家批发和零售业以及能源行业，占 26 家案例公司的比例为 15%；其余 5 家公司所处行业分布在传媒、商务服务业、房地产业、互联网及运输业。

表 2-2 案例公司所处行业及控股股东的性质分布情况

行业性质	国有公司	民营公司	合计
制造业	7	10	17
批发和零售业	1	1	2
能源	1	1	2
传媒	0	1	1
房地产业	0	1	1
互联网	0	1	1
运输业	0	1	1
商务服务业	0	1	1
合计	9	17	26

如表 2-3 所示，按照地域分布划分，案例公司主要集中在东北地区（包括辽宁、吉林、黑龙江），西南地区（包括四川、云南、重庆）和华东地区（包括江苏、浙江、福建、上海），以上三个地区的案例公司数量占全部 26 家案例公司数量的 58%。

表 2-3 案例公司地址分布情况

地域	东北	西南	华东	西北	华南	华中	华北	合计
宗数	5	5	5	4	3	2	2	26

二、案例公司财务情况分析

本书从案例公司的资产情况、负债情况、有指向性的财务指标情况进行汇总分析，发现 26 家案例公司普遍存在资产情况不佳、资不抵债、财务指标恶化的情况。

（一）案例公司资产情况不佳

案例公司整体资产规模较大，26 家案例公司的重整计划草案中，有 21 家披露了账面资产价值，其平均值达到 95 亿元。例如，账面资产价值最大的为永泰能源，其账面资产价值高达 663.19 亿元，清算价值为 279.23 亿元，占账面资产价值的 42.1%；其次为重庆钢铁，其账面资产价值高达 348.93 亿元，清算价值为 185.89 亿元，占账面资产价值的 53.27%；第三为庞大集团，其账面资产价值为 302.08 亿元，清算价值为 50.17 亿元，占账面资产价值的 32.33%。

虽然案例公司的账面资产价值较大，但其评估报告显示的资产市场价值或者在清算状态下的资产价值相较其账面价值普遍有大幅下降。由表 2-4 可以看出，26 家案例公司资产状况普遍不佳，实际可以用来偿还债务的资产非常有限。

表 2-4　案例公司资产情况

单位:亿元

序号	公司简称	账面价值	评估市场价值	评估清算价值
1	中南文化	未披露	—	7.65
2	飞马国际	26.52	—	11.63
3	金贵银业	87.07	—	25.99
4	永泰能源	663.19	—	279.23
5	银亿股份	143.74	117.64	42.76
6	利源精制	27.33	—	10.86
7	力帆股份	未披露	—	38.4
8	宝塔实业	未披露	—	6.06
9	天神娱乐	55.64	46.96	9.89
10	安通控股	7.78	—	4.41
11	天海防务	14.84	—	9.12
12	德奥通航	5.82	—	3.85
13	青海盐湖	未披露	—	426.14
14	坚瑞沃能	29.76	—	4.54
15	莲花健康	16.12	—	8.95
16	庞大集团	302.08	97.66	50.17
17	沈机股份	76.6	67.92	24.66
18	中银绒业	未披露	—	39.44
19	厦工股份	32.84	—	23.85
20	柳化股份	25.17	11.94	8.64
21	抚顺特钢	75.29	—	38.62
22	泸天化股份	23.41	—	8.05
23	重庆钢铁	348.93	—	185.89
24	云维股份	5.76	—	1.98
25	舜天船舶	20.63	22.12	—
26	川化股份	3.94	3.59	—

注:若案例公司重整计划中未指明《资产评估报告》之评估价值为清算价值还是市场价值,则将该公司评估价值归类至评估市场价值,如舜天船舶重整案例等适用该情形。

(二)案例公司负债规模较大,且大多资不抵债

案例公司整体负债规模较大,根据重整计划草案披露的审查确认的债权金额,案例公司平均负债金额达到 98 亿元。其中,负债规模最大的为青海盐湖工业股份有限公司,其审查确认的债权金额高达 453.21 亿元。

由表 2-5 可知,大部分案例公司在重整前就已资不抵债或虽然账面未资不抵债。按照重整计划草案已披露的资产评估清算价值和审查确认债权金额计算,26 家案例公司的资产负债率均超过 100%,平均资产负债率达到 482%;最高者为云维股份,资产负债率大于 2 500%。

表 2-5 案例公司资产负债率情况

单位:亿元

序号	公司简称	资产评估清算价值	审查确认负债	净资产/净负债	资产负债率
1	中南文化	7.65	24.57	−16.92	321.18%
2	飞马国际	11.63	65.04	−53.41	559.24%
3	金贵银业	25.99	98.3	−72.31	378.22%
4	永泰能源	279.23	363.65	−84.42	130.23%
5	银亿股份	42.76	74.9	−32.14	175.16%
6	利源精制	10.86	107.11	−96.25	986.28%
7	力帆股份	38.4	106.03	−67.63	276.12%
8	宝塔实业	6.06	8.12	−2.06	133.99%
9	天神娱乐	9.89	48.44	−38.55	489.79%
10	安通控股	4.41	35.34	−30.93	801.36%
11	天海防务	9.12	10.15	−1.03	111.29%
12	德奥通航	3.85	4.11	−0.26	106.75%
13	青海盐湖	426.14	453.21	−27.07	106.35%
14	坚瑞沃能	4.54	67.18	−62.64	1 479.74%
15	莲花健康	8.95	18.21	−9.26	203.46%
16	庞大集团	50.17	175.33	−125.16	349.47%
17	沈机股份	24.66	157.43	−132.77	638.4%
18	中银绒业	39.44	84.76	−45.32	214.91%
19	厦工股份	23.85	35.78	−11.93	150.02%
20	柳化股份	8.64	25.05	−16.41	289.93%
21	抚顺特钢	38.62	83.57	−44.95	216.39%
22	泸天化股份	8.05	26.66	−18.61	331.18%
23	重庆钢铁	185.89	369.68	−183.79	198.87%
24	云维股份	1.98	49.84	−47.86	2 517.17%
25	舜天船舶	22.12	72.67	−50.55	328.53%
26	川化股份	3.59	15.13	−11.54	421.45%

（三）案例公司均存在财务指标恶化、经营状况不佳等情况

1. 偿债能力较弱

根据重整申请前的财务指标，案例公司普遍偿债能力较弱，这从表 2-5 中的资产负债率指标即可见一斑。而从现金比率和流动比率来看，一般认为现金比率在 20% 以上比较健康，而流动比率一般认为应在 2∶1 以上。但从表 2-6 可以看出，26 家案例公司的流动性也普遍面临紧张状况。根据可以获取的公开信息，按照重整申请前的账面数据计算，这 26 家案例公司平均现金比率为 11%，平均流动比率为 0.56，短期偿债能力较弱，面临紧张的流动性危机。

2. 盈利能力较弱，难以产生正向经营性现金流

根据表 2-6，有 22 家案例公司的总资产报酬率为负数。其中，天海防务总资产报酬率最低，为 −55%。有 21 家案例公司的同比营业收入呈下降趋势，降幅最高的为利源精制，其营业收入同比下降 84%。归母净利润的下降情况更为严重，降幅最高的为泸天化股份，其归母净利润同比下降 3 587%；庞大集团、抚顺特钢均下降 3 000% 左右。

此外，有 14 家案例公司经营活动产生的现金流量净额为负数，其自身的主营业务和"造血能力"已经出现问题，如果没有投资性或融资性正向现金流，公司的流动性危机会凸显。

表 2-6　案例公司重整前财务指标情况

序号	公司简称	现金比率	流动比率	总资产报酬率	营业收入增长幅度	归母净利润增长幅度	经营活动产生现金流量净额（亿元）
1	中南文化	7%	0.65	−38%	−38%	14%	0.61
2	飞马国际	22%	0.99	−12%	−33%	−822%	−46.67
3	金贵银业	22%	1.33	4%	−6%	−53%	−0.54
4	永泰能源	3%	0.18	4%	−5%	113%	51.69
5	银亿股份	4%	0.92	0.3%	−29%	−169%	1.19
6	利源精制	2%	0.12	−24%	−84%	−872%	−2.46
7	力帆股份	14%	0.45	−18%	−32%	−1951%	−11.31
8	宝塔实业	12%	0.74	−18%	−28%	−221%	0.11
9	天神娱乐	10%	0.40	−11%	−49%	83%	4.65
10	安通控股	4%	0.39	−44%	−50%	−1 017%	1.99
11	天海防务	12%	1.01	−55%	−31%	−1 244%	−0.2
12	德奥通航	4%	0.27	−19%	−6%	66%	0.55
13	青海盐湖	10%	0.36	−2%	53%	17%	71.47
14	坚瑞沃能	7%	0.97	−13%	153%	−966%	−20.09
15	莲花健康	2%	0.28	−20%	−7%	−221%	−0.24
16	庞大集团	27%	0.71	−11%	−40%	−3 003%	−122.28

（续表）

序号	公司简称	现金比率	流动比率	总资产报酬率	营业收入增长幅度	归母净利润增长幅度	经营活动产生现金流量净额（亿元）
17	沈机股份	19%	0.86	−1%	20%	−769%	−0.57
18	中银绒业	12%	0.65	5%	−16%	105%	−0.51
19	厦工股份	9%	0.84	−1%	−36%	−687%	4.78
20	柳化股份	6%	0.24	−15%	−21%	−68%	0.27
21	抚顺特钢	23%	0.53	−9%	7%	−2 933%	6.71
22	泸天化股份	7%	0.27	−5%	1%	−3 587%	3.15
23	重庆钢铁	4%	0.09	−9%	−47%	22%	−4.49
24	云维股份	13%	0.29	−30%	−58%	−148%	−1.02
25	舜天船舶	2%	0.97	−19%	−15%	−1 943%	−3.47
26	川化股份	4%	0.15	−9%	−62%	64%	−1.56

三、案例公司重整程序分析

《破产法》正式实施后，通过司法程序进行重整，是公司摆脱困境获得重生的有效方式。本书从司法重整基本流程的角度，对 26 家案例公司的重整申请耗时、重整耗时、申请模式、管理人组成、重整期间管理模式以及重整计划的批准情况等进行了比较分析，具体如表 2-7 所示。

表 2-7　案例公司重整基本信息

序号	公司简称	重整申请耗时（天）	重整耗时（天）	申请模式	管理人确定模式	管理人组成	是否涉及实质性重整	重整期间管理模式	重整计划批准情况
1	中南文化	183	31	债务人申请	法院指定	江苏神阙律师事务所、江苏正卓恒新会计师事务所有限公司	否	自行管理	裁定批准
2	飞马国际	394	93	债权人申请	法院指定	北京市中伦（深圳）律师事务所	否	管理人管理	裁定批准
3	金贵银业	323	41	债权人申请	法院指定	北京市金杜律师事务所	否	自行管理	裁定批准
4	永泰能源	50	82	债权人申请	指定清算组	永泰能源清算组	否	自行管理	裁定批准
5	银亿股份	259	175	债权人申请	指定清算组	银亿系企业清算组	是	管理人管理	裁定批准
6	利源精制	426	36	债权人申请	指定清算组	公司清算组	否	管理人管理	裁定批准

（续表）

序号	公司简称	重整申请耗时（天）	重整耗时（天）	申请模式	管理人确定模式	管理人组成	是否涉及实质性重整	重整期间管理模式	重整计划批准情况
7	力帆股份	53	101	债权人申请	指定清算组	力帆系企业清算组	是	管理人管理	裁定批准
8	宝塔实业	123	115	债权人申请	指定清算组	由宁夏回族自治区人民政府推荐的有关部门、机构人员及北京金杜律师事务所组成的清算组	否	自行管理	裁定批准
9	天神娱乐	96	98	债权人申请	现场摇号	辽宁恒信律师事务所、辽宁法大律师事务所	否	自行管理	裁定批准
10	安通控股	177	54	债权人申请	指定清算组	由泉州市、丰泽区两级政府及中介机构组成的清算组	否	管理人管理	裁定批准
11	天海防务	331	208	债权人申请	现场摇号	上海市方达律师事务所	否	自行管理	裁定批准
12	德奥通航	275	36	债权人申请	法院指定	北京市中伦（深圳）律师事务所、广东源浩律师事务所	否	自行管理	裁定批准
13	青海盐湖	46	112	债权人申请	指定清算组	公司清算组	否	自行管理	裁定批准
14	坚瑞沃能	292	88	债权人申请	法院指定	北京市金杜（深圳）律师事务所	否	管理人管理	裁定批准
15	莲花健康	104	62	债权人申请	法院指定	北京市金杜律师事务所	否	管理人管理	裁定批准
16	庞大集团	115	96	债权人申请	指定清算组	公司清算组	否	管理人管理	裁定批准
17	沈机股份	35	92	债权人申请	指定清算组	公司清算组	否	自行管理	裁定批准
18	中银绒业	237	127	债权人申请	指定清算组	由银川市人民政府推荐的有关部门、机构人员组成清算组担任管理人	否	管理人管理	裁定批准
19	厦工股份	115	98	债权人申请	指定清算组	公司清算组	否	管理人管理	裁定批准
20	柳化股份	135	299	债权人申请	指定清算组	公司清算组	否	管理人管理	裁定批准
21	抚顺特钢	165	63	债权人申请	法院指定	北京市金杜律师事务所	否	自行管理	裁定批准

（续表）

序号	公司简称	重整申请耗时（天）	重整耗时（天）	申请模式	管理人确定模式	管理人组成	是否涉及实质性重整	重整期间管理模式	重整计划批准情况
22	泸天化股份	191	201	债权人申请	法院指定	北京市金杜（成都）律师事务所	否	管理人管理	裁定批准
23	重庆钢铁	70	140	债权人申请	指定清算组	公司清算组	否	管理人管理	裁定批准
24	云维股份	60	90	债权人申请	指定清算组	公司清算组	否	管理人管理	裁定批准
25	舜天船舶	45	262	债权人申请	法院指定	北京市金杜律师事务所	否	管理人管理	裁定批准
26	川化股份	38	189	债权人申请	法院指定	北京大成律师事务所	否	管理人管理	裁定批准

1. 重整耗时

尽量缩短重整时间，提高效率，是节约成本、利益最大化的最佳方式。在此，本书对26家案例公司的重整申请耗时（从提出破产申请到法院裁定受理所用时间）及重整耗时（从法院裁定受理到法院裁定批准所用时间）进行统计。26家案例公司的平均重整申请耗时约为167天，约5～6个月；耗时在50天以内（含50天）的有5家，分别为永泰能源、青海盐湖、沈机股份、舜天船舶、川化股份；其中耗时最短的是沈机股份，从债权人申请到法院裁定受理，用时35天。26家案例公司的平均重整耗时约为115天，约4个月；耗时在50天以内（含50天）的有4家，分别为中南文化、金贵银业、利源精制、德奥通航；其中耗时最短的是中南文化，从法院裁定受理重整到法院裁定批准重整计划草案，用时31天。

2. 申请模式

根据《破产法》第七十条的规定，债权人和债务人均有权向人民法院提出重整申请。

在26家案例公司中，25家案例公司由债权人申请重整，仅1家案例公司（即中南文化）由债务人申请重整。

3. 管理人确定模式

在大型复杂重整案件中，清算组模式和公开招募管理人模式较为常见。其中，先成立清算组，再指定清算组作为管理人的模式较为普遍。在26家案例公司中，指定清算组担任管理人的共有14家，占比54%；通过法院指定第三方中介机构担任管理人的共有10家，占比38%；通过摇号方式选定第三方中介机构担任管理人的共有2家，占比8%。

4. 实质性合并重整

在26家案例公司中，仅2家案例公司进行实质性合并重整，分别为银亿股份和力帆股份。

5. 重整期间管理模式

从重整期间管理模式的角度来看，在26家案例公司中，采取管理人管理模式的共有

16 家,占比 62%;采取公司自行管理模式的共有 10 家,占比 38%。

6. 重整计划批准情况

从重整计划批准情况的角度来看,26 家案例公司均为顺利通过各组债权人及出资人组投票并由法院裁定通过重整方案,并未出现单组或多组债权人及出资人组投票未通过而由法院强制裁定通过的情况。

7. 执行和监督

从执行和监督的角度来看,26 家案例公司的重整计划均由债务人负责执行、管理人负责监督。

四、案例公司重整计划分析

重整计划是各利益相关方通过多轮谈判、沟通和妥协后,取得各方利益平衡的结果。重整计划的核心是债权的调整及受偿、出资人权益调整及公司重组方式。

(一) 债权分类、调整及受偿方案

1. 债权分类

26 家案例公司重整计划中披露的债权分布情况如表 2-8 所示。根据《破产法》第八十二条的规定,债权可分为有财产担保债权、职工债权、税款债权及普通债权四类。如表 2-8 所示,26 家案例公司均存在普通债权。其中,20 家案例公司存在职工债权;23 家案例公司存在有财产担保的债权;13 家案例公司存在税款债权;5 家案例公司存在且单独披露融资租赁债权调整及受偿方案;2 家案例公司存在且单独披露劣后债权调整及受偿方案。

表 2-8　案例公司债权类型分布

序号	公司简称	有财产担保债权	职工债权	税款债权	普通债权	单独披露融资租赁债权受偿方案	单独披露劣后债权受偿方案
1	中南文化	✓	✓		✓		
2	飞马国际	✓	✓		✓		
3	金贵银业	✓	✓	✓	✓	✓	
4	永泰能源	✓			✓	✓	
5	银亿股份	✓			✓		
6	利源精制	✓	✓	✓	✓		
7	力帆股份	✓			✓	✓	✓
8	宝塔实业	✓	✓	✓	✓	✓	
9	天神娱乐	✓			✓		
10	安通控股		✓		✓		
11	天海防务	✓	✓	✓	✓		✓

(续表)

序号	公司简称	有财产担保债权	职工债权	税款债权	普通债权	单独披露融资租赁债权受偿方案	单独披露劣后债权受偿方案
12	德奥通航	√			√		
13	青海盐湖	√	√	√	√		
14	坚瑞沃能	√	√		√		
15	莲花健康	√	√	√	√		
16	庞大集团	√			√	√	
17	沈机股份	√			√		
18	中银绒业	√	√	√	√		
19	厦工股份		√		√		
20	柳化股份	√			√		
21	抚顺特钢	√	√		√		
22	泸天化股份		√		√		
23	重庆钢铁	√	√		√		
24	云维股份	√	√	√	√		
25	舜天船舶	√		√			
26	川化股份	√	√	√	√		

2. 债权调整及受偿方案

在 26 家案例公司中,有财产担保债权在担保财产范围内优先受偿,职工债权和税款债权通常都能得到全额受偿,但普通债权的受偿方式差异较大,具体如表 2-9 所示。

表 2-9 案例公司债权调整及受偿具体情况

序号	公司简称	普通债权受偿方式	普通债权调整及受偿方案
1	中南文化	现金、股票	(1) 以现金方式清偿 20%。 (2) 以转增股票方式清偿 30%,即每 100 元普通债权分得 10 股中南文化资本公积转增股本,按 3 元/股折算受偿率
2	飞马国际	现金、股票	(1) 普通债权以现金方式清偿 6.24%。 (2) 每 100 元普通债权可分配获得约 5 股飞马国际股票,抵偿股票的价格为 4 元/股
3	金贵银业	现金、股票	(1) 20 万元及其以下的部分以货币形式全额受偿。 (2) 超过 20 万元的部分,每 100 元以货币形式受偿 2 元、受偿转增股票 7.3 股

（续表）

序号	公司简称	普通债权受偿方式	普通债权调整及受偿方案
4	永泰能源	现金/留债分期、股票	（1）50 万元及其以下的部分以货币形式全额受偿。 （2）超过 50 万元的部分，按照 20.78% 的比例留债延期清偿，剩余部分，以永泰能源资本公积转增股本按照 1.94 元/股的抵债价格进行股票清偿，每 100 元普通债权将分得约 51.55 股
5	银亿股份	现金、股票	（1）120 万元及其以下的部分以货币形式全额受偿。 （2）超过 120 万元的部分，每家普通债权人的每 100 元债权可分得约 25.25 股 A 股上市公司股票，抵债价格为 3.96 元/股
6	利源精制	现金、股票	（1）10 万元及其以下部分以货币形式全额受偿。 （2）超过 10 万元的部分： 金融类债权：以每 100 元普通债权分得约 10.27 股利源精制资本公积转增股本的方式予以清偿，股票的抵债价格按 9.74 元/股计算。 非金融类债权：可选择按照 15.51% 的清偿比例在重整计划执行期限内一次性现金受偿。或者，非带息类普通债权人 10 万元以上的部分可以选择按照带息类普通债权清偿方式受偿
7	力帆股份	现金、股票	（1）10 万元及其以下的部分以货币形式全额受偿。 （2）超过 10 万元的部分，每 100 元普通债权分得约 6.26 股力帆股份 A 股股票，股票的抵债价格为 15.97 元/股
8	宝塔实业	现金、股票	（1）20 万元及其以下的部分以货币形式全额受偿。 （2）超过 20 万元的部分，每 100 元普通债权可分得约 12.5 股宝塔实业股票
9	天神娱乐	股票	全额以资本公积转增股本清偿。 每股抵债价格＝二债会召开日前 20 个交易日公司股票交易均价×2.20 用于清偿普通债权的股票数量＝待清偿普通债权总额÷转增股票抵债价格；每 100 元债权可分得股票数量＝用于清偿普通债权的股票数量÷待清偿普通债权总额×100
10	安通控股	股票	按照普通债权人每 100 元分得约 10.5263158 股 A 股上市公司股票，股票的抵债价格为 9.5 元/股
11	天海防务	现金	（1）5 000 万元及其以下的部分将以货币形式全额受偿。 （2）超过 5 000 万元的部分将以现金方式按照 85% 的比例清偿
12	德奥通航	现金	（1）50 万元及其以下部分以现金以货币形式全额受偿。 （2）50 万元以上部分以现金按 85% 的比例受偿
13	青海盐湖	现金/留债分期、股票	（1）50 万元及其以下的部分以货币形式全额受偿。 （2）超过 50 万元的部分： 非银行类债权：可选择留债或者以每股 13.1 元的价格股票清偿方式每 100 元分得约 7.63 股进行清偿 银行类债权：根据非银行类普通债权的选择情况，进行部分留债并实施股票清偿

(续表)

序号	公司简称	普通债权受偿方式	普通债权调整及受偿方案
14	坚瑞沃能	现金、资产	(1) 5 000 万元及其以下的部分的 12% 以现金受偿。 (2) 超过 5 000 万元的部分,每 100 元债权以坚瑞沃能对深圳市迪斯卡特科技有限公司的债权 12 元抵偿
15	莲花健康	现金	(1) 10 万元及其以下的部分以货币形式全额受偿。 (2) 超过 10 万元的部分,将按照 17.48% 的清偿比例在重整计划执行期限内现金清偿
16	庞大集团	现金/留债分期、股票	(1) 50 万元及其以下的部分以货币形式全额受偿。 (2) 超过 50 万元的部分,子公司担保财产评估价值覆盖部分在该担保财产评估价值范围内,留债展期清偿;剩余部分以每 100 元普通债权分得约 16.72 股资本公积转增股本,股票抵债价格按 5.98 元/股计算
17	沈机股份	现金/留债分期、股票	(1) 50 万元及其以下的部分以货币形式全额受偿。 (2) 超过 50 万元的部分: 金融类债权:以 5% 的比例留债 7 年,未获得留债部分每 100 元普通债权预计可分得约 2.91 股沈机股份的股票,在按每股 9 元价格计算的情况下,综合清偿率约 30%。 非金融类债权:按 15% 清偿比例一次性现金清偿,或按 30% 的清偿比例在 3 年内分期清偿
18	中银绒业	现金、股票	(1) 50 万元及其以下的部分以货币形式全额受偿。 (2) 超过 50 万元的部分以资本公积转增的股本抵偿,每股抵债价格为 5.87 元,每 100 元债权可分得约 17.04 股股票
19	厦工股份	现金/留债分期、股票	(1) 50 万元及其以下的部分以货币形式全额受偿。 (2) 超过 50 万元的部分: 金融类债权:以 32% 的比例留债 6 年,扣除留债部分后的债权按 100 元获得 27.78 股股票清偿,股票的抵债价格为 3.6 元/股。 经营类债权:留债和股票清偿的偿债方式或 6 年全额留债
20	柳化股份	现金、股票	(1) 20 万元及其以下的部分以货币形式全额受偿。 (2) 20 万元至 1 000 万元(含)的部分以现金方式受偿 50%。 超过 1 000 万元的部分,以股票清偿方式受偿 50%,抵债股票按照柳化股份 2018 年 3 月 8 日股票收市时的价格折价 4.83 元/股
21	抚顺特钢	现金/留债分期、股票	(1) 50 万元及其以下的部分以货币形式全额受偿。 (2) 超过 50 万元的部分: 经营类债权:(选择以下三种清偿方式之一) ① 全额留债 7 年清偿。 ② 每 100 元普通债权分得 12.626263 股转增股票,以分得的转增股票抵偿债务,股票的抵债价格按 7.92 元/股计算。 ③ 按照 70% 的清偿率一次性现金清偿。 金融类债权:其中的 18.21 亿元债权将全额保留,10 年清偿,剩余的 46.71 亿元股票清偿,每 100 元普通债权分得 12.626263 股转增股票,股票的抵债价格按 7.92 元/股计算

序号	公司简称	普通债权受偿方式	普通债权调整及受偿方案
22	泸天化股份	现金、股票	（1）10 万元及其以下的部分以货币形式全额受偿。 （2）超过 10 万元的部分： 金融类债权：每 100 元普通债权分得约 11.25 股 A 股上市公司股票，股票的抵债价格为每股 8.89 元。 非金融类债权：选择股票清偿，每 100 元普通债权分得约 11.25 股 A 股上市公司股票，股票的抵债价格为 8.89 元/股，或选择现金方式一次性清偿 60%
23	重庆钢铁	现金、股票	（1）50 万元及其以下的部分以货币形式全额受偿。 （2）超过 50 万元的部分，每 100 元普通债权将分得约 15.99 股股票，股票的抵债价格按 3.68 元/股计算
24	云维股份	现金、股票	（1）30 万元及其以下的部分以货币形式全额受偿。 （2）30 万元以上的部分： 金融类债权：6% 以现金方式清偿，24% 按照 7.55 元/股的价格股票清偿。 非金融类债权：30% 以现金方式清偿
25	舜天船舶	现金、股票	（1）30 万元及其以下的部分以货币形式全额受偿。 （2）超过 30 万元的部分，按 10.56% 的比例以现金方式清偿，剩余普通债权以资本公积转增的股本抵偿，每股抵债价格为 13.72 元，每 100 元债权可分得约 7.288 股股票
26	川化股份	现金	（1）100 万元及其以下的部分以货币形式全额受偿。 （2）超过 100 万元的部分按照 50% 的比例清偿

综上，26 家案例公司都对普通债权根据金额标准设定了不同的清偿方案，而且绝大多数案例公司对小额普通债权提供了全额或接近全额的清偿。除小额普通债权外，其余普通债权的调整与清偿主要通过现金/留债分期清偿、股票清偿、资产清偿三种方式进行。

第一种方式是以现金/留债分期清偿：在 26 家案例公司中，24 家案例公司提供现金清偿，仅 2 家案例公司未采用现金清偿的方式。其中，单独以现金/留债分期清偿方式进行清偿债务的有 4 家，其余案例公司均以现金清偿/留债分期清偿结合股票清偿或以资产抵债的方式进行清偿。

第二种方式是以股票清偿：在 26 家案例公司中，有 21 家案例公司提供股票清偿，占比 81%，其中 19 家案例公司结合其他方式的清偿。

第三种方式是以资产清偿：仅有坚瑞沃能 1 家，设置了以应收账款抵偿的偿债方式。

（二）债权人大会表决情况

26 家案例公司中涉及有财产担保债权人组、职工债权组、税款债权组的，均能获得一次性通过，此处不作相关列示。

表 2-10 为 26 家案例公司普通债权人组召开形式及表决情况。其中,召开形式情况为:1 家案例公司采用现场投票结合邮寄投票的形式召开;1 家案例公司采用网络会议结合现场投票的形式召开;3 家案例公司采用现场投票的形式召开;3 家案例公司采用网络会议结合线下表决/邮寄的形式召开;其余 18 家案例公司均采用网络会议的表决方式。

根据《破产法》第八十四条规定,出席会议的同一表决组的债权人过半数同意重整计划草案,并且其所代表的债权额占该组债权总额的 2/3 以上的,即为该组通过重整计划草案。

根据表决情况,仅飞马国际第一次债权人大会未通过重整计划草案,而召开了第二次债权人大会。其余 25 家案例公司均在第一次债权人会议表决通过重整计划草案。

表 2-10　案例公司重整债权人组表决情况

序号	公司名称	第一次表决情况	第二次表决情况
1	中南文化	现场会议的方式召开: 出席会议 51 家,债权总额 20.88 亿元。 (1) 同意 48 家,占出席会议的该组债权总人数的 94.12%。 (2) 其所代表的债权金额为 18.83 亿元,占债权总额的 89.66%。 表决通过	—
2	飞马国际	网络会议的方式召开,结合线下表决: 出席会议 58 家,债权总额 94.76 亿元。 (1) 同意 30 家,占出席会议的该组债权总人数的 51.72%。 (2) 其所代表的债权金额为 49.18 亿元,占债权总额的 51.89%。 表决未通过	网络会议的方式召开,结合线下表决: 出席会议 59 家,债权总额 94.76 亿元。 (1) 同意 43 家,占出席会议的该组债权总人数的 72.88%。 (2) 同意 87.89 亿元,占普通债权总额的 92.75%。 表决通过
3	金贵银业	网络会议的方式召开: 出席会议 384 家,债权总额 78.95 亿元(含有财产担保债权及建设工程优先受偿权不能优先受偿部分)。 (1) 同意 340 家,占出席会议的该组债权总人数的 88.54%。 (2) 其所代表的债权金额为 57.19 亿元,占债权总额的 72.43%。 表决通过	—
4	永泰能源	网络会议的方式召开: 出席会议 583 家,债权总额 419.06 亿元。 (1) 同意 527 家,占出席会议的该组债权总人数的 90.39%。 (2) 其所代表的债权金额为 365.67 亿元,占债权总额的 87.26%。 表决通过	—

（续表）

序号	公司名称	第一次表决情况	第二次表决情况
5	银亿股份	网络会议的方式召开： 出席会议 127 家，债权总额 71.76 亿元。 （1）同意 123 家，占出席会议的该组债权总人数的 96.85%。 （2）其所代表的债权金额为 68.57 亿元，占债权总额的 95.55%。 表决通过	—
6	利源精制	网络会议的方式召开： 出席会议 195 家，债权总额 100.96 亿元。 （1）同意 183 家，占出席会议的该组债权总人数的 93.85%。 （2）其所代表的债权金额为 80.61 亿元，占债权总额的 79.84%。 表决通过	—
7	力帆股份	网络会议的方式召开： 出席会议 89 家，债权总额 99.32 亿元。 （1）同意 71 家，占出席会议的该组债权总人数的 79.78%。 （2）其所代表的债权金额为 93.34 亿元，占债权总额的 93.98%。 表决通过	—
8	宝塔实业	网络会议的方式召开： 出席会议 247 家，债权总额 3.82 亿元。 （1）同意 233 家，占出席会议的该组债权总人数的 94.33%。 （2）其所代表的债权金额为 3.39 亿元，占债权总额的 88.58%。 表决通过	—
9	天神娱乐	网络会议的方式召开： 出席会议 95 家，债权总额 47.97 亿元。 （1）同意 85 家，占出席会议的该组债权总人数的 89.47%。 （2）其所代表的债权金额为 42.69 亿元，占债权总额的 88.99%。 表决通过	—
10	安通控股	网络会议的方式召开： 出席会议 45 家，债权总额 40.25 亿元。 （1）同意 43 家，占出席会议的该组债权总人数的 95.56%。 （2）其所代表的债权金额为 38.34 亿元，占债权总额的 95.25%。 表决通过	—

（续表）

序号	公司名称	第一次表决情况	第二次表决情况
11	天海防务	网络会议的方式召开： 出席会议 36 家，债权总额 8.451 亿元。 （1）同意 35 家，占出席会议的该组债权总人数的 97.22%。 （2）其所代表的债权金额为 8.45 亿元，占债权总额的 99.997%。 表决通过	—
12	德奥通航	网络会议的方式召开： 出席会议 57 家，债权总额 2.94 亿元。 （1）同意 54 家，占出席会议的该组债权总人数的 94.74%。 （2）其所代表的债权金额为 2.74 亿元，占债权总额的 93.4%。 表决通过	—
13	青海盐湖	网络会议的方式召开： 出席会议 1 084 家，债权总额 445.47 亿元。 （1）同意 1 049 家，占出席会议的该组债权总人数的 96.77%。 （2）其所代表的债权金额为 365.33 亿元，占债权总额的 82.01%。 表决通过	—
14	坚瑞沃能	网络会议的方式召开： 出席会议 73 家，债权总额 52.97 亿元。 （1）同意 59 家，占出席会议的该组债权总人数的 80.82%。 （2）其所代表的债权金额为 38.24 亿元，占债权总额的 72.2%。 表决通过	—
15	莲花健康	网络会议的方式召开： 出席会议 99 家，债权总额 7.58 亿元。 （1）同意 96 家，占出席会议的该组债权总人数的 96.97%。 （2）其所代表的债权金额为 6.97 亿元，占债权总额的 91.96%。 表决通过	—
16	庞大集团	网络会议的方式召开： 出席会议 162 家，债权总额 138.86 亿元。 （1）同意 128 家，占出席会议的该组债权总人数的 79.01%。 （2）其所代表的债权金额为 96.53 亿元，占债权总额的 69.52%。 表决通过	—

（续表）

序号	公司名称	第一次表决情况	第二次表决情况
17	沈机股份	网络会议的方式召开,结合线下表决: 出席会议 1 413 家,债权总额 94.76 亿元。 （1）同意 1 367 家,占出席会议的该组债权总人数的 96.74%。 （2）同意 152.96 亿元,占普通债权总额的 89.39%。 表决通过	—
18	中银绒业	网络会议的方式召开: 出席会议 108 家,债权总额 31.41 亿元。 （1）同意 106 家,占出席会议的该组债权总人数的 98.15%。 （2）其所代表的债权金额为 30.89 亿元,占债权总额的 98.36%。 表决通过	—
19	厦工股份	网络会议＋现场投票的方式召开: 出席会议 393 家,债权总额 35.32 亿元。 （1）同意 374 家,占出席会议的该组债权总人数的 95.17%。 （2）其所代表的债权金额为 34.38 亿元,占债权总额的 97.32%。 表决通过	—
20	柳化股份	网络会议的方式召开: 出席会议 420 家,债权总额 24.09 亿元。 （1）同意 408 家,占出席会议的该组债权总人数的 96.85%。 （2）其所代表的债权金额为 20.25 亿元,占债权总额的 84.06%。 表决通过	—
21	抚顺特钢	网络会议的方式召开: 出席会议 968 家,债权总额 79.98 亿元。 （1）同意 951 家,占出席会议的该组债权总人数的 96.85%。 （2）其所代表的债权金额为 61.62 亿元,占债权总额的 77.05%。 表决通过	—
22	泸天化股份	网络会议＋邮寄的方式召开: 出席会议 129 家,债权总额 27.45 亿元。 （1）同意 129 家,占出席会议的该组债权总人数的 100%。 （2）其所代表的债权金额为 27.45 亿元,占债权总额的 100%。 表决通过	—

（续表）

序号	公司名称	第一次表决情况	第二次表决情况
23	重庆钢铁	网络会议的方式召开： 出席会议 1 386 家，债权总额 288.28 亿元。 （1）同意 1 340 家，占出席会议的该组债权总人数的 96.68%。 （2）其所代表的债权金额为 275.43 亿元，占债权总额的 95.54%。 表决通过	—
24	云维股份	现场投票的方式召开： 出席会议 90 家，债权总额 55.97 亿元。 （1）同意 81 家，占出席会议的该组债权总人数的 96.85%。 （2）其所代表的债权金额为 47.15 亿元，占债权总额的 90%。 表决通过	—
25	舜天船舶	现场会议＋邮寄投票的方式召开： 出席会议 162 家，债权总额 75.3 亿元。 （1）同意 160 家，占出席会议的该组债权总人数的 98.76%。 （2）其所代表的债权金额为 74.12 亿元，占债权总额的 98.43%。 表决通过	—
26	川化股份	现场投票的方式召开： 出席会议 212 家，债权总额 10.99 亿元。 （1）同意 210 家，占出席会议的该组债权总人数的 99.06%。 （2）其所代表的债权金额为 8.86 亿元，占债权总额的 80.59%。 表决通过	—

（三）出资人权益调整方案

26 家案例公司的重整计划均包含了出资人权益调整方案。26 家案例公司出资人调整方案摘要如表 2-11 所示。

表 2-11　案例公司出资人权益调整方案情况

序号	公司简称	调整方式	出资人权益调整情况
1	中南文化	资本公积转增	资本公积转增股本： 　　以中南文化重整前总股本 13.89 亿股为基数，按每 10 股转增约 7.292334 股的比例实施资本公积转增股本，共计转增 10.13 亿股。转增后，公司股本从 13.89 亿股增至 24.02 亿股。 　　转增股票不向原股东分配，其中 3.68 亿股出让给重整投资人；4.08 亿股出让给财务投资人；2.37 股用于清偿中南文化及其子全资子公司江阴中南重工有限公司的债权

（续表）

序号	公司简称	调整方式	出资人权益调整情况
2	飞马国际	资本公积转增、让渡	资本公积转增股本： 　　以总股本 16.53 亿股为基数，按每 10 股转增 6.1 股的比例实施资本公积转增股本，转增 10.08 亿股（最终转增的准确股票数量以中国结算深圳分公司实际登记确认的数量为准）。转增后，飞马国际的总股本将由 16.53 亿股增加至 26.61 亿股。 　　转增股票不向原股东进行分配，其中约 7.21 亿股用于债权人抵偿债务；2.87 亿股由重整投资人上海新增鼎资产管理有限公司有条件受让。 让渡： 　　控股股东飞马投资控股有限公司及飞马国际实际控制人黄壮勉分别按照 50% 的比例让渡其所持有的飞马国际股票，让渡的股票总数约 5.09 亿股，由重整投资人上海新增鼎资产管理有限公司有条件受让
3	金贵银业	资本公积转增	资本公积转增股本： 　　以金贵银业重整前总股本 9.6 亿股为基数，按每 10 股转增约 13.01436 股的比例实施资本公积转增股本，共计转增 12.5 亿股。转增后，金贵银业总股本将由 9.6 亿股增至 22.1 亿股。 　　转增股票中，8.15 亿股用于抵偿金贵银业的债务；4.35 亿股用于引入重整投资人
4	永泰能源	资本公积转增	资本公积转增股本： 　　以永泰能源重整前总股本 124.26 亿股为基数，按照每 10 股转增 7.88 股的比例实施资本公积转增股本，共计转增约 97.92 亿股。转增后，永泰能源总股本将由 124.26 亿股增加至 222.18 亿股。 　　上述转增股票不向原股东进行分配，而是全部按照重整计划的规定向债权人进行分配以抵偿债务及支付相关重整费用
5	银亿股份	资本公积转增	资本公积转增股本： 　　以银亿股份重整前总股本 40.28 亿股为基数，按照每 10 股转增 6.48 股的比例实施资本公积转增股本，共计可转增 26.1 亿股。转增后，银亿股份总股本将由 40.28 亿股增加至 66.38 亿股。之后，再以 66.38 亿股为基数，按照每 10 股转增 5.06 股的比例实施资本公积转增，共计可转增约 33.59 亿股股票。转增后，银亿股份总股本将最终增加至 99.97 亿股。 　　首次转增 26.1 亿股中，控股股东及其支配的股东分得的 18.51 亿股将用于完成业绩补偿及解决资金占用问题，除控股股东及其支配的股东外的其他股东分得 7.55 亿股，375.29 万股未进行分配。 　　第二次转增 33.59 亿股，不再向全体股东进行分配，管理人以 18.10 亿股股票有条件引进重整投资人，管理人以 15.49 亿股股票通过股票清偿的方式，清偿银亿股份的负债

序号	公司简称	调整方式	出资人权益调整情况
6	利源精制	资本公积转增	资本公积转增股本： 　　以利源精制重整前总股本 12.15 亿股为基数，按照每 10 股转增 19.22 股的比例转增约 23.35 亿股，转增后利源精制总股本将扩大至 35.5 亿股。 　　上述转增股票不向原股东分配，其中 8 亿股由重整投资人中的重庆秦川及/或其指定的关联方有条件受让，5.5 亿股由财务投资人按照 1 元/股价格受让，剩余 9.85 亿股股票将按照重整计划规定用于抵偿债务
7	力帆股份	资本公积转增	资本公积转增股本： 　　以无限售股份 12.86 亿股为基数，按每 10 股转增约 25 股的比例实施资本公积转增股本，共计转增 32.14 亿股股份。力帆股份总股本将由 13.14 亿股增加至 45.28 亿股（未考虑限售回购注销的情况）。 　　转增股票中约 13.5 亿股用于引入满江红基金，9 亿股用于引入产业投资人，约 9.64 亿股分配给力帆股份及十家子公司用于清偿债务
8	宝塔实业	资本公积转增	资本公积转增股本： 　　以宝塔实业重整前总股本 7.64 亿股为基数，按照每 10 股转增约 5.03 股的比例实施资本公积转增股本，共计可转增约 3.84 亿股股票。转增后宝塔实业总股本将扩大至 11.48 亿股。 　　转增股票不向原股东分配，由管理人进行处置以及向债权人分配抵偿债务
9	天神娱乐	资本公积转增	资本公积转增股本： 　　以天神娱乐重整前总股本 9.32 亿股为基数实施资本公积转增股本。转增股份数为约 7.31 亿股。转增后，总股本将扩大至 16.63 亿股。 　　预留 4 000 万股在二级市场处置变现用于支付破产费用、偿还共益债务以及补充公司流动资金等，剩余转增股票用于直接抵偿债务
10	安通控股	资本公积转增	资本公积转增股本： 　　以安通控股重整前总股本 14.87 亿股为基数，按照每 10 股转增约 19.35 股的比例实施资本公积转增股本，共计可转增 28.77 亿股，转增后，总股本将由 14.87 亿股增加至 43.64 亿股。 　　上述转增股票中，3.83 亿股用于解决业绩补偿、资金占用及已依法裁定确认的违规担保等历史遗留问题；9 750 万股向部分公司股东进行分配；13.11 亿股由重整投资人有条件受让；10.85 亿股将通过股票清偿的形式用于清偿安通控股及两家核心子公司债务
11	天海防务	资本公积转增	资本公积转增股本： 　　以天海防务重整前总股本 9.6 亿股为基数，按每 10 股转增 8 股的比例实施资本公积转增股本，共计转增 7.68 亿股。转增后，总股本将由 9.6 亿股增加至 17.28 亿股。 　　转增股票全部由财务投资人有条件受让

（续表）

序号	公司简称	调整方式	出资人权益调整情况
12	德奥通航	资本公积转增	资本公积转增股本： 以德奥通航重整前总股本 2.65 亿股为基数，按每 10 股转增 11 股的比例实施资本公积转增股本，共计转增约 2.92 亿股股份。转增后，德奥通航总股本将由 2.65 亿股增至 5.57 亿股。 转增股票全部由重整投资人及其指定的财务投资人有条件受让
13	青海盐湖	资本公积转增	资本公积转增股本： 以青海盐湖重整前总股本 27.86 亿股为基数，按照每 10 股转增 9.5 股的比例转增合计约 26.47 亿股，总股本扩大至 54.33 亿股。 上述转增股票中，约 25.76 亿股转增股票用于向债权人抵偿债务，占转增后总股本的 47.42%；剩余约 7 075.18 万股转增股票由拟处置资产的承接方有条件有偿受让，占转增后总股本的 1.3%
14	坚瑞沃能	资本公积转增	资本公积转增股本： 以坚瑞沃能重整前总股本 24.33 亿股为基数，按照每 10 股转增 8.5 股的比例共计转增 20.68 亿股，总股本增至 45.01 亿股；李瑶持有的 3.02 亿股及该股份转增形成的 2.56 亿股将被回购注销，注销完成后总股本 39.42 亿股。 总转增股票除李瑶待注销的股票外，剩余部分作如下安排：郭鸿宝及宁波坚瑞的转增股 4.94 亿股全部让渡；其他股东的转增股中，每 10 股转增 0.5 股部分向原股东分配，每 10 股转增 8 股部分由原股东让渡；上述让渡股票合计 17.34 亿股，由重整投资人有条件受让
15	莲花健康	资本公积转增	资本公积转增股本： 以莲花健康重整前总股本 10.62 亿股为基数，按照每 10 股转增 2.99333 股的比例转增合计约 3.18 亿股，总股本扩大至 13.8 亿股。 上述转增股票不向原股东分配，全部由重整投资人有条件受让
16	庞大集团	资本公积转增、让渡	资本公积转增股本： 以庞大集团重整前总股本 65.38 亿股为基数，按照每 10 股转增 5.641598 股的比例转增合计约 36.89 亿股，总股本扩大至 102.27 亿股。 转增股票中，由重整投资人受让 7 亿股，剩余约 29.89 亿股用于清偿债务。 让渡： 控股股东及其关联自然人让渡其所持有的 21.06 亿股股票，由重整投资人及其关联方有条件受让
17	沈机股份	资本公积转增	资本公积转增股本： 以沈机股份重整前总股本 7.65 亿股为基数，按照每 10 股转增 12 股的比例转增合计约 9.19 亿股，总股本扩大至 16.84 亿股。 上述转增股票中，由投资人受让约 5.05 亿股，剩余约 4.14 亿股用于清偿债务

（续表）

序号	公司简称	调整方式	出资人权益调整情况
18	中银绒业	资本公积转增	资本公积转增股本： 以重整前股本总额 18.05 亿股为基数,按照每 10 股约转增 13.61 股的比例实施资本公积转增股本,共计转增约 24.57 亿股。转增后,总股本扩大至 42.62 亿股。 上述转增股票中,约 9.81 亿股由附承诺的资产购买方受让;剩余约 14.76 亿股用于清偿债务
19	厦工股份	资本公积转增	资本公积转增股本： 以厦工股份重整前总股本 9.59 亿股为基数,按照每 10 股转增 8.5 股的比例转增合计约 8.15 亿股。转增后,总股本扩大至 17.74 亿股。 上述转增股票中,由金融类普通债权人受让 4.14 亿股,占比 23.36％,经营类普通债权人最多受让 2.33 亿股(在所有经营类普通债权人都选择股票清偿而非留债的情况下),占比 13.14％;剩余 1.68 亿股用于清偿债务及补充运营资金
20	柳化股份	资本公积转增	资本公积转增股本： 以柳化股份重整前总股本 3.99 亿股为基数,按照每 10 股转 10 股的比例实施资本公积转增股本,共计转增 3.99 亿股。转增后,总股本扩大至 7.98 亿股。 上述由资本公积转增的股本不向原股东分配,其中的 2.11 亿股用于直接抵偿债务;剩余的 1.88 亿股由重整投资人按照3.22元/股的价格受让
21	抚顺特钢	资本公积转增	资本公积转增股本： 以抚顺特钢重整前总股本 13 亿股为基数,按照每 10 股转增不超过 5.72 股的比例共计转增不超过 7.44 亿股,总股本最多增加到 20.436 亿股。 上述转增股票不向原股东分配,其中 5.9 亿股直接用于抵偿金融类普通债权;不超过 7 360 万股根据债权人的选择直接用于抵偿经营类普通债权;剩余 8 000 万股处置变现,所得价款用于偿付债务和支付有关费用,补充抚顺特钢生产经营所需资金
22	泸天化股份	资本公积转增	资本公积转增股本： 以泸天化股份总股本 5.85 亿股为基数,按照每 10 股转增 16.803419股的比例转增合计约 9.83 亿股,总股本扩大至 15.68 亿股。 上述转增股票中,约 2.75 亿股将分配给泸天化股份的债权人用于清偿债务;不超过 2.19 亿股将提供给和宁化学的债权人以清偿债务,约 4.7 亿股由重组投资人有条件受让;剩余 1 900 万股公开处置变现后用于改善公司持续经营能力等

（续表）

序号	公司简称	调整方式	出资人权益调整情况
23	重庆钢铁	资本公积转增、让渡	资本公积转增股本： 以重庆钢铁重整前总股本 44.36 亿股中的 38.98 亿 A 股为基数，按照每 10 股转增 11.5 股的比例转增合计约 44.83 亿股，总本扩大至 89.19 亿股。 上述转增股票占转增后重庆钢铁总股本的 50.27%，全部用于清偿债务及重整费用支付。 让渡： 控股股东重庆钢铁集团让渡其所持公司的约 A 股股票 20.97 亿股，该等股票由重组方有条件受让
24	云维股份	资本公积转增	资本公积转增股本： 以云维股份重整前总股本 6.16 亿股为基数，按照每 10 股转增 10 股票，总股本扩大至 12.32 亿股。 全体股东同比例让渡转增股份的 30%，共计让渡 1.85 亿股，用于按照重整计划的规定清偿债权人。如有剩余，由管理人处置变现用于公司后续经营
25	舜天船舶	资本公积转增、发行新股	资本公积转增股本： 以舜天船舶重整前总股本 3.75 亿股为基数，按照每 10 股转增 13.870379 股的比例实施资本公积转增股本，共计转增约 5.2 亿股，全部用于清偿债务。 发行新股： 进行重大资产重组，舜天船舶新发行 23.58 亿股向国信集团购买 8 家公司；并以每股不低于 8.91 元的价格向其他不超过 10 名特定投资者非公开发行股份进行配套融资，募集资金不超过 46.5 亿元。 资本公积转增股本、发行股份购买资产且募集配套资金后，公司总股本将从 3.75 亿股增至 37.75 亿股
26	川化股份	资本公积转增	资本公积转增股本： 以川化股份重整前总股本 4.7 亿股为基数，按照每 10 股转增 17.02 股的比例实施资本公积转增股本，共计转增 8 亿股。 转增后总股本增加至 12.7 亿股。 上述由资本公积转增的股本，由重整投资人有条件受让

注：案例公司最终增资的准确股份数量以实际登记确认数量为准。

（四）出资人会议表决情况

26 家案例公司均涉及出资人权益调整。除了金贵银业仅采用网络投票，其余 25 家案例公司均采用现场投票与网络投票相结合的表决方式。

26 家案例公司中仅飞马国际第一次出资人会议未通过《出资人权益调整方案》，而召开了第二次出资人会议；其余 25 家案例公司均在第一次出资人会议表决通过《出资人权益调整方案》，如表 2-12 所示。

表 2-12 案例公司重整出资人组表决情况

序号	公司名称	第一次表决情况	第二次表决情况
1	中南文化	现场投票与网络投票表决相结合： 现场投票占总股本 0%；网络投票占总股本 50.6%。 同意票 7 亿股，赞成率 99.66%。 表决通过	—
2	飞马国际	现场投票与网络投票表决相结合： 现场投票占总股本 0.0155%；网络投票占总股本 71.42%。 同意票 7.73 亿股，赞成率 65.49%。 表决未通过	现场投票与网络投票表决相结合： 现场投票占总股本的 42.7%；网络投票占总股本 29.98%。 同意票 11.4 亿股，赞成率的 94.95%。 表决通过
3	金贵银业	网络投票： 网络投票占总股本比例为 41.49%。 同意票 3.98 亿股，赞成率 99.97%。 表决通过	—
4	永泰能源	现场投票与网络投票表决相结合： 现场投票占总股本的 33.11%；网络投票占总股本的 23.48%。 同意票 70.3 亿股，赞成率 99.97%。 表决通过	—
5	银亿股份	现场投票与网络投票表决相结合： 现场投票占总股本的 0.04%；网络投票占总股本的 79%。 同意票 3.18 亿股，赞成率 99.98%。 表决通过	—
6	利源精制	现场投票与网络投票表决相结合： 现场投票占总股本的 8.22%；网络投票占总股本的 23.18%。 同意票 3.81 亿股，赞成率 100%。 表决通过	—
7	力帆股份	现场投票与网络投票表决相结合： 现场投票占总股本的 46.92%；网络投票占总股本的 0.59%。 同意票 6.24 亿股，赞成率 100%。 表决通过	—
8	宝塔实业	现场投票与网络投票表决相结合： 现场投票占总股本的 52.437%；网络投票占总股本的 0.5%。 同意票 4.05 亿股，赞成率 100%。 表决通过	

(续表)

序号	公司名称	第一次表决情况	第二次表决情况
9	天神娱乐	现场投票与网络投票表决相结合: 现场投票占总股本的 24.73%;网络投票占总股本的 12.34%。 同意票 3.46 亿股,赞成率 100%。 表决通过	—
10	安通控股	现场投票与网络投票表决相结合: 现场投票占总股本的 59.93%;网络投票占总股本的 18.64%。 同意票 11.55 亿股,赞成率 98.9%。 表决通过	—
11	天海防务	现场投票与网络投票表决相结合: 现场投票占总股本的 20.55%;网络投票占总股本的 14.77%。 同意票 3.39 亿股,赞成率 100%。 表决通过	—
12	德奥通航	现场投票与网络投票表决相结合: 现场投票占总股本的 24.66%;网络投票占总股本的 19.06%。 同意票 1.07 亿股,赞成率 91.94%。 表决通过	—
13	青海盐湖	现场投票与网络投票表决相结合: 现场投票占总股本的 36.88%;网络投票占总股本的 25.36%。 同意票 1.72 亿股,赞成率 99.09%。 表决通过	—
14	坚瑞沃能	现场投票与网络投票表决相结合: 现场投票占总股本的 25.75%;网络投票占总股本的 13.83%。 同意票 9.63 亿股,赞成率 99.99%。 表决通过	—
15	莲花健康	现场投票与网络投票表决相结合: 现场投票占总股本的 12.68%;网络投票占总股本的 14.57%。 同意票 1.54 亿股,赞成率 100%。 表决通过	—
16	庞大集团	现场投票与网络投票表决相结合: 现场投票占总股本的 0.83%;网络投票占总股本的 33.23%。 同意票 22.27 亿股,赞成率 99.99%。 表决通过	—

（续表）

序号	公司名称	第一次表决情况	第二次表决情况
17	沈机股份	现场投票与网络投票表决相结合： 现场投票占总股本的 25.12%；网络投票占总股本的 11.87%。 同意票 2.82 亿股,赞成率 99.43%。 表决通过	—
18	中银绒业	现场投票与网络投票表决相结合： 现场投票占总股本的 0.37%；网络投票占总股本的 56.95%。 同意票 10.33 亿票,赞成率 99.81%。 表决通过	—
19	厦工股份	现场投票与网络投票表决相结合： 现场投票占总股本的 49.2%；网络投票占总股本的 2.98%。 同意票 4.93 亿股,赞成率 99.11%。 表决通过	—
20	柳化股份	现场投票与网络投票表决相结合： 现场投票占总股本的 10.16%；网络投票占总股本的 12.9%。 同意票 6 510 万股,赞成率 70.69%。 表决通过	—
21	抚顺特钢	现场投票与网络投票表决相结合： 现场投票占总股本的 40.95%；网络投票占总股本的 3.03%。 同意票 5.71 亿股,赞成率 99.92%。 表决通过	—
22	泸天化股份	现场投票与网络投票表决相结合： 现场投票占总股本的 33%；网络投票占总股本的 2.6%。 同意票 2.08 亿股,赞成率 99.8%。 表决通过	—
23	重庆钢铁	现场投票与网络投票表决相结合： 现场投票占总股本的 48.48%；网络投票占总股本的 9.11%。 同意票 2.54 亿股,赞成率 99.32%。 表决通过	—
24	云维股份	现场投票与网络投票表决相结合： 现场投票占总股本的 58.63%；网络投票占总股本的 0.51%。 同意票 3.64 亿股,赞成率 99.81%。 表决通过	—

（续表）

序号	公司名称	第一次表决情况	第二次表决情况
25	舜天船舶	现场投票与网络投票表决相结合： 现场投票占总股本的57.16%；网络投票占总股本的3.95%。 同意票2.29亿股，赞成率99.87%。 表决通过	—
26	川化股份	现场投票与网络投票表决相结合： 现场投票占总股本的42.13%；网络投票占总股本的10.4%。 同意票2.29亿股，赞成率92.63%。 表决通过	—

（五）战略投资人引入

26家案例公司中，5家公司没有引入特定的第三方战略投资人，分别为永泰能源、天神娱乐、厦工股份、抚顺特钢、云维股份；其余21家公司实施了引入战略投资人的重整方式。公司通过引入在资金、公司管理、市场运营等方面有明显实力和背景的投资人，不仅能为公司的重整后业务提供必要的资金来源和资产保障未来的发展，还能提高公司的资源整合能力，从而增强公司的核心竞争力。

五、案例公司重整结果分析

成功完成重整的公司基本都能实现较好的拯救效果，产生积极的社会影响。本书从清偿率的变化对重整结果进行分析。

前已述及，26家案例公司在重整前已实际面临资不抵债的情况，假定其清算状态下的普通债权清偿率（天海防务、厦工股份除外）均低于50%。从表2-13来看，26家案例公司在重整后的债权清偿率情况，均比清算状态下的清偿率有一定提升。其中，有10家公司重整状态下的债权名义上清偿率达到100%，占26家案例公司的38%；其余已披露相关信息的公司中，有14家重整状态的清偿率至少为清算状态下清偿率的2倍，占26家案例公司的57%。

表2-13 案例公司债权清偿情况

序号	公司简称	假定清算状态下普通债权清偿率	重整状态下普通债权名义清偿率
1	中南文化	22.59%	50.00%
2	飞马国际	6.24%	26.22%
3	金贵银业	3.86%	>46.09%
4	永泰能源	36.57%	100.00%
5	银亿股份	39.75%	100.00%

（续表）

序号	公司简称	假定清算状态下普通债权清偿率	重整状态下普通债权名义清偿率
6	利源精制	4.95%	>15.51%
7	力帆股份	12.65%	100.00%
8	宝塔实业	17.79%	100.00%
9	天神娱乐	12.67%	100.00%
10	安通控股	3.64%	100.00%
11	天海防务	79.54%	>85.00%
12	德奥通航	36.47%	>85.00%
13	青海盐湖	38.51%	>60.00%
14	坚瑞沃能	3.83%	>12.00%
15	莲花健康	0	>17.48%
16	庞大集团	11.20%	100.00%
17	沈机股份	0	>15.00%
18	中银绒业	0	100.00%
19	厦工股份	58.62%/26.95%	100.00%
20	柳化股份	14.23%	>50.00%
21	抚顺特钢	21.22%	>70.00%
22	泸天化股份	1.36%	>60.00%
23	重庆钢铁	16.64%	>58.84%
24	云维股份	1.35%	>30.00%
25	舜天船舶	11.10%	100.00%
26	川化股份	0	>50.00%

下篇

案例详解

下篇将 26 家案例公司进行了不同维度的汇总分析,从七个维度展开叙述每个案例公司重整的详细情况,从整体上分析 26 家案例公司重整的共性及个性的特点。这七个维度为:公司基本信息、资产负债情况、重整基本情况、重整计划主要内容、重整计划表决与批准、重整计划执行与监督、重整计划顺利实施的预期效果。

26 个案例的数据及信息来源均为公开渠道可获得的信息,包括上市公司指定的信息披露媒体或公司网站所发布的各类文件,如招股说明书、募集说明书、上市公告书、定期报告、临时报告、重整计划草案、重整进展公告等。

案例 1 中南文化重整案例解析

背景

中南红文化集团股份有限公司(以下简称"中南文化"或"公司")从事文化娱乐与先进生产制造相关业务,成立于 2003 年 5 月 28 日,重整前注册资本为 13.89 亿元。2018 年 5 月,因 6 亿元公司债到期难以兑付,中南文化发生债务危机,资金链断裂导致生产运营全面停滞。中南文化于 2020 年 5 月 25 日申请对公司进行重整。2020 年 5 月 25 日,公司进入预重整程序,由江苏方德律师事务所担任预重整引导人。2020 年 11 月 24 日,江苏省无锡市中级人民法院(以下简称"无锡中院")裁定受理公司重整,并指定江苏神阙律师事务所与江苏正卓恒新会计师事务所担任重整管理人。2020 年 12 月 25 日,无锡中院裁定批准重整计划。2021 年 3 月 25 日,无锡中院裁定确认公司重整计划执行完毕,终结公司重整程序。中南文化系江苏省首例上市公司经过预重整进入重整的案例,是江苏高院发布的 2020 年江苏法院破产审判典型案例之一。

方案要点

1. 出资人权益调整

以中南文化重整前总股本 13.89 亿股为基数,按每 10 股转增约 7.292 334 股的比例实施资本公积转增股本,共计转增 10.13 亿股。转增后,公司股本从 13.89 亿股增至 24.02 亿股。

转增股票不向原股东分配,其中 3.68 亿股出让给重整投资人;4.08 亿股出让给财务投资人;剩余 2.37 亿股用于清偿中南文化及其全资子公司江阴中南重工有限公司(以下简称"中南重工")的债权。

2. 债权调整及受偿

1) 有财产担保债权调整及受偿

有财产担保债权在担保资产评估值(1 230.48 万元)范围内 100% 一次性货币清偿,在担保资产评估值以外的金额按照普通债权方式进行调整并受偿。

2) 普通债权调整及受偿

对已经确认的普通债权金额,中南文化按以下方式清偿:以现金方式清偿 20%,以转增股票方式清偿 30%,即每 100 元普通债权分得 20 元现金和 10 股中南文化资本公积转增股本,按 3 元/股折算受偿率。如债权人不同意以转增股票方式清偿的,则该等股票在中南文化重整计划或重整计划经无锡中院裁定批准后公开处置,以处置回收金额清偿该笔债权。

3. 引入重整投资人及财务投资人

江阴澄邦企业管理发展中心(有限合伙)(以下简称"澄邦企管")作为中南文化重整投资人,将出资3.8亿元认购中南文化资本公积转增的3.68亿股股票。招商平安资产管理有限责任公司(以下简称"招商平安资产")及国厚资产管理股份有限公司(以下简称"国厚资产")作为财务投资人,分别以不超过人民币2.75亿元和1.45亿元,认购转增股份不少于2.67亿股和1.41亿股。上述认购完成后,重整投资人、财务投资人约分别持有中南文化重整计划执行完毕后总股本的29.49%和17%。

此外,按照合作协议约定,重整投资人及财务投资人按比例共同承担中南文化对镇江新利拓车用能源有限公司及芒果传媒有限公司违规担保债权的清偿(包括律师费用和诉讼费用)。其中,招商平安资产按比例清偿违规担保债权所需支付的现金不超过人民币5 744万元,所需股票不超过2 869万股;国厚资产按比例清偿违规担保债权所需支付的现金不超过人民币3 033万元,所需股票不超过1 517万股。

一、公司基本信息

(一) 公司及业务简介

2003年5月28日,江阴市江南高压管件厂与中国台湾詹凯麟合资成立江阴江南管业设备成套有限公司(以下简称"江南管业"),注册资本500万美元。2008年2月2日,由无锡工商行政管理局颁发《企业法人营业执照》(注册号为320281400000737),江南管业整体变更为江阴中南重工股份有限公司(以下简称"中南重工股份"),注册资本9 200万元。

2010年7月13日,中南重工股份在深圳证券交易所(以下简称"深交所")上市,股票代码为002445,上市后公司总股本变更为1.23亿股。2016年5月5日,中南重工股份更名为中南红文化集团股份有限公司,股票名称为中南文化。中南文化注册地为江苏省江阴市高新技术产业开发园金山路,注册资本为13.89亿元,法定代表人为陈飞。

中南文化经营范围为:广播、电影、电视、音乐节目的制作、发行;营业性演出;演出经纪;知识产权代理服务;出版物零售;企业形象策划;组织文化艺术交流活动;手机、计算机软硬件及配套设备、电子产品、通信产品的技术开发与销售;设计、制作、代理和发布各类广告;会务礼仪服务;利用自有资金对外投资;股权投资;教育信息咨询(不含自费出国留学中介服务);管道配件、钢管、机械配件、伸缩接头、预制及直埋保温管的制造;自营和代理各类商品及技术的进出口业务(国家限定企业经营或者禁止进出口的商品和技术除外)。

根据公司重整申请前2019年年度报告,公司营业收入为5.98亿元,净亏损为17.99亿元,毛利率为13.70%,净利率为−301.04%。

(二) 重整前股权架构图

截至2020年11月24日,中南文化股份总数为13.89亿股,登记在册的股东人数共计2.13万户。其中,澄邦企管持有3.4亿股,占比24.5%。公司实际控制人为江阴高新技术产业开发区管理委员会。公司重整前股权架构如图1-1所示。

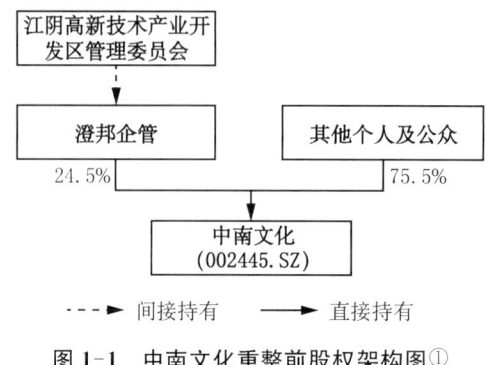

图 1-1　中南文化重整前股权架构图①

二、资产负债情况

(一) 资产负债情况总览

如表 1-1 所示,根据 2019 年年度报告,截至 2019 年 12 月 31 日,中南文化总资产账面价值为 28.82 亿元。根据评估机构出具的《资产评估报告》,中南文化现有全部资产清算评估价值为 7.65 亿元,清算价值为账面价值的 26.54%。

表 1-1　中南文化资产负债情况

单位:亿元

资产/债权类型	资产	负债	资产—负债	资产负债率
账面价值/审查确认债权	28.82	24.57	4.25	85.25%
评估清算价值/审查确认债权	7.65	24.57	−16.92	321.18%

中南文化预重整阶段共计 62 家债权人申报 63 笔债权,债权申报金额共计 32.17 亿元,其中有财产担保债权 13.38 亿元,普通债权 18.79 亿元。对于上述已经申报的债权,相关债权人承诺延伸至重整程序,转化为重整中的债权申报,而不在中南文化重整期间另行申报,上述债权在 2020 年 5 月 26 日至 2020 年 11 月 24 日产生的利息,由管理人根据债权人在预重整中提交的《债权申报表》所载计算方式计算。中南文化进入重整程序后,未在预重整期间申报但在重整期间申报的债权人共计 1 家 1 笔,债权申报性质为普通债权,申报金额为 1.5 亿元。

经债权人申报债权、管理人登记造册并审查编制债权表,有财产担保债权 6 亿元已经确认;有普通债权 16.19 亿元已经确认,普通债权诉讼未决但管理人审查不作抗辩暂予确认的 2.37 亿元,故已经确认和暂予确认的普通债权总额 18.56 亿元。

经管理人调查公示的中南文化职工债权总额 70.92 万元。

根据中南文化账面记载,尚存在未按照《破产法》规定申报但可能受法律保护的债权人

---

① 本篇案例公司重整前股权架构图、重整方案示意图及债务清偿顺序示意图均为作者整理自制。

3 家,债权总额 491.88 万元。

综上,根据债权申报与审查情况、管理人对职工债权的调查情况以及截至受理日公司财务账簿的记录等,中南文化经管理人审查确认及暂缓确认的负债合计约 24.57 亿元。

(二)债权分类

根据《破产法》的相关规定和债权审查确认情况,已申报和调查公示的中南文化债权主要包括有财产担保债权、职工债权及普通债权等。

1. 有财产担保债权

经债权人申报债权、管理人登记造册并审查编制债权表,有财产担保债权 6 亿元已经确认。

2. 职工债权

经管理人调查公示的中南文化职工债权总额为 70.92 万元。

3. 普通债权

经管理人审查确认,普通债权的金额为 16.19 亿元。

4. 其他债权

暂缓确认债权:经审查,普通债权诉讼未决但管理人审查不作抗辩暂予确认的债权金额为 2.37 亿元。

未申报债权:经管理人调查,尚存在未按照《破产法》规定申报但可能受法律保护的债权人 3 家,债权总额 491.88 万元。

(三)偿债能力分析

为给债权人表决重整计划草案提供必要参考,咨询机构在预重整阶段对中南文化假定破产清算条件下的偿债能力进行分析。根据江苏华信资产评估有限公司出具的编号为苏华咨报字(2020)第 041 号《咨询报告》,在假设中南文化破产清算条件下,中南文化有效资产快速变现价值 7.65 亿元,普通债权受偿率 22.59%。

三、重整基本情况

(一)重整背景

2018 年 5 月,因 6 亿元公司债到期难以兑付,中南文化发生债务危机,资金链断裂导致生产运营全面停滞;2018 年年报显示净亏损 20.89 亿元,2019 年年报显示净亏损 17.99 亿元。2020 年 4 月 30 日,因 2018 年度、2019 年度净利润为负值,深交所对公司股票实施退市风险警示。

(二)重整申请情况

中南文化因长期亏损且经营扭亏困难,明显缺乏清偿能力,向无锡中院申请重整,无锡中院于 2020 年 5 月 25 日立案审查;中南文化为完成《最高人民法院关于审理公司破产重整案件工作座谈会纪要》第三条规定的"关于公司具有重整可行性的报告",启动了旨在衔接庭内重整的庭外重组。

（三）重整受理情况

2020 年 11 月 24 日,无锡中院裁定受理中南文化重整,并于同日指定江苏神阙律师事务所、江苏正卓恒新会计师事务所有限公司联合体担任中南文化管理人。

（四）重整管理模式

债务人自行管理财产和营业事务。

（五）重整大事记①

• 2020 年 5 月 25 日,公司向无锡中院申请对公司进行预重整。无锡中院立案审查,同意对公司启动预重整程序,并由江方德律师事务所担任预重整引导人。

• 2020 年 7 月 31 日,公司收到引导人发来的《关于中南文化重整投资人招募之最终评审结果的通报》,经中南文化重整投资人招募评审委员会审议,确定澄邦企管为中南文化的重整投资人。

• 2020 年 9 月 10 日,召开公司预重整第一次债权人会议,审议表决《中南红文化集团股份有限公司重整预案》,但因个别债权人内部审批程序尚未完成,暂未形成最终表决意见,表决期延长。

• 2020 年 9 月 11 日,召开公司预重整出资人组会议,表决通过《出资人权益调整方案》和《历史遗留问题解决方案》。

• 2020 年 9 月 21 日,公司收到引导人发来的《中南红文化集团股份有限公司预重整引导人关于第一次债权人会议补充表决情况的报告》,债权人会议审议通过《中南红文化集团股份有限公司重整预案》。

• 2020 年 11 月 24 日,无锡中院裁定受理公司的重整申请,指定江苏神阙律师事务所与江苏正卓恒新会计师事务所有限公司联合体担任公司管理人。

• 2020 年 12 月 10 日,公司收到重整投资人澄邦企管送达的《深圳市招商平安资产管理有限责任公司与澄邦企管关于参与中南文化和中南重工破产重整项目的合作协议》。

• 2020 年 12 月 20 日,公司收到重整投资人送达的《国厚资产管理股份有限公司与澄邦企管关于参与中南文化和中南重工破产重整项目的合作协议》。

• 2020 年 12 月 25 日,公司召开第一次债权人会议,通过了《中南红文化集团股份有限公司重整计划(草案)》。无锡中院裁定批准公司重整计划,终止重整程序。

• 2021 年 3 月 25 日,无锡中院裁定确认公司重整计划执行完毕,终结公司重整程序。

四、重整计划主要内容

（一）重整思路概述

如图 1-2 所示,重整计划的主要思路为:

---

① 由于各个案例重整进度不一致,且受本书编写时间的限制,本书以 2021 年 6 月 30 日为截止时点。对于未执行完毕的案例,本书仅列示 2021 年 6 月 30 日前的大事记。

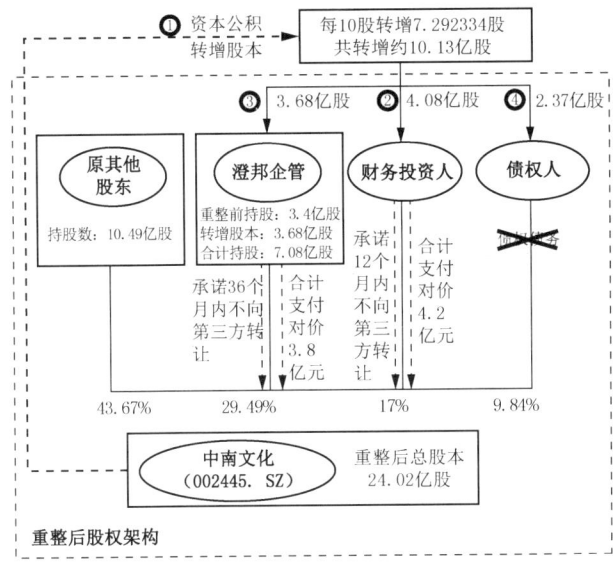

出资人权益调整方案

❶ 以中南文化重整前总股本13.89亿股为基数,按每10股转增约7.292334股的比例实施资本公积金转增股票,共计转增10.13亿股,全部为无限售流通股,转增后,公司股本从13.89亿股增至24.02亿股。前述转增股票不向股东分配。

❷ 4.08亿股有条件出让给财务投资方,占转增后总股本的17%,根据《关于重整投资人与财务投资人签署协议书的公告》,澄邦企管确保财务投资人国厚资产和招商平安资产分别以不超过人民币 1.45 亿和 2.75 亿认购转增股本 1.41 亿股和 2.67 亿股,对价为 1.03 元/股。完成认购后,国厚资产和招商平安资产分别占转增后总股本5.87%和11.13%。

❸ 3.68亿股出让给重整投资方澄邦企管,占转增后总股本的15.32%,转增后,重整投资方合计持有上市公司股票比例为29.49%。根据重整计划,澄邦企管和财务投资人合计出资共8亿元,扣除财务投资人合计对价4.2亿元,澄邦企管出资为3.8亿元,经计算,澄邦企管取得转增股份的对价为1.03元/股。

❹ 1.62亿股用于清偿中南文化债权,7 500万股股票提供给中南重工用于清偿中南重工债权,对价为3元/股。

注:① 中南文化原总股本为 13.89 亿股,其中,澄邦企管通过拍卖以 3.5 亿元取得公司股票 3.4 亿股,其他原股东合计持有 10.49 亿股。

② 重整前,澄邦企管作为原股东持有中南文化 3.4 亿股股票。

图 1-2　中南文化重整方案示意图

(1) 对出资人权益进行调整,在重整前股本基础上进行资本公积转增股本,合计转增 10.13 亿股,其中,7.76 亿股用于引入重整投资人和财务投资人,2.37 亿股用于清偿中南文化及其全资子公司中南重工的债权。

(2) 剥离已丧失盈利能力或处于停滞状态的子公司,避免其进一步侵蚀公司利润,以改善中南文化资产结构,提高中南文化的经济效益。

(二) 投资人及投资方案

1. 重整投资人

2020 年 7 月 31 日,公司收到引导人江苏方德律师事务所发来的《关于中南文化重整投资人招募之最终评审结果的通报》,经中南文化重整投资人招募评审委员会审议,确定澄邦企管为中南文化的重整投资人。澄邦企管成立于 2019 年 8 月 28 日,出资额为 5.1 亿元,经营范围为企业管理服务。

公司于 2020 年 8 月 13 日收到引导人江苏方德律师事务所发来的《关于中南红文化集团股份有限公司重整事宜之投资承诺函》,具体内容为澄邦企管经过中南文化重整投资人的招募及评审,确认作为中南文化重整投资人,澄邦企管承诺如下:

(1) 澄邦企管将向中南文化提供约 6 亿元人民币的投资金额,作为受让中南文化重整中部分资本公积转增股本的对价;投资金额将全部用于支持中南文化通过重整程序清理债务,完成重整目标。

(2) 澄邦企管将充分利用自身资源和优势,群策群力,做好与中南文化债权人的沟通谈判以及重整计划草案的制定、提交、表决、批准、执行等有关工作,并按照法院最终裁定的重整计划享有权利并履行义务。

(3)2020 年 7 月 24 日,澄邦企管已向引导人账户支付 3 000 万元重整投资保证金,剩余重整投资款在重整计划获得无锡中院裁定批准后的 10 个工作日内支付至管理人指定账户。

(4)如澄邦企管未按投资文件或重整计划要求缴纳投资款或者履行其他义务,引导人/管理人有权没收澄邦企管投资保证金,取消澄邦企管重整投资人资格。

进入重整程序后,公司及相关各方依法履行职责,依法推进各项重整工作。为明确各方在中南文化重整程序中的权利义务,中南文化、澄邦企管、中南文化管理人、中南文化引导人于 2020 年 12 月 16 日签订了《中南红文化集团股份有限公司重整投资协议》。重整投资人的权利义务如下:

(1)重整资金的安排。根据中南文化重整预案之内容,澄邦企管将出资 8 亿元认购中南文化资本公积转增的 7.76 亿股股票,上述 8 亿元资金将全部用于中南文化重整程序中清偿中南文化及其子公司中南重工的债务,协助中南文化顺利完成重整程序。

(2)历史遗留问题事项的解决。对于中南文化存在违规担保及资金占用等历史遗留问题,澄邦企管作出如下承诺:①对于芒果传媒有限公司以及镇江新利拓车用能源有限公司所涉违规担保债权(申报金额分别为 38 841.30 万元、67 298.21 万元),待该等债权后续经生效判决/裁定确认后,澄邦企管承诺如中南文化在重整程序中按照裁判结果确认债权并按照重整计划规定的同类债权的清偿条件进行清偿的,澄邦企管将等额资金和股票赠与中南文化,确保中南文化不因清偿债务而受损失。②对于上述两笔违规担保以外的其他小额违规担保及资金占用,将由同意中南文化债权调整方案的普通债权人的利息、罚息、违约金及其他费用(以计至公司重整受理之日的金额为准)专项抵偿。澄邦企管承诺对于上述专项抵偿不足部分承担差额补足责任。③澄邦企管承诺在承担完毕上述违规担保和资金占用清偿责任后,不再向中南文化继续追偿。

(3)公司可持续经营的协助。重整投资人将充分利用自身资源和优势,在公司完成重整工作的基础上,积极协助公司开拓制造业和文化行业市场,引入优质管理团队及重组资源,维持并增强公司的后续可持续发展。

(4)财务投资人的引入事项。因澄邦企管整体认购 7.76 亿股股票后,公司持股比例将超过 30%而触发要约收购,严重影响中南文化重整工作的推进。各方同意,澄邦企管将其作为重整投资人的认购部分股票的权利及相关义务概括性地转让给一户或几户财务投资人。

财务投资人由澄邦企管根据公司重整及后续经营需求,自行寻找确定。引入的财务投资人不得损害公司合法权益,不得阻碍中南文化重整程序进行,否则管理人有权要求财务投资人立即退出中南文化重整工作。各方同意:其一,财务投资人有权受让上述 7.76 亿股股票中的 4.08 亿股股票,总体出资金额 4.2 亿元。如引入的财务投资人非一家的,各家出资情况由澄邦企管与各财务投资人协商确定。其二,财务投资人应按其认购股票数额在转增股票总额中的占比承担历史遗留问题的解决,具体解决路径、方式及解决责任的范围以澄邦企

管与财务投资人另行签署的合作协议或投资协议为准。其三,财务投资人应严格遵守重整
程序中的各项监管规定和要求,配合管理人、引导人的各项工作,按照相关合伙协议或投资
协议约定内容履行职责,承担义务,不得作出有损公司合法权益的行为,否则应向公司承担
法律责任。

2. 财务投资人

中南文化财务投资人为招商平安资产和国厚资产。招商平安资管成立于 2017 年 3 月
10 日,注册资本为 30 亿元人民币,经营范围包括收购、受托经营金融机构和非金融机构不良
资产,对不良资产行管理、投资和处置等业务。国厚资产成立于 2014 年 4 月 29 日,注册资
本为 26.34 亿元人民币,经营范围包括资产收购、管理、处置,资产重组,接受委托或委托对资
产进行管理、处置,资产管理咨询。

1) 招商平安资产

2020 年 12 月 10 日,公司重整投资人澄邦企管与招商平安资产签署了《深圳市招商平安
资产管理有限责任公司与澄邦企管关于参与中南文化和中南重工破产重整项目的合作协
议》。招商平安资产指定的信托计划有权以重整投资人指定财务投资人的身份,以不超过人
民币2.75亿元,认购不少于 2.67 亿股中南文化按照正式重整方案拟转让给重整投资人的资
本公积转增股本。正式重整方案中,该信托计划需参与违规担保债权的清偿(包括律师费用
和诉讼费用),信托计划清偿违规担保债权所需支付的现金不超过人民币 7 465 万元,所需
股票不超过2 869万股。

2020 年 12 月 18 日,公司收到招商平安资产送达的《关于指定主体参与中南文化和中南
重工破产重整项目的通知》《关于财务投资方受让股票锁定期限的承诺函》。其具体内容为:
①招商平安资产现指定华润深国投信托有限公司(代表华润信托·招利 21 号单一资金信
托,以下简称"华润信托")作为投资主体按照约定参与中南文化及其子公司中南重工破产重
整项目。②为加快推进中南文化重整推进工作,澄邦企管引入华润信托作为财务投资人共
同参与中南文化重整投资,其中华润信托将以现金方式认购中南文化资本公积转增的
2.67 亿股股票。对于上述认购的转增股份,华润信托承诺自该等股票登记至华润信托名下
之日起 12 个月内不进行转让。

2020 年 12 月 18 日,澄邦企管与华润信托为进一步明确双方在参与中南文化重整过程
中的出资、持股比例及相关执行事项,澄邦企管、华润信托、公司管理人经协商签订《重整投
资人指定和分配协议》。协议主要内容为:①投资人身份确认和变更,澄邦企管已于 2020 年
12 月 16 日与中南文化、中南文化管理人及引导人签订《中南红文化集团股份有限公司重整
投资协议》。澄邦企管现指定华润信托作为财务投资人之一与澄邦企管共同参与中南文化
重整投资。②双方投资、持股份额为支持中南文化其子公司中南重工通过重整清偿债务,双
方及澄邦企管指定的其他投资人需要共同向中南文化提供人民币 8 亿元,总计受让中南文
化资本公积转增股票 7.76 亿股。各方确认,华润信托出资人民币 2.75 亿元认购转增股票
2.67 亿股。③华润信托须按照合作协议约定,与澄邦企管及其他重整投资人按比例共同承

担中南文化对镇江新利拓车用能源有限公司及芒果传媒有限公司违规担保债权的清偿(包括律师费用和诉讼费用),且华润信托按比例清偿违规担保债权所需支付的现金不超过人民币 5 744 万元,所需股票不超过 2 869 万股。同时,在符合约定情形下,华润信托将额外承担不超过 1 721 万元的现金清偿。除镇江新利拓车用能源有限公司和芒果传媒有限公司违规担保债权外,华润信托不承担任何其他担保债权及资金占用的清偿责任。

2) 国厚资产

2020 年 12 月 20 日,公司收到重整投资人澄邦企管送达的《国厚资产管理股份有限公司与澄邦企管关于参与中南文化和中南重工破产重整项目的合作协议》。国厚资产指定的特殊目的的实体(SPV)能够以重整投资人指定财务投资人的身份,按照协议约定的条件,以 SPV 名义,以不超过人民币 1.45 亿元,认购不少于 1.41 亿股中南文化拟以资本公积转增的股票。在正式重整方案中,SPV 需参与中南文化违规担保债权的清偿(包括律师费用和诉讼费用)。SPV 所需支付的现金不超过人民币 3 029 万元,所需股票不超过 1 515 万股。

2020 年 12 月 20 日,公司收到国厚资产送达的《关于指定主体参与中南文化和中南重工破产重整项目的通知》《关于财务投资方受让股票锁定期限的承诺函》。其主要内容为:①国厚资产指定铜陵志方企业管理中心(有限合伙)(简称"铜陵志方")作为投资主体按照约定参与中南文化及其子公司中南重工破产重整项目。②为加快中南文化重整推进工作,澄邦企管引入铜陵志方作为财务投资人共同参与中南文化重整投资,铜陵志方以现金方式认购中南文化资本公积转增的 1.41 亿股股票。对于所认购的转增股份,铜陵志方承诺自该等股票登记至铜陵志方名下之日起 12 个月内不进行转让。

2020 年 12 月 20 日,澄邦企管与铜陵志方为进一步明确双方在参与中南文化重整过程中的出资、持股比例及相关执行事项,澄邦企管、铜陵志方、公司管理人经协商签订《重整投资人指定和分配协议》。协议主要内容为:①投资人身份确认和变更。②支持中南文化及其子公司中南重工通过重整清偿债务,双方及澄邦企管指定的其他投资人需要共同向中南文化提供人民币 8 亿元的资金,总计受让中南文化资本公积转增股份 7.76 亿股,其中铜陵志方出资人民币 1.45 亿元,认购转增股份 1.41 亿股。③铜陵志方按照合作协议约定,与澄邦企管及其他重整投资人按比例共同承担中南文化对镇江新利拓车用能源有限公司及芒果传媒有限公司违规担保债权的清偿(包括律师费用和诉讼费用),且铜陵志方按比例清偿违规担保债权所需支付的现金不超过人民币 3 033 万元,所需股票不超过 1 517 万股。同时,在符合约定情形下,铜陵志方将额外承担不超过 909 万元的现金清偿。除镇江新利拓车用能源有限公司和芒果传媒有限公司违规担保债权外,铜陵志方不承担任何其他担保债权及资金占用的清偿责任。

(三)出资人权益调整方案

以中南文化重整前总股本 13.89 亿股为基数,按每 10 股转增约 7.292334 股的比例实施资本公积转增股本,共计转增 10.13 亿股,全部为无限售流通股(最终转增的准确股票数量以在中国结算深圳分公司实际登记确认的数量为准);转增后,公司股本从 13.89 亿股增至

24.02 亿股。前述转增股票不向原股东分配,其中 3.68 亿股出让给重整投资人,占转增后总股本的 15.32%。转增后,重整投资人合计持有公司股票比例为 29.49%;4.08 亿股出让给财务投资人,占转增后总股本 17%;2.37 股用于清偿中南文化及其全资子公司中南重工的债权,占转增后总股本 9.84%。

为保障中南文化恢复持续经营能力和盈利能力,重回良性发展轨道,并增强各方对中南文化未来发展的信心:重整投资人承诺,自受让转增股票之日起 36 个月内,不向第三方转让其所持有的中南文化股票;财务投资人承诺,自受让转增股票之日起 12 个月内,不向第三方转让其所持有的中南文化股票。

(四)债权调整及受偿方案

1. 有财产担保债权调整及受偿

经管理人审查确认的有财产担保债权 4 笔,确认债权金额合计为 6 亿元。有财产担保债权在担保资产评估值范围内的金额 1 230.48 万元内按 100% 一次性货币清偿,在担保资产评估值以外的金额按照普通债权方式进行调整并受偿。

2. 职工债权调整及受偿

经管理人调查公示的中南文化职工债权总额 70.92 万元。职工债权不作调整,以现金方式全额清偿。

3. 普通债权调整及受偿

经管理人审查确认的普通债权总额 16.19 亿元,涉诉未决但管理人审查不作抗辩暂予确认的普通债权总额 2.37 亿元。综上,已经确认和暂予确认的普通债权总额 18.56 亿元。

对已经确认的普通债权金额,中南文化按以下方式清偿:以现金方式清偿 20%,以转增股票方式清偿 30%,即每 100 元普通债权分得 20 元现金和 10 股中南文化资本公积转增股票,按 3 元/股折算受偿率。若债权人不同意以转增股票方式清偿,则该等股票在中南文化重整计划或重整计划经无锡中院裁定批准后公开处置,以处置回收金额清偿该笔债权。

4. 未申报债权的处理

经管理人对中南文化账面记载审查,初步判断尚存在未按照《破产法》规定申报但可能受法律保护的债权总额 491.88 万元。

5. 债务清偿顺序

模拟破产清算下普通债权清偿率通过假定公司在破产清算条件下的偿债能力分析得到,主要来源于公司披露的《偿债能力分析报告》。而重组后清偿率是假定公司在重整条件下的名义清偿率。由图 1-3 可以看出,重整后的债权清偿率情况比清算状态下的清偿率有一定提升。

重整计划草案披露的偿债方案显示,普通债权以现金方式清偿 20%,以转增股票方式清偿 30%,因此重整后普通债权的名义清偿率为 50%。

(五)未来经营方案

中南文化将以重整为契机,充分发挥重整投资人、财务投资人的背景优势,在化解公司

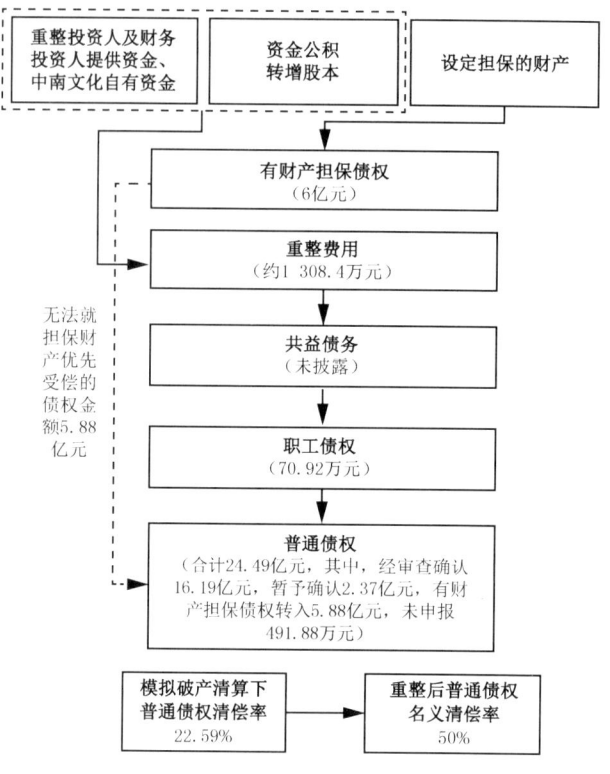

图 1-3 中南文化债务清偿顺序示意图

危机、彻底消除公司债务负担后,进一步巩固公司在工业金属管件业务领域的产品优势,在原有产品品类基础上科学培育新的业务增长点;对文化板块业务进行适度调整,并择机注入盈利能力强、经营风险小、符合新时代文化产业发展方向的优质资产。

1. 制造业板块

中南重工重整完成后,公司将结合中南重工优势,在维持主营业务不变的前提下,形成如下经营规划:

(1)行业分析及定位。中南重工在保持细分行业领先地位的基础上,在资信水平全面恢复后,将充分发挥自身的工艺优势、资质和产品线优势,加速回归石化市场,不断拓展船企客户,争取完成在石油化工领域及大中型造船企业的全覆盖。

(2)业务及产品规划。中南重工根据产能情况,优先承接并安排高端管件产能,在此基础上,积极开展整体撬装模块和管道预制产品的量产攻关,快速打开 LNG 船(液化天然气运输船)、大型化学品船、油轮制造领域的高端市场,为公司业绩的高质量增长提供保证。

(3)客户资源开发。在重整完成后,中南重工资信将恢复到正常状态,届时,将会继续取得石油化工领域内的大型央企的合格供应商资质。在既往良好合作的基础上,中南重工将会在上述领域持续获取大额订单,并在此基础之上积极开发新客户,提供新产品,争取更高市场份额,逐步实现石油化工领域及大中型造船、海工设备企业的全覆盖。

2. 文化板块

(1) 处置部分资产，理顺业务条线。目前，中南文化将继续保留文化板块中现有经营情况和管控能力相对较好业务和子公司，并将对文化板块中现有资产中已丧失盈利能力或处于停滞状态的子公司进行剥离，避免其进一步侵蚀公司利润，以改善中南文化资产结构，提高中南文化的经济效益。在完成上述处置工作后，文化板块将根据最新文化产业政策重新设置业务线，利用自身在文化及相关领域中的丰厚资源，重点开拓新的业务领域。同时，文化板块将加强与播放平台的合作，尝试多样化的商业模式，根据平台和受众的分析与定位策划推出一系列符合新时代文化产业发展方向、广大人民群众喜闻乐见的精品影视剧集，通过内部、外部各项资源整合，加大营销力度和项目运作模式创新，确保中南文化在影视内容开发、制作、发行等领域的优势地位。

(2) 择机注入优质文化资产。重整完成后，短视频情景剧、新媒体定制剧及精品影视剧业务将成为公司文化板块的主要内生发展业务。同时，在未来发展过程中，中南文化将视具体情况，通过现金或定向增发形式，收购优质文化资产注入公司，保障并增强公司持续盈利能力。

3. 完善公司内控制度，提升公司管理水平

中南文化以重整为契机组建了管理经验丰富、政治品格过硬的高管团队，建立了严格独立的独立董事制度，规范的信披管理制度及内幕信息保密制度，并进一步保障监事会、审计部门等内部监督部门职能，强化内部监督的独立性和权威性；中南文化建立了严密、高效的内控体系和决策体系，形成规范、高效、可持续的治理机制，并加强对工作人员的职业技能及纪律培训，提升管理的标准化和规范化水平，从制度建设及员工管理层面防范公司再次发生违法违规情形；中南文化将通过建立和运行常态化的管理提升机制，保障精细化管理水平的逐步提高，不断增强企业素质和市场竞争能力，推进和保障公司可持续发展。

五、重整计划表决与批准

(一) 债权人会议表决

2020 年 12 月 25 日，无锡中院召集召开了公司重整案第一次债权人会议。债权人对重整计划草案分有财产担保债权组、职工债权组和普通债权组进行表决。因重整计划草案并未对重整预案作出实质影响债权人利益的调整，因此，债权人在预重整阶段对重整预案已经表决同意的，表决结果继续沿用至重整计划草案的表决，不再进行重复表决；债权人对重整预案表决不同意或未表决的，在本次重整中又认可重整计划草案的，可在重整程序中重新表决。

1. 有财产担保债权组

2020 年 12 月 25 日，公司召开第一次债权人会议，出席债权人会议的有财产担保债权人 2 个，表决权额 1 230.48 万元。同意重整计划草案的有财产担保债权人 2 个，占出席会议的有财产担保债权人人数的 100%；同意重整计划草案的有财产担保债权人所代表的债权额

1 230.48万元,占有财产担保组债权总额的 100％,已超过本组债权总额的 2/3。表决通过。

2. 普通债权组

2020 年 12 月 25 日,公司召开第一次债权人会议,出席债权人会议的普通债权人 51 个,表决权额 20.88 亿元。同意重整计划草案的普通债权组的债权人 48 个,占出席会议的普通债权组的债权人人数的 94.12％;同意重整计划草案的普通债权组的债权人所代表的债权额 18.83 亿元,占普通债权组债权总额的 89.66％,已超过本组债权总额的 2/3。表决通过。

3. 职工债权组

2020 年 12 月 25 日,公司召开第一次债权人会议,出席债权人会议的职工债权人 36 个,表决权额 700 236.6 元。同意重整计划草案的职工债权人 36 个,占出席会议的职工债权人人数的 100％;同意重整计划草案的职工债权人所代表的债权额 700 236.6 元,占职工债权组债权总额的 98.74％,已超过本组债权总额的 2/3。表决通过。

(二) 出资人组会议表决

2020 年 9 月 11 日,公司采用现场投票与网络投票表决相结合的方式召开出资人组会议。

参加出资人组会议表决的股东及授权代表共 78 人,代表股份 7.03 亿股,占公司有表决权股份总数的 50.5973％。其中,出席现场会议的股东及股东授权代表 0 人,代表股份 0 股;通过网络投票的股东 78 人,代表股份 7.03 亿股,占公司有表决权股份总数 50.5973％。

表决情况为:同意票 7 亿股,占出席出资人组会议有表决权股份的 99.6624％;反对票 237.3 万股,占出席出资人组会议有表决权股份的 0.3376％;弃权票 0 股。其中,中小投资者表决情况为:同意票 1.07 亿股,占出席出资人组会议中小投资者有表决权股份的 97.8449％;反对票 237.3 万股,占出席出资人组会议中小投资者有表决权股份的 2.1551％;弃权票 0 股。表决通过。

(三) 重整计划批准

2020 年 12 月 25 日,无锡中院裁定批准重整计划,批准备查文件为(2020)苏 02 破 54 号《民事裁定书》。

六、重整计划执行与监督

(一) 执行与监督的主体

重整计划由中南文化负责执行,管理人负责监督。

(二) 执行与监督的期限

重整计划中执行期限为自重整计划或重整计划草案获得无锡中院裁定批准之日至 2021 年 4 月 30 日。重整计划执行完毕的条件成就后,中南文化应向无锡中院与管理人提交执行情况报告,确认重整计划执行完毕。如需延长执行期限的,在执行期限届满前,中南文化应向无锡中院提出延期申请。

重整计划的执行由管理人负责监督。重整计划执行的监督期限与执行期限一致。重整计划执行监督期限内,中南文化应接受管理人的监督,及时向管理人报告执行情况。监督期限届满时,管理人将向无锡中院提交监督报告,自监督报告提交之日起,管理人的监督职责终止。

(三) 执行的措施

1. 偿债资金的分配

每家债权人所获现金清偿,偿债资金原则上以银行转账方式划转至债权人指定银行账户。若债权人在债权人会议召开前未提供银行账户信息,应在无锡中院裁定批准重整计划或重整计划草案后 10 日内,按照指定格式以书面方式提供领受偿债资金的银行账户信息。现金在偿债资金转入管理人银行账户 15 日内划转至债权人指定账户。非中南文化和管理人原因,导致偿债资金不能转入债权人指定银行账户,或账户被冻结、扣划的,产生的法律后果由相关债权人自行承担。

2. 偿债股票的分配

偿债股票应划转至债权人指定证券账户。若债权人在债权人会议召开前未提供证券账户信息,应在无锡中院裁定批准重整计划或重整计划草案后 10 日内,按照指定格式书面提供领受分配股票的证券账户信息。股票在划转至管理人证券账户 15 日内划转至债权人指定账户。非中南文化和管理人原因导致抵债股票不能转入债权人指定证券账户,或账户被冻结、扣划的,产生的法律后果由相关债权人自行承担。对于股票划转到债权人指定账户之前或之后的价格变化,中南文化和管理人不作承诺、不承担责任。股票划转及过户至债权人指定证券账户的税费、手续费为重整费用,由中南文化承担。

3. 偿债资金和股票的提存及处理

为未申报债权预留的现金和股票在重整计划执行期间留存于管理人账户。管理人向无锡中院提交重整计划执行监督报告前,将预留的现金及股票转入管理人指定的中南文化指定账户。未申报债权后续主张债权并经生效法律文书确认的,中南文化依照重整计划规定的同类债权的清偿方案清偿。

4. 重整费用的支付

中南文化重整费用包括案件受理费、管理人报酬、管理人执行职务的费用、转增股票登记(过户)产生的税费等。其中,案件受理费、管理人报酬,在重整计划执行期限内按《诉讼费用交纳办法》《最高人民法院关于审理企业破产案件确定管理人报酬的规定》支付。管理人执行职务的费用、中南文化转增股票登记(过户)产生的税费及其他重整费用根据重整计划执行的实际情况及相关协议的约定由中南文化支付。

5. 共益债务的清偿

中南文化重整期间的共益债务,包括但不限于因继续履行合同所产生的债务、继续营业而应支付的劳动报酬、社会保险费用等债务,由中南文化按照相关合同约定随时清偿。

七、重整计划顺利实施的预期效果

中南文化重整计划如能顺利实施:

（1）中南文化的法人主体资格继续存续，仍是一家在深交所上市的股份公司。

（2）历史遗留问题得以解决。公司存在违规担保 10.18 亿元和资金占用 1.25 亿元，在此次重整中，清偿违规担保债权所需的偿债资金及股票由重整投资人、财务投资人赠与中南文化，资金占用将以中南文化在预重整和重整中的削债收益进行损失与收益的对冲，使该损失能通过收益予以填补。

（3）与子公司中南重工协同重整，公司及中南重工重整前产生负债获得妥善安排。中南重工是公司合并报表下主要的经营实体之一，中南重工将与中南文化协同重整并由中南文化向中南重工提供 5.4 亿元现金及 7 500 万股转增股票作为中南重工的偿债资源，从而继续为公司保留中南重工核心经营性资产，全面化解债务危机。重整计划实施完毕后，中南文化的债务获得妥善安排，有财产担保债权优先受偿部分、职工债权、税收类债权将全额以现金清偿。以现金方式清偿 20% 和以转增股票方式清偿 30% 普通债权本金部分，普通债权受偿率由模拟破产清算下的 22.59% 提升至 50%，受偿率得到一定程度的提升，保证了债权人的权益。

（4）重整投资人和财务投资人充分利用自身资源和优势助力公司发展。财务投资人国厚资产和招商平安资产分别以不超过人民币 1.45 亿元和 2.75 亿元认购转增股本 1.41 股和 2.67 股，对价为 1.03 元/股，以解决违规担保和资金占用的历史遗留问题以及用于重整计划草案涉及的偿债资金安排。中南文化将以重整为契机，充分发挥重整投资人、财务投资人的背景优势，在化解公司危机、彻底消除公司债务负担后，进一步巩固公司在工业金属管件业务领域的产品优势，在原有产品品类基础上科学培育新的业务增长点，对文化板块业务进行适度调整，并择机注入盈利能力强、经营风险小、符合新时代文化产业发展方向的优质资产。

案例 2　飞马国际重整案例解析

深圳市飞马国际供应链股份有限公司(以下简称"飞马国际"或"公司")的主要业务为供应链服务,且主要是为资源能源行业(有色金属行业、煤炭行业)的大宗商品贸易提供的贸易执行服务。飞马国际成立于 1998 年 7 月 9 日,重整前注册资本为 16.53 亿元。由于近年来受内部和外部(去杠杆、中美贸易摩擦等)因素影响,飞马国际资金链紧张,难以获得融资,进而出现了债务危机。深圳宝安桂银村镇银行股份有限公司于 2019 年 8 月 19 日申请对公司进行重整。2020 年 1 月 16 日,公司进入预重整程序,由北京市中伦(深圳)律师事务所担任临时管理人。深圳市中级人民法院(以下简称"深圳中院")于 2020 年 9 月 16 日裁定受理公司重整,并指定北京市中伦(深圳)律师事务所担任重整管理人。2020 年 12 月 18 日,深圳中院裁定批准重整计划。

1. 出资人权益调整

以总股本 16.53 亿股为基数,按每 10 股转增 6.1 股的比例实施资本公积转增股本,转增 10.08 亿股股票(最终转增的准确股票数量以中国结算深圳分公司实际登记确认的数量为准)。转增后,飞马国际的总股本将由 16.53 亿股增加至 26.61 亿股。转增股票不向原股东进行分配,其中约 7.21 亿股用于抵偿债权人债务;2.87 亿股由重整投资人上海新增鼎资产管理有限公司(以下简称"新增鼎资管")有条件受让。

控股股东飞马投资控股有限公司(以下简称"飞马投资")及飞马国际实际控制人黄壮勉分别按照 50% 的比例让渡其所持有的飞马国际股票,让渡的股票总数约 5.09 亿股,由重整投资人新增鼎资管有条件受让。

2. 债权调整及受偿

1) 有财产担保债权调整及受偿

有财产担保债权以其经法院裁定确认的担保债权额就担保财产实际变现所得优先受偿,未受偿的债权作为普通债权,按照普通债权的调整及受偿方案获得清偿。鉴于担保财产变现价款尚不确定,对于有财产担保债权,将按照普通债权受偿方案以有财产担保债权金额提存相应的股份,待担保财产处置所得以及对有财产担保债权优先清偿的金额确定之后,未优先受偿的债权部分按照普通债权的调整及受偿方案获得清偿。

2）普通债权调整及受偿

对于重整投资人支付的偿债资金以及非保留资产处置所得在清偿破产费用、共益债务及职工债权之后，剩余资金将用于向普通债权进行分配。假设非保留资产处置均能按照评估价值变现，普通债权清偿率为 6.24%，实际清偿率须根据资产处置所得确定。

资本公积转增形成的 10.08 亿股中约 7.21 亿股用于债权人抵偿债务，具体如下：

（1）6.76 亿股股票按照同比例分配给全体普通债权人用于抵偿债务，抵偿股票的价格为 4 元/股，每 100 元普通债权可分配获得约 5 股飞马国际股票。

（2）预留 3 000 万股用于飞马国际全资子公司深圳骏马环保有限公司（以下简称"骏马环保"）重整案中向其债权人清偿债务。

（3）预留 1 500 万股用于清偿大同富乔垃圾焚烧发电有限公司为飞马国际提供担保产生的债务。

3. 引入重整投资人

新增鼎资管作为重整投资人，有条件受让飞马国际资本公积转增和原股东让渡的股份，合计受让股份数量 7.96 亿股，约占飞马国际重整计划执行完毕后总股本的 29.9%。在重整计划执行完毕后，新增鼎资管将成为飞马国际的控股股东。

新增鼎资管受让股份的条件包括：

（1）提供偿债资金 5 000 万元；提供偿债借款 2 亿元（利率不超过银行同期借款利率）。

（2）提供总额不超过 18 亿元（不包括偿债借款 2 亿元）的流动性支持。

（3）承诺注入其合法拥有或管理的优质资产或者飞马国际股东大会认可的其他优质资产。

（4）承诺 2022 年、2023 年、2024 年归属于飞马国际所有者的净利润合计不低于 5.7 亿元。

（5）同意按照相关规定解决飞马国际与上海汐麟投资管理有限公司之间的待判决或有担保事项，并承诺飞马国际因该事项在重整程序中需要承担的清偿责任由重整投资人予以承担。

一、公司基本信息

（一）公司及业务简介

飞马国际成立于 1998 年 7 月 9 日，注册地址为广东省深圳市南山区大新路 198 号马家龙创新大厦 A 栋 601，办公地址为广东省深圳市福田区深南大道 7008 号阳光高尔夫大厦 26 楼。2008 年 1 月 30 日，公司在深交所中小板上市，股票名称为飞马国际，证券代码为 002210，公司主营业务为环保新能源业务、综合物流服务、贸易执行。

根据公司重整申请前 2018 年年度报告，公司营业收入为 410.48 亿元，净亏损为 24.3 亿元，毛利率为 0.3%，净利率为 −5.92%。

（二）重整前股权架构图

截至 2020 年 9 月 16 日，公司总股本为 16.53 亿股，公司控股股东飞马投资持有飞马国际 7.06 亿股股份，占公司股份总数的 42.73%；飞马国际实际控制人黄壮勉直接持有飞马国际 3.11 亿股股份，占公司股份总数的 18.8%，如图 2-1 所示。

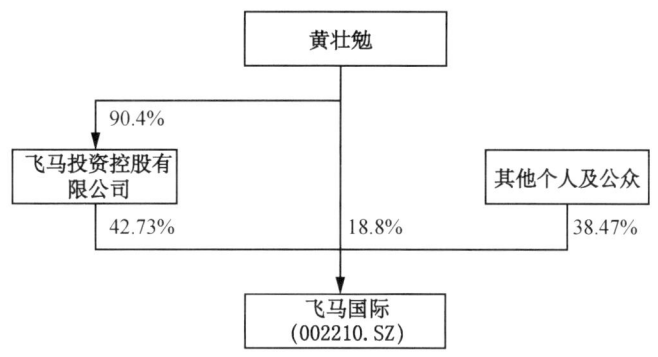

图 2-1　飞马国际重整前股权架构图

二、资产负债情况

(一) 资产负债情况总览

如表 2-1 所示,截至 2020 年 9 月 16 日,飞马国际总资产账面价值为 26.52 亿元,主要包括银行存款、应收账款、预付账款、其他应收款、长期股权投资、车辆、商标、电子设备及办公用品等。根据评估机构出具的《资产评估报告》,以 2020 年 9 月 16 日为评估基准日,飞马国际资产清算评估价值为 11.63 亿元,清算价值为账面价值的 43.86%。

表 2-1　飞马国际资产负债情况

单位:亿元

资产/债权类型	资产	负债	资产一负债	资产负债率
账面价值/审查确认债权	26.52	65.04	−38.52	245.25%
评估清算价值/审查确认债权	11.63	65.04	−53.41	559.24%

截至 2020 年 11 月 5 日,共有 76 家债权人向管理人申报了债权。

经管理人初步审查确认的债权总额为 65 亿元,其中,有财产担保债权 1 家,确认数额 1.18 亿元;普通债权 38 家,确认数额 63.83 亿元。

暂缓确认债权 26 家,涉及金额为 68.25 亿元。其中,涉及债权性质为有财产担保债权的债权人 2 家,涉及金额为 15.35 亿元;涉及债权性质为普通债权的债权人 24 家,涉及金额为 52.9 亿元。

经管理人调查,飞马国际欠付职工债权共计 396.87 万元。

已申报债权中,管理人不予确认的债权 12 家,涉及金额为 39.69 亿元。

经飞马国际梳理统计及管理人调查,飞马国际尚有未申报债权 3.11 亿元,涉及债权人 21 家。其中,税款债权 1 亿元,涉及债权人 1 家;普通债权 2.11 亿元,涉及债权人 20 家。

(二) 债权分类

根据《破产法》第八十二条的规定,飞马国际债权主要包括有财产担保债权、职工债权和普通债权等。

1. 有财产担保债权

管理人经审查确认的有担保债权债权人 1 家,确认数额 1.18 亿元。

2. 职工债权

经管理人调查,欠付职工债权共计 396.87 万元。

3. 普通债权

管理人经审查确认的普通债权债权人 38 家,确认数额 63.83 亿元。

4. 其他债权

暂缓确认债权:涉及债权性质为普通债权的有 24 家,金额为 52.9 亿元;暂缓确认的有担保债权债权人 2 家,涉及数额 15.35 亿元。

未申报债权:经飞马国际梳理统计及管理人调查,未申报债权 3.11 亿元,涉及债权人 21 家。其中,税款债权 1 亿元,涉及债权人 1 家;普通债权 2.11 亿元,涉及债权人 20 家。

(三)偿债能力分析

根据《偿债能力分析报告》,以 2020 年 9 月 16 日为评估基准日,飞马国际如实施破产清算,假定全部有效资产能够按快速变现值变现,可用于偿债的财产总额为 11.63 亿元。按照《破产法》规定的清偿顺序,担保财产变现所得优先用于偿还有财产担保债权,剩余其他财产的变现所得在支付破产费用、共益债务、欠付的职工债权及税款债权后用于向普通债权人分配,飞马国际在破产清算状态下普通债权的受偿率约为 6.24%。

三、重整基本情况

(一)重整背景

飞马国际的主要业务为供应链服务,且主要是为资源能源行业(有色金属行业、煤炭行业)的大宗商品贸易提供的贸易执行服务,该业务占公司主营业务收入的 97.83%。由于近年来受内部和外部(包括去杠杆、中美贸易摩擦等)因素影响,飞马国际资金链紧张,难以获得融资,进而出现了债务危机。2019 年 5 月 6 日,因公司聘请的会计师事务所对公司 2018 年度财务报告出具了无法表示意见的审计报告,深交所对公司股票交易实施退市风险警示。

(二)重整申请情况

2019 年 8 月 19 日,深圳宝安桂银村镇银行股份有限公司以飞马国际不能清偿到期债务且明显缺乏清偿能力为由,向深圳中院申请对飞马国际进行重整。

(三)重整受理情况

2020 年 1 月 16 日,深圳中院批准对飞马国际进行预重整,并指定北京市中伦(深圳)律师事务所担任飞马国际预重整期间临时管理人。

2020 年 9 月 16 日,深圳中院裁定受理飞马国际重一案,并于 2020 年 9 月 21 日指定北京市中伦(深圳)律师事务所担任管理人,履行管理人职责。

(四)重整管理模式

管理人管理财产和营业事务。

(五)重整大事记

• 2019 年 8 月 19 日,债权人深圳宝安桂银村镇银行股份有限公司以飞马国际不能清偿到期债务,且明显缺乏清偿能力为由,向深圳中院申请对飞马国际进行重整。

• 2020 年 1 月 16 日,深圳中院批准对飞马国际进行预重整,并指定北京市中伦(深圳)律师事务所担任飞马国际预重整期间临时管理人。

• 2020 年 6 月 30 日,飞马国际在预重整期间引入新增鼎资管作为意向重整投资人,并于同日与新增鼎资管签订了协议书,新增鼎资管承诺在被确定为重整投资人的先决条件下按照相关规定解决飞马国际可能涉及的或有担保事项。

• 2020 年 9 月 16 日,深圳中院裁定受理飞马国际重整一案。

• 2020 年 9 月 21 日,深圳中院指定北京市中伦(深圳)律师事务所担任管理人,履行管理人职责。

• 2020 年 10 月 29 日,根据公司公告披露,飞马国际与新增鼎资管签署《重整投资协议》,确定新增鼎资管为飞马国际的重整投资人。

• 2020 年 11 月 12 日,公司以网络形式召开第一次债权人会议。由于线下表决期尚未截止,重整计划表决结果将在线下表决截止日后披露。2020 年 11 月 20 日,线下表决期结束,有财产担保债权组表决通过重整计划,普通债权组表决未通过重整计划。

• 2020 年 11 月 23 日,召开出资人组会议,该次出资人组会议表决未通过《出资人权益调整方案》。

• 2020 年 12 月 9 日,再次召开出资人组会议,出资人组表决通过《出资人权益调整方案》。

• 2020 年 12 月 15 日,普通债权组表决通过了重整计划。

• 2020 年 12 月 18 日,深圳中院裁定批准公司重整计划,终止重整程序。

• 2021 年 6 月 26 日,根据公司披露的重整及执行进度的公告,公司以重整计划的执行进展情况向深圳中院提交了《关于延长重整计划执行期限的申请》,并已获得深圳中院裁定准许延长重整计划执行期限。

四、重整计划主要内容

(一)重整思路概述

如图 2-2 所示,重整计划的主要思路为:

(1)控股股东及实际控制人让渡其持有的公司股票中 50% 股权份额(5.09 亿股)给重整投资人。

(2)重整投资人在购买债权后无条件豁免公司债务,作为权益性交易计入资本公积。

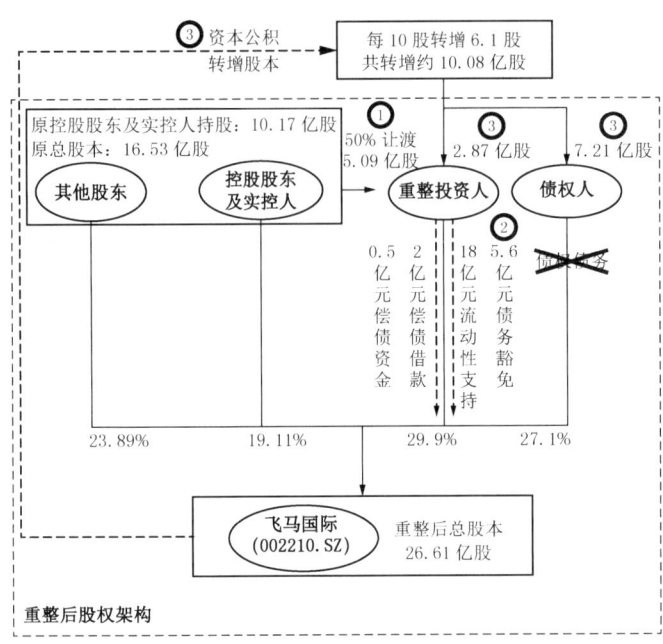

控股股东及实际投资人让渡 50% 股权份额

① 控股股东飞马投资控股有限公司及飞马国际实际控制人黄壮勉分别按照 50% 的比例让渡其所持有的飞马国际股票,让渡的股票总数约为 **5.09 亿股**,由重整投资人新增鼎资有条件受让。

受让股份的条件包括:提供偿债资金 5 000 万元用于支付破产费用、共益债务及职工债权等,提供偿债借款 2 亿元、提供总额不超过 18 亿元的流动性支持、资产注入、资产保留、业绩承诺(2022 年、2023 年和 2024 年归母净利润合计不低于 5.7 亿元)、解决待判决或有担保事项。

重整投资人购买债权后无条件豁免飞马国际债务

② 重整投资人从债权人处购买 5.58 亿元债权,并向飞马国际发出《债务豁免通知书》,无条件地豁免了飞马国际 5.58 亿元债务,其对飞马国际豁免的债务应当作为权益性交易计入公司资本公积。

转增股份引入重整投资人及清偿债务

③ 飞马国际以总股本 16.53 亿股为基数,按**每 10 股转增 6.1 股**的比例实施资本公积转增股本,**转增 10.08 亿股股票**,该 10.08 亿股转增股票不向原股东进行分配,其中:

7.21 亿股用于清偿债务,其中,6.76 亿股用于向飞马国际债权人抵偿债务;预留 3 000 万股用于飞马国际全资子公司深圳骏马环保有限公司重整案中向其债权人清偿债务;预留 1 500 万股用于清偿大同富乔垃圾焚烧发电有限公司为飞马国际提供担保产生的债务。转增股份后,债权人持股比例合计为 27.1%;

2.87 亿股的资本公积转增股票以及让渡股票的 5.09 亿股,合计 7.96 亿股,将由重整投资人有条件受让,重整投资人最终持股比例占转增后总股本的 29.9%。

注:债权人包括飞马国际债权人、飞马国际全资子公司骏马环保债权人以及大同富乔垃圾焚烧发电有限公司债权人。

图 2-2　飞马国际重整方案示意图

(3)对出资人权益进行调整,在重整前股份基础上进行资本公积转增股本,合计转增 10.08 亿股。其中,2.87 亿股用于引入重整投资人;7.06 亿股用于向飞马国际及子公司骏马环保的债权人抵偿债务;剩余 1 500 万股用于清偿骏马环保直接或间接持有的大同富乔为飞马国际提供担保产生的债务。

(4)剥离持续亏损业务及继续改善经营以提高经营效益。

(二)投资人及投资方案

新增鼎资管于 2015 年在上海成立,是专业从事实体资产托管运营的创新平台,公司注册资本人民币 1.7 亿元,主营业务为资产管理、投资管理、实业投资等。2019 年新增鼎公司实现营业收入人民币 523 亿元,是中国企业 500 强之一,位列上海民营企业 100 强第 7 名,在 2019 中国服务业企业 500 强榜单中排名第 146 位。新增鼎资管在资产管理、投资管理以及帮助陷入困难企业化解危机等方面具有丰富的专业经验,拟参与公司重整工作主要是为了帮助公司化解流动性困难改善持续经营能力。新增鼎资管与飞马国际及其 5% 以上股东、实际控制人、公司董事、监事、高级管理人员等不存在关联关系或一致行动关系。

在预重整期间,飞马国际引入了意向重整投资人新增鼎资管。新增鼎资管于 2020 年 6 月 30 日以意向重整投资人的身份与飞马国际签订了协议书。双方约定:飞马国际欢迎新增鼎资管作为重整投资人参与飞马国际的重整工作,并同意为新增鼎资管参与飞马国际的重整工作提供必要的支持,新增鼎资管承诺在依法被确定成为重整投资人的先决条件下按照相关规定负责解决飞马国际的或有担保事项。

新增鼎资管有条件受让飞马国际资本公积转增和原股东让渡的股份,合计受让股份数量 7.96 亿股,约占飞马国际重整计划执行完毕后总股本的 29.9%,在重整计划执行完毕后新增鼎资管将成为飞马国际的控股股东。新增鼎资管受让股份的条件包括:

(1) 提供偿债资金:重整投资人自重整计划经法院裁定批准后 15 日内向飞马国际管理人账户支付偿债资金 5 000 万元,用于支付破产费用、共益债务及职工债权等,不足部分由重整投资人向飞马国际提供借款的方式先行补足。

(2) 提供偿债借款:重整投资人自重整计划经法院裁定批准后 30 日被向飞马国际提供借款 2 亿元(利率不超过银行同期借款利率)。

(3) 提供流动性支持:重整投资人将根据飞马国际后续发展的经营情况向飞马国际提供总额不超过 18 亿元(不包括偿债借款 2 亿元)的流动性支持,用于保证上市公司供应链业务和垃圾发电业务的可持续发展。

(4) 资产注入:重整计划执行完毕后,重整投资人承诺将其合法拥有或管理的优质资产或者飞马国际股东大会认可的其他优质资产,经证券监督管理机构批准后(如需)注入飞马国际。

(5) 资产保留:对重整计划规定的保留资产予以保留。

(6) 业绩承诺:重整投资人承诺 2022 年、2023 年、2024 年归属于飞马国际所有者的净利润合计不低于 5.7 亿元,若最终实现的归属于飞马国际所有者的净利润未达到前述标准,由重整投资人在 2024 年会计年度审计报告公布后 3 个月内向飞马国际以现金或证监会认可的其他方式予以补足。

(7) 重整投资人同意按照相关规定解决飞马国际与上海汐麟投资管理有限公司之间的待判决或有担保事项,并承诺飞马国际因该事项在重整程序中需要承担的清偿责任由重整投资人予以承担。

(三)出资人权益调整方案

1. 控股股东及实际控制人让渡 50% 股权份额

控股股东飞马投资及飞马国际实际控制人黄壮勉分别按照 50% 的比例让渡其所持有的飞马国际股票,让渡的股票总数约 5.09 亿股,由重整投资人新增鼎资管有条件受让。

2. 重整投资人购买债权后无条件豁免飞马国际债务

重整投资人从债权人处购买 5.58 亿元债权,并向飞马国际发出《债务豁免通知书》,无条件地豁免了飞马国际 5.58 亿元债务。根据飞马国际聘请的四川华信(集团)会计师事务所(特殊普通合伙)出具的《关于飞马国际破产重整中接受重整投资人债务豁免形成资本公积及转增股本合规性的专项鉴证说明报告》,新增鼎资管作为飞马国际的潜在控股股东,其对飞马国际豁免的债务应当作为权益性交易计入公司资本公积。

3. 转增股票引入重整投资人及清偿债务

飞马国际以总股本 16.53 亿股为基数,按每 10 股转增 6.1 股的比例实施资本公积转增股本,转增 10.08 亿股股票(最终转增的准确股票数量以中国结算深圳分公司实际登记确认的数量为准)。转增后,飞马国际的总股本将由 16.53 亿股增加至 26.61 亿股。该 10.08 亿股转增股票不向原股东进行分配,其中:

(1)6.76 亿股用于向飞马国际债权人抵偿债务。

(2)预留 3 000 万股用于飞马国际全资子公司骏马环保重整案中向其债权人清偿债务。

(3)预留 1 500 万股用于清偿大同富乔垃圾焚烧发电有限公司为飞马国际提供担保产生的债务,若清偿后仍有剩余的股票则由公司进行处置,处置所得归公司。若该等担保债权债权人不接受以该等股票清偿债务,则该等股票将根据公司股东大会生效决议由公司进行处置,处置所得归公司。

(4)剩余 2.87 亿股将由重整投资人有条件受让。

(四) 债权调整及受偿方案

1. 有财产担保债权调整及受偿

飞马国际重整案有财产担保债权申报总额为 16.53 亿元,担保财产为应收账款,涉及 3 家债权人。其中,已确认的债权 1 家,确认金额为 1.18 亿元;暂缓确认的债权 2 家,涉及金额为 15.35 亿元。

有财产担保债权以其经法院裁定确认的担保债权额就担保财产实际变现所得优先受偿,未受偿的债权作为普通债权,按照普通债权的调整及受偿方案获得清偿。鉴于担保财产变现价款尚不确定,对于有财产担保债权人将按照普通债权受偿方案以有财产担保债权金额提存相应的股份,待担保财产处置所得以及对有财产担保债权优先清偿的金额确定之后,未优先受偿的债权部分按照普通债权的调整及受偿方案获得清偿。

2. 职工债权调整及受偿

飞马国际重整案职工债权总额为 396.87 万元。职工债权不作调整,全额清偿。

3. 普通债权调整及受偿

飞马国际重整案普通债权总额 116.73 亿元,共计 62 家债权人。其中,已初步确认的债权人共涉及 38 家,初步确认金额为 63.83 亿元;暂缓确认债权人共涉及 24 家,涉及债权申报金额为 52.9 亿元。

为提高普通债权受偿水平,保护债权人的合法权益,根据飞马国际的实际情况,重整计划将对普通债权的清偿比例作较大幅度的提高,具体调整方案如下:

(1)对于重整投资人支付的偿债资金以及非保留资产处置所得在清偿破产费用、共益债务及职工债权之后,剩余资金将用于向普通债权进行分配。假设非保留资产处置均能按照评估价值变现,普通债权清偿率为 6.24%,实际清偿率须根据资产处置所得确定。

(2)资本公积转增形成的 10.08 亿股中,6.76 亿股股票按照同比例分配给全体普通债权人用于抵偿债务,抵偿股票的价格为 4 元/股,每 100 元普通债权可分配获得约 5 股飞马国际股票。普通债权通过股票受偿的清偿率为 19.98％。

暂缓确认债权在其债权依法确认后按照重整计划规定的同类债权的清偿条件受偿。在确认之前,管理人将根据重整计划的受偿比例预留相应货币资金及股票份额。

4. 其他债权调整及受偿

其他债权主要为未申报债权。经飞马国际梳理统计及管理人调查,未申报债权 3.11 亿元,涉及债权人 21 家。其中,税款债权 1 亿元,涉及债权人 1 家;普通债权 2.11 亿元,涉及债权人 20 家。

根据《破产法》第九十二条第二款的规定,债权人未申报债权的,在重整计划执行期间不得行使权利;在重整计划执行完毕后,可以按照重整计划规定的同类债权的清偿条件行使权利。因此,账面记载未申报债权的债权人在重整计划执行期间不得行使权利,管理人将根据重整计划同类债权的受偿方案预留相应货币资金及股票份额,其债权获确认后按同类债权的清偿条件受偿。

5. 债务清偿顺序

模拟破产清算下普通债权清偿率通过假定公司在破产清算条件下的偿债能力分析得到,主要来源于公司披露的《偿债能力分析报告》。而重组后清偿率是假定公司在重整条件下的名义清偿率。由图 2-3 可以看出,重整后的债权清偿率情况,比清算状态下的清偿率有一定提升。

重整计划草案披露的偿债方案显示,假设非保留资产处置均能按照评估价值变现,普通债权通过非保留资产处置资金受偿的清偿率为 6.24％;资本公积转增形成的 6.76 亿股股票按照 4 元/股同比例分配给全体普通债权人用于抵偿债务,普通债权通过股票受偿的清偿率为 19.98％。综上,重整后普通债权的名义清偿率为 26.22％。

(五)未来经营方案

飞马国际将继续保留垃圾发电板块和供应链板块业务,从根本上全面改善飞马国际经营管理,恢复、提升市场占有率。结合公司实际情况,新增鼎资管将大力支持、恢复、发展留存的垃圾发电和供应链等相关业务。同时,在符合相关监管法律法规的前提下,新增鼎资管将适时注入固废处理领域等资产,力图将上市公司打造成中国环保领域的优质上市平台。

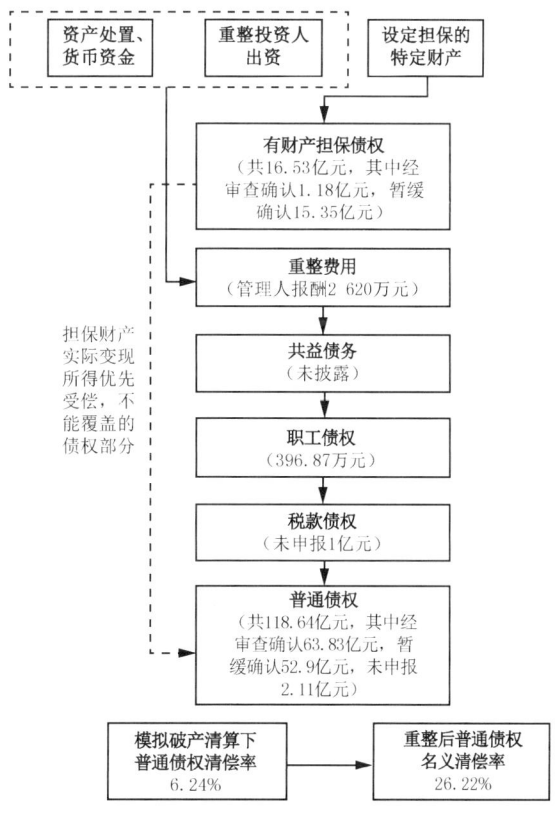

图 2-3　飞马国际债务清偿顺序示意图

1. 垃圾发电板块经营方案

以现存运营电厂大同富乔垃圾焚烧发电厂为基础,后续重整投资人将支持垃圾焚烧发电厂二期工程建设,建设完成后垃圾焚烧发电处理量将增加 500 吨/日。同时,重整投资人将支持已经获得批文或已签署业务协议的高平、原平、阿旗、丰县等垃圾发电项目的建设,进一步夯实垃圾发电业务板块。

2. 供应链板块经营方案

在供应链板块中,上海合冠供应链有限公司(以下简称"上海合冠")深耕供应链综合服务多年,获得了世界知名食品企业和世界知名 IT 品牌代理商的高度认可,同时也取得了 AEO 认证。虽然公司流动性紧张对上海合冠业务开展造成一定影响,但上海合冠在同行业内信誉良好、资质优异、专业过硬,进出口代理业务方面有很多可开发的新客户、新业务类型,在老客户中也可以有进一步业务拓展的空间。在贸易执行业务方面,上海合冠客户需求量逐年递增,在资金充足的情况下,可以适当扩大业务规模,提升利润空间。同时,重整投资人可以利用自身资源助其实现产业升级,大幅提升盈利能力。

3. 拟注入资产情况与发展规划

拟注入资产系全球第七大、德国第二大固废环保企业德国欧绿保集团通过全球竞标出售的阿维斯项目和西拉子项目 60% 股权。新增鼎资管作为重整投资人,拟在符合相关法律法规的前提下,适时将上述资产注入上市公司,注入方式包括但不限于现金购买资产、发行股份购买资产等。

五、重整计划表决与批准

(一) 债权人会议表决

重整计划对职工债权和税款债权不作调整,根据《最高人民法院关于适用〈中华人民共和国企业破产法〉若干问题的规定(三)》第十一条第二款之规定,飞马国际不设职工债权组和税款债权组。

2020 年 11 月 12 日,飞马国际重整案召开第一次债权人会议,对重整计划由有财产担保债权组和普通债权组进行了分组表决。鉴于普通债权组表决未能通过重整计划,公司于 2020 年 12 月 15 日再次召开债权人会议,由普通债权组再次表决,重整计划获表决通过。

1. 有财产担保债权组

2020 年 11 月 12 日,公司召开第一次债权人会议,出席会议有表决权的有财产担保债权人共计 3 家,其中 2 家债权人表决同意重整计划,占出席会议的该组债权总人数的 66.67%,超过本组出席会议债权人的半数;该等债权人所代表的债权金额合计 15.35 亿元,占全部有财产担保债权总额的 92.88%,达到本组债权总额的 2/3 以上。表决通过。

2. 普通债权组

2020 年 11 月 12 日,公司召开第一次债权人会议,出席会议有表决权的普通债权人共计 58 家。其中 30 家债权人表决同意重整计划,占出席会议的该组债权总人数的 51.72%,超过本组出席会议债权人的半数；该 30 家债权人所代表的债权金额合计 49.18 亿元，占全部普通债权总额的 51.89%，未达到本组债权总额的 2/3 以上。表决通过。

2020 年 12 月 15 日，公司召开债权人会议，由普通债权组对重整计划进行再次表决。重整计划经债权人会议普通债权组总体表决情况如下：飞马国际债权人会议普通债权组有表决权的普通债权人共计 59 家。其中 43 家债权人表决同意重整计划，占出席会议的该组债权总人数的 72.88%，超过本组出席会议债权人的半数；该 43 家债权人所代表的债权金额合计 87.89 亿元，占全部普通债权总额 94.76 亿元的 92.75%，达到本组债权总额的 2/3 以上。表决通过。

（二）出资人组会议表决

公司出资人组会议于 2020 年 11 月 23 日采取现场会议与网络会议相结合的方式召开，对《出资人权益调整方案》进行了表决。总表决结果为：同意票 7.73 亿股，占出席会议所有股东所持股份的 65.4884%；反对票 4.07 亿股，占出席会议所有股东所持股份的 34.5092%；弃权票 28 900 股，占出席会议所有股东所持股份的 0.0024%。其中，中小股东表决情况为：同意 0.65 亿股，占出席会议中小股东所持股份的 40.3054%；反对 0.97 亿股，占出席会议中小股东所持股份的 59.6768%；弃权 28 900 股，占出席会议中小股东所持股份的 0.0178%。出资人组会议对《出资人权益调整方案》表决同意票的，未超过出席会议股东所持表决权的 2/3。根据《破产法》第八十五条、《中华人民共和国公司法》（以下简称"《公司法》"）第一百零三条的规定，《出资人权益调整方案》未获得出资人组会议表决通过。

2020 年 12 月 9 日，公司再次召开出资人组会议，采取现场会议与网络会议相结合的方式召开。总表决结果为：同意票 11.4 亿股，占出席会议所有股东所持股份的 94.9461%；反对票 0.6 亿股，占出席会议所有股东所持股份的 5.0539%；弃权票 0 股。其中，中小股东表决情况为：同意票 1.24 亿股，占出席会议中小股东所持股份的 67.1902%；反对票 0.6 亿股，占出席会议中小股东所持股份的 32.8098%；弃权票 0 股。出资人组会议对《出资人权益调整方案》表决同意票的，超过出席会议股东所持表决权的 2/3。根据《破产法》第八十五条、《公司法》第一百零三条的规定，表决通过。

（三）重整计划批准

2020 年 12 月 18 日，深圳中院裁定批准重整计划，批准备查文件为（2020）粤 03 破 568 号之一号《民事裁定书》。

六、重整计划执行与监督

（一）执行与监督的主体

重整计划由飞马国际负责执行，重整投资人负责协助飞马国际执行重整计划。

在重整计划监督期限内，飞马国际应接受管理人的监督，及时向管理人报告重整计划执行情况、公司财务状况，以及重大经营决策、财产处置等事项。

（二）执行与监督的期限

重整计划的执行期限自重整计划获得法院裁定批准之日起 4 个月。在此期间，飞马国际应当严格依照重整计划的规定清偿债务，并随时支付重整费用及共益债务。重整计划提前执行完毕的，执行期限自执行完毕之日起届满。

重整计划执行的监督期限与执行期限一致。重整计划提前执行完毕的，监督期限亦自重整计划执行完毕之日起届满。重整计划监督期届满时，管理人将向法院提交监督报告，自监督报告提交之日起，管理人的监督职责终止。

（三）执行的措施

1. 货币资金和抵押股票的分配

每家债权人以重整投资人偿债资金及资产处置所得进行受偿的部分，相应货币资金以银行转账方式向债权人进行分配，债权人应于收到关于货币资金分配的通知后按照管理人的要求和指定格式书面提供领受货币资金的银行账户信息。

每家债权人以股票抵债进行受偿的部分，债权人应于收到关于股票分配的通知后按照管理人指定格式一并提供领受分配股票的证券账户信息。

对于逾期不提供银行账户或证券账户信息的债权人，应向其分配的货币资金和股票将按照重整计划的相关规定处理，由此产生的法律后果和市场风险由相关债权人自行承担。债权人自身和/或其关联方导致分配的货币资金或股票不能到账，或账户被冻结、扣划的，产生的法律后果和市场风险由相关债权人自行承担。债权人可以书面指令将偿债或抵债股票划转至债权人指定的，由该债权人所有/控制的账户或其他主体所有/控制的账户内。

2. 偿债资金和抵债股票的提存及处理

债权已经法院裁定确认的债权人未按照重整计划的规定领受货币资金和抵债股票的，根据重整计划应向其分配的货币资金和抵债股票将提存至管理人指定的银行账户和证券账户，提存后，视为飞马国际已根据重整计划履行了清偿责任。提存的货币资金及抵债股票自重整计划执行完毕公告之日起满 3 年，因债权人自身原因仍不领取的，视为放弃受领的权利。该等已提存的货币资金和抵债股票不再进行追加分配，已提存的货币资金将划转至上市公司根据其股东大会生效决议进行处置，处置所得归属上市公司。

有财产担保债权所对应的担保财产变现价款确定之前，按照普通债权受偿方案以有财产担保债权金额提存相应的货币资金和抵债股票，前述货币资金和抵债股票将提存至管理人指定的银行账户和证券账户。待担保财产处置所得确定并确定优先清偿的有财产担保债权金额之后，未优先受偿的债权按照普通债权的调整及受偿方案获得清偿。有财产担保债权就担保财产变现价款优先受偿的部分所对应已提存的货币资金和抵债股票不再向该等债权人分配，已提存的货币资金将划转至上市公司用于补充上市公司流动资金，已提存的抵债股票由上市公司根据其股东大会生效决议进行处置，处置所得归属上市公司。

因绵阳市商业银行股份有限公司高新科技支行的债权将在骏马环保重整程序中进行全额延期清偿，其在飞马国际重整程序中可受偿的货币资金和抵债股票将予以提存。若骏马环保的重整计划获得法院裁定批准且对绵阳市商业银行股份有限公司高新科技支行的该笔债权进行了全额延期清偿，则飞马国际为其债权提存的货币资金和抵债股票不再向该债权人分配，已提存的抵债股票由上市公司根据其股东大会生效决议进行处置，处置所得归属上市公司。

诉讼未决、条件未成就或其他原因导致管理人暂时无法作出审查结论的债权之金额，与最终确认的债权金额存在差异的，以最终确认的债权金额为准，按照重整计划规定的受偿方案受偿。根据重整计划应向其分配的货币资金和抵债股票将提存至管理人指定的银行账户和证券账户，提存后，视为飞马国际已根据重整计划履行了清偿责任。已按照重整计划提存的货币资金及抵债股票在清偿上述债权后仍有剩余的，该等剩余的偿债股票将不再进行追加分配，偿债资金将划至公司用于补充公司流动资金，抵债股票由上市公司根据其股东大会生效决议进行处置，处置所得归属上市公司。

对于未在法院规定的债权申报期限向管理人申报的债权人，根据重整计划应向其分配的货币资金和抵债股票将提存至管理人指定的银行账户和证券账户，提存后，视为飞马国际已根据重整计划履行了清偿责任。该部分债权人在重整计划执行完毕公告之日起满 3 年未向公司主张权利的，则飞马国际为该等债权提存的货币资金和抵债股票不再进行追加分配，已提存的货币资金将划转至上市公司用于补充上市公司流动资金，已提存的抵债股票由上市公司根据其股东大会生效决议进行处置，处置所得归属上市公司。

3. 重整费用的支付

依据《最高人民法院关于审理企业破产案件确定管理人报酬的规定》及法院确定的管理人报酬方案计算的管理人报酬，按照管理人报酬方案支付。重整管理人报酬以偿债股票价值、重整投资人现金投入以及飞马国际自有货币资金之和为基础测算，据此计算的管理人报酬金额约为 2 620 万元，其他非保留资产处置所得用于向普通债权人分配而产生的管理人报酬依据《最高人民法院关于审理企业破产案件确定管理人报酬的规定》及法院确定的管理人报酬方案另行计算和支付。

在重整期间及重整计划执行期间，法院案件受理费、管理人聘请其他中介机构的费用、管理人执行职务等发生的各项破产费用，根据实际发生数额作为重整费用以债务人财产按照重整计划规定或合同约定支付或清偿。

此外，飞马国际非保留资产变价税费、转增股份登记税费及股份过户税费、管理人执行职务的费用等其他重整费用根据重整计划执行实际情况随时支付。

4. 共益债务的清偿

飞马国际重整期间的共益债务，包括但不限于因继续履行合同所产生的债务、继续营业而应支付的劳动报酬和社会保险费用以及由此产生的其他债务，由飞马国际按照相关合同约定随时清偿。

5. 股票价格及非保留资产处置对清偿率的影响

分配给债权人的股票，债权人自行处置变现，变现的价格与清偿率测算所依据的抵债价格可能产生差异。债权人在获得相应股份后,通过实际处置获得资金,计算得出该债权人的实际清偿比例和清偿后果均由该债权人享有和承担,飞马国际对由此产生的清偿率差异及债权人因处置股票产生的个别收益或个别损失不承担责任。

在资产处置过程中,资产实际变现价格可能与清偿率测算所依据的资产评估产生差异,债权人收取非保留资产处置变现价款所获得的清偿率以资产处置的实际价值为准。

6. 对债务人财产限制措施的解除

重整计划经法院裁定批准后,如飞马国际财产仍存在保全措施,有关债权人应当配合管理人和飞马国际在重整计划获得法院裁定批准之日起 10 日内解除保全措施,在保全措施未能解除前,暂不向相关债权人实施清偿措施。

七、重整计划顺利实施的预期效果

飞马国际重整计划如能顺利实施:

(1) 法人资格继续存续,仍是一家在深交所上市的股份公司。

(2) 重整前产生的负债获得妥善安排。重整计划实施完毕后,飞马国际的巨额债务获得妥善安排,有财产担保债权在担保财产变价收入范围内以现金方式优先受偿,超出担保财产变价收入的部分作为普通债权受偿;职工债权以现金方式全额清偿;普通债权受偿率大幅上升,以现金方式和转股形式受偿,未受偿部分飞马国际不再清偿,整体实现了各方共赢。

(3) 重整投资人充分利用自身资源和优势助力公司发展。①资金支持:新增鼎资管将提供 5 000 万元偿债资金及 2 亿元偿债借款,并提供总额不超过 18 亿元的流动性支持,为飞马国际重整提供必要的资金来源,同时,利用自身的行业经验,制定和实施飞马国际未来经营方案及未来发展规划。②业务支持:新增鼎资管亦将注入优质资产以及承诺 2022 年、2023 年、2024 年归属于飞马国际所有者的净利润不低于 5.7 亿元,若净利润未达到标准由重整投资人在 2024 年会计年度审计报告公布后 3 个月内补足。③解决待判决或有担保:重整投资人同意按照相关规定解决飞马国际与上海汐麟投资管理有限公司之间的待判决或有担保事项,并承诺飞马国际因该事项在重整程序中需要承担的清偿责任由重整投资人予以承担。

案例 3　金贵银业重整案例解析

背景

郴州市金贵银业股份有限公司(以下简称"金贵银业"或"公司")是以生产经营高纯银及银深加工产品为主业的高新技术企业,成立于 2004 年 11 月 8 日,重整前注册资本为 9.6 亿元。近年来,受有色金属价格低迷、金融机构流动性收紧、公司经营管理决策失误、控股股东违规占用资金等因素影响,公司陷入生产经营困境,并引发债务危机。2019 年 12 月 18 日,公司收到湖南省郴州市中级人民法院(以下简称"郴州中院")送达的《通知书》,称债权人湖南福腾建设有限公司申请对公司进行重整。郴州中院于 2020 年 11 月 5 日裁定受理公司重整,并指定北京市金杜律师事务所担任重整管理人。2020 年 12 月 16 日,郴州中院裁定批准重整计划。2020 年 12 月 31 日,郴州中院裁定确认金贵银业重整计划执行完毕。

方案要点

1. 出资人权益调整

以金贵银业重整前总股本 9.6 亿股为基数,按每 10 股转增约 13.01436 股的比例实施资本公积转增股本,共计转增 12.5 亿股。转增后,金贵银业总股本将由 9.6 亿股增至 22.1 亿股。其中,8.15 亿股用于抵偿金贵银业的债务;4.35 亿股用于引入重整投资人。

2. 债权调整及受偿

1) 有财产担保债权调整及受偿

抵押物、质物为公司经营所必需的不动产、股权、设备等财产的有财产担保债权,按照抵押物、质物的评估价值留债分期受偿,未能留债部分作为普通债权受偿;建设工程优先权按照相应建设工程的评估价值留债分期受偿,未能留债部分作为普通债权受偿。

抵押物、质物为存货的有财产担保债权,对存货变价收入优先受偿,未能优先受偿部分作为普通债权受偿。

2) 普通债权调整及受偿

普通债权数额 20 万元以下(含 20 万元)的部分以货币形式全额受偿;超过 20 万元的部

分,每 100 元以货币形式受偿 2 元、受偿转增股票 7.3 股;未受偿的部分金贵银业不再承担清偿责任。

融资租赁债权人对租赁物享有所有权。金贵银业按照租赁物的评估价值参照有财产担保债权留债分期受偿的条件购买租赁物。价款支付完毕后,租赁物所有权属于金贵银业。融资租赁债权数额超过租赁物评估价值部分作为普通债权受偿。

3. 引入重整投资人

郴州市发展投资集团产业投资经营有限公司(以下简称"郴投产业公司")作为重整投资人,郴投产业公司及其认可的主体通过金贵银业重整出资人权益调整程序有条件受让资本公积转增股本。经郴投产业公司确认,其认可的主体为财信资产管理(郴州)有限公司(以下简称"财信郴州")和中国长城资产管理股份有限公司湖南省分公司(以下简称"长城资管")。

重整投资人按照金贵银业 2019 年度报告披露后 20 个交易日股票成交均价的九折 1.27 元/股的价格有条件受让 4.35 亿股股份,合计提供 5.52 亿元资金。具体投资额及权益分配情况如下:郴投产业公司受让转增股票数量 2.1 亿股,出资额约为 2.66 亿元;财信郴州受让转增股票数量 1.1 亿股,出资额约为 1.4 亿元;长城资管受让转增股票数量 1.15 亿股,出资额约为 1.46 亿元。以上出资额将被用于支付重整费用、清偿各类债务、补充公司流动资金。

4. 解决大股东资金占用问题

为了解决金贵银业大股东违规占用公司资金问题,19 家债权人共同努力,将对公司的 10.14 亿元债权转移至大股东,为金贵银业进行重整扫除障碍。

一、公司基本信息

(一)公司及业务简介

金贵银业成立于 2004 年 11 月 8 日,曾用名为"郴州市金贵银业有限公司"。公司股票于 2014 年 1 月 28 日在深圳证券交易所挂牌上市,股票代码 002716,股票名称为金贵银业,后变更为 *ST 金贵。公司注册地为郴州市苏仙区白露塘镇福城大道 1 号(湖南郴州高新技术产业园内),注册资本为 9.6 亿元,法定代表人为曹永贵。

公司的经营范围包括生产销售高纯银及银制品、高纯硝酸银、银基纳米抗菌剂、电解铅、粗铅、高纯铋、电积铜、氧气、氮气、压缩气体、液化气体;综合回收黄金、硫酸及其他金属;从事货物和技术进出口业务(国家法律法规规定应经审批方可经营或禁止进出口的货物和技术除外)。

根据公司重整申请前 2018 年年度报告显示,公司营业收入为 106.57 亿元,净利润 1.33 亿元,毛利率为 7.97%,净利率为 1.24%。

(二)重整前股权架构图

截至 2020 年 9 月 30 日,金贵银业总股本 9.6 亿股,股东 57 817 户。公司控股股东和实际控制人为曹永贵,持有公司股份 2.05 亿股,占公司总本本的 21.37%,如图 3-1 所示。

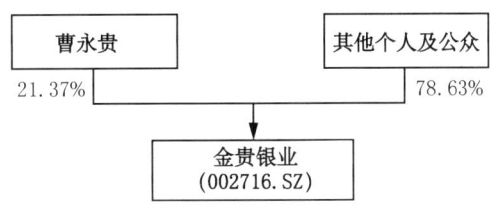

图 3-1　金贵银业重整前股权架构图

二、资产负债情况

（一）资产负债情况总览

如表 3-1 所示，根据评估机构出具的《资产评估报告》，以 2020 年 9 月 30 日为评估基准日，金贵银业本部总资产账面价值为 87.07 亿元，主要包括其他应收款、存货、无形资产、固定资产、预付账款等（含融资租赁物）。按照清算价值法进行评估，金贵银业全部资产的清算评估价值为 25.99 亿元（含融资租赁物评估值），清算价值为账面价值的 29.85%。

表 3-1　金贵银业资产负债情况

单位:亿元

资产/债权类型	资产	负债	资产-负债	资产负债率
账面价值/审查确认债权	87.07	98.3	-11.23	112.90%
评估清算价值/审查确认债权	25.99	98.3	-72.31	378.22%

截至 2020 年 12 月 5 日，共有 418 家债权人向管理人申报债权，申报债权总额为 125.22 亿元。其中，35 家债权人申报有财产担保债权（含建设工程优先权），申报数额 55.24 亿元；1 家债权人申报税款债权，申报数额 2 302.91 万元；388 家债权人申报普通债权，申报数额 69.75 亿元。

经管理人审查确认的债权 397 家，债权数额 98.3 亿元。其中，有财产担保债权（含建设工程优先权）19 家，债权数额 40.39 亿元；职工债权数额约 1 328.97 万元；税款债权 1 家，债权数额 3 767.54 万元；普通债权 387 家，债权数额 57.41 亿元。

因诉讼未决、需要补充证据材料、债权人提出异议等暂缓认定的债权申报总额为 14.9 亿元，涉及 21 家债权人。其中，申报有财产担保债权和建设工程优先权 6 家，申报数额为 8.08 亿元；申报普通债权 15 家，申报数额为 6.82 亿元。

经管理人调查梳理，金贵银业账面有记载但未申报的债权数额 4.76 亿元。

（二）债权分类

根据《破产法》第八十二条的规定，金贵银业债权主要包括有财产担保债权、职工债权、税款债权和普通债权等。

1. 有财产担保债权

经管理人审查确认,金贵银业有财产担保债权(含建设工程优先权债权人)共 19 家,债权数额合计 40.39 亿元。

2. 职工债权

经管理人审查确认,金贵银业职工债权数额合计 1 328.97 万元,其中欠付工资 817.09 万元、欠付社保等费用 511.88 万元。

3. 税款债权

经管理人调查,金贵银业重整案涉及税款债权数额合计 3 767.54 万元。

4. 普通债权

经管理人审查确认,金贵银业普通债权组债权人共 387 家,债权数额合计 57.41 亿元。

5. 其他债权

金贵银业暂缓认定的债权涉及 21 家债权人,数额合计 14.9 亿元。其中,有财产担保债权和建设工程优先权 6 家,申报数额为 8.08 亿元;普通债权 15 家,申报数额为 6.82 亿元。

经管理人调查梳理,金贵银业账面有记载但未申报的债权数额为 4.76 亿元。

(三) 偿债能力分析

根据《偿债能力分析报告》,金贵银业如破产清算,假定其财产均能够按照评估价值获得处置变现,可用于偿债的财产总额仅为 25.99 亿元。按照《破产法》规定的清偿顺序,担保财产变现所得优先用于偿还有财产担保债权;剩余其他财产的变现所得在支付必要的破产费用、共益债务、职工债权后,金贵银业普通债权在破产清算状态下的受偿比例仅为 3.86%。

三、重整基本情况

(一) 重整背景

金贵银业是一家股票在深交所中小企业板上市的股份有限公司,是以生产经营高纯银及银深加工产品为主业的高新技术企业。近年来,受有色金属价格低迷、金融机构流动性收紧、公司经营管理决策失误、控股股东违规占用资金等因素影响,公司陷入生产经营困境,并引发债务危机。因 2019 年度经审计净资产为负值,公司股票已经被深交所实施退市风险警示。

(二) 重整申请情况

2019 年 12 月 18 日,公司收到郴州中院送达的《通知书》,称债权人湖南福腾建设有限公司以金贵银业不能清偿到期债务且明显缺乏清偿能力为由,向郴州中院申请对公司进行重整。

(三) 重整受理情况

2020 年 11 月 5 日,郴州中院作出(2020)湘 10 破申 4 号《民事裁定书》,依法裁定受理金贵银业重整一案,并指定北京市金杜律师事务所担任金贵银业管理人。

（四）重整管理模式

债务人自行管理财产和营业事务。

（五）重整大事记

• 2019 年 12 月 18 日，公司收到郴州中院送达的《通知书》，称债权人湖南福腾建设有限公司向郴州中院申请对公司进行重整。

• 2020 年 11 月 5 日，郴州中院裁定受理金贵银业重整，指定北京市金杜律师事务所担任金贵银业管理人。

• 2020 年 11 月 9 日，郴州中院许可公司在重整期间继续营业，同意管理人聘请公司经营管理团队负责重整期间经营管理事务。

• 2020 年 11 月 30 日，金贵银业管理人与郴投产业公司签署《郴州市金贵银业股份有限公司重整案投资协议书》，确定郴投产业公司为金贵银业重整的投资人。

• 2020 年 12 月 14 日，管理人收到郴投产业公司提交的《关于重整投资人投资额和权益分配的通知书》及各方签署的《关于合作重整郴州市金贵银业股份有限公司的协议书》《关于合作重整郴州市金贵银业股份有限公司的一致行动协议书》，确定财信郴州、长城资管共同作为金贵银业投资人参与金贵银业重整。

• 2020 年 12 月 16 日，金贵银业重整案第一次债权人会议表决通过了《郴州市金贵银业股份有限公司重整计划（草案）》。出资人组会议表决通过了《出资人权益调整方案》。同日，郴州中院裁定批准《郴州市金贵银业股份有限公司重整计划》，并终止公司重整程序。

• 2020 年 12 月 31 日，郴州中院裁定确认金贵银业重整计划执行完毕。

四、重整计划主要内容

（一）重整思路概述

如图 3-2 所示，重整计划的主要思路为：

（1）对出资人权益进行调整，在重整前股份基础上进行资本公积转增股本，合计转增 12.5 亿股。其中，4.35 亿股用于引入重整投资人；8.15 亿股用于向金贵银业的债权人抵偿债务。

（2）剥离持续亏损业务，全面恢复和维系主营业务持续经营。

（二）投资人及投资方案

经过多轮磋商、洽谈，2020 年 11 月 30 日，金贵银业管理人与郴投产业公司签署《郴州市金贵银业股份有限公司重整案投资协议书》，确定郴投产业公司及其认可的主体为金贵银业重整的投资人。

根据该重整投资协议约定，郴投产业公司及其认可的主体通过金贵银业重整出资人权益调整程序有条件受让资本公积转增股本。经郴投产业公司确认，其认可的主体为财信郴州和长城资管。

重整投资人按照金贵银业 2019 年年度报告披露后 20 个交易日股票成交均价的 9 折

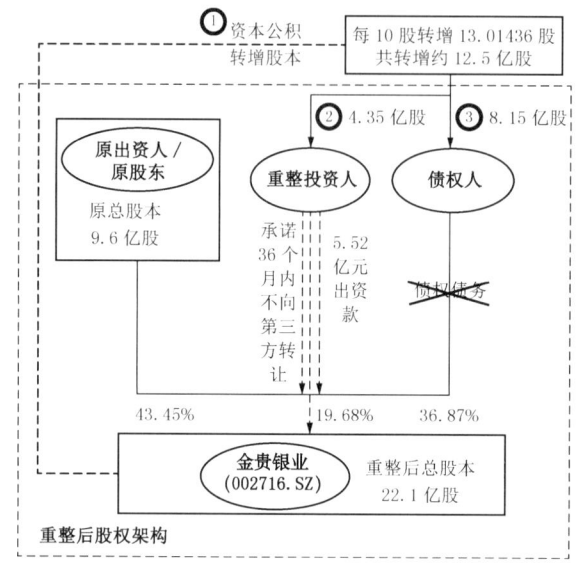

图 3-2 金贵银业重整方案示意图

（即 1.27 元/股）有条件受让 4.35 亿股股份，合计提供 5.52 亿元资金。具体投资额及权益分配情况如下：郴投产业公司受让转增股票数量 2.1 亿股，出资额约为 2.66 亿元；财信郴州受让转增股票数量 1.1 亿股，出资额约为 1.4 亿元；长城资管受让转增股票数量 1.15 亿股，出资额约为 1.46 亿元。以上出资额将被用于支付重整费用、清偿各类债务、补充公司流动资金。

（三）出资人权益调整方案

以金贵银业重整前总股本 9.6 亿股为基数，按每 10 股转增约 13.01436 股的比例实施资本公积转增股本，共计转增 12.5 亿股（最终实际转增的股票数量以中国结算实际登记确认的数量为准）。转增后，金贵银业总股本将由 9.6 亿股增至 22.1 亿股。

其中，8.15 亿股用于抵偿金贵银业的债务；4.35 亿股用于引入重整投资人，并由重整投资人按照金贵银业 2019 年年度报告披露后 20 个交易日股票成交均价的 9 折（即 1.27 元/股）有条件受让，合计提供 5.52 亿元资金，重整投资人受让的股份占重整后金贵银业总股本的 19.68%。自股票登记至重整投资人证券账户之日起 36 个月内不转让，该笔资金用于支付重整费用、清偿各类债务、补充公司流动资金。

（四）债权调整及受偿方案

1. 有财产担保债权调整及受偿

有财产担保债权组债权人（含建设工程优先权债权人）共 19 家，债权数额合计 40.39 亿元。

（1）抵押物、质物为公司经营所必需的不动产、股权、设备等财产的有财产担保债权，按照抵押物、质物的评估价值留债分期受偿，未能留债部分作为普通债权受偿；建设工程优先权按照相应建设工程的评估价值留债分期受偿,未能留债部分作为普通债权受偿。

留债期限 5 年,自 2021 年 1 月 1 日起第一年至第三年按季付息,第四年起除按季付息外每年末偿还本金 50%。留债利率取原融资利率与当期 5 年期贷款市场报价利率(LPR)之低者,利息自重整计划获得法院裁定批准之日起计算。留债期间原担保财产的抵押和质押不变,债权人在留债部分全额受偿后解除抵押、质押措施。

(2) 抵押物、质物为存货的有财产担保债权,对存货变价收入优先受偿,未能优先受偿部分作为普通债权受偿。存货按照《郴州市金贵银业股份有限公司重整案财产管理方案》的规定,以公开拍卖或者抵押权人、质权人认可的其他方式变价。存货变价收入在支付变价费用后优先清偿债务本金和自重整计划获得法院裁定批准之日起至变价款支付之日期间的利息,利率取原融资利率与当期一年期贷款市场报价利率(LPR)之低者。

考虑到存货变价收入存在不确定性,管理人先行以存货的评估价值为基数提存普通债权分配额,对于债权数额超过存货评估价值的部分按照普通债权进行清偿,此后根据存货实际变价情况进行结算和补充分配。如果存货变价收入超过评估价值和前述利息,超过部分亦清偿给相应债权人,但应当扣减超过部分已经作为普通债权受偿的货币和股票价值(按照变价款支付前一交易日收盘价折算);如果存货变价收入少于评估价值和前述利息,不足部分作为普通债权补充受偿。存货变价完成后,超过有财产担保债权部分的变价款,以及以存货评估价值为基数提存的普通债权分配额中不再需要向相应债权人补充分配的部分,属于金贵银业的财产。

2. 职工债权调整及受偿

经管理人调查,金贵银业重整案涉及的职工债权数额合计 1 328.97 万元。职工债权经管理人公示后,在重整计划执行期间以货币形式全额受偿。

3. 税款债权调整及受偿

经管理人调查,金贵银业重整案涉及税款债权数额合计 3 767.54 万元。税款债权经郴州中院裁定确认或者管理人审核认定后,在重整计划执行期间以货币形式全额受偿。

4. 普通债权调整及受偿

普通债权组债权人 387 家,债权数额合计 57.41 亿元。

普通债权数额 20 万元以下(含 20 万元)的部分以货币形式全额受偿;超过 20 万元的部分,每 100 元以货币形式受偿 2 元、受偿转增股票 7.3 股;未受偿的部分金贵银业不再承担清偿责任。

融资租赁债权人对租赁物享有所有权。金贵银业按照租赁物的评估价值参照有财产担保债权留债分期受偿的条件购买租赁物。价款支付完毕后,租赁物所有权属于金贵银业。融资租赁债权数额超过租赁物评估价值部分作为普通债权受偿。

5. 其他债权调整及受偿

暂缓认定的债权涉及 21 家债权人,债权总额为 14.9 亿元。暂缓认定的债权经郴州中院裁定确认或者管理人审核认定后,按照同类债权的调整和受偿方案调整和受偿。

金贵银业账面有记载但未申报的债权数额为 4.76 亿元。未申报的债权在重整程序终止后申报的,由金贵银业负责审查,在重整计划执行完毕前不得行使权利,在重整计划执行完毕后按照同类债权的调整和受偿方案调整和受偿。

债权人与金贵银业另行达成清偿协议且不损害其他债权人利益的,可视为债权人已按照重整计划的规定获得清偿。

6. 债务清偿顺序

如图 3-3 所示,模拟破产清算下普通债权清偿率是假定公司在破产清算条件下的偿债能力分析,主要来源于公司披露的《偿债能力分析报告》。而重组后清偿率是假定公司在重整条件下的名义清偿率。可以看出,重整后的债权清偿率情况,比清算状态下的清偿率有一定提升。

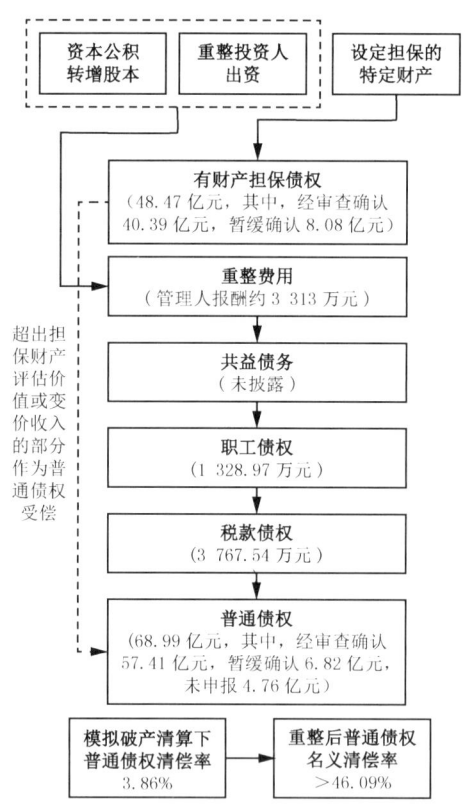

注:① 根据重整方案披露,金贵银业清偿各类债务的财产价值总额计 53.61 亿元,有财产担保债权留存和对于抵押物、质物变价收入优先受偿部分均不纳入清偿财产价值,经计算,本案管理人报酬为 3 313 万元。
② 重整方案未披露未申报债权的分类,此处暂将其全额划分为普通债权。

图 3-3　金贵银业债务清偿顺序示意图

重整计划草案披露显示,根据《财务咨询报告》,金贵银业未来 5 年股票价格的合理区间为 6.04 元/股至 12.08 元/股。当重整计划采用该区间的下限 6.04 元/股作为股票抵偿债务的折算价格时,普通债权超过 20 万元部分的受偿率为 46.09%;在抵债股票价格达到区间上限 12.08 元/股时,普通债权超过 20 万元部分的受偿率为 90.18%;当抵债股票价格达到 13.42 元/股时,普通债权可以获得全额受偿。

(五) 未来经营方案

(1) 引入重整投资人。重整投资人在协助公司摆脱目前经营困境的同时,为公司可持续发展提供全方位的帮助与支持。

(2) 剥离低效资产。金贵银业对重整前资产中已丧失盈利能力的部分,以公开拍卖、公开变卖、协议转让等合法方式进行剥离,避免其进一步侵蚀上市公司利润,以改善金贵银业资产结构,提高金贵银业资产的经济效益。

(3) 全面恢复和维系主营业务持续经营。公司将采取优化治理结构、降低运营成本、恢复和巩固行业地位等多项有力措施。

五、重整计划表决与批准

(一) 债权人会议表决

重整计划对职工债权和税款债权不作调整,根据《最高人民法院关于适用〈中华人民共和国企业破产法〉若干问题的规定(三)》第十一条第二款之规定,金贵银业不设职工债权组和税款债权组。金贵银业第一次债权人会议于 2020 年 12 月 16 日通过全国企业破产重整案件信息网召开,对重整计划有财产担保债权组和普通债权组进行了分组表决。

1. 有财产担保债权组

出席会议的有表决权的有财产担保债权人共 17 家,其中同意的有财产担保债权人为 15 家,占出席会议的该组债权总人数的 88.24%,已超过本组出席会议债权人的半数;其所代表的债权金额为 16.25 亿元,占该组债权总额 18.84 亿元(有财产担保债权及建设工程优先受偿权可优先受偿部分)的 86.28%,已超过该组债权总额的 2/3。表决通过。

2. 普通债权组

出席会议的有表决权的普通债权人共 384 家,其中同意的债权人为 340 家,占出席会议的该组债权总人数的 88.54%,已超过本组出席会议债权人的半数;其所代表的债权金额为 57.19 亿元,占该组债权总额 78.95 亿元(含有财产担保债权及建设工程优先受偿权不能优先受偿部分)的 72.43%,已超过该组债权总额的 2/3。表决通过。

(二) 出资人组会议表决

金贵银业出资人组会议于 2020 年 12 月 16 日通过全国企业破产重整案件信息网召开,对《出资人权益调整方案》进行了表决。

出席出资人组会议的股东或其代理人共计 373 人,出席会议的股东所持表决权的股份总数为 3.99 亿股,占公司有表决权股份总数比例为 41.49%。其中,同意 3.98 亿股,占出席会议所有出资人所持股份的 99.97%。根据《公司法》与《破产法》的相关规定,表决通过。

（三）重整计划批准

2020 年 12 月 16 日，郴州中院裁定批准《郴州市金贵银业股份有限公司重整计划》，并终止金贵银业重整程序，批准备查文件为（2020）湘 10 破 4 号《民事裁定书》。

六、重整计划执行与监督

（一）执行与监督的主体

重整计划由金贵银业负责执行，管理人负责监督。

（二）执行与监督的期限

重整计划的执行期限自重整计划获得郴州中院裁定批准之日起至 2021 年 4 月 30 日止。金贵银业应于 2021 年 4 月 30 日前执行完毕重整计划。在此期间，金贵银业应当严格依照重整计划的规定清偿债务，并随时支付重整费用和共益债务。如非金贵银业自身原因，致使金贵银业重整计划无法在上述期限内执行完毕，金贵银业应于执行期限届满前，向郴州中院提交延长重整计划执行期限的申请，并根据郴州中院批准的执行期限继续执行。重整计划提前执行完毕的，执行期限在执行完毕之日到期。

重整计划执行的监督期限与重整计划执行期限相同，自郴州中院裁定批准重整计划之日起至 2021 年 4 月 30 日止。

重整计划执行监督期限内，金贵银业应当接受管理人的监督，及时向管理人报告重整计划的执行情况、公司财务状况、重大经营决策、重要资产处置等事项。监督期限届满或者金贵银业提前执行完毕重整计划的，管理人应当向郴州中院提交监督报告，自监督报告提交之日起，管理人的监督职责终止。

2020 年 12 月 31 日，郴州中院裁定确认金贵银业重整计划执行完毕。

（三）执行的措施

1. 偿债资金的分配

偿债资金和股票原则上以银行转账、股票非交易过户的方式向债权人进行分配；未提供领受偿债资产的银行账户和证券账户信息或无法通知到的债权人对应的偿债资产，管理人将按照重整计划规定提存，由此产生的法律后果由相关债权人自行承担。

2. 偿债资金的提存及处理

债权人未及时领受偿债资产的，根据重整计划应向其分配的资金、股票由管理人提存。上述提存的偿债资产自重整计划执行完毕之日起满 3 年债权人仍不领受的，视为放弃领受。债权人放弃领受的偿债资产，以及以存货为抵押物、质物的债权和预计债权提存的偿债资产最终不需要提存的部分，由管理人变价后支付给金贵银业补充流动资金。

3. 重整费用的支付

根据《最高人民法院关于审理企业破产案件确定管理人报酬的规定》，管理人报酬为 3 312.6 万元，在法院裁定批准重整计划后收取。

金贵银业重整案件受理费、管理人报酬、聘请中介机构费用，按照《诉讼费用交纳办法》

《郴州市金贵银业股份有限公司重整计划》及合同约定支付；其他重整费用根据实际情况随时支付。

4. 共益债务的清偿

金贵银业重整期间的共益债务，包括但不限于因继续履行合同所产生的债务、继续营业而支付的劳动报酬和社会保险费用以及由此产生的其他债务，由金贵银业按照《破产法》的相关规定随时清偿。

5. 重整投资人的变更

客观原因导致需要变更重整投资人的，在不变更债权分类、调整和受偿方案的前提下，由管理人在请示郴州中院许可后变更。

6. 财产保全措施的解除

根据《破产法》第十九条之规定，人民法院受理破产申请后，有关债务人财产的保全措施应当解除。尚未申请解除对金贵银业财产保全措施的债权人应当在重整计划获得法院批准之日起30日内协助办理完毕财产保全措施的解除手续。未能在前述规定期限内协助解除财产保全措施的，管理人和金贵银业有权申请郴州中院予以强制解除并暂缓支付、划转偿债资产。

7. 财产变价事项

根据重整计划之经营方案需要剥离的财产，管理人和金贵银业应当根据《破产法》《财产管理方案》的规定进行变价。设立了担保的财产的变价，应当获得有财产担保债权人的认可。

8. 连带债务人

根据《破产法》第九十二条第三款的规定，债权人对债务人的保证人和其他连带债务人所享有的权利，不受重整计划的影响。债权人按照重整计划受偿后，对于债权未受偿部分可以要求保证人和其他连带债务人继续清偿。债务人的保证人和其他连带债务人向债权人承担清偿责任后，不得再向金贵银业主张包括追偿权在内的任何权利。

七、重整计划顺利实施的预期效果

金贵银业重整计划如能顺利实施：

（1）法人资格继续存续，仍是一家在深交所上市的股份公司。

（2）创新手段解决大股东资金占用问题。

（3）重整前产生的负债获得妥善安排。重整计划实施完毕后，金贵银业的债务获得较高比例清偿，实现各方共赢。

（4）重整投资人充分利用自身资源和优势支持公司经营发展。重整投资人在取得公司控股地位之后，将充分运用自身优势为公司主营业务强化经营以及未来新业务开拓发展提供融资、资金等资源支持。

案例 4　永泰能源重整案例解析

永泰能源股份有限公司(以下简称"永泰能源"或"公司")是 A 股煤炭板块民营上市公司,成立于 1992 年 7 月 30 日,重整前注册资本为 124.26 亿元。因受融资政策不断缩紧、债务规模较大、部分对外投资短期无法形成现金流及收益造成"短贷长投"等因素影响,永泰能源于 2018 年发生债券违约并触发交叉违约条款,引发连锁反应,造成永泰能源债务风险进一步蔓延,无法清偿到期债务且明显缺乏清偿能力。债权人河南省豫煤矿机有限公司(以下简称"豫煤矿机")于 2020 年 8 月 3 日申请对公司进行重整。山西省晋中市中级人民法院(以下简称"晋中中院")于 2020 年 9 月 25 日裁定受理公司重整,并指定永泰能源清算组担任重整管理人。2020 年 12 月 16 日,晋中中院裁定批准重整计划。2020 年 12 月 30 日,公司收到晋中中院送达的(2020)晋 07 破 1 号之三《民事裁定书》,裁定确认永泰能源重整计划执行完毕,并终结永泰能源重整程序。

1. 出资人权益调整

以永泰能源重整前总股本 124.26 亿股为基数,按照每 10 股转增 7.88 股的比例实施资本公积转增股本,共计转增约 97.92 亿股股票。转增后,永泰能源总股本将由 124.26 亿股增加至 222.18 亿股。

上述转增股票不向原股东进行分配,而是全部按照重整计划的规定向债权人进行分配以抵偿债务及支付相关重整费用。

2. 债权调整及受偿

1) 有财产担保债权调整及受偿

有财产担保债权根据抵质押物的来源及是否处置等情况进行分类处理。

(1) 永泰能源以自有财产为自身债务提供抵质押担保的债权。经法院裁定确认后,由永泰能源在担保财产评估价值范围内留债延期清偿,担保财产评估值覆盖债权的顺位依次为本金、合同(票面)利息和永泰能源欠付的截至 2020 年 9 月 25 日的违约金、逾期利息、复利、滞纳金、迟延履行期间的加倍利息等及其他费用。担保财产评估值不能覆盖的债权部分,转为普通债权,按照相应无抵质押担保的普通债权清偿方案进行清偿。评估值不能覆盖的债权部分,按与担保财产评估值覆盖债权的相反顺位转为普通债权。

担保财产评估价值范围内留债延期清偿具体安排如下:

留债期限:12 年。

清偿:前 4 年每年清偿 5%,中间 4 年每年清偿 7%,后 4 年每年清偿 13%。2021 年作为第一年,以此类推。

留债利率:按重整计划提交法院及债权人会议前最近一期全国银行间同业拆借中心公布的 5 年期贷款市场报价利率(LPR)确定,利息以未清偿留债金额为计算基数,自重整计划获得法院裁定批准之日起算。

还款时间:自 2021 年始至 2032 年止,每年度 5 月、11 月的 20 日为结息日,结息日的次日为付息还本日,首个付息还本日为 2021 年 5 月 21 日。上述日期如遇法定节假日或休息日,则顺延至其后的第 1 个工作日,顺延期间兑付款项不另计利息。

担保方式:留债期间原财产抵质押担保关系不发生变化,在永泰能源履行完毕上述有财产担保债权清偿义务后,有财产担保债权人应解除对担保财产设定的抵质押手续,并不再就担保财产享有优先受偿权。未及时办理解除抵质押手续的,不影响担保物权的消灭。

(2) 永泰能源以拟处置资产提供抵质押担保的债权。就担保财产的变现价款优先受偿,拟处置的担保财产未处置完毕的,应按照相应担保财产清算评估价值。预计转入普通债权的额度及重整计划规定的普通债权调整方案预留偿债资源,在担保财产处置完毕后,财产变现价款按照重整计划规定的受偿方案向其清偿。

(3) 永泰能源以其持有的华瀛石油化工有限公司(以下简称"华瀛石化")股权等财产为石化板块债务提供质押担保的债权。公司在处置华瀛石化股权时,对该部分债权将予以优先清偿。拟处置的华瀛石化股权未处置完毕的,由石化板块相应子公司按债务协议重组安排继续偿还,不占用永泰能源偿债资源,永泰能源担保措施予以保留。

(4) 永泰能源以自有财产为煤炭板块债务提供抵质押担保的债权。由煤炭板块相应子公司按债务协议重组安排继续偿还,不占用永泰能源偿债资源,永泰能源担保措施予以保留。

2) 普通债权调整及受偿

永泰能源对外提供担保而形成的普通债权,由相应的债务主体继续予以清偿,不占用永泰能源重整程序的偿债资源,永泰能源继续维持原担保方式不变。

永泰能源自身的主债权,以债权人为单位,每家债权人 50 万元以下(含 50 万元)的债权部分,由永泰能源在重整计划执行期限内以现金方式全额清偿;超过 50 万元的债权部分按照如下调整及受偿方案清偿。

(1) 以子公司财产提供抵质押担保的普通债权。鉴于永泰能源子公司与永泰能源财务报表上的合并和经营上的完整性,且永泰能源经营业务主要来源于子公司,为保留子公司的经营性资产,由子公司提供财产担保的债权与永泰能源提供财产担保的债权作同等处理,即永泰能源子公司提供财产担保的债权,参照有财产担保债权清偿方案进行清偿。

(2)融资租赁类债权。永泰能源与石化板块联合承租的融资租赁债权,债权人可以选择在石化板块协议重组,也可以选择在永泰能源受偿。选择在永泰能源受偿的,对应融资租赁物评估价值部分与有财产担保债权留债延期部分调整及受偿方案一致,扣除前述融资租赁评估价值的剩余债权作为普通债权,按照无抵质押的普通债权的受偿方案予以清偿。

(3)无永泰能源及其子公司财产提供抵质押担保的普通债权。对于无永泰能源及其子公司财产提供抵质押担保的普通债权及有财产担保债权对应担保财产评估值无法覆盖的债权部分,其中本金和合同(票面)利息根据重整计划的清偿方案清偿,具体清偿方案如下:

① 每家债权人超过 50 万元的债权部分按照 20.78% 的比例留债延期清偿。

留债期限:12 年。

清偿:前 4 年每年清偿 5%,中间 4 年每年清偿 7%,后 4 年每年清偿 13%。2021 年作为第一年,以此类推。

留债利率:按重整计划提交法院及债权人会议前最近一期全国银行间同业拆借中心公布的 5 年期贷款市场报价利率(LPR)的 7 折确定,利息以未清偿的留债金额为计算基数,自重整计划获得法院裁定批准之日起算。

还款时间:自 2021 年始至 2032 年止,每年度 5 月、11 月的 20 日为结息日,结息日的次日为付息还本日,首个付息还本日为 2021 年 5 月 21 日,上述日期如遇法定节假日或休息日,则顺延至其后的第 1 个工作日,顺延期间兑付款项不另计利息。

② 股票清偿。

每家债权人超过 50 万元的债权部分,在扣除留债延期清偿部分后剩余的债权,以永泰能源资本公积转增股本按照 1.94 元/股的抵债价格进行股票清偿,即每 100 元普通债权将分得约 51.546392 股,共计抵偿约 189.96 亿元债权。

除本金、合同(票面)利息外永泰能源欠付的截至 2020 年 9 月 25 日的违约金、逾期利息、复利、滞纳金、迟延履行期间加倍利息等及其他费用,永泰能源不予清偿。

一、公司基本信息

(一)公司及业务简介

永泰能源成立于 1992 年 7 月 30 日,注册地址为山西省晋中市灵石县翠峰路 79 号,法定代表人为公司董事长王广西。1998 年 5 月 13 日,经中国证监会核准,公司股票在上海证券交易所(以下简称"上交所")上市交易,股票代码为 600157。公司经营范围包括:综合能源开发;大宗商品物流;新兴产业投资(自有资金);煤矿机械设备、电气设备、工矿配件制造、修理、销售、租赁、安装及技术咨询服务,矿山支护产品生产、销售;煤炭销售。

根据公司重整申请前 2019 年年报,公司营业收入为 211.87 亿元,净利润为 2.79 亿元,毛利率为 29.56%,净利率为 1.32%。

（二）重整前股权架构图

截至 2020 年 9 月 25 日，永泰能源总股本为 124.26 亿股，全部为流通 A 股，资本公积金为 98.05 亿元，其中股本溢价部分为 97.92 亿元。永泰能源的控股股东为永泰集团有限公司（以下简称"永泰集团"），持有永泰能源 40.27 亿股，占总股本的 32.41%，公司实际控制人为自然人王广西，如图 4-1 所示。

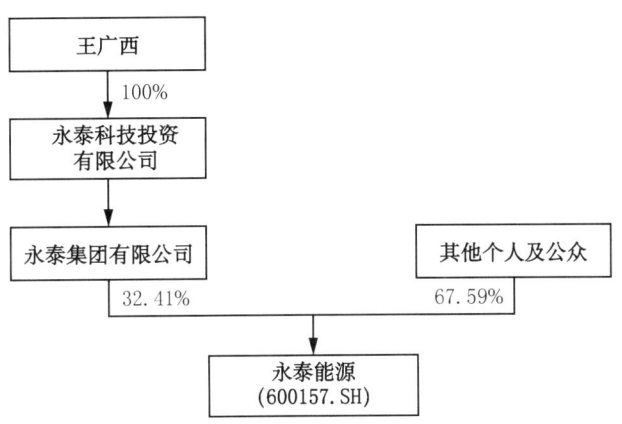

图 4-1　永泰能源重整前股权架构图

二、资产负债情况

（一）资产负债情况总览

如表 4-1 所示，永泰能源账面资产主要由其他应收款、长期股权投资等构成，根据资产评估机构出具的《资产评估报告》，以重整受理日（即 2020 年 9 月 25 日）为评估基准日，永泰能源总资产账面价值为 663.19 亿元，按照清算价值法进行评估，清算评估价值为 279.23 亿元，清算价值为账面价值的 42.1%。

表 4-1　永泰能源资产负债情况

单位：亿元

资产/债权类型	资产	负债	资产−负债	资产负债率
账面价值/审查确认债权	663.19	363.65	299.54	54.83%
评估清算价值/审查确认债权	279.23	363.65	−84.42	130.23%

截至 2020 年 11 月 24 日，共有 715 家债权人向管理人申报债权，申报债权金额 507.67 亿元。其中，申报的有财产担保债权为 81.8 亿元；申报的普通债权为 425.87 亿元。

经管理人初步审查确定，且已提交第一次债权人会议核查，截至重整计划提交之日，债权人、债务人均未提出异议的债权总额为 363.65 亿元。其中，有财产担保债权为 54.26 亿元；普通债权为 309.39 亿元。上述债权的金额及性质最终以晋中中院裁定确认的结果为准。

债权人已进行债权申报,且管理人已经初步审查,但截至重整计划提交之日尚未经债权人会议核查的债权,申报总额为 115.43 亿元。其中,有财产担保债权为 18.38 亿元;普通债权为 97.05 亿元。此部分债权以债权人会议核查,并经晋中中院裁定确认为准。

债权人已进行债权申报,但因涉诉未决、需进一步补充证据材料等导致管理人尚无法出具审查意见的债权共计 18.71 亿元,均为普通债权。

根据公司财务账簿记载、公司说明及管理人掌握的情况,未在债权申报期限内申报但账面记载的债权尚有约 3.36 亿元,均为普通债权。

(二)债权分类

根据《破产法》的相关规定和债权审查确认情况,永泰能源债权主要包括有财产担保债权和普通债权等。

1. 有财产担保债权

经管理人初步审查确认且已提交至第一次债权人会议核查金额为 54.26 亿元。

2. 普通债权

经管理人初步审查确认且已提交至第一次债权人会议核查金额为 309.39 亿元。

3. 其他债权

(1)未经债权人会议核查债权。债权人已进行债权申报,且管理人已经初步审查,但截至重整计划提交之日尚未经债权人会议核查的债权,申报总额为 115.43 亿元。其中,有财产担保债权为 18.38 亿元;普通债权为 97.05 亿元。此部分债权以债权人会议核查,并经晋中中院裁定确认为准。

(2)暂缓确定债权。债权人已进行债权申报,但因涉诉未决、需进一步补充证据材料等导致管理人尚无法出具审查意见的债权共计 18.71 亿元,均为普通债权。

(3)未申报债权。根据公司财务账簿记载、公司说明及管理人掌握的情况,未在债权申报期限内申报但账面记载的债权尚有约 3.36 亿元,均为普通债权。

(三)偿债能力分析

根据评估机构出具的《偿债能力分析报告》,如永泰能源破产清算,假定其财产均能够按评估价值变现,按照《破产法》规定的清偿顺序,担保财产变现所得优先用于偿还有财产担保债权,剩余其他财产的变现所得优先支付破产费用、共益债务及职工债权,剩余财产用于向普通债权人分配,普通债权受偿率约为 36.57%。

三、重整基本情况

(一)重整背景

受融资政策不断缩紧、债务规模较大、部分对外投资短期无法形成现金流及收益造成"短贷长投"等因素影响,永泰能源于 2018 年发生债券违约并触发交叉违约条款,引发连锁反应,造成永泰能源债务风险进一步蔓延,无法清偿到期债务且明显缺乏清偿能力。

(二) 重整申请情况

2020 年 8 月 6 日,永泰能源收到债权人豫煤矿机的《重整申请通知书》,豫煤矿机以公司不能清偿到期债务且明显缺乏清偿能力为由,向晋中中院申请对公司进行重整。

(三) 重整受理情况

2020 年 9 月 25 日,晋中中院依法作出(2020)晋 07 破申 3 号《民事裁定书》,裁定受理永泰能源重整一案,并于同日作出(2020)晋 07 破 1 号《决定书》,指定永泰能源清算组担任永泰能源管理人。

(四) 重整管理模式

债务人自行管理财产和营业事务。

(五) 重整大事记

• 2020 年 8 月 6 日,永泰能源收到债权人豫煤矿机的《重整申请通知书》,豫煤矿机以永泰能源不能清偿到期债务并且明显缺乏偿债能力为由,向晋中中院申请对公司进行重整。

• 2020 年 9 月 25 日,晋中中院裁定受理豫煤矿机对公司的重整申请,并指定永泰能源清算组为重整管理人。

• 2020 年 11 月 17 日,永泰能源第一次债权人会议以网络方式召开,表决通过了《成立债权人委员会相关事项的议案》,成立了永泰能源重整程序债权人委员会,晋中中院指定中信银行股份有限公司为债权人会议主席。

• 2020 年 12 月 16 日,公司召开第二次债权人会议及出资人组会议,有财产担保债权组和普通债权组均表决通过了《永泰能源股份有限公司重整计划(草案)》。同日,出资人组表决通过了重整计划之《出资人权益调整方案》。

• 2020 年 12 月 16 日,晋中中院裁定批准永泰能源股份有限公司重整计划,并终止永泰能源股份有限公司重整程序。

• 2020 年 12 月 30 日,公司收到晋中中院送达的(2020)晋 07 破 1 号之三《民事裁定书》,裁定确认永泰能源重整计划执行完毕,并终结永泰能源重整程序。

四、重整计划主要内容

(一) 重整思路概述

如图 4-2 所示,重整计划的主要思路为:

(1) 对出资人权益进行调整,在重整前股份基础上进行资本公积转增股本,合计转增 97.92 亿股,转增股份全部用于向债权人进行分配以抵偿债务及支付相关重整费用,使债权人受偿率最大化。

(2) 处置亏损业务资产以提升公司整体经济效益。

(二) 出资人权益调整方案

以永泰能源重整前总股本 124.26 亿股为基数,按照每 10 股转增 7.88 股的比例实施资本公积转增股本,共计转增约 97.92 亿股股票(最终转增的准确数量以中国结算上海分公司

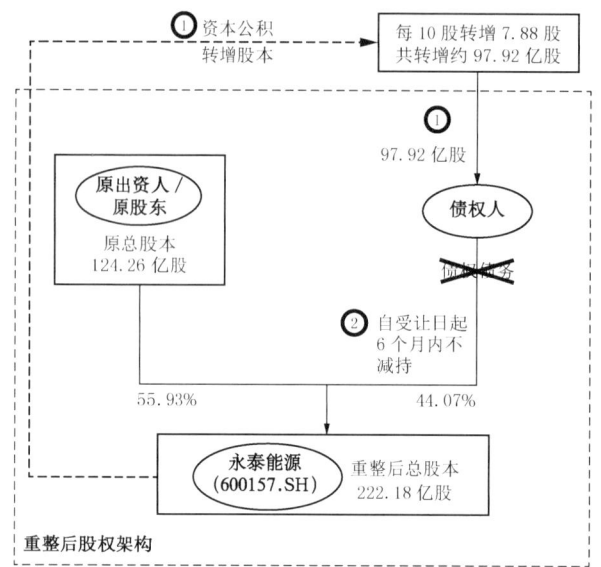

出资人权益调整方案

① 以永泰能源重整前总股本 124.26 亿股为基数,按照**每 10 股转增 7.88 股**的比例实施资本公积金转增股本,共计转增约 **97.92 亿股**股票。转增后,永泰能源总股本将由 124.26 亿股增加至 222.18 亿股。

上述转增股票不向原股东进行分配,而是**全部**按照本重整计划的规定向**债权人**进行分配以抵偿债务及支付相关重整费用。

② 同时,为了实现债权人有序退出,维护全体债权人利益,受让本次转增股票的债权人自受让转增股票之日起 6 个月内不减持其所持有的本次转增的永泰能源股票;自受让转增股票之日起 6 个月后每个季度减持其所持有的本次转增的永泰能源股票的比例不超过 1/6(每个季度可减持但未减持的本次转增的股票,可累计至以后任意季度减持)。

图 4-2 永泰能源重整方案示意图

实际登记确认的为准)。转增后,永泰能源总股本将由 124.26 亿股增加至 222.18 亿股。上述转增股票不向原股东进行分配,而是全部按照重整计划的规定向债权人进行分配以抵偿债务及支付相关重整费用。

(三)债权调整及受偿方案

1. 有财产担保债权调整及受偿

有财产担保债权组的债权总额为 72.64 亿元,共计 7 家债权人。其中,经管理人初步审查确定,且已提交第一次债权人会议核查,截至重整计划提交之日,债权人、债务人均未提出异议的债权 54.26 亿元;其他债权中管理人已经初步审查,但截至重整计划提交之日尚未经债权人会议核查的申报金额 18.38 亿元。

关于有担保债权受偿方案,根据抵质押物的来源及是否处置等情况进行分类处理。

1)永泰能源以自有财产为自身债务提供抵质押担保的债权

经法院裁定确认后,永泰能源在担保财产评估价值范围内留债延期清偿。担保财产评估值覆盖债权的顺位依次为本金、合同(票面)利息和永泰能源欠付的截至 2020 年 9 月 25 日的违约金、逾期利息、复利、滞纳金、迟延履行期间的加倍利息等及其他费用,担保财产评估值不能覆盖的债权部分,转为普通债权,按照相应无抵质押担保的普通债权清偿方案进行清偿。评估值不能覆盖的债权部分按与担保财产评估值覆盖债权的相反顺位转为普通债权。

担保财产评估价值范围内留债延期清偿具体安排如下:

留债期限:12 年。

清偿:前 4 年每年清偿 5%,中间 4 年每年清偿 7%,后 4 年每年清偿 13%。2021 年作为第一年,以此类推。

留债利率:按重整计划提交法院及债权人会议前最近一期全国银行间同业拆借中心公布的 5 年期贷款市场报价利率(LPR)确定,利息以未清偿留债金额为计算基数,自重整计划获得法院裁定批准之日起算。

还款时间:自 2021 年始至 2032 年止,每年度 5 月、11 月的 20 日为结息日,结息日的次日为付息还本日,首个付息还本日为 2021 年 5 月 21 日,上述日期如遇法定节假日或休息日,则顺延至其后的第 1 个工作日,顺延期间兑付款项不另计利息。

担保方式:留债期间原财产抵质押担保关系不发生变化,在永泰能源履行完毕上述有财产担保债权清偿义务后,有财产担保债权人应解除对担保财产设定的抵质押手续,并不再就担保财产享有优先受偿权。未及时办理解除抵质押手续的,不影响担保物权的消灭。

2)永泰能源以拟处置资产提供抵质押担保的债权

就担保财产的变现价款优先受偿,拟处置的担保财产未处置完毕的,应按照相应担保财产清算评估价值,预计转入普通债权的额度及重整计划规定的普通债权调整方案预留偿债资源,在担保财产处置完毕后,财产变现价款按照重整计划规定的受偿方案向其清偿。

3)永泰能源以其持有的华瀛石化股权等财产为石化板块债务提供质押担保的债权

当公司处置华瀛石化股权时,该部分债权将予以优先清偿。拟处置的华瀛石化股权未处置完毕的,由石化板块相应子公司按债务协议重组安排继续偿还,不占用永泰能源偿债资源,永泰能源担保措施予以保留。

4)永泰能源以自有财产为煤炭板块债务提供抵质押担保的债权

由煤炭板块相应子公司按债务协议重组安排继续偿还,不占用永泰能源偿债资源,永泰能源担保措施予以保留。

2. 普通债权调整及受偿

普通债权组的债权总额为 425.15 亿元,共计 598 家债权人,包括经管理人初步审查确定,且已提交第一次债权人会议核查,截至重整计划提交之日,债权人、债务人均未提出异议的债权 309.39 亿元;预计债权中债权人已进行债权申报,且管理人已经初步审查确定,但截至重整计划提交之日尚未经债权人会议核查的申报金额为 97.05 亿元,暂缓确定债权金额为 18.71 亿元。

普通债权的受偿方案为:以债权人为单位,每家债权人 50 万元以下(含 50 万元)的债权部分,由永泰能源在重整计划执行期限内以现金方式全额清偿;超过 50 万元的债权部分按照如下调整及受偿方案清偿。

1)以子公司财产提供抵质押担保的普通债权

鉴于永泰能源子公司与永泰能源财务报表上的合并和经营上的完整性,且永泰能源经营业务主要来源于子公司,为保留子公司的经营性资产,由子公司提供财产担保的债权与永泰能源提供财产担保的债权作同等处理,即永泰能源子公司提供财产担保的债权,参照有财产担保债权清偿方案进行清偿。

2）融资租赁类债权

永泰能源与石化板块联合承租的融资租赁债权，债权人可以选择在石化板块协议重组，也可以选择在永泰能源受偿。选择在永泰能源受偿的，对应融资租赁物评估价值部分与有财产担保债权留债延期部分调整及受偿方案一致，扣除前述融资租赁评估价值的剩余债权作为普通债权，按照无抵质押的普通债权的受偿方案予以清偿。

3）无永泰能源及其子公司财产提供抵质押担保的普通债权

对于无永泰能源及其子公司财产提供抵质押担保的普通债权及有财产担保债权对应担保财产评估值无法覆盖的债权部分，其中本金和合同（票面）利息根据重整计划的清偿方案清偿，具体清偿方案如下：

（1）每家债权人超过 50 万元的债权部分按照 20.78％的比例留债延期清偿。

留债期限：12 年。

清偿：前 4 年每年清偿 5％，中间 4 年每年清偿 7％，后 4 年每年清偿 13％。2021 年作为第一年，以此类推。

留债利率：按重整计划提交法院及债权人会议前最近一期全国银行间同业拆借中心公布的 5 年期贷款市场报价利率（LPR）的 7 折确定，利息以未清偿的留债金额为计算基数，自重整计划获得法院裁定批准之日起算。

还款时间：自 2021 年始至 2032 年止，每年度 5 月、11 月的 20 日为结息日，结息日的次日为付息还本日，首个付息还本日为 2021 年 5 月 21 日，上述日期如遇法定节假日或休息日，则顺延至其后的第 1 个工作日，顺延期间兑付款项不另计利息。

（2）股票清偿。

每家债权人超过 50 万元的债权部分，在扣除留债延期清偿部分后剩余的债权，以永泰能源资本公积转增股本按照 1.94 元/股的抵债价格进行股票清偿，即每 100 元普通债权将分得约 51.546392 股，共计抵偿约 189.96 亿元债权。

除本金、合同（票面）利息外，永泰能源欠付的截至 2020 年 9 月 25 日的违约金、逾期利息、复利、滞纳金、迟延履行期间加倍利息等及其他费用，永泰能源不予清偿。

3. 其他债权调整及受偿

债权人已进行债权申报，且管理人已经初步审查，但截至重整计划提交之日尚未经债权人会议核查的债权，待其债权经债权人会议核查，并经法院裁定确认后，将按照重整计划规定的同类债权的清偿条件予以受偿。

对管理人暂缓确定的债权，待其债权经审查确定之后，将按照重整计划规定的同类债权的清偿条件予以受偿。

未依照《破产法》规定申报但账面记载的债权，在重整计划执行期间不得行使权利；在重整计划执行完毕后，债权人可以按照重整计划规定的同类债权的清偿条件向永泰能源主张权利。

4. 债务清偿顺序

模拟破产清算下普通债权清偿率通过假定公司在破产清算条件下的偿债能力分析得到,主要来源于公司披露的《偿债能力分析报告》。而重组后清偿率是假定公司在重整条件下的名义清偿率。由图4-3可以看出,重整后的债权清偿率情况,比清算状态下的清偿率有一定提升。

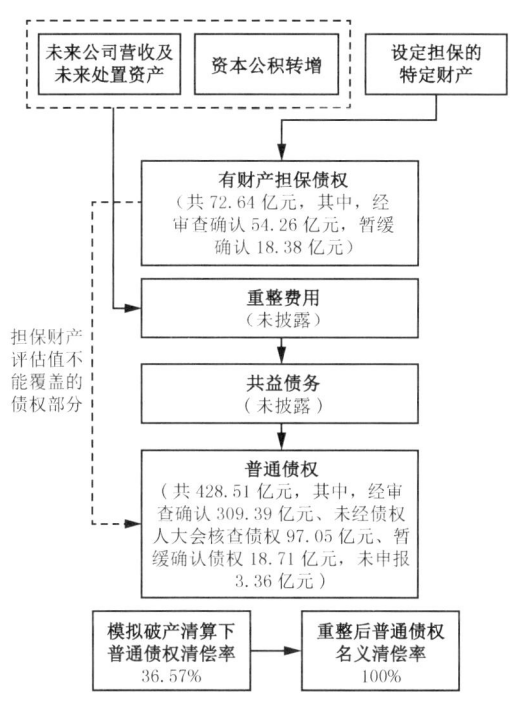

图4-3 永泰能源债务清偿顺序示意图

重整计划草案披露的偿债方案显示,普通债权人50万元以下(含50万元)的债权部分以现金方式全额清偿;超过50万元的债权部分按照20.78%的比例留债延期清偿,除扣除留债延期清偿部分后剩余的债权,以永泰能源资本公积转增股本按照1.94元/股的抵债价格进行股票清偿。重整后普通债权的名义清偿率为100%。

(四) 未来经营方案

公司未来的经营方案是在现有核心业务基础上,不断深化和提升,继续结合煤炭和电力行业形势,充分发挥资源禀赋及区位优势,坚定不移地实施"聚焦主业、强身健体、提质增效"的发展战略,以聚焦主业发展为核心,加强精细化管理,走内涵式发展道路,做优做强煤电主业,持续提升存量资产经营效益,从而为公司重整顺利完成提供坚实基础和有力保障。

1. 未来总体定位、愿景及目标

永泰能源始终坚持以做实业为原则,积极响应中央"六稳六保"号召,稳就业,保主体,以实业报国;主业均为关系国计民生的重要基础产业,以实力做强竞争力,以实绩回报投资者

和社会,围绕综合能源供应商定位,推行煤电一体化融合成长。

愿景:成为具有区域竞争力的大型综合能源供应商。

目标:实现煤炭产能 1 155 万吨/年,在运电力装机容量 1 109 万千瓦;年净利润 10 亿元以上。

2. 经营计划

(1) 短期计划:强身健体,成为大型煤电综合能源供应商。在确保安全生产的同时,加快推进在建华兴电厂二期、南阳电厂、丹阳电厂等电力项目进度,争取早日投产见效,实现在运电力装机规模 1 109 万千瓦的目标;创新煤炭生产运作管理,不断提升技术装备水平,通过系统优化升级,产能核定,煤炭产能提升至 1 155 万吨/年。

(2) 中长期计划:通过技术创新,不断提升核心竞争力,加强内部生产管理,降本增效;加大技术创新力度,实现节能减排、环境保护和产品升级提效。近年来,公司持续通过加大技术创新力度,充分发挥自身资源及地域优势,通过技术改造、技术创新,因地制宜,变废为宝,努力提高副产品的附加值,实现产品升级、创新增效。紧紧围绕自身产品和资源禀赋优势(水、电、蒸汽、发电副产品、码头资源等),结合市场情况,通过自身或寻找合作伙伴,谋划新的盈利渠道,提升增效空间。预计相关增效项目投运后,可新增净利润约 9 500 万元,经营性净现金流约 1.30 亿元,可提供新增就业岗位约 60 人。

在电力业务板块,一是加大电量营销,积极争取电量,充分利用机组供热、区域电网支撑、超低排放等各种手段争取优先电量指标,同时最大限度争取市场交易电量,努力增加电力业务收入。二是结合地方政府相关规划及热负荷增长需求,适时进行机组供热能力改造与提升,推进热网建设,加快公司在热电联供和燃气发电领域的布局,全面提升公司的整体供热(汽)实力。

在煤炭业务板块,一是优化生产组织、实现稳产高效,大力开展工艺升级、区域升级工作;优化接续,切实提升矿井单产单进效率,力争保量提效。二是"向技术要安全,向技术要效益",大力开展技术增效,通过积极寻找优质煤和开展不同煤层联采、配采等措施,提高煤质,赢得市场,谋求提质提效。三是通过优化采掘生产工艺和技术参数全力提升精细化管理水平,推进管理提效。四是加快装备智能化建设,达到少人化,提高矿井单产单进水平,实现装备提效。五是在公司恢复融资功能后,迅速开发现有优质煤炭储备项目,为公司长期发展提供坚强后盾,实现年新增产能 300 万~600 万吨,谋划资源提效。

公司将通过不断强化经营考核、开展管理创新、机构专业化改革和煤电融合等方法不断加强经营管控,实现降本增效。

五、重整计划表决与批准

(一)债权人会议表决

公司第二次债权人会议于 2020 年 12 月 16 日上午通过网络会议方式召开,对重整计划由有财产担保债权组和普通债权组进行了分组表决。

1. 有财产担保债权组

出席第二次债权人会议有表决权的有财产担保债权人共6家。其中,同意的有财产担保债权人为6家,占出席会议的该组债权人总数的100%,已超过出席会议的该组债权人的半数;其所代表的债权金额为68.28亿元,占有财产担保债权总额的97.01%,已超过该组债权总额的2/3。表决通过。

2. 普通债权组

出席第二次债权人会议有表决权的普通债权人共583家。其中,同意的债权人为527家,占出席会议的该组债权人总数的90.39%,已超过出席会议的该组债权人的半数;其所代表的债权金额为365.67亿元,占普通债权总额的87.26%,已超过该组债权总额的2/3。表决通过。

(二)出资人组会议表决

公司于2020年12月16日下午通过现场和网络相结合的方式召开出资人组会议,会议完成了既定议程,并表决通过了重整计划之《出资人权益调整方案》。

出席出资人组会议的出资人或其代理人共计1 573人,所持表决权的股份总数为70.32亿股,占公司有表决权股份总数的56.6%。其中,出席现场会议的出资人或出资人代理人共4人,代表股份数合计41.15亿股,占公司有表决权股份总数的33.11%;通过网络投票参与会议的出资人共1 569人,代表股份数合计29.18亿股,占公司有表决权股份总数的23.48%。

出资人组会议以现场投票与网络投票相结合的方式对《出资人权益调整方案》进行了表决,表决情况为:同意票70.3亿股,占出席会议所有出资人所持股份的99.9738%。根据《公司法》与《破产法》的相关规定,表决通过。

(三)重整计划批准

2020年12于16日,晋中中院裁定批准重整计划,批准裁定文件为(2020)晋07破1号之一《民事裁定书》。

六、重整计划执行与监督

(一)执行与监督的主体

重整计划由永泰能源负责执行。

自法院裁定批准重整计划之日起,在重整计划规定的监督期内,由管理人监督重整计划的执行。

(二)执行与监督的期限

重整计划自获得晋中中院裁定批准之日起6个月内执行完毕。在执行期内,永泰能源将严格依照重整计划的规定清偿债务,并优先支付重整费用及共益债务。如非永泰能源自身原因,致使重整计划无法在上述期限内执行完毕的,永泰能源应于执行期限届满前向晋中中院提交延长重整计划执行期限的申请,并根据晋中中院批准的执行期限继续执行。

重整计划执行的监督期限与执行期限一致。

根据重整计划执行的实际情况,需要延长重整计划执行的监督期限的,由管理人向晋中中院提交延长重整计划执行监督期限的申请,并根据晋中中院批准的期限继续履行监督职责。监督期限届满时,管理人将向晋中中院提交监督报告,自监督报告提交之日起,管理人的监督职责终止。

(三)执行的措施

1. 资产处置

为夯实资产质量,改善现有资产结构和状况,提高公司盈利能力,并为重整完成后进一步结构调整和市场化改革创造有利条件,永泰能源拟将持有的晋城银行股份有限公司 1.32 亿股股份、众惠财产相互保险社 2.3 亿元初始运营资金债权及相应权益和华瀛石化 100% 股权(不含华瀛石化持有的华晨电力股份公司 49% 股权)进行处置,资产处置所得在支付相应税费后优先清偿以上述资产提供抵质押担保的债权,剩余资金按照留债金额比例,向留债延期清偿的债权人进行分配。

2. 留债债权的提前清偿

在处置资产或永泰能源恢复融资能力的情况下,永泰能源可根据实际经营情况,按比例提前清偿全体留债债权。

3. 偿债资金和抵债股票的分配

每家债权人以现金方式清偿的债权,偿债资金原则上以银行转账方式向债权人进行分配,债权人应在管理人规定的时间内,按照管理人指定格式书面提供领受偿债资金的银行账户信息。债权人自身和/或其关联方原因导致偿债资金不能到账,或账户被冻结、扣划的,产生的法律后果和市场风险由相关债权人自行承担。债权人可以书面指令将偿债资金支付至债权人指定的、由该债权人所有/控制的账户或其他主体所有/控制的账户内。债权人指令将偿债资金支付至其他主体的账户的,因该指令导致偿债资金不能到账,以及该指令导致的法律纠纷和市场风险由相关债权人自行承担。

每家债权人以股票抵偿的债权部分,在重整计划执行期限内以资本公积转增股本进行分配。债权人应在管理人规定的时间内,按照管理人指定格式书面提供领受分配股票的证券账户信息。对于逾期不提供证券账户信息的债权人,应向其分配的股票将按照重整计划的相关规定处理,由此产生的法律后果和市场风险由相关债权人自行承担。债权人自身和/或其关联方原因导致分配股票不能到账,或账户被冻结、扣划的,产生的法律后果和市场风险由相关债权人自行承担。债权人可以书面指令将抵债股票划转至债权人指定的、由该债权人所有/控制的账户或其他主体所有/控制的账户内。

4. 偿债资金和抵债股票的提存及处理

债权经法院裁定确认后的债权人未按照重整计划的规定领受分配的偿债资金/抵债股票的,管理人根据重整计划将应向其分配的资金提存至管理人银行账户或管理人指定的其他银行账户,将应向其分配的抵债股票提存至管理人证券账户,提存后视为永泰能源已经根据重整计划履行了清偿义务。已提存的偿债资金及股票自重整计划执行完毕公告之日起满3年，因债权人自身原因仍不领取的，视为债权人放弃受领的权利。已提存的偿债资金将归还上市公司用于按比例提前偿还留债债权；已提存的偿债股票公司可以依法予以处置，所得资金用于按比例提前偿还留债债权。

对于经债权人会议核查的债权最终未获法院裁定确认的，根据重整计划为其预留的资金将归还上市公司用于按比例提前偿还留债债权；已提存的偿债股票公司可以依法予以处置，所得资金用于按比例提前偿还留债债权。

债权人已进行债权申报，且管理人已经初步审查，但截至重整计划提交之日尚未经债权人会议核查的债权金额及因诉讼、仲裁未决，条件未成就或其他原因导致管理人暂时无法作出审查结论的债权金额，与最终确认的债权金额存在差异的，以最终确认的债权金额为准，按照重整计划规定的同类债权的清偿方案清偿。已按照重整计划预留的偿债资金及股票在清偿上述债权后仍有剩余的，剩余的偿债资金将归还上市公司用于按比例提前偿还留债债权；剩余的偿债股票公司可以依法予以处置，所得资金用于按比例提前偿还留债债权。

对未申报债权的债权人，在重整计划执行完毕公告之日起满3年未向公司主张权利的，根据重整计划为其预留的资金将归还上市公司用于按比例提前偿还留债债权；已提存的偿债股票公司可以依法予以处置，所得资金用于按比例提前偿还留债债权。

5. 转让债权的清偿

债权人在重整受理日（即2020年9月25日）之后依法对外转让债权的，受让人按照原债权人根据重整计划就该笔债权可以获得的受偿条件受偿；债权人向两个以上的受让人转让债权的，偿债资金及股票向受让人按照其受让的债权比例分配。

6. 重整费用的支付

永泰能源重整费用包括重整案件受理费、管理人报酬、聘请中介机构的费用、转增股票登记税费、股票过户税费及管理人执行职务的费用等。其中，重整案件受理费依据《诉讼费用交纳办法》支付；管理人报酬依据《最高人民法院关于审理企业破产案件确定管理人报酬的规定》优先支付，由管理人中的中介机构收取；管理人聘请中介机构的费用依据相关合同的约定支付；永泰能源财产变现税费、转增股票登记税费及股票过户税费、管理人执行职务的费用根据重整计划执行实际情况随时支付。

7. 共益债务的清偿

永泰能源重整期间的共益债务，包括但不限于因继续履行合同所产生的债务、继续营业而应支付的劳动报酬和社会保险费用以及由此产生的其他债务，由永泰能源按照相关合同约定随时清偿。

8. 财产限制措施的解除

根据《破产法》第十九条的规定，人民法院受理破产申请后，有关债务人财产的保全措施应当解除。尚未解除对永泰能源财产采取的保全措施的债权人，应当在重整计划获得法院裁定批准后协助办理完毕解除财产保全措施的手续。债权人不予协助的，公司/管理人将申请晋中中院强制解除保全措施;因债权人原因未能及时解除对永泰能源财产的保全措施而影响公司重整计划执行或对公司生产经营造成影响及损失的,由相关债权人向公司及相关方承担法律责任。

9. 重整计划的变更

重整计划执行过程中,遇国家政策调整、法律修改变化等特殊情况或发生意外事件致使重整计划无法继续执行的,永泰能源或管理人有权申请变更重整计划一次。变更后的重整计划在权益受到调整或影响的债权人组和/或出资人组表决通过并获得法院裁定批准后,由永泰能源执行变更后的重整计划,管理人予以监督。

七、重整计划顺利实施的预期效果

永泰能源重整计划如能顺利实施:

(1)法人资格继续存续,仍是一家在深交所上市的股份公司。

(2)重整前产生的负债获得妥善安排。重整计划实施完毕后,永泰能源的债务获得较高比例清偿,实现各方共赢。

(3)公司将通过立足核心业务持续提升资产经营效益。公司未来将立足于现有核心业务,不断深化和提升,继续结合煤炭和电力行业形势,充分发挥资源禀赋及区位优势,以聚焦主业发展为核心,加强精细化管理,走内涵式发展道路,做优做强煤电主业,持续提升存量资产经营效益,从而为公司重整顺利完成提供坚实基础和有力保障。同时,为保障永泰能源恢复持续盈利能力,增强各方对永泰能源未来发展的信心,控股股东永泰集团自重整计划被裁定批准之日起 5 年内不减持其所持有的永泰能源股票,永泰能源董监高及核心管理人员自重整计划裁定批准之日起 3 年内不减持其所持有的永泰能源股票。

案例5 银亿股份重整案例解析

背景

银亿股份有限公司(以下简称"银亿股份"或"公司")是一家以房地产开发、工业制造、贸易和现代服务业为主的综合性跨国集团,成立于1998年8月31日,重整前注册资本为40.28亿元。受国内宏观经济增速放缓,消费者信心不足,房地产行业宏观调控进一步加强且行业集中度逐步提升,汽车整车销售呈下降态势等因素影响,银亿股份2018年销售收入和利润出现下滑,同年开始出现亏损。银亿股份自身债务负担沉重,且到期债务偿付压力巨大,长期存在资金链断裂的风险。自2019年4月下旬以来,银亿股份陆续出现关联往来款项被认定存在控股股东及其关联方非经营性资金占用、重组标的业绩不达标、承诺方不能及时进行业绩补偿等重大问题。2019年10月8日,公司收到债权人浙江中安安装有限公司(以下简称"浙江中安")申请对公司进行重整的通知。浙江省宁波市中级人民法院(以下简称"宁波中院")于2020年6月23日裁定受理公司重整,由银亿系企业清算组担任临时管理人。2020年12月15日,宁波中院裁定批准重整计划。

方案要点

1. 出资人权益调整

1) 第一次资本公积转增股本

以银亿股份重整前总股本40.28亿股为基数,按照每10股转增6.48股的比例实施资本公积转增股本,共计可转增26.1亿股股票。转增后,银亿股份总股本将由40.28亿股增加至66.38亿股。首次转增26.1亿股中,控股股东及其支配的股东分得18.51亿股,除控股股东及其支配的股东外的其他股东分得7.55亿股,剩余的375.29万股转增股票将有条件让渡给重整投资人。

控股股东及其支配的股东分得的18.51亿股中,11.74亿股将全部用于补偿给业绩承诺方[西藏银亿投资管理有限公司(以下简称"西藏银亿")和宁波圣洲投资有限公司(以下简称"宁波圣洲")]以外的控股股东及其支配的股东,以上补偿股票将以2.07814元/股全部让渡给重整投资人,对价约为 24.48 亿元。处置所得现金将全部用于向银亿股份偿还控股股东及其关联方所占用的资金 14.49 亿元及其利息,以及业绩承诺方基于业绩补偿应返还的现金分红款 7.86 亿元。剩余 6.77 亿股用于补偿除控股股东及其支配的股东外的其他股东。

2)第二次资本公积转增股本

以 66.38 亿股为基数,按照每 10 股转增 5.06 股的比例实施资本公积转增,共计可转增约 33.59 亿股股票。转增后,银亿股份总股本将最终增加至 99.97 亿股。上述转增的 33.59 亿股将不再向全体股东进行分配,管理人以 0.41522 元/股让渡 18.1 亿股股票给重整投资人,剩余 15.49 亿股股票通过股票清偿的方式,清偿银亿股份的负债。

2. 债权调整及受偿

1)有财产担保债权调整及受偿

有财产担保债权在担保财产评估价值范围内就担保财产按 100% 的比例获得优先受偿,将全额留债分期清偿;超出担保财产评估价值的部分作为普通债权受偿。

有财产担保债权优先受偿部分由银亿股份在 3 年内以现金方式分 6 期清偿完毕。银亿股份应自 2021 年起于每年 6 月和 12 月的第 20 日按比例向有财产担保债权人清偿债务,首期还款日为 2021 年 6 月 20 日。同时,银亿股份应当就未偿还债权部分向债权人每 6 个月支付 1 次利息,年利率按照固定利率 4.75% 计算。利息自重整计划批准的次日起计算,由银亿股份于每年 6 月和 12 月的第 20 日向有财产担保债权人支付,首期付息日为 2021 年 6 月 20 日。

2)普通债权调整及受偿

对每家普通债权人 120 万元以下(含 120 万元)的债权部分,按照 100% 的比例进行现金清偿,银亿股份在重整计划获得法院批准之日起 1 个月内以现金方式清偿完毕。

对每家普通债权人超过 120 万元的债权部分由银亿股份在重整计划执行期限内以股票方式清偿,每家普通债权人的每 100 元债权可分得约 25.25 股 A 股上市公司股票(分配的股票的最终数量以中国结算深圳分公司实际登记确认的数量为准),股票抵债价格为 3.96 元/股。该部分债权的名义清偿率为 100%。

3. 引入重整投资人

梓禾瑾芯股权投资合伙企业(有限合伙)(以下简称"梓禾瑾芯")被评选为正选的重整投资人;同时,由中泽控股集团股份有限公司与 Punch Motive International NV(比利时邦志动力国际公司)组成的联合投资体、宁波合奔投资合伙企业(有限合伙)作为两名备选的公司重整投资人。

第一次资本公积转增中的 11.78 亿股,以 2.07814 元/股全部让渡给重整投资人,对价约为 24.48 亿元。第二次资本公积转增中的 18.1 亿股股票,以 0.41522 元/股全部让渡给重整投资人,对价约为 7.52 亿元。综上,重整投资人应至少支付 32 亿元的对价,该部分资金将主要用于支持上市公司做好原有主营业务、实施产业转型升级方案等,剩余部分用于清偿重整计划规定的应当以现金方式清偿的债务。

2021 年 6 月 2 日,公司公告披露,截至 2021 年 5 月 31 日,重整投资人梓禾瑾芯仅累计支付人民币 15 亿元(含履约保证金人民币 1.53 亿元),剩余 17 亿元投资款及相关的利息、违约金仍未支付,已构成严重违约。

一、公司基本信息

(一)公司及业务简介

银亿股份前身系甘肃兰光科技股份有限公司,成立于 1998 年 8 月 31 日,股票于 2000 年 6 月 22 日在深交所上市,股票代码 000981,股票名称为兰光科技,后变更为银亿股份、*ST 银亿。公司现办公地址为浙江省宁波市江北区人民路 132 号银亿外滩大厦 6 楼,注册资本为 40.28 亿元,法定代表人为熊续强。

公司登记的经营范围为:房地产开发、经营;商品房销售;物业管理;装饰装修;房屋租赁;园林绿化;建筑材料及装潢材料的批发、零售;项目投资;兴办实业,汽车零部件的生产、研发和销售等。

根据公司重整申请前 2018 年年度报告,公司营业收入为 89.7 亿元,净亏损为 4.74 亿元,毛利率为 28.45%,净利率为－5.28%。

(二)重整前股权架构图

截至 2020 年 6 月 23 日,银亿股份总股本 40.28 亿股,股东总数 32 791 户。公司大股东宁波圣洲持有公司股份 9.23 亿股,占比 22.91%;宁波银亿控股有限公司(以下简称"宁波银亿")直接持有公司 7.47 亿股,占比 18.55%。由于宁波银亿是宁波圣洲的唯一股东,宁波银亿对公司的实际控股比例为 41.46%,公司实际控制人为熊续强,如图 5-1 所示。

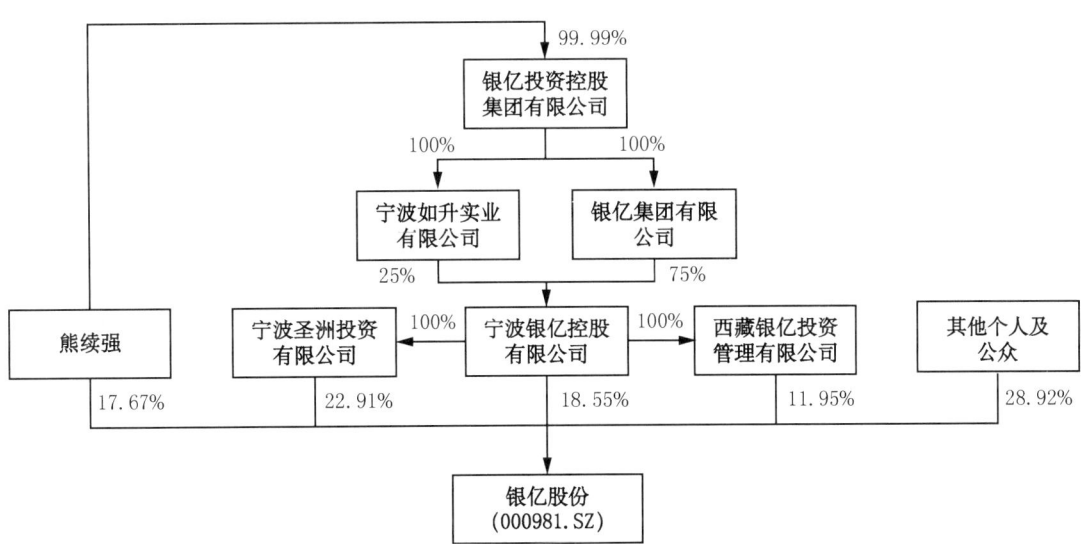

图 5-1　银亿股份重整前股权架构图

二、资产负债情况

(一)资产负债情况总览

如表 5-1 所示,根据评估机构出具的《资产评估报告》,以 2020 年 6 月 23 日为评估基准日,银亿股份总资产账面价值为 143.74 亿元。按照清算价值进行估值,银亿股份资产的清算评估价值为 42.76 亿元,清算价值为账面价值的 29.75%。

表 5-1   银亿股份资产负债情况

单位:亿元

资产/债权类型	资产	负债	资产-负债	资产负债率
账面价值/审查确认债权	143.74	74.9	68.84	52.11%
评估清算价值/审查确认债权	42.76	74.9	−32.14	175.16%

截至 2020 年 11 月 12 日,共有 237 家债权人向管理人申报债权,申报数额共计 77.7 亿元。其中,有财产担保债权 2 家,金额 5.44 亿元;普通债权 235 家,合计金额 72.25 亿元。

经第一次债权人大会核查并已由宁波中院裁定确认的债权 123 家,债权总额为 55.58 亿元。其中,有财产担保债权 2 家,金额 5.44 亿元;普通债权 121 家,合计金额 50.14 亿元。

经管理人初步审查确认的债权共 8 家,金额为 19.32 亿元,均为普通债权。

暂缓确认债权 106 家,总额约 2 494.92 万元;经梳理统计及管理人调查,尚有未申报债权 27 亿元。

经管理人调查,银亿股份无欠付职工债权。

综上,根据银亿股份债权申报与审查情况,管理人对职工债权的调查情况以及截至受理日公司财务账簿的记录等,银亿股份经第一次债权人大会核查并已由法院裁定确认及管理人初步审查确认,负债总额为 74.9 亿元。

(二)债权分类

根据《破产法》的规定及债权审查情况,银亿股份债权主要包括有财产担保债权、普通债权等。

1. 有财产担保债权

有财产担保债权人共 2 家,债权金额共计 5.44 亿元,已全部经第一次债权人大会核查并已由法院裁定确认。

2. 普通债权

经第一次债权人大会核查并已由法院裁定确认,及经管理人初步审查确认,普通债权人 129 家,确认金额 69.46 亿元。

3. 其他债权

暂缓确定债权:普通债权 106 家,总额约 2 494.92 万元。

未申报债权:根据公司财务账簿记载、公司说明及管理人掌握的情况,未在债权申报期限内申报但账面记载的或有可能承担清偿责任的债权尚有约 27 亿元,性质均为普通债权。

(三) 偿债能力分析

根据评估机构出具的《偿债能力分析报告》,截至评估基准日 2020 年 6 月 23 日,银亿股份如实施破产清算,假定全部有效资产能够按预计的资产清算价值变现,担保财产变现所得优先用于偿还有财产担保债权,剩余其他财产的变现所得在支付破产费用、共益债务、职工债权、税款债权后,可供向普通债权人进行分配的无担保财产总额为 39.72 亿元,破产清算状态下普通债权的清偿率约为 39.75%。

三、重整基本情况

(一) 重整背景

银亿股份是一家以房地产开发、工业制造、贸易和现代服务业为主的综合性跨国集团。受国内宏观经济增速放缓、消费者信心不足,房地产行业宏观调控进一步加强且行业集中度逐步提升,汽车整车销售呈下降态势等因素影响,银亿股份 2018 年销售收入和利润出现下滑,同年开始出现亏损。银亿股份自身债务负担沉重,且到期债务偿付压力巨大,长期存在资金链断裂的风险。自 2019 年 4 月下旬以来,银亿股份陆续出现关联往来款项被认定存在控股股东及其关联方非经营性资金占用、重组标的业绩不达标、承诺方不能及时进行行业绩补偿等重大问题。因银亿股份 2018 年、2019 年连续两个年度经审计的净利润为负值,银亿股份股票自 2020 年 6 月 23 日起被实行退市风险警示,股票名称由"ST 银亿"变更为"*ST 银亿"。

(二) 重整申请情况

2019 年 6 月 14 日,银亿股份控股股东母公司银亿集团、控股股东宁波银亿向宁波中院申请重整。

2019 年 10 月 8 日,浙江中安以公司不能清偿到期债务并且明显缺乏清偿能力为由,向宁波中院申请对公司进行重整。

(三) 重整受理情况

2019 年 12 月 19 日,宁波中院裁定受理银亿集团和宁波银亿的重整申请。

2020 年 6 月 23 日,宁波中院裁定受理申请人浙江中安对银亿股份的重整申请,并指定银亿系企业清算组担任公司的临时管理人。

2020 年 8 月 21 日,宁波中院指定银亿系企业清算组正式履行银亿股份管理人职责。

(四) 重整管理模式

管理人管理财产和营业事务模式。

(五) 重整大事记

• 2019 年 6 月 14 日,银亿股份控股股东母公司银亿集团、控股股东宁波银亿向宁波中院申请重整。

- 2019 年 10 月 8 日,公司收到债权人浙江中安的通知,浙江中安已向宁波中院申请对公司进行重整。
- 2019 年 12 月 19 日,宁波中院裁定受理银亿股份控股股东母公司银亿集团、控股股东宁波银亿重整。
- 2020 年 6 月 23 日,宁波中院裁定受理浙江中安对公司的重整申请,并指定银亿系企业清算组担任公司的临时管理人。
- 2020 年 8 月 21 日,第一次债权人会议表决通过了临时管理人转为管理人、确定中介机构、选任和设立债权人委员会、银亿股份对欧洲银团出具向比利时邦奇(Punch Powertrain N.V)提供资金支持的承诺函共四个表决事项。
- 2020 年 10 月 27 日,在宁波中院的监督下,银亿股份重整投资人评审委员会根据评分结果确定由梓禾瑾芯作为公司重整投资人,其投资总报价为人民币 32 亿元;同时,由中泽控股集团股份有限公司与比利时邦志动力国际公司(Punch Motive International N. V)组成的联合投资体、宁波合奔投资合伙企业(有限合伙)作为两名备选的公司重整投资人。
- 2020 年 12 月 11 日,银亿股份管理人与梓禾瑾芯签署了《银亿股份有限公司重整投资协议》。第二次债权人会议表决通过了《银亿股份有限公司重整计划(草案)》。同日,出资人组会议表决通过了《银亿股份有限公司重整计划(草案)之出资人权益调整方案》。
- 2020 年 12 月 15 日,宁波中院裁定批准银亿股份有限公司重整计划,并终止银亿股份重整程序。
- 2021 年 1 月 5 日,公司公告披露,截至 2020 年 12 月 31 日,公司重整投资人梓禾瑾芯累计支付投资款 6.66 亿元(含履约保证金人民币 1.53 亿元)至公司管理人指定的银行账户,剩余投资款 25.34 亿元已全部逾期未支付,已构成违约。
- 2020 年 2 月 2 日,公司公告披露,截至 2021 年 2 月 1 日,公司重整投资人梓禾瑾芯已累计支付投资款人民币 15 亿元;公司管理人收到梓禾瑾芯根据重整投资协议的相关规定提交的将剩余人民币 17 亿元投资款的支付时间延期至 2021 年 3 月 31 日的申请书。管理人将根据重整投资协议向重整投资人主张支付逾期利息。
- 2021 年 6 月 2 日,公司公告披露,截至 2021 年 5 月 31 日重整投资人梓禾瑾芯仅累计支付人民币 15 亿元(含履约保证金人民币 1.53 亿元),剩余 17 亿元投资款及相关利息、违约金仍未支付,已构成严重违约。

四、重整计划主要内容

(一)重整思路概述

如图 5-2 和图 5-3 所示,重整计划的主要思路为:

(1) 对出资人权益进行调整,进行两次资本公积转增,第一次资本公积在重整前股份基础上进行资本公积转增股本,合计转增 26.1 亿股,其中,控股股东及其支配的股东分得的

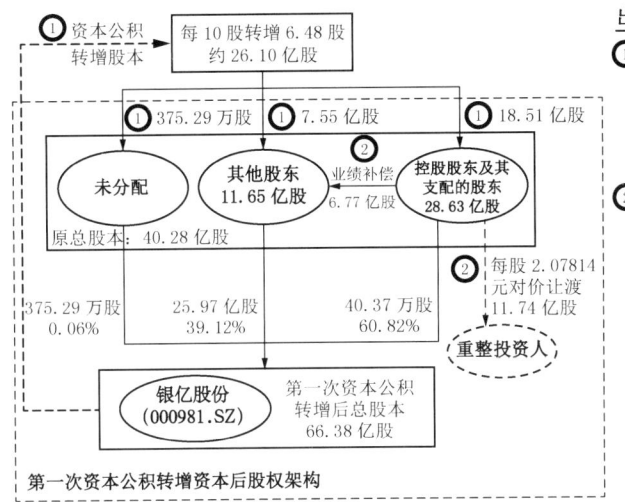

① 以银亿股份重整前总股本为基数，按照**每 10 股转增 6.48 股**的比例实施资本公积金转增股票，共计可**转增 26.1 亿股**股票。转增后，公司总股本为 66.38 亿股。其中：

控股股东及其支配的股东分得 **18.51 亿股**，除控股股东及其支配的股东外的其他股东分得 **7.55 亿股**，375.29 万股未进行分配。

② 完成业绩补偿、现金分红返还及解决资金占用问题。

宁波圣洲和西藏银亿作为公司 2017 年重大资产重组的交易对手方，由于未完成 2018 年和 2019 年业绩承诺，需以股票赠送的方式履行业绩补偿。在第一次资本公积转增股本后，业绩承诺方合计需补偿股票数量为 **18.51 亿股**：

11.74 亿股将用于补偿给业绩承诺方以外的控股股东及其支配的股东，但以上补偿股票将以 2.07814 元 / 股全部让渡给重整投资人，对价为 24.48 亿元。处置所得现金将全部用于向银亿股份偿还控股股东及其关联方所占用的资金 14.49 亿元及其利息，和业绩承诺方基于业绩补偿应返还的现金分红款 7.86 亿元。

6.77 亿股用于补偿给除控股股东及其支配的股东外的其他股东。因此其他股东合计分配得 14.32 亿股（资本公积转增取得 7.55 亿股及业绩补偿 6.77 亿股）。综上，第一次资本公积转增后，其他股东所持股权股数为 25.97 亿股，占第一次转增后总股本的 39.12%。

图 5-2　银亿股份重整方案示意图——第一次资本公积转增

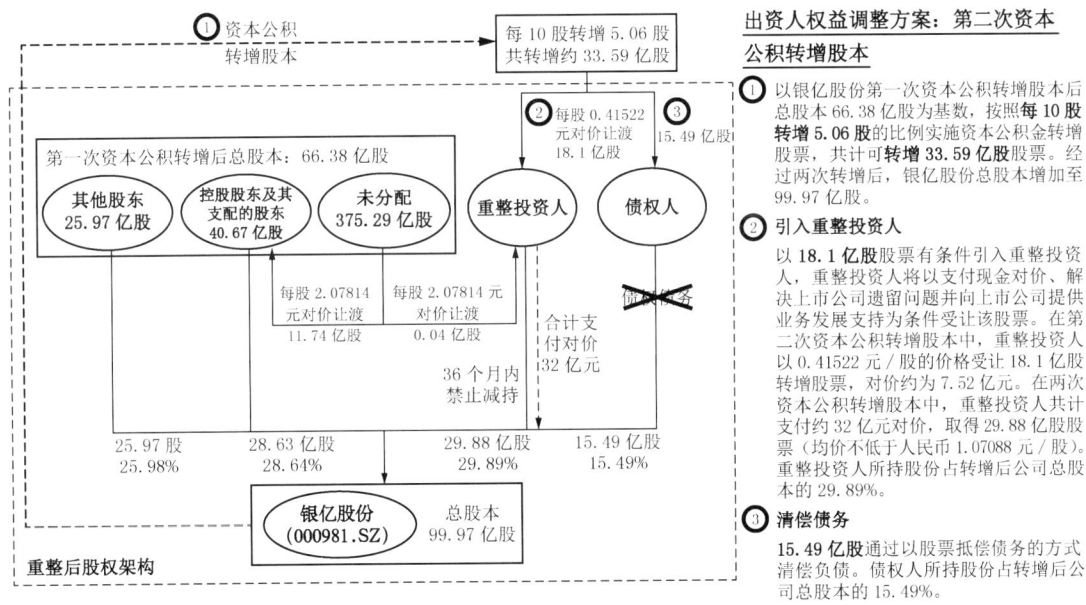

① 以银亿股份第一次资本公积转增股本后总股本 66.38 亿股为基数，按照**每 10 股转增 5.06 股**的比例实施资本公积金转增股票，共计可**转增 33.59 亿股**股票。经过两次转增后，银亿股份总股本增加至 99.97 亿股。

② 引入重整投资人

以 **18.1 亿股**股票有条件引入重整投资人，重整投资人将以支付现金对价、解决上市公司遗留问题并向上市公司提供业务发展支持为条件受让该股票。在第二次资本公积转增股本中，重整投资人以 0.41522 元 / 股的价格受让 18.1 亿股转增股票，对价约为 7.52 亿元。在两次资本公积转增股本中，重整投资人共计支付约 32 亿元对价，取得 29.88 亿股股票（均价不低于人民币 1.07088 元 / 股）。重整投资人所持股份占转增后公司总股本的 29.89%。

③ 清偿债务

15.49 亿股通过以股票抵偿债务的方式清偿负债。债权人所持股份占转增后公司总股本的 15.49%。

图 5-3　银亿股份重整方案示意图——第二次资本公积转增

18.51 亿股将用于完成业绩补偿及解决资金占用问题，除控股股东及其支配的股东外的其他股东分得 7.55 亿股，375.29 万股未进行分配；第二次资本公积转增在第一次资本公积转增基础上进行资本公积转增股本，合计转增 33.59 亿股，其中，18.1 亿股用于引入重整投资人，15.49 亿股用于抵偿银亿股份债权人的债务。

（2）改善内部管理、剥离持续亏损业务及维持并进一步发展主营业务以提高经营效益、提升银亿股份的竞争力。

（二）投资人及投资方案

2020 年 10 月 27 日，经过公开遴选程序，梓禾瑾芯成为公司重整投资人，投资总报价为 32 亿元。同时，遴选出中泽控股集团股份有限公司与 Punch Motive International NV（比利时邦志动力国际公司）组成的联合投资体及宁波合奔投资合伙企业（有限合伙）作为两名备选的公司重整投资人。

2020 年 12 月 11 日，银亿股份管理人与梓禾瑾芯签署了《银亿股份有限公司重整投资协议》。

重整投资人将以至少 32 亿元的对价所筹集的资金将主要用于支持上市公司做好原有主营业务、实施产业转型升级方案等，部分用于清偿重整计划规定的应当以现金方式清偿的债务。

重整投资人应自 2020 年 12 月 15 日起七日内支付第一期投资款 8 亿元（含履约保证金 1.53 亿元）；并应最迟不晚于 2020 年 12 月 31 日前支付第二期投资款 24 亿元。根据公司管理人与重整投资人签署重整投资协议的补充公告，梓禾瑾芯应确保不晚于 2020 年 12 月 31 日前至少累计支付人民币 15 亿元。

（三）出资人权益调整方案

以银亿股份重整前总股本为基数，按照每 10 股转增 6.48 股的比例实施资本公积转增股本，共计可转增 26.1 亿股股票。转增后，银亿股份总股本将由 40.27 亿股增加至 66.38 亿股。之后，再以 66.38 亿股为基数，按照每 10 股转增 5.06 股的比例实施资本公积转增，共计可转增约 33.59 亿股股票。转增后，银亿股份总股本将最终增加至 99.97 亿股（最终实际转增的股票数量以重整计划执行阶段的司法协助执行通知书载明的内容及中国结算深圳分公司实际登记确认的数量为准）。

（1）每 10 股转增 6.48 股的比例实施资本公积转增股本，共计可转增 26.1 亿股。控股股东及其支配的股东分得 18.51 亿股，除控股股东及其支配的股东外的其他股东分得 7.55 亿股，剩余的 375.29 万股转增股票将有条件让渡给重整投资人。

控股股东及其支配的股东分得的 18.51 亿股将优先用于完成业绩补偿。其中，11.74 亿股将全部用于补偿给业绩承诺方以外的控股股东及其支配的股东。以上补偿股票将以 2.07814 元/股全部让渡给重整投资人，对价约为 24.48 亿元。处置所得现金将全部用于向银亿股份偿还控股股东及其关联方所占用的资金 14.49 亿元及其利息，以及业绩承诺方基于业绩补偿应返还的现金分红款 7.86 亿元。剩余 6.77 亿股用于补偿给除控股股东及其支配的股东外的其他股东。

（2）以上述转增后的 66.38 亿股为基数按照 10 股转增 5.06 股的比例总计转增 33.59 亿股，不再向全体股东进行分配，将全部让渡并按照重整计划的规定，专项用于引进重整投资人、清偿负债。

管理人以 18.1 亿股股票有条件引进重整投资人，重整投资人将以支付现金对价、解决银亿股份遗留问题并向银亿股份提供业务发展支持为条件受让该等股票。管理人以 15.49 亿股股票通过股票清偿的方式,清偿银亿股份的负债。

重整投资人将以至少 32 亿元的对价分别受让控股股东及其支配的股东让渡的 11.78 亿股股票(价格为 2.07814 元/股)及 18.1 亿股股票(价格为 0.41522 元/股),合计 29.88 亿股股票(2020 年 12 月 15 日,股价为 2.27 元/股),用以解决银汇股份遗留问题并向银汇股份提供业务发展支持。

(四) 债权调整及受偿方案

1. 有财产担保债权调整及受偿

有财产担保债权人共 2 家,债权金额共计 5.44 亿元,已全部由法院裁定确认。有财产担保债权在担保财产评估价值范围 3.14 亿元内就担保财产按 100% 的比例获得优先受偿,将全额留债分期清偿;超出担保财产评估价值的部分 2.30 亿元作为普通债权受偿。

有财产担保债权优先受偿部分由银亿股份在 3 年内以现金方式分 6 期清偿完毕。银亿股份应自 2021 年起于每年 6 月和 12 月的第 20 日按比例向债权人清偿债务,首期还款日为 2021 年 6 月 20 日。同时,银亿股份应当就未偿还债权部分向债权人每 6 个月支付一次利息,年利率按照固定利率 4.75% 计算。利息自重整计划批准的次日起计算,由银亿股份于每年 6 月和 12 月的第 20 日向债权人支付,首期付息日为 2021 年 6 月 20 日。

2. 普通债权调整及受偿

普通债权人共 237 家,债权金额共计 72.01 亿元。其中,已确认的债权 129 家,确认数额 69.46 亿元;超出担保财产评估价值的列入普通债权的金额为 2.3 亿元;暂缓确认的债权 106 家,债权金额 2 494.92 万元。

对每家普通债权人 120 万元以下(含 120 万元)的债权部分,按照 100% 的比例进行现金清偿,银亿股份在重整计划获得法院批准之日起 1 个月内以现金方式清偿完毕。

对每家普通债权人超过 120 万元的债权部分,银亿股份在重整计划执行期限内以股票方式清偿,每家普通债权人的每 100 元债权可分得约 25.25 股 A 股上市公司股票(分配的股票的最终数量以中国结算深圳分公司实际登记确认的数量为准),股票抵债价格为 3.96 元/股。该部分债权的清偿比例为 100%。

3. 其他债权调整及受偿

暂缓确认的债权按照其申报金额预留相应偿债资金和抵债股票,待其债权经审查确定之后,可以按照重整计划规定的同类债权清偿条件受偿。如经审查确定之后,其债权性质不属于重整计划规定的有财产担保债权或普通债权,则该笔债权应按照《破产法》的相关规定进行受偿。

未申报债权在重整计划执行期间不得行使权利;在重整计划执行完毕后,仍可要求银亿股份按照重整计划规定的同类债权清偿方案进行清偿。如经审查确定之后,其债权性质不属于重整计划规定的有财产担保债权或普通债权的,则该笔债权应按照《破产法》的相关规定进行受偿。

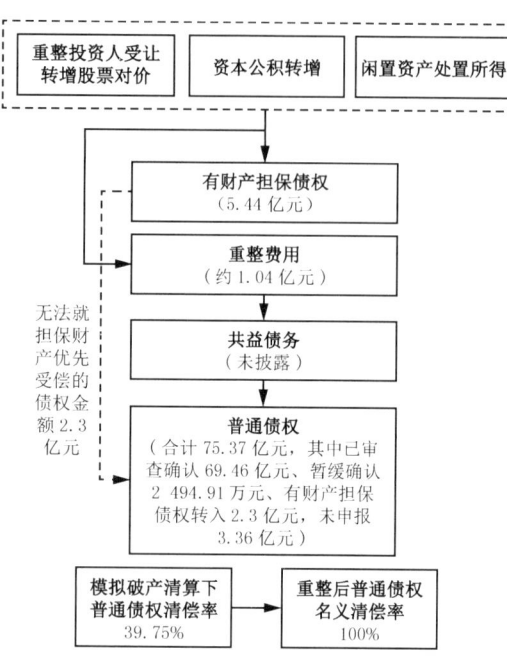

图 5-4 银亿股份债务清偿顺序示意图

4. 债务清偿顺序

模拟破产清算下普通债权清偿率通过假定公司在破产清算条件下的偿债能力分析得到,主要来源于公司披露的《偿债能力分析报告》。而重组后清偿率是假定公司在重整条件下的名义清偿率。由图 5-4 可以看出,重整后的债权清偿率情况,比清算状态下的清偿率有一定提升。

重整计划草案披露的偿债方案显示,普通债权人 120 万元以下(含 120 万元)的债权部分以现金方式全额清偿;超过 120 万元的债权部分以资本公积转增股本按照 3.96 元/股的抵债价格进行股票清偿。因此,重整后普通债权的名义清偿率为 100%。

(五)未来经营方案

(1)公开招募遴选重整投资人。为实现对上市公司未来发展的持续支持,在重整计划获得法院批准之后,管理人将以转增股票有条件地引入重整投资人。

(2)银亿股份与其子公司之间存在担保关系的部分债权清偿。银亿股份与相关子公司之间存在担保关系的部分债权,将由子公司与债权人协商采用资产处置或不损害其他债权人利益的清偿安排对该部分债权进行清偿。

(3)资产结构的优化。整体剥离房地产业务并进行公开处置变现;重整计划执行完毕后,将山西凯能 100% 股权整体置出。

(4)完善上市公司治理结构。继续优化完善上市公司的管理机制,与金融机构建立稳定的沟通机制;金融机构将依法享有与行使股东权利,并积极参与内部治理。

(5)汽车零部件板块的发展愿景与思路。实施市场化改革,推动全球化产业布局和产品升级工作,进一步做优做强主营业务;同时加大研发投入,寻求新的业务增长点。

(6)比利时邦奇的经营计划。围绕优化境内产品结构、拓展全球产业市场、新产品研发三个方面发展。

(7)ARC 的经营计划。进一步完善产品线升级,进一步提升产品性能与安全性,进一步满足客户多样化需求。

(8)择机注入资产。未来将择机注入重整投资人合法优质资产或公司股东大会认可的其他优质资产,进一步增强和提高公司持续经营与盈利能力。

五、重整计划表决与批准

(一)债权人会议表决

公司第一次债权人会议于 2020 年 8 月 21 日上午通过全国企业破产重整案件信息网召开,对临时管理人转为管理人、确定中介机构、选任和设立债权人委员会、银亿股份对欧洲银团出具向比利时邦奇提供资金支持的承诺函四个事项进行了表决。

公司第二次债权人会议于 2020 年 12 月 11 日上午通过全国企业破产重整案件信息网召开,对《银亿股份有限公司重整计划(草案)》进行了分组表决。

1. 有财产担保债权组

出席第二次债权人会议的有表决权的有财产担保债权人共 2 家,其中同意重整计划草案的有财产担保债权人为 2 家,占出席会议的该组债权人的 100%,超过该组出席会议债权人的半数;表决同意重整计划草案的债权人所代表的债权金额为 3.14 亿元,占该组债权总额的 100%,超过该组债权总额的 2/3。表决通过。

2. 普通债权组

出席第二次债权人会议的普通债权人共 127 家,其中同意重整计划草案的债权人共 123 家,占出席会议的该组债权人的 96.85%,超过该组出席会议债权人的半数;表决同意重整计划草案的债权人所代表的债权金额为 68.57 亿元,占该组债权总额 71.76 亿元的 95.55%,超过该组债权总额的 2/3。表决通过。

(二)出资人组会议表决

公司于 2020 年 12 月 11 日下午通过现场和网络相结合的方式召开出资人组会议,会议表决通过了《银亿股份有限公司重整计划(草案)之出资人权益调整方案》。

参加出资人组会议的股东及股东代理人共 445 名,代表有效表决权股份数量 3.18 亿股,占公司股份总数的 79.04%。

表决情况为:同意票所代表的股份为 3.18 亿股,占出席会议所有出资人所持有有效表决权股份的 99.98%,已超过出席会议股东所持表决权的 2/3。表决通过。

(三)重整计划批准

2020 年 12 月 15 日,宁波中院裁定批准重整计划,并终止银亿股份重整程序批准备查文件为(2020)浙 02 破 4 号之一《民事裁定书》。

六、重整计划执行与监督

(一)执行与监督的主体

重整计划由银亿股份负责执行,管理人负责监督。

在重整计划监督期限内,银亿股份应接受管理人的监督,及时向管理人报告重整计划执行情况、公司财务状况,以及重大经营决策、财产处置等事项。

（二）执行与监督的期限

重整计划的执行期限自重整计划获得法院裁定批准之日起至 2023 年 12 月 31 日止。重整计划提前执行完毕的,执行期限自执行完毕之日起届满。如非银亿股份自身原因,致使重整计划无法在上述期限内执行完毕,银亿股份应至少于执行期限届满 3 日前向法院提交延长重整计划执行期限的申请,并根据法院批准的执行期限继续执行。

重整计划执行的监督期限与执行期限一致。

重整计划监督期届满时,管理人将向法院提交监督报告,自监督报告提交之日起,管理人的监督职责终止。

（三）执行的措施

1. 偿债资金和抵债股票的分配

每家债权人以现金方式受偿的债权部分,偿债资金原则上以银行转账方式向债权人进行分配,债权人应自法院裁定批准重整计划之日起 10 日内书面提供接受偿债资金的银行账户信息。

每家债权人以股票抵偿的债权部分,在重整计划执行期限内由银亿股份按重整计划规定的清偿方案,将其所持银亿股份的股票向债权人进行分配。债权人应自法院批准重整计划之日起 10 日内书面提供受领股票的证券账户信息。

重整计划项下用于偿债的转增股票如在清偿债务或提存之后仍有剩余的,将由管理人在提存期届满后 1 年内进行公开处置,处置变现价款在支付必要的税费及处置费用后用于补充上市公司经营性流动资金。

2. 偿债资金和抵债股票的提存及处理

债权已经法院裁定确认的债权人未按照重整计划的规定领受分配的偿债资金和抵债股票的,根据重整计划应向其分配的资金和股票将提存至管理人指定的银行账户或证券账户,提存的偿债资金或股票自重整计划执行完毕之日起满 3 年,因债权人自身原因仍不领取的,视为放弃受领清偿款项的权利。已提存的偿债资金将用于补充银亿股份流动资金;抵债股票由管理人进行公开处置,处置变现价款在支付必要的处置税费后用于补充上市公司经营性流动资金。

预计债权中因债权人需补充证据材料等导致暂未审查确定的债权金额与债务人最终确认的其债权金额存在差异的,以债务人最终确认的债权金额为准,按照重整计划的规定受领偿债资金及股票。已按照重整计划预留的偿债资金及股票在清偿上述债权后仍有剩余的,剩余的偿债资金将用于补充银亿股份流动资金;剩余的抵债股票由管理人进行公开处置,处置变现价款在支付必要的处置税费后用于补充上市公司经营性流动资金。

以上所有提存的偿债资金和抵债股票,在提存期间均不计息。

3. 破产费用的支付

银亿股份破产费用包括重整案件受理费、管理人报酬、聘请中介机构的费用、转增股票登记税费、股票过户税费及管理人执行职务的费用等,这些费用在重整计划执行期限内依法优先支付。其中,重整案件受理费自重整计划获得法院批准之日起 7 日内支付;依据《最高人民法院关于审理企业破产案件确定管理人报酬的规定》计算的管理人报酬为 4 232.55 万元,自重整计划获得法院批准之日起 1 个月内通过管理人账户支付,管理人报酬由法院最终确定,将根据法院最终确定的报酬收取方案以现金方式通过管理人账户予以支付;管理人聘请中介机构的费用依据相关合同的约定支付;银亿股份转增股票登记及过户税费、管理人执行职务的费用及其他重整费用根据重整计划执行实际情况,由管理人账户随时支付。该部分预估费用如有剩余,管理人将剩余部分划入银亿股份账户用于补充上市公司流动资金。

4. 共益债务的清偿

银亿股份重整期间的共益债务,包括但不限于因继续履行合同所产生的债务、继续营业而应支付的劳动报酬和社会保险费用以及由此产生的其他债务,由银亿股份按照相关合同约定随时清偿。

5. 重整投资人的变更

客观原因导致需要变更重整投资人的,在不变更出资人权益调整方案、债权分类、债权调整和受偿方案的前提下,由管理人报告债权人会议,并请示法院批准后变更。

6. 财产保全措施的解除

尚未解除对银亿股份财产保全措施的,债权人应当在重整计划获得法院批准后,协助办理完毕解除财产保全措施的手续。管理人有权根据债权人配合解除财产保全措施的情况,向该债权人支付偿债资金和抵债股票。

7. 转让债权的清偿

债权人在重整受理日(即 2020 年 6 月 23 日)后依法对外转让债权的,受让人按照原债权人根据重整计划就该笔债权可以获得的受让条件和总额受偿;债权人向两个以上的受让人转让债权的,偿债资金及抵债股票向受让人按照其受让的债权比例分配。

七、重整计划顺利实施的预期效果

银亿股份重整计划如能顺利实施:

(1) 法人资格继续存续,仍是一家在深交所上市的股份公司。

(2) 重整前产生的负债获得妥善安排。重整计划实施完毕后,银亿股份的债务获得较高比例清偿,实现各方共赢。对于公司与相关子公司存在担保关系的部分债权,将由子公司与债权人协商采取资产处置等方式进行清偿,承担担保责任的公司在清偿后所形成的追偿权将与银亿体系内公司的债权作抵消;抵消后仍未获清偿的部分,按照重整计划同类债权的清偿方案予以清偿。

(3) 重整投资人充分利用自身资源和优势支持公司发展壮大。重整程序通过引入在企业管理、资源支持等方面具有明显背景优势的重整投资人,保留并聚集汽车零部件业务;通过重整投资人的业务资源支持、注入流动资金、加强内部管控、降低成本费用、完善激励机制等一系列措施,从根本上改善公司生产经营,实现高效有序的经营状态,使公司成为经营稳健、运营规范和业绩优良的上市公司。

（4）解决控股股东及其关联方业绩补偿及资金占用问题。管理人通过设计两次资本公积转增股本并进行分配的方式,顺利解决控股股东及其关联方占用非经营性资金问题及业绩补偿的履行问题,保护中小股东的利益,并在重整过程中引进了实力雄厚的重整投资人。

案例6　利源精制重整案例解析

背景

吉林利源精制股份有限公司(以下简称"利源精制"或者"公司")成立于2001年11月13日,主营铝型材及深加工产品,轨道交通装备的研发、生产与销售业务,重整前注册资本为12.15亿元。自2018年以来,受子公司债务拖累及高额融资财务成本的影响,企业资金链断裂,难以保证原材料的采购,导致2018年销售量大幅萎缩。同年,公司发生多起诉讼,债权人进行了诉前财产保全,公司全部土地房产被法院查封;大股东持股被司法轮候冻结、银行账户被冻结等,对公司经营业绩产生了不利影响。利源精制在2018年、2019年两年连续亏损,且2019年末净资产为负值,已被交易所实施退市风险警示。债权人刘明英、李春霖于2019年9月6日申请对公司进行重整。2019年9月9日,吉林省辽源市中级人民法院(以下简称"辽源中院")决定公司进入预重整程序,并指定吉林省启明破产清算有限公司(以下简称"吉林启明")担任临时管理人(后被停止临时管理人工作),后辽源中院又于2020年10月28日指定利源精制清算组担任公司临时管理人。2020年11月5日,辽源中院裁定受理公司重整,并指定利源精制清算组担任重整管理人。2020年12月11日,辽源中院裁定批准重整计划。2020年12月31日,公司收到辽源中院送达的(2020)吉04民破10-3号《民事裁定书》,裁定确认利源精制重整计划执行完毕。

方案要点

1. 出资人权益调整

以利源精制重整前总股本12.15亿股为基数,按照每10股转增19.22股的比例转增约23.35亿股,转增后利源精制总股本将扩大至35.5亿股。

上述转增股份不向原股东分配,其中,8亿股由重整投资人中的重庆秦川实业(集团)股份有限公司(以下简称"重庆秦川")和/或其指定的关联方有条件受让;5.5亿股由财务投资人按照1元/股价格受让;剩余9.85亿股股票将按照重整计划规定用于抵偿债务。

2. 债权调整及受偿

1）有财产担保债权调整及受偿

有财产担保债权中存在质押保证金的债权，以相应保证金及保证金（预期）产生的存款利息优先受偿。保证金尚未到期或存在被司法冻结的情形，待保证金到期或相关司法冻结措施解除后由债权人自行划扣，不影响重整计划执行完毕标准的达成。其他有财产担保债权在其对应的担保财产评估价值范围内，由利源精制全额留债展期清偿。

2）普通债权调整及受偿

重整计划将普通债权分为带息类和非带息类制定相应的调整及受偿方案：

（1）10 万元以下部分以现金受偿：以具有民事权利能力和民事行为能力的债权人为单位，每家债权人 10 万元以下（含 10 万元）的债权部分，按照 100% 的清偿比例在重整计划执行期限内一次性现金受偿。

（2）带息类普通债权超过 10 万元部分以股票清偿：带息类普通债权 10 万元以上的部分，以每 100 元普通债权分得约 10.27 股利源精制资本公积转增股本（若股数出现小数位，则去掉拟分配股票数小数点右侧的数字后，在个位数上加"1"）的方式予以清偿，股票的抵债价格按 9.74 元/股计算，该部分普通债权的清偿比例为 100%。

（3）非带息类普通债权超过 10 万元的部分给予受偿方式选择权：非带息类普通债权 10 万元以上的部分可选择按照 15.51% 的清偿比例在重整计划执行期限内一次性现金受偿，剩余部分利源精制不再承担清偿责任。非带息类普通债权人 10 万元以上的部分也可以选择按照带息类普通债权清偿方式受偿。

3. 引入重整投资人及财务投资人

重庆秦川、辽源市智晟达资产管理有限公司（以下简称"智晟达资管"）组成的联合体为重整投资人。此外，重庆秦川向管理人推荐若干财务投资人，财务投资人合计提供 5.5 亿元资金。

1）引入重整投资人

重庆秦川受让 8 亿股利源精制资本公积转增股本，受让条件为：①提供 6 亿元资金用于支付重整费用、清偿债务、以资产评估值承接低效资产、补充公司流动资金；②向管理人推荐若干财务投资人，财务投资人合计向利源精制提供 5.5 亿元资金用于受让 5.5 亿股利源精制资本公积转增股本；③制定利源精制经营方案及未来发展规划；④同意继续履行委托加工协议。

智晟达资管作为重整投资人的权利和义务包括：继续实施纾困项目；充分发挥最大债权人作用，全力配合重整程序；为利源精制特定订单提供供应链资金支持；积极协调其他金融机构为重整后利源精制提供综合授信。

2）引入财务投资人

重庆秦川向管理人推荐若干财务投资人合计向利源精制提供 5.5 亿元资金，用于受让 5.5 亿股利源精制资本公积转增股本。该部分资金亦用于补充公司流动资金。管理人将依据相关法律法规的规定，结合重庆秦川的推荐名单及额度，对财务投资人的资质进行审查并最终确定。财务投资人应当自行承诺自受让转增股票之日起 12 个月内不得向关联方以外的第三方转让其所持有的利源精制股票。

一、公司基本信息

(一) 公司及业务简介

利源精制于 2001 年在辽源市工商行政管理局注册登记,曾用名为吉林利源铝业股份有限公司,2010 年 11 月 17 日在深交所上市,股票代码为 002501。公司主营业务为生产销售铝合金精密加工件、铝型材深加工部件;石油化工、电子电器、航空、航天、航海、汽车、轿车用铝合金部件;研发、制造铝合金轨道车辆、车头、车体、集装箱;生产销售铝合金型材、棒材、管材(包括无缝管);制造各种铝型材产品及铝门窗;生产销售钢化玻璃、中空玻璃、夹胶玻璃、防弹玻璃和防火玻璃。

根据公司重整申请前 2018 年年度报告,公司营业收入为 4.78 亿元,净亏损为 40.4 亿元,毛利率为 −59.98%,净利率为 −845.36%。

(二) 重整前股权架构图

截至 2020 年 11 月 5 日,利源精制总股本约 12.15 亿股,公司股东共计约 5.2 万户。公司的控股股东及实际控制人为王民(已去世)、张永侠及王建新,合计持有约 2.7 亿股利源精制股票,合计持股比例 22.26%,如图 6-1 所示。

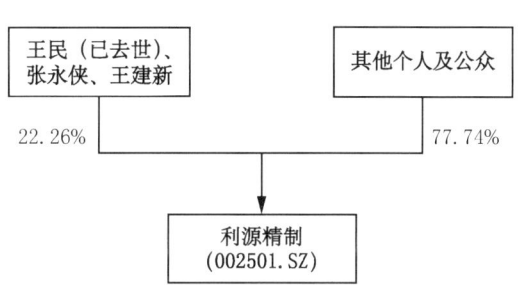

图 6-1　利源精制重整前股权架构图

二、资产负债情况

(一) 资产负债情况总览

如表 6-1 所示,截至 2020 年 9 月 30 日,利源精制总资产账面价值为 27.33 亿元,主要由其他应收款和固定资产等构成。其中,其他应收款账面价值约 10.06 亿元,固定资产账面价值约 14.39 亿元。根据评估机构出具的《资产评估报告》,以 2020 年 9 月 30 日为评估基准日,利源精制资产的清算评估价值为 10.86 亿元,清算价值为账面价值的 39.75%。

表 6-1　利源精制资产负债情况

单位:亿元

资产/债权类型	资产	负债	资产−负债	资产负债率
账面价值/审查确认债权	27.33	107.11	−79.78	391.91%
评估清算价值/审查确认债权	10.86	107.11	−96.25	986.28%

根据债权申报及审查情况,结合利源精制的账面记载,截至重整受理日,利源精制有财产担保债权约为 3.02 亿元,职工债权约为 2 636.18 万元,其他社会保险费用约为 73.23 万

元,税款债权约为 1.21 亿元,普通债权约为 102.61 亿元,负债合计 107.11 亿元。

(二)债权分类

根据《破产法》的相关规定和债权审查确认情况,利源精制债权主要包括有财产担保债权、职工债权、税款债权和普通债权。

1. 有财产担保债权

管理人审查有财产担保债权约为 3.02 亿元。

2. 职工债权

经管理人调查,职工债权约为 2 636.18 万元,其他社会保险费用约为 73.23 万元。

3. 税款债权

经管理人调查,税款债权约为 1.21 亿元。

4. 普通债权

管理人审查普通债权约为 102.61 亿元。

(三)偿债能力分析

根据评估机构出具的《偿债能力分析报告》,利源精制如实施破产清算,假定全部有效资产能够按评估价值变现,按照《破产法》及有关文件规定的清偿顺序,担保财产变现所得优先用于偿还有财产担保债权,剩余其他财产的变现所得在支付破产费用并全额清偿职工债权、税款债权后,剩余财产用于普通债权分配,普通债权的受偿率约为 4.95%。

三、重整基本情况

(一)重整背景

自 2018 年以来,受子公司债务拖累及高额融资财务成本的影响,企业资金链断裂,难以保证原材料的采购,导致 2018 年销售量大幅萎缩。同时 2018 年公司发生多起诉讼,债权人进行了诉前财产保全,公司全部土地房产被法院查封;大股东持股被司法轮候冻结、银行账户被冻结等,对公司经营业绩产生了不利影响。利源精制在 2018 年、2019 年两年连续亏损,且 2019 年末净资产为负值,已被交易所实施退市风险警示。

(二)重整申请情况

2019 年 9 月 6 日,辽源中院收到申请人刘明英、李春霖提交的《破产重整申请书》,申请对利源精制进行破产重整。

(三)重整受理情况

2019 年 9 月 9 日,辽源中院批准启动对利源精制的预重整程序,于 2020 年 10 月 28 日发出(2019)吉 04 破申 6-2 号《决定书》,指定利源精制清算组担任临时管理人。

2020 年 11 月 5 日,公司收到辽源中院(2019)吉 04 破申 6 号《民事裁定书》,受理刘明英、李春霖对利源精制的重整申请,并指定利源精制清算组担任管理人。

(四)重整管理模式

管理人管理财产和营业事务。

(五) 重整大事记

• 2019 年 9 月 6 日,辽源中院收到申请人刘明英、李春霖提交的《破产重整申请书》,申请对利源精制进行重整。

• 2019 年 9 月 9 日,辽源中院批准启动对利源精制的预重整程序,并指定吉林启明担任临时管理人。

• 2019 年 10 月 28 日,辽源中院决定停止吉林启明的临时管理人工作。

• 2020 年 10 月 28 日,辽源中院发出(2019)吉 04 破申 6 号《决定书》,指定利源精制清算组担任临时管理人。

• 2020 年 11 月 5 日,公司收到辽源中院(2019)吉 04 破申 6 号《民事裁定书》,受理债权人对利源精制的重整申请,并指定利源精制清算组担任管理人。

• 2020 年 11 月 25 日,利源精制管理人和重庆秦川及智晟达资管组成的联合体签订《吉林利源精制股份有限公司重整事宜之投资协议》。

• 2020 年 12 月 11 日,利源精制重整案第一次债权人会议通过网络会议方式在"全国企业破产重整案件信息网"召开,表决通过《吉林利源精制股份有限公司重整计划(草案)》。出资人组会议表决通过了《吉林利源精制股份有限公司重整计划(草案)之出资人权益调整方案》。

• 2020 年 12 月 11 日,管理人向辽源中院提交《裁定批准重整计划的申请书》。同日,公司收到法院(2020)吉 04 民破 10 号《民事裁定书》,裁定批准利源精制重整计划,并终止利源精制重整程序。

• 2020 年 12 月 31 日,公司收到辽源中院送达的(2020)吉 04 民破 10-3 号《民事裁定书》,裁定确认利源精制重整计划执行完毕。

四、重整计划主要内容

(一) 重整思路概述

如图 6-2 所示,重整计划的主要思路为:

(1) 对出资人权益进行调整,在重整前股份基础上进行资本公积转增股本,合计转增 23.35 亿股。其中,重整投资人提供 6 亿元资金受让 8 亿股;财务投资人提供 5.5 亿元资金受让 5.5 亿股。以上资金将用于支付重整费用、清偿债务、补充公司流动资金等。剩余 9.85 亿股用于向利源精制的债权人抵偿债务。

(2) 剥离低效资产,使核心资产的经营性资产得以保留在公司,为公司重整后的持续经营奠定基础。

(二) 投资人及投资方案

1. 重整投资人 1

重庆秦川注册资本为 3.43651571 亿元,经营范围包括:制造、销售汽车电器、摩托车电器、灯具、电线、开关;经营本企业自产产品及技术的出口业务;经营本企业生产所需的原辅

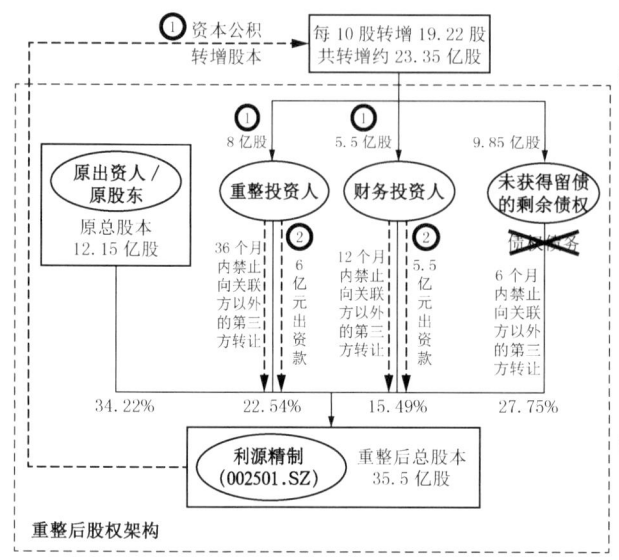

出资人权益调整方案

① 以利源精制重整前总股本 12.15 亿股为基数，按照每 **10 股转增 19.22 股**的比例**转增约 23.35 亿股**，转增后利源精制总股本将扩大至 35.5 亿股。上述转增股份不向原股东分配，其中：

8 亿股由重整投资人的重庆秦川及或其指定的关联方按照 0.75 元／股有条件受让，重整投资人所持股份占转增后利源精制总股本的 22.54%。

5.5 亿股由财务投资人按照 1 元／股价格受让（2020 年 12 月 17 日收盘价为 2.42 元／股），财务投资人所持股份占转增后利源精制总股本的 15.49%。

9.85 亿股股票将按照本重整计划规定用于抵偿债务，债权人所持股份占转增后利源精制总股本的 27.75%。

引进投资人增资

② 由重庆秦川、智晟达资管投入 6 亿元资金用于支付重整费用、清偿债务、以资产评估值承接低效资产及补充公司流动资金；
上述重整投资人引入财务投资人，按照 1 元／股价受让 5.5 亿股。

图 6-2   利源精制重整方案示意图

材料、仪器仪表、机械设备、零配件及技术的进口业务，仓储（不含化学危险品）；房屋租赁；物业管理。

根据利源精制管理人和重庆秦川、智晟达资管组成的联合体于 2020 年 11 月 25 日所签订《吉林利源精制股份有限公司重整事宜之投资协议》，重庆秦川的权利和义务如下：

（1）进行股权投资。重庆秦川受让 8 亿股利源精制资本公积转增股本，受让条件为：提供 6 亿元资金用于支付重整费用、清偿债务、以资产评估值承接低效资产、补充公司流动资金；在公司现有技术的基础上，协助公司进行产品升级，开发动力电池箱、汽车零部件等轻量化产品，并助力公司进入主要汽车厂商的供应链体系；协助公司引进高端技术开发团队，提升合金强度，致力于开发航空级高强度合金产品，提高产品附加值；重庆秦川承诺自受让利源精制资本公积转增股本之日起 36 个月内不向关联方以外的第三方转让其所持有的利源精制股票。

（2）推荐财务投资人提供 5.5 亿元资金。重庆秦川向管理人推荐若干财务投资人合计向利源精制提供 5.5 亿元资金，用于受让 5.5 亿股利源精制资本公积转增股本。该部分资金亦用于补充公司流动资金。管理人将依据相关法律法规的规定，结合重庆秦川的推荐名单及额度，对财务投资人的资质进行审查并最终确定。财务投资人应当自行承诺自受让转增股票之日起 12 个月内不得向关联方以外的第三方转让其所持有的利源精制股票。

（3）制定利源精制经营方案及未来发展规划。重庆秦川应当积极制定并实施利源精制未来经营发展方案。重庆秦川应于本协议签订之日起 5 日内向管理人提供经营方案及未来发展规划。管理人将根据重庆秦川和辽源智晟达提供的经营方案及未来发展规划制定重整计划草案中的经营方案。

（4）同意继续履行委托加工协议。辽源市智晟达福源贸易有限公司系由智晟达资管持股100%的全资子公司,成立目的系通过委托加工的方式为利源精制纾困提供支持。为维持利源精制重整期间的正常生产经营,重庆秦川同意管理人依据《破产法》有关规定决定继续履行利源精制与辽源市智晟达福源贸易有限公司、智晟达资管签署的《产品委托加工合同》及相关补充协议。

2. 重整投资人 2

智晟达资管注册资本为1亿元,经营范围包括:资产管理;受托资产管理;投资管理;投资顾问;股权投资;受托企业资产的重组、并购及项目融资;财务顾问;委托管理股权投资基金;国内贸易。

根据利源精制管理人和重庆秦川、智晟达资管组成的联合体于2020年11月25日所签订《吉林利源精制股份有限公司重整事宜之投资协议》,智晟达资管的权利和义务如下:

（1）继续实施纾困项目。智晟达资管于2019年1月开始通过委托加工的形式实施了对利源精制的纾困项目。截至目前,智晟达资管已经在一定程度上帮助利源精制恢复了生产秩序,稳定了员工队伍,维系了上下游客户资源。为支持利源精制重整程序顺利进行,保障重整后利源精制的持续经营,智晟达资管同意继续提供纾困支持至2020年12月31日。

（2）充分发挥最大债权人作用,全力配合重整程序。智晟达资管已通过承接吉林银行对利源精制的债权的方式成为利源精制最大债权人。智晟达资管将积极发挥最大债权人的作用,积极配合管理人的各项重整工作,依法合规实施债转股,共同推动重整方案落地,实现利源精制重整成功。

（3）为利源精制特定订单提供供应链资金支持。智晟达资管同意协调和推荐供应链金融公司向利源精制提供供应链金融支持,用于扶持重整后利源精制履行一汽集团订单项下的融资需求。

（4）积极协调其他金融机构为重整后利源精制提供综合授信。考虑到利源精制重整后融资能力及信用修复需要一定的过程,智晟达资管同意推荐其他银行等金融机构在重整计划执行期间或重整计划执行完毕后6个月内向利源精制提供贷款,支持重整后的利源精制有足额资金用于后续发展。

3. 财务投资人

重庆秦川向管理人推荐若干财务投资人合计向利源精制提供5.5亿元资金,用于受让5.5亿股利源精制资本公积转增股本。该部分资金亦用于补充公司流动资金。管理人将依据相关法律法规的规定,结合重庆秦川的推荐名单及额度,对财务投资人的资质进行审查并最终确定。财务投资人应当自行承诺自受让转增股票之日起12个月内不得向关联方以外的第三方转让其所持有的利源精制股票。

（三）出资人权益调整方案

以利源精制重整前总股本12.15亿股为基数,按照每10股转增19.22股的比例转增约 23.35 亿股,转增后利源精制总股本将扩大至 35.5 亿股(最终转增的准确股票数量以中国结算深圳分公司实际登记确认的数量为准)。上述转增股份不向原股东分配,由全体股东让渡。其中,8 亿股由重整投资人中的重庆秦川和/或其指定的关联方有条件受让;5.5 亿股由财务投资人按照 1 元/股价格受让;剩余 9.85 亿股股票将按照重整计划规定用于抵偿债务。

1. 受让转增股票条件

(1) 提供 6 亿元资金用于支付重整费用、清偿债务、以资产评估值承接低效资产、补充公司流动资金。

(2) 在公司现有技术的基础上,协助公司进行产品升级,开发动力电池箱、汽车零部件等轻量化产品,并助力公司进入主要汽车厂商的供应链体系。

(3) 协助公司引进高端技术开发团队,提升合金强度,致力于开发航空级高强度合金产品,提高产品附加值。

2. 锁定期安排

为保障利源精制重整后股权结构在一定时期内保持稳定,增强各方对利源精制未来发展的信心,重整计划对受让转增股票的主体设定锁定期。重庆秦川和/或其指定的关联方自受让转增股票之日起 36 个月内不得向关联方以外的第三方转让其所持有的利源精制股票;财务投资人自受让转增股票之日起 12 个月内不得向关联方以外的第三方转让其所持有的利源精制股票;债权人等其他受让转增股票的主体自受让转增股票之日起 6 个月内不得转让其所持有的利源精制股票。

(四) 债权调整及受偿方案

1. 有财产担保债权调整及受偿

有财产担保债权中存在质押保证金的债权,以相应保证金及保证金(预期)产生的存款利息优先受偿。保证金尚未到期或存在被司法冻结的情形,待保证金到期或相关司法冻结措施解除后由债权人自行划扣,不影响重整计划执行完毕标准。

其他有财产担保债权在其对应的担保财产评估价值范围内,由利源精制全额留债展期清偿,具体方案如下:

留债期限:6 年。

留债利率:按照重整计划获得法院批准当月全国银行间同业拆借中心公布的五年期贷款市场报价利率(LPR)的 40% 确定。

还本方式:本金 1 年清偿 2 次,6 年共分 12 次清偿完毕。第一个两年每次清偿留债总额的 5%,合计清偿 20%;第二个两年每次清偿留债总额的 7.5%,合计清偿 30%;第三个两年每次清偿留债总额的 12.5%,合计清偿 50%。重整计划下,2021 年视为第一年,之后完整的公历年度为第二年。

担保方式:留债期间保留原财产担保关系,本息清偿完毕后,债权人应当主动解除对应担保财产的抵/质押担保状态和/或登记。

2. 职工债权调整及受偿

职工债权及其他社会保险费用不作调整,由利源精制在重整计划执行期限内以现金方式全额清偿。

3. 税款债权调整及受偿

税款债权不作调整,由利源精制在重整计划执行期限内以现金方式全额清偿。

4. 普通债权调整及受偿

根据《偿债能力分析报告》,利源精制破产清算状态下的普通债权清偿比例约为4.95%。为最大限度地提升债权人的受偿水平,保护债权人的合法权益,重整计划将普通债权分为带息类和非带息类制定相应的调整及受偿方案:

(1) 10万元以下部分以现金受偿:以具有民事权利能力和民事行为能力的债权人为单位,每家债权人10万元以下(含10万元)的债权部分,按照100%的清偿比例在重整计划执行期限内一次性现金受偿。

(2) 带息类普通债权超过10万元部分以股票清偿:带息类普通债权10万元以上的部分,以每100元普通债权分得约10.27股利源精制资本公积转增股本(若股数出现小数位,则去掉拟分配股票数小数点右侧的数字后,在个位数上加"1")的方式予以清偿,股票的抵债价格按9.74元/股计算,该部分普通债权的清偿比例为100%。

(3) 非带息类普通债权超过10万元的部分给予受偿方式选择权:非带息类普通债权10万元以上的部分可选择按照15.51%的清偿比例在重整计划执行期限内一次性现金受偿,剩余部分利源精制不再承担清偿责任。非带息类普通债权人10万元以上的部分也可以选择按照带息类普通债权清偿方式受偿。

5. 融资租赁债权调整及受偿

融资租赁债权对应融资租赁物评估价值部分与有财产担保债权留债展期部分调整及受偿方案一致,扣除前述融资租赁评估价值的剩余债权作为普通债权,按照普通债权的受偿方案予以清偿。

6. 债务清偿顺序

模拟破产清算下普通债权清偿率通过假定公司在破产清算条件下的偿债能力分析得到,主要来源于公司披露的《偿债能力分析报告》。而重组后清偿率是假定公司在重整条件的名义清偿率。由图6-3可以看出,重整后的债权清偿率情况,比清算状态下的清偿率有一定提升。

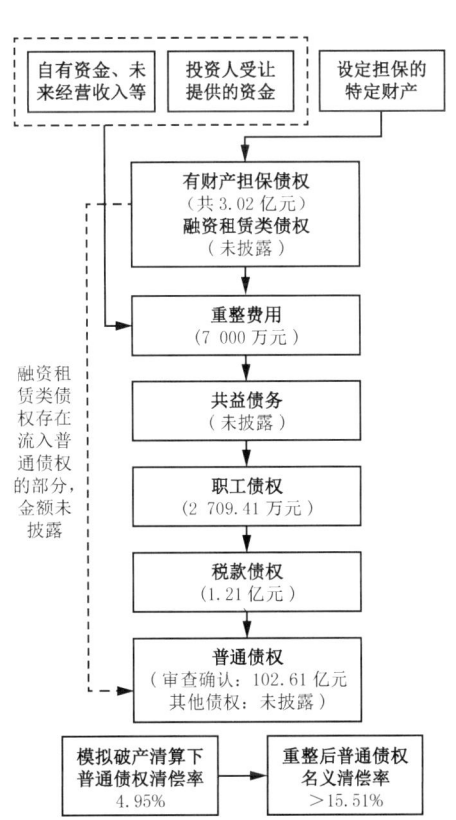

图6-3 利源精制债务清偿顺序示意图

重整计划草案披露的偿债方案显示：

（1）普通债权人 10 万元以下（含 10 万元）的债权部分以现金方式全额清偿。

（2）带息类普通债权 10 万元以上的部分，以资本公积转增股本按照 9.74 元/股的抵债价格进行股票清偿，该部分普通债权的清偿比例为 100%。

（3）非带息类普通债权超过 10 万元的部分可选择按照 15.51% 的清偿比例一次性现金受偿或者选择按照带息类普通债权清偿方式受偿，因此重整后普通债权的名义清偿率至少大于 15.51%。

（五）未来经营方案

1. 传统业务的恢复

建筑装饰用铝材是公司的传统优势业务，虽然未来该市场的增长速度放缓，但是存量市场大。重整完成后，公司轻装上阵，经营也将重回正常轨道。公司工序完备、产线齐全、技术积累深厚、高档铝材加工能力较强和规模较大等优势也将重新得以发挥。公司将抓紧铝材市场的发展趋势，以最快的速度提升产能利用率，稳定公司经营。

2. 持续优化产品结构

（1）紧抓汽车轻量化、电动化的机遇。未来汽车轻量化市场和新能源电动汽车市场将是公司业务发展的重要方向之一。公司将全力争取抓住汽车轻量化和新能源电动化给铝材行业带来的重要发展机遇。

（2）开拓太阳能光伏、风电等新能源市场。太阳能光伏新能源发电是我国重点发展的战略新兴产业之一。经过多年发展我国已经成为全球太阳能光伏产业的绝对大国。2019 年我国太阳能电池组件出货量（包括出口）为 98.6 GW，产值预计超过 1 500 亿元。据 Solarzoom 统计，铝合金边框、支架等部件的成本要占到太阳能光伏组件成本的 15% 左右，是非硅成本中占比最高的一项。据此测算，铝合金边框、支架等结构件的市场需求高达 200 亿元。除太阳能光伏外，同为新能源产业的风电行业对铝合金也有较大需求，比如 5 kW 以下风力发电机的铝合金外壳、立式涡轮发电机长立柱、风力发电塔内的梯具、机房角梁、导轨、结构件、适配器、冷却装置中的散热器等。新能源用铝型材是一个有较大潜力可挖的市场。公司已经切入太阳能光伏新能源领域，并实现了光伏电池组件边框产品的批量供货，为在新能源领域内的发展打下了较好的基础。未来，公司将把新能源铝材市场的开发作为重点发展的方向之一。

（3）发挥技术、装备优势，大力开拓铁路和轨交市场。公司前期在铁路和轨交用铝领域做了大量的积累，并且公司 160MN 挤压生产线是国内最大的挤压生产线，可以生产竞争对手难以加工的产品。基于公司的竞争优势和铁路、轨交铝材市场的较好发展空间，未来，该市场也是公司业务的重点开拓方向之一。

3. 增加研发投入，进军高端产业

在公司产能利用率逐步提升、产品结构逐步优化的基础上，重整投资人将协助公司引进高端材料研发团队，加强航空级高强度铝合金国产化升级，力争突破抗拉强度、高塑性、材质均匀等技术瓶颈,进军高附加值的军工领域。创新研发设计高硅铝合金,通过提升硅在铝基体中的过饱和度,形成硅颗粒增强铝基复合材料,力争进军电子封装领域。同时,重整投资人将结合现有在汽车主机厂商的资源优势,协助公司产品由汽车产业链的二级代工厂商升级为一级零部件厂商,提升产品附加值,并根据主机厂商的发展趋势,适时增加汽车零部件的种类,拓展公司的发展空间。

五、重整计划表决与批准

(一)债权人会议表决

2020 年 12 月 11 日,利源精制重整案第一次债权人会议通过全国企业破产重整案件信息网召开,表决通过《吉林利源精制股份有限公司重整计划(草案)》。

1. 有财产担保债权组

出席第一次债权人会议有表决权的有财产担保债权人共 1 家。其中,同意的债权人 1 家,占出席会议的该组债权总人数的 100%,已超过该组出席会议债权人的半数;该家债权人所代表的债权金额为 1.76 亿元,占全部有财产担保债权总额的 100%,已超过该组债权总额的 2/3。表决通过。

2. 普通债权组

出席会议有表决权的普通债权人共 195 家。其中,同意的债权人 183 家债权人,占出席会议的该组债权总人数的 93.85%,已超过该组出席会议债权人的半数;该 183 家债权人所代表的债权金额为 80.61 亿元,占全部普通债权总额的 79.84%,已超过该组债权总额的 2/3。表决通过。

(二)出资人组会议表决

2020 年 12 月 11 日下午,公司通过现场和网络相结合的方式召开出资人组会议。参加出资人组会议的股东 32 人,代表股份 3.81 亿股,占 A 股上市公司总股份的 31.4%。

表决情况为:同意票所代表的股份为 3.81 亿股,占出席会议所有股东所持股份的 100%,已超过出席会议股东所持表决权的 2/3。表决通过。

(三)重整计划批准

2020 年 12 月 11 日,辽源中院裁定批准利源精制重整计划,批准备查文件为(2020)吉04 民破 10 号《民事裁定书》。

六、重整计划执行与监督

(一)执行与监督的主体

重整计划由利源精制负责执行,重整计划另有规定的除外。管理人负责监督。

在重整计划执行监督期限内,利源精制应接受管理人的监督,及时向管理人报告重整计划执行情况。

（二）执行与监督的期限

重整计划的执行期限自重整计划获得辽源中院裁定批准之日起计算，利源精制应当争取于 2020 年 12 月 31 日前执行完毕。

如重整计划无法在上述期限内执行完毕，利源精制应于执行期限届满前向辽源中院提交延长重整计划执行期限的申请，并在辽源中院批准的延长执行期限内继续执行。

重整计划执行的监督期限与执行期限一致。根据重整计划执行的实际情况，需要延长重整计划执行的监督期限的，由管理人向辽源中院提交延长重整计划执行监督期限的申请，并根据辽源中院批准的期限继续履行监督职责。

监督期届满时，管理人将向辽源中院提交监督报告，自监督报告提交之日起，管理人的监督职责终止。

（三）执行的措施

1. 现金清偿措施和转增股票的分配

对于每家债权人以现金方式受偿的债权部分，偿债资金原则上以银行转账方式向债权人进行分配，债权人应自法院裁定批准重整计划之日起 5 日内书面提供接受偿债资金的账户信息。每家债权人以股票抵偿的债权部分，在重整计划执行期限内以资本公积转增股本进行分配，债权人应自法院裁定批准重整计划之日起 5 日内书面提供领受分配股票的证券账户信息。

2. 留债展期的执行

根据重整计划应当留债展期的债权，在重整计划获得法院批准后，利源精制应向有关债权人送达留债展期安排告知书。留债展期安排告知书中明确留债金额及支付安排，利源精制按照留债展期安排告知书确定的留债金额及支付安排进行清偿。个别金融机构可根据自身需要与利源精制签署书面留债协议，协议内容应符合重整计划的规定。

3. 转增股票的分配

每家债权人以股票抵债的债权部分，在重整计划执行期限内以资本公积转增股本进行分配。债权人应自法院裁定批准重整计划之日起 5 日内，按照管理人指定格式以书面方式提供接受领受分配股票的证券账户信息。

4. 偿债资金和抵债股票的提存及处理

债权确认的债权人未按照重整计划的规定领受分配的偿债资金和抵债股票的，根据重整计划应向其分配的资金和股票将提存至管理人指定的银行账户和证券账户，提存的偿债资金及股票自重整计划执行完毕公告之日起满 3 年，因债权人自身原因仍不领取的，视为放弃受领清偿款项和股票的权利。已提存的偿债资金将归还上市公司用于补充流动资金，已提存的偿债股票将按照上市公司股东大会形成的生效决议予以处置。

5. 暂缓确认债权和未申报债权的处理

因涉及诉讼或者仲裁未决等暂缓确认的债权，其最终确认的债权金额与暂缓确认金额存在差异的，以最终确认的债权金额为准，按照重整计划的规定受偿。已按照重整计划预留的偿债资金及股票在清偿上述债权后仍有剩余的，剩余的偿债资金将归还上市公司用于补充流动资金，剩余的偿债股票将按照上市公司股东大会形成的生效决议予以处置。

未申报债权的债权人，在重整计划执行完毕公告之日起满 3 年仍未向公司主张权利的，根据重整计划为其预留的资金将归还上市公司用于补充流动资金，已提存的偿债股票将按照上市公司股东大会形成的生效决议予以处置。

6. 非带息类普通债权人选择权的行使

自辽源中院裁定批准重整计划之日起 5 日内，非带息类普通债权人应当作出选择现金清偿或股票清偿的决定，并将选择结果及相应账户信息书面告知管理人。若债权人未在重整计划规定的期限内作出选择的，视为选择现金清偿。

7. 重整费用的支付

利源精制重整费用包括重整案件受理费、管理人报酬、聘请中介机构的费用、管理人执行职务的费用、执行重整计划所需费用（如财产处置税费、转增股票登记税费、股票过户税费等）。

上述费用中，管理人报酬 5 900.35 万元将在重整计划执行完毕前支付，最终收取报酬的数额由辽源中院依法确定；聘请中介机构费用 200 万元将根据相关服务合同约定支付；财产处置税费、转增股票登记税费、股票过户税费及管理人执行职务的费用、执行重整计划所需费用等根据实际发生情况随时支付。

8. 共益债务的清偿

利源精制重整期间的共益债务，包括但不限于因继续履行合同所产生的债务、为继续营业而借款所产生的债务、为继续营业应支付的劳动报酬和社会保险费用以及由此产生的其他债务，由利源精制按照相关合同约定清偿。

9. 财产保全措施的解除

根据《破产法》第十九条的规定，人民法院受理破产申请后，有关债务人财产的保全措施应当解除。债权人尚未解除对利源精制财产保全措施的，债权人应当在重整计划获得法院裁定批准后协助办理完毕解除财产保全措施的手续。

七、重整计划顺利实施的预期效果

利源精制重整计划如能顺利实施：

（1）法人资格继续存续，仍是一家在深交所上市的股份公司。

（2）重整前产生的负债获得妥善安排。重整计划实施完毕后，利源精制的债务获得较高比例清偿，实现各方共赢。

（3）重整投资人充分利用自身优势。重庆秦川将提供 6 亿元资金，并推荐财务投资人提供 5.5 亿元资金，为利源精制重整提供必要的资金来源；同时利用自身的行业经验，制定和实施利源精制未来经营方案及未来发展规划。

智晟达资管自 2019 年 1 月开始通过委托加工的形式实施了对利源精制的纾困项目。截至目前,其已经在一定程度上帮助利源精制恢复了生产秩序,稳定了员工队伍,维系了上下游客户资源。在重整后,智晟达资管将进一步发挥其协调作用,推荐其他银行等金融机构及供应链金融公司,支持重整后的利源精制有足额资金用于后续发展。

案例 7　力帆股份重整案例解析

背景

力帆实业(集团)股份有限公司(以下简称"力帆股份"或"公司")成立于1997年12月1日,主要从事乘用车(含新能源汽车)、摩托车、发动机、通用汽油机的研发、生产及销售(含出口)及投资金融,重整前注册资本为13.14亿元。近年来,因汽车、摩托车行业处于深度转型期,同时受短贷长投、战略投资亏损、内部管理不善等综合因素影响,力帆股份出现重大债务风险和经营困境。虽然力帆股份积极采取了全面的内部改革及脱困措施,但仍不能彻底摆脱经营困境和财务危机。债权人重庆嘉利建桥灯具有限公司于2020年6月29日申请对公司进行重整。重庆市第五中级人民法院(以下简称"重庆第五中院")于2020年8月21日裁定受理公司重整,并指定力帆系企业清算组担任重整管理人。2020年11月30日,重庆第五中院裁定批准重整计划。2021年2月8日,公司及其下属10家全资子公司收到重庆第五中院《民事裁定书》,确认公司及其下属10家全资子公司重整计划已执行完毕。力帆重整案例被重庆市政府评选为重庆市优化营商环境特别案例;被重庆破产法院评选为重庆破产法庭2020年度十大典型案例。

方案要点

1. 出资人权益调整

力帆股份总股本13.14亿股,其中涉及员工股权激励需回购注销的限售股约0.28亿股,其他为无限售股。以无限售股份12.86亿股为基数,按每10股转增约25股的比例实施资本公积转增股本,共计转增32.14亿股股份。因此,力帆股份总股本将由13.14亿股增加至45.28亿股(未考虑限售股回购注销的情况)。前述0.28亿股限售股在满足条件后注销。

转增股票中约13.5亿股用于引入满江红基金,9亿股用于引入产业投资人,约9.64亿股分配给力帆股份及10家子公司用于清偿债务。

2. 债权调整及受偿

1) 有财产担保债权调整及受偿

有财产担保债权在担保财产评估价值范围内以现金方式优先受偿,超出担保财产评估价值的部分作为普通债权受偿。

有财产担保债权对应质押保证金的,由相应的质押保证金优先清偿,未能受偿的部分将按照普通债权受偿方案获得受偿;有财产担保债权对应的担保财产予以处置变现的,则相应有财产担保债权以担保财产处置变现款优先清偿,未能受偿的部分将按照普通债权受偿方案获得受偿;有财产担保债权对应的担保财产未处置变现的,则就担保财产评估值范围内的债权,由力帆股份在重整计划获得法院裁定批准后以现金方式予以留债分期清偿。

2) 普通债权调整及受偿

每家普通债权人 10 万元以下(含 10 万元)的债权部分,由力帆股份在重整计划获得法院裁定批准之日起 6 个月内依法以现金方式一次性清偿完毕;每家普通债权人超过 10 万元的债权部分以转增股票抵偿,每 100 元普通债权分得约 6.26 股力帆股份 A 股股票,股票的抵债价格为 15.97 元/股,该部分债权的名义清偿率比例为 100%。

3. 引入重整投资人

吉利迈捷投资有限公司(以下简称"吉利迈捷")、重庆两江股权投资基金管理有限公司(以下简称"重庆两江")以联合体身份成为重整投资人。管理人与重庆两江、吉利迈捷及吉利迈捷的母公司吉利科技集团有限公司共同签署协议,确定由吉利迈捷、重庆两江共同发起设立的满江红股权投资基金企业(有限合伙)(以下简称"满江红基金",最终以中国证券投资基金业协会备案信息为准),以及吉利迈捷、吉利科技集团或吉利迈捷/吉利科技集团持股比例达 70% 以上的绝对控股的公司作为参与公司重整投资的实施主体。

满江红基金总计提供 30 亿元受让转增股票 13.5 亿股,价格约 2.22 元/股(重整裁定批准前一交易日收盘价为 5.44 元/股)。满江红基金承诺受让的股份自登记至其名下之日起 36 个月内不减持。

产业投资人(吉利科技集团、吉利迈捷/吉利科技集团、吉利迈捷持股比例 70% 以上的绝对控股的公司)以 0 元为对价有条件受让转增股票 9 亿股。产业投资人承诺受让的股份自登记至其名下之日起 36 个月内不减持。

一、公司基本信息

(一)公司及业务简介

力帆股份成立于 1997 年 12 月 1 日。公司股票于 2010 年 11 月 25 日在上交所上市,股票代码为 601777,股票名称为力帆股份,后变更为*ST 力帆。公司注册地址为重庆市两江新区金山大道黄环北路 2 号,注册资本为 13.07 亿元,法定代表人为牟刚。

力帆股份登记经营范围为:研制、开发、生产、销售:汽车、汽车发动机、摩托车、摩托车发动机、车辆配件、摩托车配件、小型汽油机及配件、电动自行车及配件、汽油机助力车及配件;销售:有色金属(不含贵金属)、金属材料、金属制品、白银饰品、计算机、体育(限汽车、摩托车运动)及运动产品(不含研制、生产);为本企业研制、生产、销售的产品提供售后服务;经营本企业研制开发的技术和生产的科技产品的出口业务;经营本企业科研和生产所需的技术、原辅材料、机械设备、仪器仪表、零配件的进口业务;经营本企业的进料加工和"三来一补"业务;经济信息咨询服务;批发、零售;润滑油、润滑脂;普通货运。

根据公司重整申请前 2019 年年报,公司营业收入为 74.5 亿元,净亏损为 46.92 亿元,毛利率为-3.02%,净利率为-62.98%。

(二)重整前股权架构图

截至 2020 年 8 月 21 日,总股本 13.14 亿股。其中,涉及员工股权激励需回购注销的限售股 2 793.13 万股,无限售流通股 12.86 亿股。公司控股股东重庆力帆控股有限公司(以下简称"力帆控股")持有公司股份 6.19 亿股,持股比例 47.08%,公司实际控制人为尹明善、陈巧凤、尹喜地、尹索微,如图 7-1 所示。

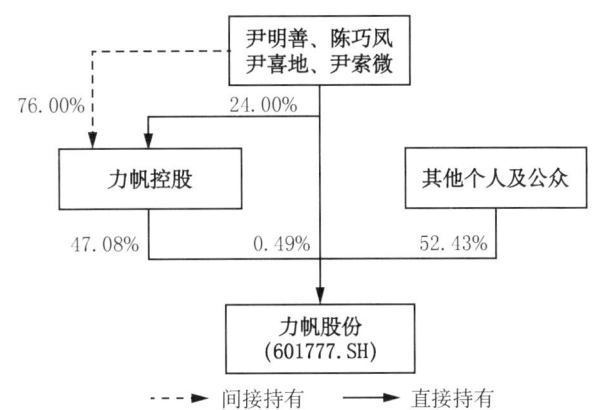

注:尹明善和陈巧凤为夫妻关系,尹喜地和尹索微为尹明善和陈巧凤的子女。

图 7-1　力帆股份重整前股权架构图

二、资产负债情况

(一)资产负债情况总览

如表 7-1 所示,截至 2020 年 6 月 30 日,力帆股份本部总资产账面价值为 176.35 亿元。根据评估机构出具的《资产评估报告》,以 2020 年 8 月 21 日为评估基准日,力帆股份资产清算评估价值为 38.4 亿元,清算价值为账面价值的 21.77%。

表 7-1　力帆股份资产负债情况

单位:亿元

资产/债权类型	资产	负债	资产-负债	资产负债率
账面价值/审查确认债权	176.35	106.03	70.32	60.12%
评估清算价值/审查确认债权	38.4	106.03	-67.63	276.12%

截至 2020 年 11 月 5 日,力帆股份的债权人向管理人申报债权金额共计 116.75 亿元。其中,有财产担保债权金额 32.51 亿元;税款债权 80.26 万元;普通债权金额 84.24 亿元。

经管理人初步审查确认的债权总额为 105.97 亿元。其中,有财产担保债权为 30.38 亿元;税款债权 80.26 万元;普通债权金额为 75.48 亿元;劣后债权 1 106.57 万元。

不予确认的债权金额为 1.42 亿元;暂缓确认债权总额约 6.15 亿元。

经管理人调查,力帆股份职工债权金额为 601.38 万元。

综上,根据力帆股份债权申报与审查情况,管理人对职工债权的调查情况以及截至受理日公司财务账簿的记录等,力帆股份经管理人初步审查确认的负债总额为 106.03 亿元。

(二)债权分类

根据《破产法》的规定,结合债权申报与审查情况,力帆股份的债权主要包括有财产担保债权、职工债权、税款债权、普通债权、劣后债权等。

1. 有财产担保债权

有财产担保债权金额已确认债权金额为 30.38 亿元。

2. 职工债权

职工债权总额为 601.38 万元,涉及职工 85 名。

3. 税款债权

已确认税款债权金额为 80.26 万元。

4. 普通债权

普通债权已确认的债权金额为 75.48 亿元。

5. 劣后债权

劣后债权总额 1 106.57 万元。

6. 其他债权

暂缓确定债权:有财产担保债权金额 1.1 亿元,普通债权约 5.05 亿元。

(三)偿债能力分析

根据评估机构出具的《偿债能力分析报告》,若力帆股份实施破产清算,假定其资产均能按照评估值变现,按照《破产法》规定的清偿顺序,担保财产变现所得优先用于偿还有财产担保债权,其他财产的变现所得在支付破产费用、共益债务、职工债权、税款债权后,剩余财产用于清偿普通债权(含初步审查确定债权、暂缓确认债权、无法就担保财产价值优先获偿而依法转入普通债权部分、未申报债权)。力帆股份在假定破产清算状态下普通债权的清偿率约为 12.65%。

三、重整基本情况

(一)重整背景

力帆股份主要从事乘用车(含新能源汽车)、摩托车、发动机、通用汽油机的研发、生产及销售(含出口)、投资金融。近年来,因汽车、摩托车行业处于深度转型期,同时受短贷长投、战略投资亏损、内部管理不善等综合因素影响,力帆股份出现重大债务风险和经营困境。虽然力帆股份积极采取了全面的内部改革及脱困措施,但仍不能彻底摆脱经营困境和财务危机。2020 年 8 月 25 日,公司股票被上交所实施退市风险警示。

(二)重整申请情况

2020 年 6 月 29 日,重庆嘉利建桥灯具有限公司以力帆股份不能清偿到期债务,明显缺乏清偿能力,但仍具有重整价值为由,向重庆第五中院申请对力帆股份进行重整。

2020 年 7 月 9 日,重庆三三电器股份有限公司、重庆石油(集团)石化商贸有限公司、重庆逸境环保工程有限公司、重庆钧顶机械制造有限公司、四川飞亚动力科技股份有限公司、重庆钧顶机械制造有限公司、重庆力帆实业集团销售有限公司、力帆融资租赁(上海)有限公司、重庆力帆摩托车产销有限公司分别以力帆股份 10 家全资子公司重庆力帆乘用车有限公司、重庆力帆汽车销售有限公司、重庆力帆实业(集团)进出口有限公司、重庆力帆摩托车发动机有限公司、重庆力帆汽车发动机有限公司、重庆力帆内燃机有限公司、重庆无线绿洲通信技术有限公司、重庆移峰能源有限公司、重庆力帆速雅进出口贸易有限公司和重庆力帆喜生活摩托车销售有限公司(以下统称"10 家全资子公司")不能清偿到期债务,明显缺乏清偿能力为由,向重庆第五中院申请进行重整。

2020 年 8 月 6 日,力帆股份控股股东力帆控股以其不能清偿到期债务,资产不足以清偿全部债务为由,向重庆第五中院申请进行司法重整。

2020 年 8 月 12 日,重庆三线工贸有限公司以力帆股份参股公司重庆力帆财务有限公司不能清偿到期债务,明显缺乏清偿能力为由,向重庆第五中院申请对力帆财务进行重整。

(三)重整受理情况

2020 年 8 月 11 日,重庆第五中院裁定受理控股股东力帆控股的重整申请。

2020 年 8 月 21 日,重庆第五中院分别裁定受理力帆股份、力帆股份参股公司重庆力帆财务有限公司、力帆股份 10 家全资子公司重整,并指定力帆系企业清算组担任管理人。

2020 年 8 月 28 日,重庆第五中院裁定对公司参股公司力帆重庆财务有限公司、控股股东力帆控股及控股股东 9 家关联公司共计 11 家公司进行实质合并重整。

(四)重整管理模式

管理人管理财产和营业事务。

(五)重整大事记

• 2020 年 6 月 29 日,债权人重庆嘉利建桥灯具有限公司向重庆第五中院申请对力帆股份进行重整。

• 2020 年 8 月 21 日,重庆第五中院分别裁定受理力帆股份、力帆股份参股公司重庆力帆财务有限公司、力帆股份 10 家全资子公司重整,并指定力帆系企业清算组担任管理人。

• 2020 年 8 月 28 日,重庆第五中院裁定公司参股公司力帆重庆财务有限公司、控股股东力帆控股及控股股东 9 家关联公司共计 11 家公司进行实质合并重整。

• 2020 年 10 月 13 日,力帆股份第一次债权人会议表决通过了《力帆实业(集团)股份有限公司重整案财产管理方案》。

• 2020 年 10 月 15 日,力帆股份控股股东力帆控股等 11 家公司实质合并重整案第一次债权人会议表决通过了《重庆力帆控股有限公司等十一家公司实质合并重整案财产管理方案》。

· 2020 年 11 月 6 日,管理人通过公开招募方式,确定吉利迈捷、重庆两江以联合体身份成为重整投资人。

· 2020 年 11 月 25 日,公司召开第二次债权人,会议表决通过了《力帆实业(集团)股份有限公司重整计划(草案)》。10 家力帆股份全资子公司重整案第二次债权人会议分别表决通过了力帆股份十家全资子公司的重整计划草案。出资人组会议表决通过了《力帆实业(集团)股份有限公司重整计划(草案)之出资人权益调整方案》。

· 2020 年 11 月 27 日,力帆控股等 11 家公司实质合并重整案第二次债权人会议表决通过了《重庆力帆控股有限公司等十一家公司实质合并重整计划(草案)》;出资人组会议表决通过了《重庆力帆控股有限公司等十一家公司实质合并重整计划(草案)之出资人权益调整方案》。

· 2020 年 11 月 30 日,重庆第五中院分别裁定批准《力帆实业(集团)股份有限公司重整计划》《重庆力帆控股有限公司等十一家公司实质合并重整计划(草案)》和十家全资子公司各自的重整计划,并终止力帆股份重整程序、重庆力帆控股有限公司等 11 家公司实质合并重整程序以及力帆股份 10 家全资子公司各自的重整程序。

· 2021 年 2 月 8 日,公司及下属十家全资子公司收到重庆第五中院《民事裁定书》,确认公司及下属 10 家全资子公司重整计划已执行完毕。

四、重整计划主要内容

(一)重整思路概述

如图 7-2 所示,重整计划的主要思路为:

(1)对出资人权益进行调整,在重整前股份基础上进行资本公积转增股本,合计转增 32.14 亿股。其中,重整投资人以 30 亿元对价受让 13.5 亿股;产业投资人以 0 元对价受让 9 亿股;9.64 亿股用于清偿公司及其 10 家全资子公司的债权。

(2)公司将利用重整投资人的资源和优势,进行主营业务升级、运营管理革新,整体提升上市公司质量。

(二)投资人及投资方案

2020 年 11 月 6 日,管理人通过公开招募方式,确定吉利迈捷、重庆两江以联合体身份成为重整投资人,管理人与重庆两江、吉利迈捷及吉利迈捷的母公司吉利科技集团有限公司共同签署协议,确定由吉利迈捷、重庆两江共同发起设立的"满江红基金",以及吉利迈捷、吉利科技集团或吉利迈捷/吉利科技集团持股比例达 70% 以上的绝对控股的公司作为参与公司重整投资的实施主体。

满江红基金总计提供 30 亿元受让转增股票 13.5 亿股,价格约 2.22 元/股(2020 年 12 月 18 日收盘价为 5.2 元/股)。该价款主要用于支持上市公司经营、实施产业转型升级方案、购

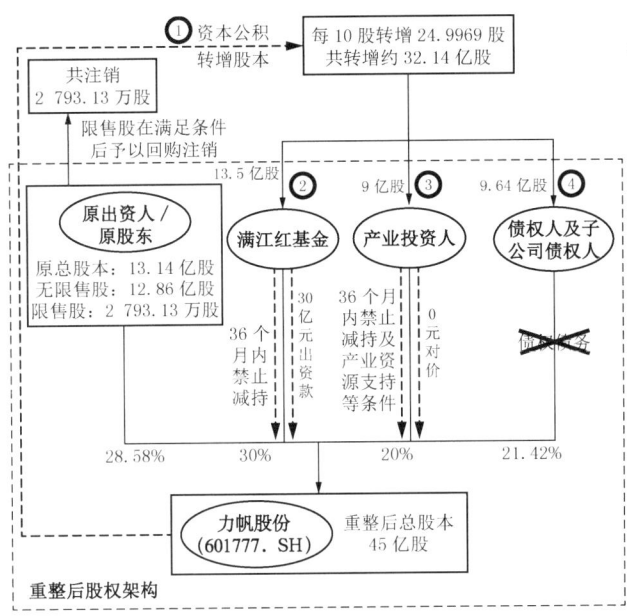

出资人权益调整方案

① 力帆股份重整前总股本 13.14 亿股,其中涉及员工股权激励需回购注销的限售股 2 793.13 万股,无限售条件流通股 12.86 亿股。以力帆股份无限售股本 12.86 亿股为基数,按照每 10 股转增 24.9969 股的比例转增约 32.14 亿股,转增后及回购注销限售股之后,总股本将扩大至 45 亿股,上述转增股份不向原股东分配。

② 13.5 亿股由满江红基金有条件受让,受让价款为 30 亿元,价格约 2.22 元 / 股,重整裁定批准前一交易日收盘价为 5.44 元 / 股,满江红本次交易获利 43.47 亿元,该价款主要用于支持上市公司经营、实施产业转型升级方案、购买优质经营性资产及实施产业整合并购,以及支付重整所需费用及补足现金方式偿债的资金缺口。综上,满江红基金所持股份占转增后力帆股份总股本的 30%。

③ 9 亿股由产业投资人有条件以 0 元为对价有条件受让,产业投资人将向力帆股份提供优质产业资源,包括但不限于协助将上市公司打造为吉利科技集团换电车型制造唯一的上市平台。综上,产业投资人所持股份占转增后力帆股份总股本的 20%。

④ 9.64 亿股股票将按照重整计划规定分配给力帆股份及十家子公司的债权人用于清偿债务,以彻底化解债务风险、保全经营性资产、大幅度降低资产负债率并彻底恢复持续盈利能力。综上,债权人所持股份占转增后力帆股份总股本的 21.42%。

图 7-2　力帆股份重整方案示意图

买优质经营性资产及实施产业整合并购,以及支付重整所需费用及补足现金方式偿债的资金缺口。满江红基金中的社会资本投资人将充分利用各自优势支持公司发展。满江红基金承诺受让的股份自登记至其名下之日起 36 个月内不减持。

产业投资人(吉利科技集团、吉利迈捷/吉利科技集团、吉利迈捷持股比例 70% 以上的绝对控股的公司)以 0 元为对价,有条件受让转增股票 9 亿股,产业投资人将向力帆股份提供优质产业资源,包括但不限于协助将上市公司打造为吉利科技集团换电车型制造唯一的上市平台,并择机将中高端智能网联换电业务注入,通过资产重组为上市公司导入换电新能源汽车生产、汽车与摩通产业整合机遇、产业技术支撑等。产业投资人承诺受让的股份自登记至其名下之日起 36 个月内不减持。

(三) 出资人权益调整方案

力帆股份重整前总股本 13.14 亿股,以其中无限售股份 12.86 亿股为基数,按每 10 股转增约 25 股的比例实施资本公积转增股本,共计转增 32.14 亿股股份(最终转增的准确股份数量以中国结算上海分公司实际登记确认的数量为准)。另外,有限售股份 2 793.13 万股将在满足条件后回购注销。因此,力帆股份总股本将由 13.14 亿股增加至 45 亿股。

转增股票中约 13.5 亿股用于引入满江红基金,9 亿股用于引入产业投资人(吉利科技集团、吉利迈捷/吉利科技集团、吉利迈捷持股比例 70% 以上的绝对控股的公司),约 9.64 亿股分配给力帆股份及 10 家子公司用于清偿债务。

(四) 资产处置方案

为优化上市公司资产结构,公司将处置力帆股份部分低效与无效资产。处置资产主要包括应收账款及其设备等,资产约 25 项,资产评估值约 813.88 万元。

上述资产将在重整计划获法院裁定批准后由管理人通过公开拍卖等方式予以剥离处置,处置变现所筹集的资金将用于支付破产费用、共益债务及清偿债务等。

(五)债权调整及受偿方案

1. 有财产担保债权调整及受偿

有财产担保债权金额共计 31.48 亿元。其中,在财产担保评估价值范围内优先受偿金额为 15.11 亿元,转为普通债权的金额为 16.37 亿元。

有财产担保债权对应质押保证金的,由相应的质押保证金优先清偿,未能受偿的部分将按照普通债权受偿方案获得受偿。

有财产担保债权对应的担保财产予以处置变现的,则相应有财产担保债权以担保财产处置变现款优先清偿,未能受偿的部分将按照普通债权受偿方案获得受偿。

有财产担保债权对应的担保财产未处置变现的,则就担保财产评估值范围内的债权,由力帆股份在重整计划获得法院裁定批准后以现金方式予以留债分期清偿。

留债期限:2021 年到 2025 年共 5 年。

留债利率:按重整计划提交法院及债权人会议前最近一期全国银行间同业拆借中心公布的 5 年期以上贷款市场报价利率(LPR)下浮 100 个基点确定,利息自重整计划获法院裁定批准之日起计算,利息计算基数为每年未偿付留债本金金额。

还款方式:本金按前低后高的原则进行清偿,2022 年、2023 年、2024 年、2025 年分别按照留债本金的 10%、20%、30%、40%进行清偿。每年年度的最后 1 个月的 20 日为结息日,结息日次日为付息日,首个付息日为 2021 年 12 月 21 日,首个还本日为 2022 年 12 月 21 日。

担保方式:留债期间原有的财产担保关系不发生变化,在力帆股份履行完毕上述有财产担保债权清偿义务后,有财产担保债权人应当解除已担保财产设定的抵质押手续,并不再就担保财产享有优先受偿权。未及时办理解除抵质押手续的,不影响担保物权的消灭。

2. 职工债权调整及受偿

职工债权总额为 601.38 万元。

职工债权不作调整,由力帆股份在重整计划获得法院裁定批准之日起 6 个月内依法以现金方式全额清偿。

3. 税款债权调整及受偿

税款债权金额为 80.26 万元。

税款债权不作调整,由力帆股份在重整计划获得法院裁定批准之日起 6 个月内依法以现金方式全额清偿。

4. 普通债权调整及受偿

已确认的债权金额为 75.48 亿元;无法就担保财产价值优先获偿而依法转入的普通债

权为 16.37 亿元;暂缓确认债权金额为 5.04 万元,普通债权合计为 96.89 亿元。

每家普通债权人 10 万元以下(含 10 万元)的债权部分,由力帆股份在重整计划获得法院裁定批准之日起 6 个月内依法以现金方式一次性清偿完毕;每家普通债权人超过 10 万元的债权部分以转增股票抵偿,每 100 元普通债权分得约 6.26 股力帆股份 A 股股票,股票的抵债价格为 15.97 元/股,该部分债权的清偿比例为 100%。

5. 融资租赁债权调整及受偿

融资租赁债权人对融资租赁物享有所有权,在法院裁定批准重整计划之日起 3 日内,融资租赁债权人可向管理人提交并送达行使取回权申请书,行使取回权。

针对融资租赁物不予保留且需处置的,管理人将参照重整计划规定的财产处置方案处置融资租赁物,该融资租赁物的市场变现价款将支付给融资租赁债权人,融资租赁债权人扣除市场变现价款后的剩余部分按照普通债权受偿方式予以清偿。

针对融资租赁物予以保留的,管理人将向融资租赁债权人送达融资租赁物回购通知书,若融资租赁债权人在送达之日起 3 日内未书面提出异议则视为同意回购,由债务人按融资租赁物的评估值参照由财产担保债权留债分期清偿的条件向融资租赁债权人进行回购,在回购款支付完毕之后融资租赁物所有权归由债务人享有;融资租赁债权人债权在扣除评估值之外的剩余部分,按照普通债权受偿方式予以清偿。

6. 其他债权调整及受偿

已向管理人申报,但因涉及未决诉讼等而尚未经管理人审查确定的债权,以及账面记载但尚未向管理人申报的债权,按照其申报金额或账面记载金额进行相应预留,其债权经审查确定之后按同类债权清偿方案予以清偿。

7. 劣后债权调整及受偿

重整计划获法院裁定批准之日起 3 年后,若为预计债权预留的现金及股票资源经分配后仍有剩余,则劣后债权可参照普通债权受偿方案进行清偿;但若预留的股票及现金资源不足以按普通债权受偿方案清偿所有劣后债权,则按各劣后债权金额的比例进行分配。

8. 债务清偿顺序

模拟破产清算下普通债权清偿率通过假定公司在破产清算条件下的偿债能力分析得到,主要来源于公司披露的《偿债能力分析报告》。而重组后清偿率是假定公司在重整条件下的名义清偿。由图 7-3 可以看出,重整后的债权清偿率情况,比清算状态下的清偿

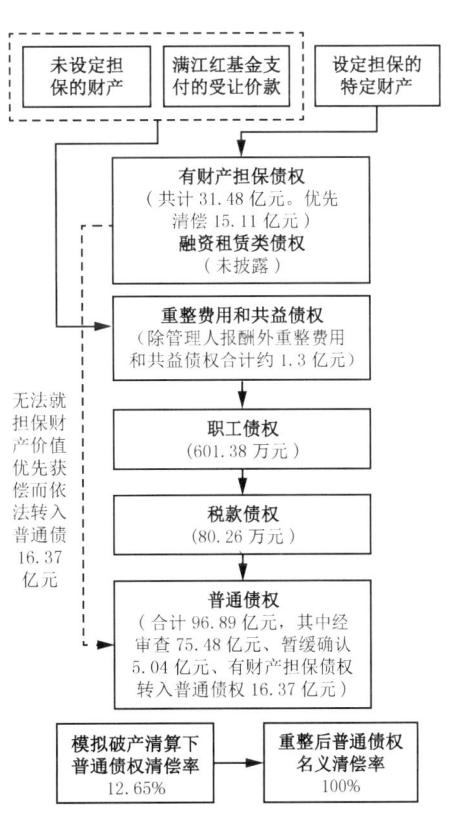

图 7-3 力帆股份债务清偿顺序示意图

率有一定提升。

重整计划草案披露的偿债方案显示,普通债权人 10 万元以下(含 10 万元)的债权部分以现金方式全额清偿;普通债权人 10 万元以上的部分,以资本公积转增股本按照 15.97 元/股的抵债价格进行股票清偿。因此,重整后普通债权的名义清偿率为 100%。

(六)未来经营方案

(1)打造新能源汽车新生态。公司将导入智能化、平台化、网联化换电汽车业务,打造新品牌、新技术、新业务、新模式智能换电新能源汽车新生态。

(2)全面升级制造体系,全流程实现智能化、模块化生产。公司将对机器、设备、信息系统进行改造升级,在重庆基地建设全新智能化工厂,进一步提升重庆基地产能。

(3)深挖摩通产业价值,做优做精大排量产品,提升产品市场占有率。公司将做到针对性精耕细作、产品专精专一、抓住执行效率;加大新产品研发创新力度,做优做精中大排量产品;同时,公司拟加快采用电喷技术,降低排气污染物。

(4)改善资金流及修复融资功能,妥善化解原力帆品牌汽车维保风险。注入资金除部分用于偿付重整所需债务外,资金主要用于推进公司汽车领域产线改造,收购新能源换电车型相关资产,补充公司流动资金,为后续产业发展提供强势支撑。

(5)全面优化董事会、管理层架构,完善上市公司各项机制建设。公司将优化董事会结构、缩减董事会席位、改组董事会,优化独立董事和监事的选聘机制,充分发挥战略委员会等专业委员会职能;同时,减少经营管理层级,完善内部控制。

(6)受让重庆力帆财务有限公司股权,优化财务成本、提升资产收益、实现降本增效。由于财务公司属于受银保监会监管的金融机构,在重整之后,财务公司在产业支持等方面将不再满足监管要求,面临清算注销风险。为最大限度发挥财务公司价值,避免财务公司被清算注销,在重整计划生效后,上市公司或其指定的主体将通过参与财务公司重整、协议转让等方式持有财务公司 100% 股权。

受让重庆力帆财务有限公司股权后,公司可通过其平台管控及调度资金,提升资金使用效率,多渠道募资降低综合融资成本,精益投资管理与财务管理,管控投资方向及风险。

五、重整计划表决与批准

(一)债权人会议表决

公司第一次债权人会议于 2020 年 10 月 13 日上午通过全国企业破产重整案件信息网召开,对《力帆实业(集团)股份有限公司重整案财产管理方案》进行了表决。

公司控股股东力帆控股等 11 家公司实质合并重整案第一次债权人会议于 2020 年 10 月 15 日上午通过全国企业破产重整案件信息网召开,对《重庆力帆控股有限公司等十一家公司实质合并重整案财产管理方案》进行了表决。

公司第二次债权人会议及 10 家力帆股份全资子公司重整案第二次债权人会议于 2020 年 11 月 25 日上午通过全国企业破产重整案件信息网召开,会议对《力帆实业(集团)股份有限公司重整计划(草案)》有财产担保债权组、职工债权组、税款债权组、普通债权组进行了分组表决,并对力帆股份 10 家全资子公司的重整计划草案进行了表决。

力帆控股等 11 家公司实质合并重整案第二次债权人会议于 2020 年 11 月 27 日上午通过全国企业破产重整案件信息网召开,会议对《重庆力帆控股有限公司等十一家公司实质合并重整计划(草案)》分财产担保债权组、职工债权组、税款债权组、普通债权组进行了分组表决。

1. 有财产担保债权组

有财产担保债权组出席会议的有表决权的债权人共 5 家。其中,表决同意的债权人共 5 家,占该组出席会议债权人的 100%,已超过到会有表决权的债权人的半数;其所代表债权金额为 14.82 亿元,占有财产担保债权总额的 100%,已超过有财产担保债权总额的 2/3。表决通过。

2. 职工债权组

职工债权组出席会议的有表决权的债权人共 78 家。其中,表决同意重整计划草案的债权人共 77 家,占该组出席会议债权人的 98.72%,已超过到会有表决权的债权人的半数;其所代表债权金额为 530.36 万元,占职工债权总额 601.38 万元的 88.19%,已超过职工债权总额的 2/3。表决通过。

3. 税款债权组

税款债权组出席会议的有表决权的债权人共 1 家。其中,表决同意重整计划草案的债权人共 1 家,占该组出席会议债权人的 100%,已超过到会有表决权的债权人的半数;其所代表债权金额为 5.22 万元,占税款债权总额 5.22 万元的 100%,已超过税款债权总额的 2/3。表决通过。

4. 普通债权组

普通债权组出席会议的有表决权的债权人共 89 家。其中,表决同意重整计划草案的债权人共 71 家,占该组出席会议债权人的 79.78%,已超过到会有表决权的债权人的半数;其所代表债权金额为 93.34 亿元,占普通债权总额 99.32 亿元的 93.98%,已超过普通债权总额的 2/3。表决通过。

(二)出资人组会议表决

公司于 2020 年 11 月 25 日下午通过现场和网络相结合的方式召开出资人组会议,会议完成了既定议程,并表决通过了《力帆实业(集团)股份有限公司重整计划(草案)之出资人权益调整方案》。

出席会议的出资人代表股份 6.24 亿股,占力帆股份总股本的 47.51%。出席的出资人对表决事项均表示同意,占出席会议出资人所持表决权的 100%,表决结果已超过与会出资人所持表决权总数的 2/3。表决通过。

(三)重整计划批准

2020 年 11 月 30 日,重庆第五中院裁定批准《力帆实业(集团)股份有限公司重整计划》,

批准备查文件为（2020）渝 05 破 193 号之二《民事裁定书》。重庆第五中院裁定批准《重庆力帆控股有限公司等十一家公司实质合并重整计划》，批准备查文件为（2020）渝 05 破 166 号之三《民事裁定书》。

六、重整计划执行与监督

（一）执行与监督的主体

重整计划由力帆股份负责执行，管理人负责监督。

在重整计划监督期限内，力帆股份应接受管理人的监督，及时向管理人报告重整计划执行情况、公司财务状况，以及重大经营决策、财产处置等事项。

（二）执行与监督的期限

重整计划的执行期限自重整计划获得法院裁定批准之日起 6 个月。重整计划提前执行完毕的，执行期限自执行完毕之日起届满。客观原因导致重整计划无法在上述期限内执行完毕的，力帆股份应于执行期限届满 15 日前向法院提交延长重整计划执行期限的申请，并根据法院批准的执行期限继续执行。

重整计划执行的监督期限与执行期限一致。

重整计划监督期届满时，管理人将向法院提交监督报告，自监督报告提交之日起，管理人的监督职责终止。

（三）执行的措施

1. 偿债资金、股票、留债的分配与执行

每家债权人以现金方式受偿的债权部分，偿债资金原则上以银行转账方式向债权人进行分配，债权人应自法院裁定批准重整计划之日起 15 日内书面提供接受偿债资金的账户信息。

每家债权人以股票抵偿的债权部分，在重整计划执行期限内由力帆股份管理人按照重整计划规定的清偿方案，将力帆股份的股票向债权人进行分配。债权人应自法院裁定批准重整计划之日起 15 日内书面提供领受抵债股票的证券账户信息。

重整计划下提供给 10 家子公司用于向其债权人分配以清偿债务的转增股票，由管理人根据重整计划直接划转至 10 家子公司相关债权人提供的领受抵债股票的证券账户内。

根据重整计划应当留债清偿的债权，在法院裁定批准重整计划后，力帆股份应向有关债权人送达留债清偿告知书。

2. 偿债资金和抵债股票的提存及处理

债权经法院裁定确认的债权人未按照重整计划的规定领受分配的偿债资金和抵债股票的，根据重整计划应向其分配的资金和股票将提存至管理人指定的银行账户或证券账户，提存的偿债资金或股票自重整计划执行完毕之日起满 3 年，因债权人自身原因仍不领取的，视为放弃受领受偿款项的权利，相应提存的偿债资金和抵债股票将对劣后债权进行清偿。若对劣后债权清偿之后仍有剩余，则剩余的已提存偿债资金将用于补充力帆股份流动资金；剩余的已提存抵债股票由管理人进行公开处置，处置变现价款在支付相应的处置成本后用于补充力帆股份经营性流动资金。

预计债权中因涉及未决诉讼等导致暂缓确认的债权金额与债务人最终确认的债权金额存在差异的，应以生效裁判文书确定的金额为准，按照重整计划的规定受领偿债资金及股票。已按照重整计划预留的偿债资金和抵债股票在清偿上述债权后仍有剩余的，将对劣后债权进行清偿。若对劣后债权清偿之后仍有剩余，则剩余的偿债资金将用于补充力帆股份经营性流动资金；剩余的抵债股票由管理人进行公开处置，处置变现价款在支付相应的处置成本后用于补充力帆股份经营性流动资金。

对于未在法院规定的债权申报期限内向管理人申报的债权人，自重整计划执行完毕之日起 3 年未向力帆股份主张权利的，根据重整计划为其提存的偿债资金将对劣后债权进行清偿。若对劣后债权清偿之后仍有剩余，则剩余的偿债资金将用于补充力帆股份经营性流动资金；剩余的抵债股票由管理人进行公开处置，处置变现价款在支付相应的处置成本后用于补充力帆股份经营性流动资金。

3. 破产费用的支付及共益债务的清偿

依据《最高人民法院关于审理企业破产案件确定管理人报酬的规定》与《力帆实业（集团）股份有限公司管理人报酬收取方案》，在重整计划获法院裁定批准后由法院确定，以债务人财产予以支付。

在重整期间及重整计划执行期间，除管理人报酬外的法院案件受理费、管理人聘请其他中介机构的费用、管理人执行职务发生的其他破产费用及继续履行合同等原因产生的共益债务预计约 1.30 亿元，将根据实际发生数额以债务人财产随时支付或清偿。

4. 重整投资人的变更

客观原因导致需要变更重整投资人的，在不变更出资人权益调整方案、债权分类、债权调整和受偿方案的前提下，由管理人报告债权人会议，并请示法院批准后变更。

5. 反担保责任的消灭或承担

就力帆股份的债务存在母公司或实际控制人提供物保或人保和力帆股份及其子公司或关联公司提供反担保的情形，在相关债权根据重整计划规定获得 100% 清偿后，担保人的担保责任随主债务的消灭而自动消灭，担保人应配合力帆股份解除对相关反担保财产的抵质押登记；若担保人承担了担保责任，将其所承担的责任范围内向力帆股份主张追偿或反担保债权，力帆股份将依重整计划规定的清偿方式向担保人进行清偿。

6. 债务人财产强制措施的解除

在经法院裁定批准重整计划后，除涉及留债清偿外的债权人应配合债务人、管理人完成对债务人财产质押手续的解除。

在法院裁定批准重整计划之日起 15 日内，债权人应申请并配合解除对债务人财产的查封、冻结等措施。

七、重整计划顺利实施的预期效果

力帆股份重整计划如能顺利实施：

（1）法人资格继续存续，仍是一家在上交所上市的股份公司。

（2）重整前产生的负债获得妥善安排，有效化解 10 家子公司债务风险。重整计划实施完毕后，力帆股份的债务获得较高比例清偿，实现各方共赢。力帆股份出资人向 10 家子公司已进入重整程序且处于资不抵债境地的子公司提供部分转增股票以清偿其债务，化解 10 家子公司的债务风险，以最大限度维护力帆股份以及 10 家子公司的营运价值，实现力帆股份资产价值最大化。

（3）重整投资人将在主营业务升级、现金流支持和运营管理革新等方面全方位提升上市公司质量，将力帆股份打造成为国内智能网联换电新能源电动汽车领域的领先企业。产业投资人将向力帆股份提供优质产业资源，通过授权车型生产及签署有关基地代加工业务的转移协议等方式推动力帆股份汽车与摩通产业转型升级。满江红基金支付转增股票受让价款 30 亿元用于支持上市公司经营、实施转型升级方案、购买优质经营性资产及实施产业整合并购等，同时充分利用社会资本优势支持上市公司发展。

案例 8 宝塔实业重整案例解析

背景

宝塔实业股份有限公司(以下简称"宝塔实业"或者"公司")是一家老牌轴承上市公司,成立于 1996 年 4 月 13 日,重整前注册资本为 7.64 亿元。受国内宏观经济形势下行、自身历史包袱沉重及其他各种不利因素影响,宝塔实业 2018 年、2019 年连续两个年度净利润为负值,不能清偿到期债务,陷入财务和经营困境,面临退市甚至破产清算风险。债权人宁夏第一建筑有限公司于 2020 年 3 月 20 日申请对公司进行重整。宁夏回族自治区银川市中级人民法院(以下简称"银川中院")于 2020 年 7 月 21 日裁定受理公司重整,并指定宁夏回族自治区人民政府推荐的有关部门、机构人员及北京金杜律师事务所组成清算组担任重整管理人。2020 年 11 月 13 日,银川中院裁定批准重整计划。2020 年 12 月 25 日,银川中院裁定重整计划执行完毕。

方案要点

1. 出资人权益调整

以宝塔实业重整前总股本 7.64 亿股为基数,按照每 10 股转增约 5.03 股的比例实施资本公积转增股本,共计可转增约 3.84 亿股股票。转增后宝塔实业总股本将扩大至 11.48 亿股。

转增股票不向原股东分配,其中,重整投资人以 4.84 亿元对价受让 3.34 亿股;0.5 亿股用于清偿公司的债权。

2. 债权调整及受偿

1) 有财产担保债权调整及受偿

有财产担保债权在担保财产评估价值范围内的部分展期留债,担保财产评估价值不能覆盖的部分作为普通债权,按照普通债权的调整及受偿方案受偿。

2) 普通债权调整及受偿

每家普通债权人 20 万元以下(含 20 万元)的债权部分,由宝塔实业在重整计划执行期限内以现金方式全额清偿;每家普通债权人超过 20 万元的债权部分,由宝塔实业在重整计划执行期限内以资本公积转增股本抵偿,每 100 元普通债权可分得约 12.5 股宝塔实业股票。债权人(含宝塔实业因法定原因代为清偿的子公司债权人)领受抵债股票或抵债股票提存后,其他债权不再清偿。

3. 引入重整投资人

宁夏国有资本运营集团有限责任公司(以下简称"宁国运"或"重整投资人")成为重整投资人。宁国运以 1.45 元/股(2020 年 11 月 20 日股价为 2.45 元/股)的价格受让 3.34 亿股,合计金额约 4.84 亿元。受让后,宁国运持有的股份占公司转增后股份总数的 29.09%。

一、公司基本信息

(一)公司及业务简介

宝塔实业成立于 1996 年 4 月 13 日,原名西北轴承股份有限公司。公司股票于 1996 年 4 月 19 日在深交所上市,股票代码为 000595,股票名称为西北轴承,后变更为*ST 西轴、宝塔实业、*ST 宝实。公司注册地为宁夏回族自治区银川市西夏区北京西路,注册资本为 7.64 亿元,法定代表人为王静波。

宝塔实业经营范围为:工业制造;轴承加工;钢材销售;压力管道组件的制造[锻制法兰(限机械加工)的管法兰、压力容器法兰;锻制法兰锻坯的钢制法兰锻坯];经营本企业自产产品及技术的出口业务;经营本企业生产所需的原辅材料、仪器仪表、机械设备、零配件及技术的进口业务(国家限定公司经营和国家禁止进出口的商品及技术除外);经营进料加工和"三来一补"业务。

根据公司重整申请前 2019 年年度报告,公司营业收入为 3.11 亿元,净亏损为 3.24 亿元,毛利率为 0.32%,净利率为 −104.18%。

(二)重整前股权架构图

截至 2020 年 7 月 21 日,宝塔实业总股本为 7.64 亿股,股东总数约为 3.51 万户,控股股东为宝塔石化集团,共持有公司股份 3.98 亿股,持股比例为 52.13%,实际控制人为孙珩超,如图 8-1 所示。

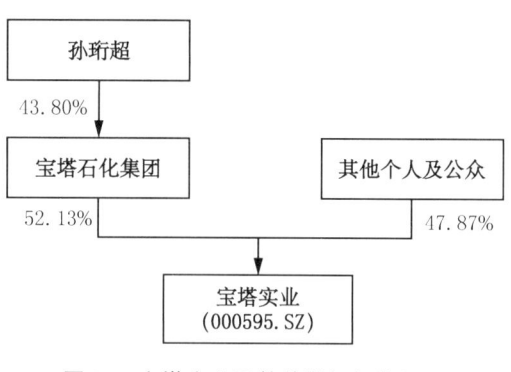

图 8-1 宝塔实业重整前股权架构图

二、资产负债情况

(一)资产负债情况总览

如表 8-1 所示,截至 2020 年 6 月 30 日,宝塔实业本部总资产账面价值为 15.76 亿元。根据评估机构出具的《资产评估报告》,以 2020 年 7 月 21 日为评估基准日,宝塔实业本部总资产清算评估价值为 6.06 亿元,清算价值为账面价值的 38.45%。

表 8-1 宝塔实业资产负债情况

单位:亿元

资产/债权类型	资产	负债	资产－负债	资产负债率
账面价值/审查确认债权	15.76	8.12	7.64	51.52%
评估清算价值/审查确认债权	6.06	8.12	－2.06	133.99%

截至 2020 年 11 月 12 日,共有 284 家债权人向管理人申报债权,申报数额共计 11.02 亿元。其中,有财产担保债权(含建设工程价款优先受偿权)金额 4.71 亿元;税款债权 4 808.89 万元;普通债权金额 4.73 亿元;职工类债权金额 1.09 亿元。

经管理人初步审查确认的债权总额为 6.78 亿元。其中,有财产担保债权金额为 2.71 亿元;税款债权金额为 2 454.59 万元;普通债权金额为 3.82 亿元。

不予确认债权总额约 3 284.57 万元;暂缓确认的债权为 4 192.95 万元;根据公司财务账面记载及提供的说明,未依法向管理人申报的债权尚有约 4 950 万元,均为普通债权。

经管理人调查确认的职工债权总额为 1.34 亿元(含 3 家单位向管理人申报并确认的职工类债权 1.08 亿元)。

综上,根据宝塔实业债权申报与审查情况、管理人对职工债权的调查情况以及截至受理日公司财务账簿的记录等,管理人审查确认的债权总额约为 8.12 亿元。

(二)债权分类

根据《破产法》相关规定及债权审查情况,宝塔实业债权主要包括有财产担保债权、职工债权、税款债权和普通债权等。

1. 有财产担保债权

经管理人确认的有财产担保债权人(含建设工程价款优先受偿权)共 6 家,债权金额共计 2.71 亿元。

2. 职工债权

宝塔实业职工债权总额 1.34 亿元,其中包括社保、公积金等 3 家单位向管理人申报并确认的职工类债权 1.08 亿元。

3. 税款债权

宝塔实业税款债权 1 家,债权金额为 2 454.59 万元。

4. 普通债权

经管理人确认的宝塔实业普通债权共 248 家,债权总额 3.82 亿元。

5. 其他债权

暂缓确定债权:有财产担保债权 1 家,债权金额为 4 192.95 万元。

未申报债权:根据公司财务账簿记载、公司说明及管理人掌握的情况,未在债权申报期限内申报但账面记载的债权尚有约 4 950 万元,性质均为普通债权。

（三）偿债能力分析

根据评估机构出具的《偿债能力分析报告》，截至评估基准日 2020 年 7 月 21 日，宝塔实业如实施破产清算，假定其财产均能够按照评估价值获得处置变现，财产清算价值仅为约 6.06 亿元。按照《破产法》规定的清偿顺序，担保财产变现所得优先用于偿还有财产担保债权，担保财产变现所得的剩余部分及其他财产的变现所得在支付必要的破产费用、共益债务、职工债权、税款债权后用于向普通债权分配，普通债权受偿率约为 17.79%。

三、重整基本情况

（一）重整背景

宝塔实业是一家老牌轴承上市公司。受国内宏观经济形势下行、自身历史包袱沉重及其他各种不利因素影响，宝塔实业 2018 年、2019 年连续两个年度净利润为负值，不能清偿到期债务，陷入财务和经营困境，面临退市甚至破产清算风险。公司股票自 2020 年 4 月 29 日起被实施退市风险警示，股票名称由"宝塔实业"变更为"*ST 宝实"。

（二）重整申请情况

2020 年 3 月 20 日，宁夏第一建筑有限公司依据《破产法》，以公司不能清偿到期债务且明显缺乏清偿能力为由，向银川中院申请对宝塔实业进行重整的申请。

（三）重整受理情况

2020 年 7 月 21 日，银川中院裁定受理债权人对宝塔实业提出的重整申请，并指定宁夏回族自治区人民政府推荐的有关部门、机构人员及北京金杜律师事务所组成清算组担任宝塔实业管理人。

（四）重整管理模式

债务人自行管理财产和营业事务。

（五）重整大事记

• 2020 年 3 月 20 日，债权人宁夏第一建筑有限公司向银川中院申请对宝塔实业进行重整。

• 2020 年 7 月 21 日，银川中院裁定受理宝塔实业重整，指定宁夏回族自治区人民政府推荐的有关部门、机构人员及北京金杜律师事务所组成清算组担任宝塔实业管理人，并在管理人的监督下自行管理财产和营业事务。

• 2020 年 9 月 4 日，第一次债权人会议表决通过了《宝塔实业股份有限公司财产管理及变价方案》。

• 2020 年 11 月 13 日，第二次债权人会议表决通过了《宝塔实业股份有限公司重整计划（草案）》。公司出资人组会议表决通过了《宝塔实业股份有限公司重整计划之出资人权益调整方案》《关于续聘公司 2020 年度审计机构的议案》。同日，银川中院裁定批准《宝塔实业股份有限公司重整计划》，并终止宝塔实业重整程序。

• 2020 年 11 月 27 日，管理人在银川中院、债权人代表宝塔实业代表、职工代表、股东代表的共同参与及监督下,通过竞价方式将资本公积转增股本中的 3.34 亿股以 1.45 元/股价格受让给宁国运。

• 2020 年 12 月 21 日,宝塔实业管理人在京东拍卖破产强清平台对辽宁鞍太锻实业有限公司(以下简称"鞍太锻")100％股权、惠金商业保理有限公司(以下简称"惠金保理")100％股权进行第二次公开拍卖活动,鞍太锻股权由宁夏恒立永昌动力有限公司(以下简称"恒立永昌")成功竞得,惠金保理股权由张家港市鑫全庆贸易有限公司成功竞得。其中,恒立永昌由公司原控股股东宝塔石化集团有限公司控制,买受鞍太锻股权构成关联交易。

• 2020 年 12 月 25 日,银川中院裁定《宝塔实业股份有限公司重整计划》执行完毕。

四、重整计划主要内容

(一)重整思路概述

如图 8-2 所示,重整计划的主要思路为:

(1) 对出资人权益进行调整,在重整前股份基础上进行资本公积转增股本,合计转增 3.84 亿股。其中,重整投资人以 4.84 亿元对价受让 3.34 亿股;0.5 亿股用于清偿公司的债权。

(2) 公司将专注主业发展、剥离持续亏损业务及继续改善经营管理能力,严控成本。

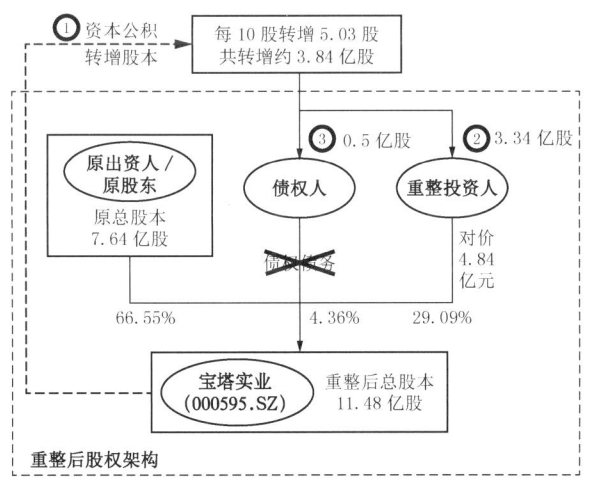

图 8-2　宝塔实业重整方案示意图

(二)投资人及投资方案

根据公司公告,2020 年 11 月 27 日,管理人在银川中院、债权人代表、宝塔实业代表、职工代表、股东代表的共同参与及监督下,现场确定资本公积转增股本中 3.34 亿股的受让方暨重整投资人为宁国运,受让价格为 1.45 元/股(2020 年 11 月 20 日股价为 2.45 元/股),合计金额约 4.84 亿元。受让股份占公司转增后股份总数的 29.09％。

（三）出资人权益调整方案

以宝塔实业重整前总股本 7.64 亿股为基数,按每 10 股转增 5.03 股的比例实施资本公积转增股本,共计转增 3.84 亿股股票(最终转增的准确股份数量以中国结算深圳分公司实际登记确认的数量为准)。转增后,宝塔实业总股本将由 7.64 亿股增加至 11.48 亿股。

（四）债权调整及受偿方案

1. 有财产担保债权调整及受偿

有财产担保确认债权共 6 家,债权金额共计 2.71 亿元。暂缓确认的债权 1 家,金额 4 192.95 万元。

有财产担保债权在担保财产评估价值范围内的部分展期留债,担保财产评估价值不能覆盖的部分作为普通债权,按照普通债权的调整及受偿方案受偿。

留债期限:重整后的宝塔实业在 6 年内清偿完毕。

留债利率:按原融资利率与银川中院裁定批准重整计划之日最近一期全国银行间同业拆借中心公布的 5 年期贷款市场报价利率(LPR)孰低者确定。

清偿方式:2021 年度只付息不还本,2022 年度至 2026 年度分别清偿本金的 10%、15%、20%、25%、30% 及相应利息。本金自 2022 年 1 月 1 日起算,分别至第 5 个月、第 17 个月、第 29 个月、第 41 个月、第 53 个月的最后一日(如遇法定节假日或公休日可顺延至下一个工作日,下同),支付该年度应清偿本金;利息自宝塔实业重整计划执行完毕之日的次月 1 日起算,于每年的 3 月 20 日、6 月 20 日、9 月 20 日、12 月 20 日按季度支付利息。

担保方式:留债期间保留原有的财产担保关系。如宝塔实业不能或不能按期足额清偿,不足部分由重整投资人以借款等方式,督促和保障宝塔实业按期足额清偿。

2. 职工债权调整及受偿

宝塔实业职工债权总额 1.34 亿元,涉及职工 1 200 余人。本次重整对此不作调整,在经管理人公示确认后,由宝塔实业在职工安置过程中以现金方式全额清偿。

3. 税款债权调整及受偿

宝塔实业税款债权人共 1 家,债权总额为 2 454.59 万元。本次重整对此不作调整,由宝塔实业在重整计划执行期间以现金方式全额清偿。

4. 普通债权调整及受偿

宝塔实业普通债权人共 248 家,债权总额为 3.82 亿元。此外,未申报债权总额为 4 950 万元。

每家普通债权人 20 万元以下(含 20 万元)的债权部分,由宝塔实业在重整计划执行期限内以现金方式全额清偿;每家普通债权人超过 20 万元的债权部分,由宝塔实业在重整计划执行期限内以部分资本公积转增股本抵偿,每 100 元普通债权可分得约 12.5 股宝塔实业股票(如债权人可分得股票存在不足 1 股的情况,则该债权人分得的股票数量按照"进一法"处理,即去掉拟分配股票数小数点右侧的数字后,在个位数上加"1")。债权人(含宝塔实业因法定原因代为清偿的子公司债权人)领受抵债股票或抵债股票提存后,其债权不再清偿。

5. 其他债权调整及受偿

暂缓确定债权待其符合债权确认条件后,按照重整计划规定的同类债权的调整及受偿方案受偿。

未申报债权在重整计划执行期间不得行使权利;在重整计划执行完毕后,债权人可以按照重整计划规定的同类债权的调整及受偿方案向宝塔实业主张权利,债权人如无法与宝塔实业就债权金额协商一致,须获得法院生效判决或仲裁机构生效裁决确认。管理人未掌握的未申报债权及债权人提起债权确认之诉得到全部或部分支持的债权,如分配股票存在不足,宝塔实业按抵债股票划转日的收盘价乘以应向其分配的股票数量以现金方式清偿。

6. 债务清偿顺序

模拟破产清算下普通债权清偿率通过假定公司在破产清算条件下的偿债能力分析得到,主要来源于公司披露的《偿债能力分析报告》。而重组后清偿率是假定公司在重整条件下的名义清偿率。由图 8-3 可以看出,重整后的债权清偿率情况,比清算状态下的清偿率有一定提升。

重整计划草案披露的偿债方案显示,普通债权人 20 万元以下(含 20 万元)的债权部分以现金方式全额清偿;超过 20 万元的债权部分以资本公积转增股本进行股票清偿,每 100 元普通债权可分得约 12.5 股宝塔实业股票。因此,重整后普通债权的名义清偿率为 100%。

(五)未来经营方案

(1)保留轴承主业,剥离低效资产。专注具有高附加值的轴承生产制造,剥离全资子公司鞍太锻、孙公司惠金保理,并解散清算控股子公司中保融金商业保理有限公司。

(2)控成本、强考核,提升管理水平,提高经营效益。优化采购管理体系,严格控制采购成本;通过销售机构精简合并、加强指标考核;通过改组董事会、监事会、管理层,优化企业法人治理结构;精简组织架构,通过对现有的分子公司、生产单元进行撤销合并,整合有效的订单、设备、人员,规范管理,减少管理成本。

(3)调整产业结构,适时注入优质资产。在完成重整并实现平稳有序的过渡后,根据战略定位和发展规划,重整投资人将适时向宝塔实业注入符合产业政策的优质资产,增强和提高公司的持续经营能力和盈利能力。

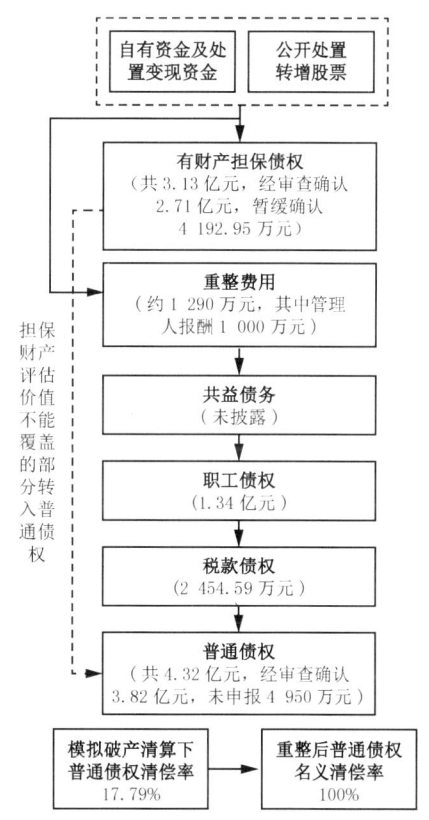

图 8-3 宝塔实业债务清偿顺序示意图

五、重整计划表决与批准

（一）债权人会议表决

因本次重整对职工债权和税款债权不作调整，根据《破产法》第八十三条、《最高人民法院关于适用〈中华人民共和国企业破产法〉若干问题的规定（三）》第十一条第二款之规定，职工债权组及税款债权组不参加重整计划的表决。

宝塔实业第一次债权人会议于 2020 年 9 月 4 日上午通过全国企业破产重整案件信息网召开，对《宝塔实业股份有限公司财产管理及变价方案》进行表决。

宝塔实业第二次债权人会议于 2020 年 11 月 13 日上午通过全国企业破产重整案件信息网召开，对重整计划有财产担保债权组和普通债权组进行了分组表决。

1. 有财产担保债权组

有财产担保债权组共有 7 家出席会议，其中同意的有财产担保债权人为 5 家，已超过该组出席会议债权人的半数；其所代表的债权金额合计 2.27 亿元，占全部有财产担保债权总额的 72.56%，已超过该组债权总额的 2/3。表决通过。

2. 普通债权组

普通债权组共有 247 家出席会议，其中同意的债权人共计 233 家，已超过该组出席会议债权人的半数；其所代表的债权金额合计 3.39 亿元，占全部有表决权的普通债权总额的 88.58%，已超过该组债权总额的 2/3。表决通过。

（二）出资人组会议表决

公司于 2020 年 11 月 13 日下午通过现场和网络相结合的方式召开出资人组会议，会议完成了既定议程，并表决通过了《宝塔实业股份有限公司重整计划之出资人权益调整方案》。

参加出资人组会议的出资人或其代理人共 46 名，所持表决权的股份总数为 4.05 亿股，占公司有表决权股份总数的 52.93%。

表决情况为：同意票所代表的股份为 4.05 亿股，占出席会议股份总数的 100%，已超过出席会议股东所持表决权的 2/3。表决通过。

（三）重整计划批准

2020 年 11 月 13 日，银川中院裁定批准重整计划，批准备查文件为（2020）宁 01 破 7-2 号《民事裁定书》。

六、重整计划执行与监督

（一）执行与监督的主体

重整计划由宝塔实业负责执行，管理人负责监督。

重整计划监督期限内，宝塔实业应接受管理人的监督，及时向管理人报告重整计划执行情况、公司财务状况，以及重大经营决策、财产处置等事项。

（二）执行与监督的期限

重整计划的执行期限自重整计划获得银川中院裁定批准之日起至 2020 年 12 月 31 日届满。如非宝塔实业自身原因，致使宝塔实业重整计划无法在上述期限内执行完毕，宝塔实业应于执行期限届满前，向银川中院提交延长重整计划执行期限的申请，并根据银川中院批准的执行期限继续执行。

重整计划执行的监督期限与执行期限一致。

重整计划监督期届满或者宝塔实业提前执行完毕重整计划时，管理人将向法院提交监督报告，自监督报告提交之日起，管理人的监督职责终止。

（三）执行的措施

1. 偿债资金的分配和抵债股票的分配

每家债权人以现金方式受偿的债权部分，偿债资金原则上以银行转账方式向债权人进行分配，债权人应在管理人规定的时间内，按照管理人指定格式书面提供领受偿债资金的账户信息。

每家债权人以股票抵偿的债权部分，在重整计划执行期限内以资本公积转增股本进行分配。债权人应在管理人规定的时间内，按照管理人指定格式书面提供领受抵债股票的证券账户信息。

2. 偿债资金和抵债股票的预留、提存及处理

对于已申报债权中经管理人审查确定并提交债权人会议核查的债权，根据重整计划规定应向其分配的偿债资金和抵债股票将提存至管理人指定的银行账户和证券账户，提存后，视为宝塔实业已根据重整计划规定履行完毕清偿责任。待其债权获得银川中院裁定确认后，依据重整计划规定对其进行清偿。

债权已经银川中院裁定确认后的债权人未按照重整计划的规定领受分配的偿债资金和抵债股票的，根据重整计划规定应向其分配的偿债资金和抵债股票将提存至管理人指定的银行账户和证券账户，提存后，视为宝塔实业已根据重整计划规定履行完毕清偿责任。提存的偿债资金和抵债股票自重整计划执行完毕公告之日起满 3 年，因债权人自身原因仍不领取的，视为放弃领受偿债资金和抵债股票的权利。

对于已申报债权中因涉诉未决导致管理人尚未审查确定的债权，根据重整计划规定按照申报金额应向其分配的偿债资金和抵债股票将提存至管理人指定的银行账户和证券账户，提存后，视为宝塔实业已根据重整计划规定履行完毕清偿责任。待其债权获得最终确认后，依据重整计划规定对其进行清偿。

对于未依照《破产法》规定在债权申报期限向管理人申报但仍受法律保护的债权人，根据重整计划规定应向其分配的偿债资金和抵债股票将提存至管理人指定的银行账户和证券账户，提存后，视为宝塔实业已根据重整计划规定履行完毕清偿责任。该部分债权人在重整计划执行完毕公告之日起满 3 年未向宝塔实业主张权利的，视为放弃领受偿债资金和抵债股票的权利。根据重整计划规定，所有已提存的偿债资金将归还上市公司用于补充流动资

金,已提存的抵债股票将按照宝塔实业股东大会生效决议予以处置。

3. 重整费用的支付

依据《诉讼费用交纳办法》《最高人民法院关于审理企业破产案件确定管理人报酬的规定》及合同约定计算的重整案件受理费共计 30 万元,管理人报酬共计 1 000 万元,聘请中介机构费用共计 260 万元。

此外,宝塔实业财产处置税费、转增股票登记及过户税费中宝塔实业应承担的部分、管理人执行职务的费用及其他重整费用由管理人或宝塔实业银行账户根据实际情况随时支付。

4. 共益债务的清偿

宝塔实业重整期间的共益债务,包括但不限于因继续履行合同所产生的债务、继续营业而支付的劳动报酬和社会保险费用以及由此产生的其他债务,由宝塔实业按照《破产法》相关规定及合同约定随时清偿。

5. 财产保全措施的解除

根据《破产法》第十九条的规定,人民法院受理破产申请后,有关债务人财产的保全措施应当解除。尚未解除对宝塔实业财产保全措施的债权人,应当在重整计划获得银川中院裁定批准后 30 日内协助办理完毕解除财产保全措施的手续。未能在前述规定期限内协助办理解除措施的,重整投资人、管理人和宝塔实业有权申请银川中院依照重整计划的规定予以强制解除。

6. 抵质押担保登记的解除

宝塔实业履行完毕有财产担保债权清偿义务后,债权人应当解除对应担保财产的抵押、质押担保登记,归还所占有的质物。未及时办理解除抵押、质押担保登记的,不影响担保物权的消灭,且宝塔实业有权申请人民法院强制解除。

7. 票据事项

对于持有宝塔实业开具的承兑汇票债权人向宝塔实业主张债权的,宝塔实业根据重整计划规定在向债权人履行清偿义务前,债权人应向宝塔实业返还票据原件或进行线上解付操作。

七、重整计划顺利实施的预期效果

宝塔实业重整计划如能顺利实施:

(1)法人资格继续存续,仍是一家在深交所上市的股份公司。

(2)重整前产生的负债获得妥善安排。重整计划实施完毕后,宝塔实业的债务获得较高比例清偿,实现各方共赢。

(3)引入重整投资人以及补充公司流动资金。重整计划批准后,管理人处置转增股票变现资金,用于根据重整计划规定清偿债务、支付重整费用及补充公司流动资金。

案例9 天神娱乐重整案例解析

背景

大连天神娱乐股份有限公司(以下简称"天神娱乐"或者"公司")主营游戏业务、移动应用分发业务、广告营销业务与影视娱乐业务,成立于2003年8月29日,重整前注册资本为9.32亿股。由于前期扩张过度,自2018年以来受游戏、影视行业监管政策调整等因素影响,经营业绩大幅下滑,陷入了严重的债务危机,大额商誉减值、债务利息罚息违约金等导致公司2018年、2019年以及2020年1月至9月连续亏损,面临巨大的退市和破产清算风险。债权人周永红于2020年4月26日申请对公司进行重整。辽宁省大连市中级人民法院(以下简称"大连中院")于2020年7月31日裁定受理公司重整,并指定辽宁恒信律师事务所和辽宁法大律师事务所担任重整管理人。2020年11月6日,大连中院裁定批准重整计划。2020年12月9日,大连中院裁定公司重整计划执行完毕。天神娱乐是大连首例中小板上市公司重整成功案例,天神娱乐重整案入选辽宁省法治化营商环境十个典型案(事)例。

方案要点

1. 出资人权益调整

以天神娱乐重整前总股本9.32亿股为基数实施资本公积转增股本。转增股本约7.31亿股。转增后,天神娱乐总股本将扩大至16.63亿股。

转增股票中,预留4 000万股在二级市场处置变现用于支付破产费用、偿还共益债务以及补充公司流动资金等;剩余6.91亿股转增股票用于直接抵偿债务。

2. 债权调整及受偿

1)有财产担保债权调整及受偿

有财产担保债权在担保财产评估价值范围内以现金方式优先受偿,超出担保财产评估价值的部分作为普通债权受偿。

2)普通债权调整及受偿

普通债权以资本公积转增股本抵偿,每股抵债价格=二债会召开日前20个交易日公司股票交易均价×2.2,用于清偿普通债权的股票数量＝待清偿普通债权总额÷转增股票抵债价格,每 100 元债权可分得股票数量＝用于清偿普通债权的股票数量÷待清偿普通债权总额×100,普通债权清偿率由 12.67％提升至名义清偿率 100％。

一、公司基本信息

(一)公司及业务简介

天神娱乐前身为大连科冕木业股份有限公司,主营业务为中高档实木复合地板的研发、设计、生产和销售,于 2010 年 2 月在深交所中小板上市,股票代码为 002354。2014 年 9 月,经中国证监会核准,公司通过重大资产重组将木地板业务剥离并收购整合了电子游戏业务,之后更名为天神娱乐。公司注册地为辽宁省大连市中山区致富街 31 号 905 单元,登记机关为大连市市场监督管理局,总股本为 9.32 亿股。

经过多年发展,公司确立了"电竞驱动游戏,数据流量驱动实体经济"的发展理念,凭借优秀的人才队伍基础、强劲的产品矩阵、成熟的内容生产机制以及全球化运营能力,持续打造电竞游戏和数据流量双业务引擎,构筑了游戏运营与电子竞技互促共进、品牌内容营销与数字效果营销多维推广、自有流量平台与移动应用分发同步增强的产品矩阵和流量生态。

根据公司重整申请前 2019 年年度报告,公司营业收入为 13.35 亿元,净亏损为 11.31 亿元,毛利率为 49.36％,净利率为−84.72％。

(二)重整前股权架构图

截至 2020 年 7 月 31 日,天神娱乐总股本为 9.32 股(其中流通 A 股为 7.14 亿股,非流通 A 股为 2.18 亿股),公司全体登记在册的股东共计 27 624 户。公司第一大股东为朱晔,其持有 A 股上市公司股票 1.31 亿股,持股比例为 14.01％,所持股票已被多个法院轮候冻结。2020 年 5 月 12 日,朱晔签署了《承诺函》,不可撤销地承诺放弃持有 1.31 亿股 A 股上市公司股份对应的表决权。公司重整前处于无控股股东、无实际控制人的状态。天神娱乐重整前股权架构如图 9-1 所示。

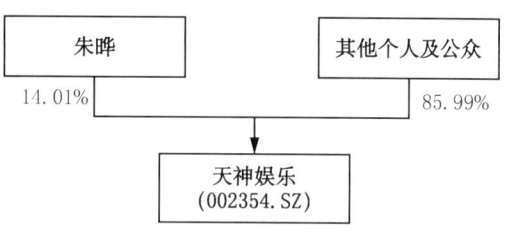

图 9-1 天神娱乐重整前股权架构图

二、资产负债情况

(一)资产负债情况总览

如表 9-1 所示,截至 2020 年 7 月 31 日,天神娱乐总资产账面价值为 55.64 亿元,主要由长期股权投资构成。根据评估机构出具的《资产评估报告》以及评估明细表,以 2020 年 7 月 31 日为评估基准日,按照清算价格法进行评估,公司账面资产的市场价值为 46.96 亿元,清算评估价值为 9.89 亿元,清算价值为账面价值的 17.78％。

表 9-1　天神娱乐资产负债情况

单位:亿元

资产/债权类型	资产	负债	资产-负债	资产负债率
账面价值/审查确认债权	55.64	48.44	7.2	87.06%
评估清算价值/审查确认债权	9.89	48.44	−38.55	489.79%

截至 2020 年 10 月 19 日,共有 146 家债权人向管理人申报 157 笔债权,申报的债权总额为人民币 62.87 亿元。其中,有财产担保债权 1 笔,申报金额为 10.17 亿元;普通债权 156 笔,申报总金额为 52.7 亿元。

截至 2020 年 10 月 19 日,管理人已完成审查、确认的债权(含 2 笔部分确认部分暂缓债权)104 笔,确认债权总额为 48.44 亿元。其中,有财产担保债权 1 笔,确认金额为 9.73 亿元;普通债权 103 笔,确认金额为 38.71 亿元。

尚未完成审查暂缓确认(含 2 笔部分确认部分暂缓债权)的债权共 4 笔,申报总额 13.15 亿元;审查不予确认的债权 51 笔,涉及申报数额 2 304.37 万元;根据公司财务账簿记载,未在债权申报期限内申报但账面记载的债权有 2 笔,涉及金额为 233.44 万元,性质均为普通债权。

经管理人调查,确认天神娱乐均足额支付职工工资,按时缴纳社会保险基金和住房公积金,无欠薪和欠缴情况。

综上,根据天神娱乐债权申报与审查情况、管理人对职工债权的调查情况以及截至受理日公司财务账簿的记录等,管理人审查确认的债权总额约为 48.44 亿元。

(二)债权分类

根据《破产法》的相关规定和债权审查确认情况,天神娱乐重整债权主要包括有财产担保债权、普通债权等。

1. 有财产担保债权

经管理人确认,有财产担保债权 1 笔,确认金额为 9.73 亿元。

2. 普通债权

经管理人确认,普通债权共 103 笔,确认金额为 38.71 亿元。

3. 其他债权

暂缓确定债权:已向管理人申报但因涉诉未决、需进一步补充证据材料等导致管理人尚无法出具审查意见而暂缓确定的债权共有 4 笔,对应的申报金额为 13.15 亿元,债权性质全部为普通债权。

未申报债权:根据公司财务账簿记载,未在债权申报期限内申报但账面记载的债权有 2 笔,涉及金额为 233.44 万元,性质均为普通债权。

其他预计负债:截至 2020 年 10 月 30 日,中小股东虚假陈述民事赔偿债权共计 109 笔,已审查 51 笔,对应的申报金额共计 2 304.37 万元;尚未审查 58 笔,对应的申报金额共计 1 305.16 万元。重整计划为上述中小股东所申报的债权金额预留相应的抵债股票,并记入其他债权。

（三）偿债能力分析

根据评估机构出具的《偿债能力分析报告》，截至评估基准日 2020 年 7 月 31 日，天神娱乐如实施破产清算，假定全部有效资产能够按快速变现值变现，按照《破产法》规定的清偿顺序，担保财产变现所得优先用于偿还有财产担保债权，剩余其他财产的变现所得在支付破产费用、共益债务、职工债权、税款债权后可用于向普通债权人分配的财产总额为 7.56 亿元。天神娱乐在破产清算状态下普通债权清偿率为 12.67%。

三、重整基本情况

（一）重整背景

由于前期扩张过度，自 2018 年以来受游戏、影视行业监管政策调整等因素影响，公司经营业绩大幅下滑，陷入了严重的债务危机，大额商誉减值、债务利息罚息违约金等导致公司 2018 年、2019 年以及 2020 年 1 月至 9 月连续亏损，面临巨大的退市和破产清算风险。但如果扣除商誉等资产减值、债务利息违约金后，公司仍有较高的经营性利润，存在一定的重整价值。为推动公司化解退市和破产清算风险、回到正常发展轨道，2019 年 9 月，天神娱乐经小股东联合提议改组了董事会与管理层并积极开展自救，经与债权人、专业机构认真研究和反复论证，一致认为通过司法重整程序实施债转股是化解公司债务危机、实现重生的唯一可行途径。

（二）重整申请情况

2020 年 4 月 26 日，公司收到大连中院辽 02 破申 5-1 号《通知书》，公司债权人周永红以公司不能清偿到期债务，且明显缺乏清偿能力为由，向大连中院申请对公司进行重整。

（三）重整受理情况

2020 年 7 月 31 日，大连中院作出（2020）辽 02 破申 5 号《民事裁定书》及（2020）辽 02 破 2 申 5-1 号《通知书》，依法受理申请人周永红对公司重整的申请。经采用在辽宁省大连市中级人民法院管理人名册所列名单现场摇号的方式，依照《最高人民法院关于审理企业破产案件指定管理人的规定》第十五条、第二十七条之规定，辽宁恒信律师事务所和辽宁法大律师事务所担任公司管理人，管理人负责人为王恩群。

（四）重整管理模式

债务人自行管理财产和营业事务。

（五）重整大事记

• 2020 年 4 月 26 日，债权人周永红向大连中院申请对天神娱乐进行重整。

• 2020 年 7 月 31 日，大连中院裁定受理天神娱乐重整，采用现场摇号的方式指定辽宁恒信律师事务所和辽宁法大律师事务所担任公司管理人。

• 2020 年 8 月 6 日，大连中院许可公司在重整期间继续经营，并在管理人监督下自行管理财产和营业事务。

- 2020 年 9 月 10 日,公司召开第一次债权人会议。
- 2020 年 11 月 5 日,公司召开第二次债权人会议,审议并表决通过了重整计划;公司于当天下午召开出资人组会议,表决通过了《大连天神娱乐股份有限公司公司重整计划(草案)之出资人权益调整方案》。
- 2020 年 11 月 6 日,大连中级作出了(2020)辽 02 破 5-2 号《民事裁定书》,裁定批准重整计划。
- 2020 年 12 月 9 日,大连中院裁定公司重整计划执行完毕。

四、重整计划主要内容

(一)重整思路概述

如图 9-2 所示,重整计划的主要思路为:

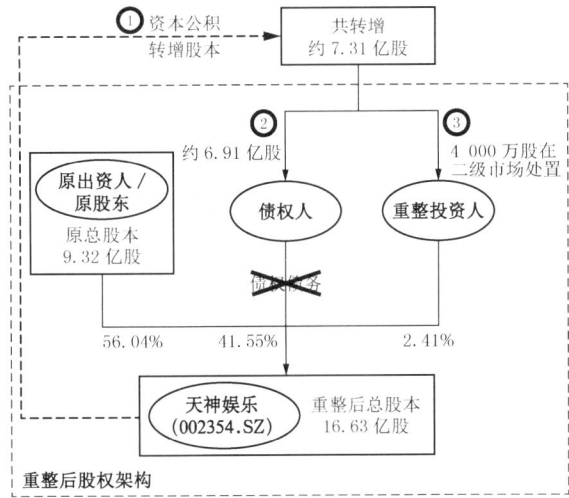

图 9-2　天神娱乐重整方案示意图

(1) 对出资人权益进行调整,在重整前股份基础上进行资本公积转增股本,合计转增 7.31 亿股。转增股份中约 6.91 亿股用于抵偿债务,预留 4 000 万股转增股份用于在二级市场处置变现用于支付破产费用、偿还共益债务以及补充公司流动资金等;

(2) 公司将基于"电竞驱动游戏,数据流量驱动实体经济"的发展理念,不断优化经营结构,增强市场竞争力,巩固并强化重整成果,强化公司各业务板块的协同效应和规模效应,实现业绩快速回暖。

(二)出资人权益调整方案

以天神娱乐重整前总股本 9.32 亿股为基数,实施资本公积转增股本。为更客观地反映资本公积转增股本的公允价格,重整计划以二债会召开日前 20 个交易日公司股票交易均价作为转增股票的公允价格。二债会召开日前 20 个交易日公司股票交易均价=二债会召开日前 20 个交易日公司股票交易总额÷二债会召开日前 20 个交易日公司股票交易总量。转增股票抵债价格＝二债会召开日前 20 个交易日公司股票交易均价×2.2。根据查询公开信息,二债会召开日前 20 个交易日公司股票交易均价为 3.56 元/股,得到转增股票抵债价格为 7.821 元/股。

资本公积转增股本数量＝待清偿债务总额÷转增股票抵债价格＋预留股票数量＝用于清偿债务的股票数量＋预留股票数量。最终转增的准确股票数量以中国结算深圳分公司实际登记确认的数量为准。公司转增后总股本＝资本公积转增股本数量＋转增前总股本。实施资本公积转增股本每 10 股转增股本数＝资本公积转增股本数量÷转增前总股本×10。经计算,转增股份数为约 7.31 亿股。其中,约 6.91 亿股全部按照重整计划之债权调整与受偿方案的规定用于直接抵偿债务,预留 4 000 万股根据重整计划的规定在二级市场处置变现用于支付破产费用、偿还共益债务以及补充公司流动资金等。

(三) 债权调整及受偿方案

1. 有财产担保债权调整及受偿

有财产担保债权人 1 家,有财产担保债权金额为 2.13 亿元。

有财产担保债权人申报金额为 10.17 亿元,经管理人审查确认金额为 9.73 亿元。根据《资产评估报告》以及评估明细表,担保财产的清算价值为 2.13 亿元。根据《破产法》的规定,有财产担保债权人就担保财产享有优先受偿的权利,有财产担保债权可就担保财产的清算价值优先受偿,故有财产担保债权金额为 2.13 亿元,超出担保财产清算价值的部分作为普通债权受偿。

2. 普通债权调整及受偿

普通债权涉及金额为 59.46 亿元。其中,已确认债权 104 笔,涉及金额 46.31 亿元,包括经管理人审查确认的普通债权 103 笔,有财产担保债权超出担保财产清算价值作为普通债权受偿的债权 1 笔;暂缓确认债权 4 笔,涉及金额 13.15 亿元。

普通债权具体受偿方案为:以资本公积转增股本抵偿,每股抵债价格＝二债会召开日前 20 个交易日公司股票交易均价×2.2,用于清偿普通债权的股票数量＝待清偿普通债权总额÷转增股票抵债价格,每 100 元债权可分得股票数量＝用于清偿普通债权的股票数量÷待清偿普通债权总额×100,普通债权清偿率为 100%。最终转增的准确股票数量以中国结算深圳分公司实际登记确认的数量为准。

3. 其他债权调整及受偿

暂缓确认债权:已向管理人申报但因涉诉未决、需进一步补充证据材料等导致管理人尚无法出具审查意见而暂缓确定的债权,按照其申报金额预留相应抵债股票,待其债权经审查确定之后,可以按照重整计划规定的同类债权清偿条件受偿。

中小股东虚假陈述民事赔偿债权:无论该类债权已经管理人审查或未审查,在重整中按照中小股东所申报的债权金额预留相应的抵债股票,待其债权经审查确定之后,可以按照重整计划规定的同类债权清偿条件受偿。

未依照《破产法》规定申报但仍受法律保护的债权,在重整计划执行期间不得行使权利;在重整计划执行完毕后,债权人可以按照重整计划规定的同类债权的清偿条件向公司主张权利。

4. 债务清偿顺序

模拟破产清算下普通债权清偿率通过假定公司在破产清算条件下的偿债能力分析得到,主要来源于公司披露的《偿债能力分析报告》。而重组后清偿率是假定公司在重整条件下的名义清偿率。由图9-3可以看出,重整后的债权清偿率情况,比清算状态下的清偿率有一定提升。

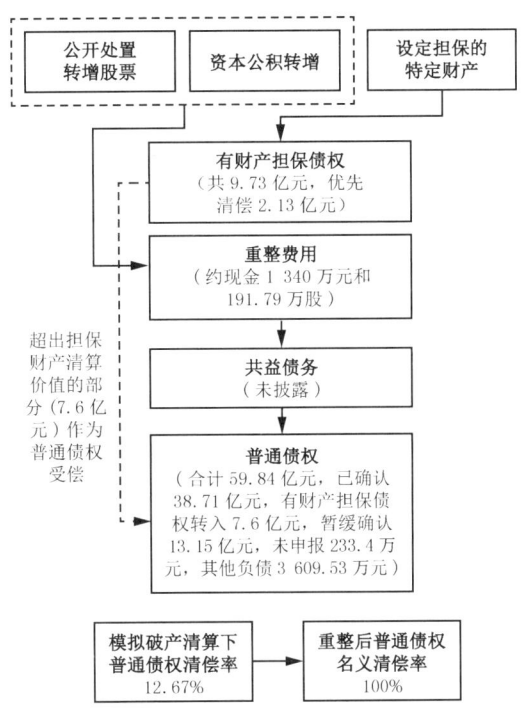

注:重整费用中的管理人部分报酬的支付方式为1 000万元现金以及一定数量的股票,股票数量=1 500万元÷重整计划普通债权清偿方案中约定的转增股票抵债价格。

图9-3　天神娱乐债务清偿顺序示意图

重整计划草案披露的偿债方案显示,普通债权人以资本公积转增股本全额抵偿。因此,重整后普通债权的名义清偿率为100%。

(四) 未来经营方案

公司将在维持主营业务不变的前提下摆脱债务负担,公司各板块业务滚存经营收益将保障业务营运资金需求。公司将基于"电竞驱动游戏,数据流量驱动实体经济"的发展理念,以互联网流量经营为核心,凭借优秀的人才队伍基础、强劲的产品矩阵、成熟的内容生产机制以及全球化运营能力,持续打造电竞游戏和数据流量双业务引擎,构筑游戏运营与电子竞技互促共进、品牌内容营销与数字效果营销多维推广、自有流量平台与移动应用分发同步增强的产品矩阵和流量生态,不断优化经营结构,增强市场竞争力,巩固并强化重整成果,强化公司各业务板块的协同效应和规模效应,实现业绩快速回暖。

1. 电竞游戏业务

公司布局游戏全产业链,在游戏研发、游戏发行和棋牌电竞等领域搭建有竞争力的产品体系,丰富游戏类型和题材,扩大用户群体,与游戏大厂形成差异化竞争。

在游戏研发方面,公司将优化运营模式,一是精耕细作延长产品生命周期;二是整合资源配置,出售或外包部分游戏;三是通过自研、定制开发或者合作研发等方式提升研发供应,加大新游戏的开发和版号资源储备。在游戏发行方面,公司在全球范围搭建了强大的发行渠道,持续深入区域化市场,专注于本地化产品输出。未来,公司将持续打磨产品,精细化运营,全面推动已上线产品商业化。在棋牌电竞方面,公司与 WCAA(世界电子竞技大赛)合作,在电竞赛事的推动下,产品的活跃度不断提升,为棋牌业务回暖提供了有力支撑。未来,公司将按照"云电竞"对游戏产品的要求,重点对产品设计、赛事嵌入、交互体验、服务器保障等方面作加强,以实现新增用户、日活用户、参赛人数均持续大幅增长。

2. 数据流量业务

公司以多元内容和海量数据为核心,实现数字效果流量与品牌内容流量协同并举,围绕客户痛点,提供涵盖流量分发、投放优化、创意提效、内容营销的全场景数据流量营销服务。

针对数字效果流量,在流量分发业务方面,公司培育了月活跃用户数达 2 000 万的互联网超级流量入口"爱思助手",形成了强大的流量分发能力,拥有巨大的流量价值,为今日头条、抖音、快手等执行投放推广。未来,公司将充分利用自身全方位移动互联网平台服务能力优势,进一步巩固与扩大爱思助手的优势地位。在流量运营业务方面,公司构建了覆盖全球超 10 亿台独立设备的移动互联网流量科技平台 Altamob。Altamob 凭借在移动互联网广告领域掌握的核心技术算法、强大的研发能力和海外市场运营实力,建立了良好的服务口碑和企业形象,为多家知名企业如 Alibaba、Lazada、Amazon 等执行投放方案。

针对品牌内容流量,在内容营销方面,公司从影视剧品牌内容营销切入,构建了涵盖栏目授权、艺人经纪、网红营销、社区媒体营销的品牌内容营销平台,长期服务茅台、五粮液、习酒、京东、国美、滴滴、君乐宝、链家等一线企业。在内容文创方面,公司专注核心资源,构建多维 IP 生态,投资汇聚了工夫影业、嗨乐影视等头部内容文创平台,构筑全矩阵、规模化的内容格局。

五、重整计划表决与批准

(一) 债权人会议表决

公司第二次债权人会议于 2020 年 11 月 5 日上午通过全国企业破产重整案件信息网召开,对重整计划由有财产担保债权组和普通债权组进行了分组表决。

1. 有财产担保债权组

有财产担保债权组共有 1 家出席会议,占出席会议的该组债权总人数的 100%,已超过本组出席会议债权人的半数;该债权人所代表的债权金额合计 2.13 亿元,占全部有财产担保债权总额的 100%,已超过本组债权总额的 2/3。表决通过。

2. 普通债权组

普通债权组共有 95 家出席会议,其中同意重整计划的债权人共计 85 家,占出席会议的该组债权总人数的 89.47％,已超过本组出席会议债权人的半数;该 85 家债权人所代表的债权金额合计 42.69 亿元,占全部有表决权的普通债权总额的 88.99％,已超过本组债权总额的 2/3。表决通过。

(二)出资人组会议表决

公司于 2020 年 11 月 5 日通过现场和网络相结合的方式召开出资人组会议,会议表决通过了《大连天神娱乐股份有限公司公司重整计划(草案)之出资人权益调整方案》。

参加出资人组会议的股东及股东代理人共 62 名,代表股份 3.46 亿股,占公司有表决权股份总数的 37.0688％。表决情况为:同意票 3.46 亿股,占出席会议股份总数的 100％,已超过出席会议股东所持表决权的 2/3。表决通过。

(三)重整计划批准

2020 年 11 月 6 日,大连中院裁定批准重整计划,批准备查文件为(2020)辽 02 破 5-2 号《民事裁定书》。

六、重整计划执行与监督

(一)执行与监督的主体

重整计划由天神娱乐负责执行,管理人负责监督。

(二)执行与监督的期限

重整计划的执行期限自重整计划获得大连在中院裁定批准之日起计算,天神娱乐应当于重整计划裁定批准之日起 3 个月内执行完毕重整计划。在重整计划执行期限内,天神娱乐及相关各方应严格依照重整计划的规定清偿债务。重整计划提前执行完毕的,执行期限自执行完毕之日起届满。如非天神娱乐自身原因,致使重整计划无法在上述期限内执行完毕,天神娱乐应于执行期限届满前向大连中院提交延长重整计划执行期限的申请,并根据大连中院批准的执行期限继续执行。

重整计划执行的监督期限与执行期限一致。监督期限届满时,管理人将向大连中院提交监督报告,自监督报告提交之日起,管理人的监督职责终止。

(三)执行的措施

1. 管理人处置转增股票

重整计划得到法院裁定批准后,根据重整计划预留的 4 000 万股资本公积转增股本将先根据相关规定办理过户至管理人指定的证券账户,管理人再根据重整计划的规定对部分资本公积转增股本在二级市场进行处置变现,股票处置变现所得根据重整计划的规定用于支付破产费用以及偿还共益债务。重整计划执行完毕后,管理人将处置变现用于支付破产费用以及偿还共益债务后的剩余股票划转至公司指定的证券账户。

2. 抵债股票的分配

每家债权人以股票抵偿的债权部分，在重整计划执行期限内以资本公积转增股本进行分配。对于逾期不提供证券账户信息的债权人，应向其分配的股票将按照重整计划的相关规定处理，由此产生的法律后果和市场风险由相关债权人自行承担。债权人自身和/或其关联方原因，导致分配股票不能到账，或账户被冻结、扣划的，产生的法律后果和市场风险由相关债权人自行承担。债权人可以书面指令将抵债股票划转至债权人指定的、由该债权人所有/控制的账户或其他主体所有/控制的账户内。

3. 抵债股票的提存及处理

债权已经法院裁定确认的债权人未按照重整计划的规定领受分配的抵债股票的，根据重整计划应向其分配的股票将提存至管理人指定的证券账户，提存后，视为天神娱乐已根据重整计划履行了清偿责任。重整计划执行完毕后，管理人将提存的股票划转至公司指定的证券账户。提存的股票自重整计划执行完毕公告之日起满 1 年，因债权人自身原因仍不领取的，视为放弃受领清偿款项的权利，已提存的抵债股票将在二级市场处置变现用于提升公司经营能力。

诉讼未决或其他原因导致管理人暂时无法作出审查结论的债权金额，与最终确认的债权金额存在差异的，以最终确认的债权金额为准，按照重整计划规定的受偿方案受偿。根据重整计划应向其分配的股票将提存至管理人指定的证券账户，提存后，视为天神娱乐已根据重整计划履行了清偿责任。重整计划执行完毕后，管理人将提存的股票划转至公司指定的证券账户。已按照重整计划预留的股票在清偿上述债权后仍有剩余的，剩余的抵债股票将在二级市场处置变现用于提升公司经营能力。

4. 重整费用的支付

天神娱乐重整费用包括重整案件受理费、管理人报酬、聘请中介机构的费用、转增股票登记税费、股票过户税费及管理人执行职务的费用等。其中，重整案件受理费、聘请中介机构的费用等由公司按重整计划规定或合同约定支付；管理人报酬为 1 000 万元现金和一定数量的股票（股票数量＝1 500 万元÷重整计划普通债权清偿方案中约定的转增股票抵债价格）。此外，天神娱乐转增股票登记税费及股票过户税费、管理人执行职务的费用根据重整计划执行实际情况随时支付。

5. 共益债务的清偿

天神娱乐重整期间的共益债务，包括但不限于因继续履行合同所产生的债务、继续营业而应支付的劳动报酬和社会保险费用以及由此产生的其他债务等，由天神娱乐按照法律规定与合同约定随时清偿。

6. 财产保全措施的解除

根据《破产法》第十九条的规定，人民法院受理破产申请后，有关债务人财产的保全措施应当解除。尚未解除对天神娱乐财产保全措施的债权人，应当在重整计划获得法院裁定批准后协助办理完毕解除财产保全措施的手续。因债权人原因未能及时解除对天神娱乐财产的保全措施而影响公司重整计划执行或对公司生产经营造成影响及损失的,由相关债权人向公司及相关方承担法律责任。

7. 子公司债权不参与抵债股票的分配

公司子公司对公司的所有债权均予以豁免,不参与抵债股票的分配。

8. 履行业绩补偿业务

根据《发行股份及支付现金购买资产协议》及其补充协议的约定,因北京合润德堂文化传媒有限责任公司未完成业绩承诺,王倩、王一飞、罗平、陈纪宁、牛林生、智合联作为业绩承诺方应对公司履行业绩补偿义务;因北京幻想悦游网络科技有限公司未完成业绩承诺,宁波时义股权投资管理合伙企业(有限合伙)、宁波初动股权投资管理合伙企业(有限合伙)、王玉辉、丁杰、陈嘉、林莹、徐沃坎、张飞雄为业绩承诺方应对公司履行业绩补偿义务。

在法院裁定批准重整计划后,前述业绩承诺方作为债权人取得的抵债股票中,根据《发行股份及支付现金购买资产协议》及其补充协议的约定,计算应补偿的股票数量,应提存至管理人指定的证券账户,抵债股票数量超过应补偿股票数量的部分应直接划转至相关业绩承诺方指定的证券账户。重整计划执行完毕后,管理人将提存的股票划转至公司指定的证券账户,后续经公司董事会、股东大会审议相关业绩补偿方案后履行业绩补偿义务。前述业绩承诺方取得的抵债股票数量如小于应补偿股票数量,相关业绩承诺方应附加目前所持有的股票经公司董事会、股东大会审议相关业绩补偿方案后履行业绩补偿义务。

9. 并购基金类债权人转让基金份额

并购基金类债权人与公司或公司子公司参与设立并购基金,公司对该等债权人的回购及差额补足义务通过执行重整计划将得以全部履行,此后该等债权人所持有的并购基金合伙份额将归公司所有。并购基金类债权人在重整中取得的资本公积转增股本应全额提存至管理人指定的证券账户。并购基金类债权人需在法院裁定批准重整计划后的 10 日内,配合公司或公司指定主体完成签署必要文件(包括但不限于《合伙人会议决议》《并购基金合伙份额转让协议》,合称"合伙份额转让文件")并办理相关工商变更,将其所持有的并购基金合伙份额全部转让至公司或公司指定主体,转让对价即为公司执行重整计划向并购基金类债权人分配的对应抵债股票。管理人在合伙份额转让文件签署完成后 5 日内向并购基金类债权人指定的证券账户划转股票。

并购基金类债权人逾期不签署合伙份额转让文件的,管理人有权拒绝向该等债权人指定的证券账户划转抵债股票,由此产生的法律后果和市场风险由该等债权人自行承担。并购基金类债权人因逾期未签署相关文件导致相关并购基金合伙份额无法及时转让而对公司造成损失的,由该类债权人应对公司进行赔偿。

10. 重整计划变更

在重整计划执行过程中,遇国家政策调整、法律修改变化等特殊情况或发生意外事件致使重整计划无法继续执行的,公司或管理人有权申请变更重整计划一次。变更后的重整计划在权益受到调整或影响的债权人组及/或出资人组表决通过并获得法院裁定批准后,由公司执行变更后的重整计划,管理人予以监督。

七、重整计划顺利实施的预期效果

天神娱乐重整计划如能顺利实施:

(1)天神娱乐的企业法人性质及市场主体资格不变,仍为一家在深交所上市的股份有限公司。

(2)重整前产生的负债获得妥善安排。重整计划实施完毕后,天神娱乐有担保债权和普通债权均以天神娱乐资本公积转增股本抵偿,普通债权清偿率由模拟破产清算下的12.67%提升至100%。

(3)针对中小股东虚假陈述民事赔偿债权预留相应抵债股票。针对中小股东虚假陈述民事赔偿债权,无论该类债权已经管理人审查或未审查,在重整中按照中小股东所申报的债权金额预留相应的抵债股票,待其债权经审查确定之后,可以按照重整计划规定的同类债权清偿条件受偿。

(4)管理人处置转增股票用于补充公司流动资金及清偿债务。以天神娱乐重整前总股本为基数实施资本公积转增股本,转增股票不向原股东分配,预留 4 000 万股在二级市场处置变现用于支付破产费用、偿还共益债务以及补充公司流动资金等,剩余股票全部按照重整计划之债权调整与受偿方案的规定用于直接抵偿债务。

案例 10　安通控股重整案例解析

背景

安通控股股份有限公司(以下简称"安通控股"或者"公司")主要从事船舶租赁、内贸物流多式联运业务,成立于 1998 年 10 月 30 日,重整前注册资本为 14.87 亿元。受公司存在的被控股股东违规占用资金、违规对外担保等历史遗留问题和过度融资等问题影响,公司逐步陷入生产经营困境,并引发债务危机。债权人中航信托股份有限公司于 2020 年 3 月 18 日申请对公司进行重整。2020 年 7 月 31 日,公司进入预重整程序,由安通控股股份有限公司清算组担任临时管理人。福建省泉州市中级人民法院(以下简称"泉州中院")于 2020 年 9 月 11 日裁定受理公司重整,并指定安通控股股份有限公司清算组担任重整管理人。2020 年 11 月 4 日,泉州中院裁定批准重整计划。2020 年 12 月 17 日,泉州中院确认安通控股重整计划执行完毕。安通控股重整案是泉州中院受理的首例 A 股上市公司重整案,也是福建省首例央企参与民营企业重整的典型案例。

方案要点

1. 出资人权益调整

以安通控股重整前总股本 14.87 亿股为基数,按照每 10 股转增约 19.35 股的比例实施资本公积转增股本,共计可转增 28.77 亿股,转增后,安通控股总股本将由 14.87 亿股增加至 43.64 亿股。

上述转增股票中,3.83 亿股用于解决业绩补偿、资金占用及已依法裁定确认的违规担保等历史遗留问题;9 750 万股向部分公司股东进行分配;13.11 亿股由重整投资人有条件受让;10.85 亿股将通过股票清偿的形式用于清偿安通控股及两家核心子公司的债务。

2. 债权调整及受偿

每 100 元普通债权分得约 10.5263158 股 A 股上市公司股票(若股数出现小数位,则去掉拟分配股票数小数点右侧的数字后,在个位数上加"1"),股票的抵债价格为 9.5 元/股。

在安通控股此次重整过程中,安通控股与其他未进入重整程序的企业的关联债权的清偿安排劣后于非关联债权,在非关联债权按照本重整计划的规定予以清偿完毕之前,不对该等关联债权进行清偿。

3. 引入产业投资人和财务投资人

福建省招航物流管理合伙企业(有限合伙)(以下简称"招航物流")为公司重整的产业投资人。一润供应链管理(上海)有限公司等 12 家公司(以下简称"财务投资人")为公司重整的财务投资人。以上产业投资人及财务投资人共同组成安通控股的重整投资人。

1）产业投资人

产业投资人招航物流将按照 2.292964 元/股的价格合计受让 4.1 亿股转增股票,支付现金对价合计 9.41 亿元。同时,产业投资人需以 5.69 元/股的价格合计受让应分给控股股东及其一致行动人上海仁建企业发展集团有限公司的 7 196 万股股票,支付现金对价合计 4.09 亿元用于解决资金占用问题。

2）财务投资人

财务投资人将按照 2.528053 元/股的价格受让合计受让 9 亿股转增股票,支付现金对价合计 22.77 亿元。同时,财务投资人需以 5.69 元/股的价格合计受让应分给控股股东及其一致行动人上海仁建企业发展集团有限公司的 1.58 亿股股票,支付现金对价合计 9 亿元用于解决资金占用问题。

前述重整投资人为受让转增股票所支付的约 45.27 亿元现金对价,部分用于清偿安通控股及安盛船务、安通物流重整程序中的破产费用、共益债务、有财产担保债权、职工债权及 50 万元以下的小额债权;剩余部分用于安通控股重整完成后的经营发展,为安通控股将来壮大经营规模、提升整体盈利能力提供有力的资金支持,进而维护全体股东的利益。

重整投资人需要向安通控股提供重整完成后的业务发展支持,具体内容如下:招航物流在安通控股重整程序中作为产业投资人投资安通控股,重整完成后,招航物流将积极参与安通控股的日常业务经营,为安通控股的业务经营提供更高水平的管理支撑;同时,安通控股的主营业务为航运物流,在航运物流发展所需要的航运基础设施、船舶运力、货源归集、金融支持、地方多式联运体系等多个方面,招航物流均可以提供相应的资源支持,并根据自身特点以及安通控股目前的业务经营情况,整合、优化安通控股现有经营业务,全面提升安通控股整体业务实力。

一、公司基本信息

(一) 公司及业务简介

安通控股,系由泉州安通物流有限公司(以下简称"安通物流")与泉州安盛船务有限公司(以下简称"安盛船务")于 2016 年借壳黑龙江黑化股份有限公司上市更名而来,总股本为 14.87 亿股,法定代表人为王经文。目前,公司主要办事机构所在地位于福建省泉州市,股票名称为*ST 安通,股票代码为 600179。

安通控股经营范围为:实业投资,投资咨询服务,货物运输,货物运输代理,仓储服务(危险品除外),船舶管理服务,物流配送、包装服务、咨询,代理各类商品和技术的进出口(但涉及前置许可、国家限定公司经营或禁止进出口的商品和技术除外)。

公司 2019 年度经审计的期末净资产为负值,且公司 2019 年年度财务报告被年审会计师出具无法表示意见的审计报告。

根据公司重整申请前 2019 年年度报告,公司营业收入为 50.50 亿元,净亏损为 43.74 亿元,毛利率为 −21.41%,净利率为 −86.61%。

(二)重整前股权架构图

截至 2020 年 9 月 11 日,安通控股总股本为 14.87 亿股,皆为人民币普通股。其中,有限售条件股份合计 7.99 亿股;无限售条件流通股份合计 6.88 亿股。第一大股东郭东泽,持有公司股份 5.23 亿股,占比 35.19%;第二大股东郭东圣,持有公司股份 2.76 亿股,占比 18.56%,如图 10-1 所示。根据 2020 年半年度报告披露,公司第一大股东郭东泽先生和第二大股东郭东圣先生为兄弟关系,作为一致行动人为公司的控股股东、实际控制人。

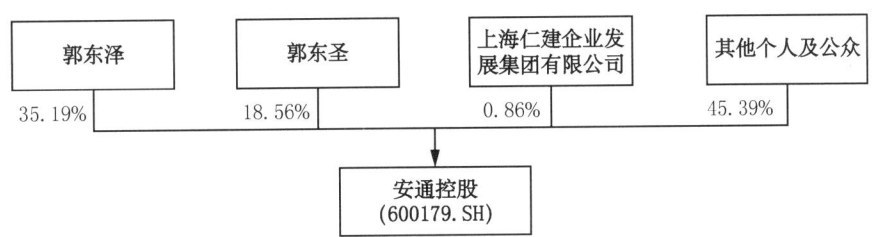

注:上海仁建企业发展集团有限公司为控股股东的一致行动人。

图 10-1　安通控股重整前股权架构图

二、资产负债情况

(一)资产负债情况总览

如表 10-1 所示,根据评估机构出具的《资产评估报告》,以 2020 年 7 月 31 日为评估基准日,安通控股总资产账面价值为 7.78 亿元,资产评估清算价值为 4.41 亿元,清算价值为账面价值的 56.69%。

表 10-1　安通控股资产负债情况

单位:亿元

资产/债权类型	资产	负债	资产−负债	资产负债率
账面价值/审查确认债权	7.78	35.34	−27.56	454.24%
评估清算价值/审查确认债权	4.41	35.34	−30.93	801.36%

截至 2020 年 10 月 18 日,共有 73 家债权人向管理人申报债权,申报数额共计 89.17 亿元。其中,有财产担保债权金额 9.03 亿元;普通债权金额 80.14 亿元。

经管理人初步审查确认的债权总额为 35.34 亿元,均为普通债权;经管理人调查,安通控股的职工债权总额为 156.66 万元;暂缓债权总额约 49.71 亿元;经安通控股梳理统计及管理人调查,安通控股尚有账面记载未申报债权 7.12 亿元。

(二)债权分类

根据《破产法》第八十二条的规定和债权审查确认情况,安通控股债权主要包括职工债权和普通债权等。债权人会议由职工债权组及普通债权组对重整计划进行表决。

1. 职工债权

经管理人调查,职工债权总额 156.66 万元。

2. 普通债权

经管理人审查并依法确定,普通债权总额为 35.34 亿元,共计 42 家债权人。

3. 其他债权

暂缓确定债权:已向管理人申报债权中,因诉讼未决、需要补充证据材料等暂缓确定的债权申报总额为 49.71 亿元,涉及 26 家债权人。

未申报债权:截至债权申报期限届满,安通控股已知悉但债权人未依法在债权申报期限内申报的债权总额约 7.12 亿元。

(三)偿债能力分析

根据评估机构出具的《偿债能力分析报告》,安通控股如破产清算,假定其财产均能够按照评估价值获得处置变现,财产清算价值仅为 4.41 亿元。按照《破产法》规定的清偿顺序,破产财产的变现所得在支付必要的破产费用、共益债务、职工债权后,普通债权清偿率约为 3.64%。

三、重整基本情况

(一)重整背景

安通控股是一家在上交所挂牌公开交易的上市公司,其自身作为持股平台,下属核心子公司安盛船务、安通物流主要从事船舶租赁、内贸物流多式联运业务。受公司存在的被控股股东违规占用资金、违规对外担保等历史遗留问题和过度融资等问题影响,公司逐步陷入生产经营困境,并引发债务危机。公司 2019 年度经审计的期末净资产为负值,且公司 2019 年度财务报告被年审会计师出具无法表示意见的审计报告。公司股票被上海证券交易所实施退市风险警示。

(二)重整申请情况

2020 年 3 月 18 日,债权人中航信托股份有限公司以安通控股不能清偿到期债务,且明显缺乏清偿能力为由,向泉州中院申请对安通控股进行重整。

(三)重整受理情况

2020 年 7 月 31 日,泉州中院作出(2020)闽 05 破申 13 号之一《通知书》,批准自 2020 年 7 月 31 日启动对安通控股的预重整程序,并指定安通控股清算组为临时管理人。在预重整期间,由临时管理人开展债权申报与审查、债务人资产调查等工作。

2020 年 9 月 11 日,泉州中院作出(2020)闽 05 破申 13 号《民事裁定书》及(2020)闽 05 破 21 号《决定书》,依法裁定受理安通控股重整一案,并指定安通控股股份有限公司清算组(清算组成员主要由泉州市、丰泽区两级政府、中介机构组成)担任安通控股管理人。

(四) 重整管理模式

管理人管理财产和营业事务。

(五) 重整大事记

- 2020 年 3 月 18 日,债权人提出对安通控股的重整申请。

- 2020 年 7 月 31 日,泉州中院启动对安通控股的预重整程序,并指定安通控股清算组为临时管理人。预重整期为 6 个月。

- 2020 年 9 月 7 日,公司收到管理人发来的《安通控股股份有限公司关于公开招募和遴选候任重整投资人的通知》。

- 2020 年 9 月 11 日,泉州中院裁定受理安通控股重整,指定安通控股股份有限公司清算组担任安通控股管理人。

- 2020 年 10 月 13 日,安通控股、管理人与福建省招航物流管理合伙企业(有限合伙)(以下简称"招航物流")签署了《安通控股股份有限公司重整案重整投资协议》,确认了招航物流为公司重整的产业投资人。

- 2020 年 10 月 13 日,安通控股、管理人与 12 个财务投资人签署了《安通控股股份有限公司重整案重整投资协议》。

- 2020 年 10 月 29 日,第一次债权人会议对《安通控股股份有限公司重整计划(草案)》进行表决,表决通过。

- 2020 年 10 月 29 日,公司出资人组表决通过重整计划草案之《出资人权益调整方案》。

- 2020 年 11 月 4 日,泉州中院裁定批准《安通控股股份有限公司重整计划》,并终止安通控股重整程序,安通控股进入重整计划执行期间。

- 2020 年 12 月 11 日,根据重整计划及重整投资协议的规定,产业投资人招航物流已经向管理人支付 13.5 亿元重整投资款,一润供应链管理(上海)有限公司等 12 家财务投资人已经向管理人支付 31.77 亿元重整投资款。截至 2020 年 11 月 20 日,全部重整投资款均已支付完毕。

- 2020 年 12 月 17 日,泉州中院确认安通控股重整计划执行完毕。

四、重整计划主要内容

(一) 重整思路概述

如图 10-2 所示,重整计划的主要思路为:

(1) 对出资人权益进行调整,在重整前股份基础上进行资本公积转增股本,合计转增 28.77 亿股。其中,产业投资人以对价 14.5 亿元,受让 4.82 亿股;财务投资人以对价 31.77 亿元,受让 10.58 亿股;0.97 亿股向部分公司原股东进行分配;12.39 亿股将通过股票清偿的形式用于清偿安通控股及两家核心子公司的债务。

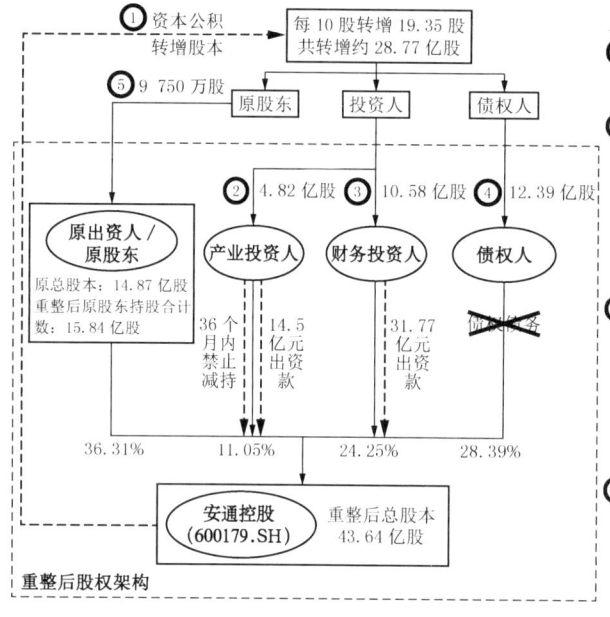

出资人权益调整方案

① 以安通控股重整前总股本 14.87 亿股为基数,按照每 **10 股转增 19.35 股**的比例**转增约 28.77 亿股**,转增后安通控股总股本将扩大至 43.64 亿股。

② **4.82 亿股**由**产业投资人**招航物流受让,其中,4.1 亿股转增股票由招航物流以 2.29 元/股的价格受让,7 196 万股转增股票由招航物流以 5.69 元/股的价格受让应分给控股股东及其一致行动人上海仁建企业发展集团有限公司的股票用以解决资金占用问题。综上,产业投资人所持股份占转增后安通控股总股本的 11.05%。安通控股重整裁定批准前一交易日收盘价为 4.2 元/股,产业投资人本次交易获利 6.75 亿元。

③ **10.58 亿股**由**财务投资人**受让,其中,9 亿股转增股票由招航物流以 2.53 元/股的价格受让,1.58 亿股转增股票由招航物流以 5.69 元/股的价格受让应分给控股股东及其一致行动人上海仁建企业发展集团有限公司的股票用以解决资金占用问题。综上,财务投资人所持股份占转增后安通控股总股本的 24.26%。安通控股重整裁定批准前一交易日收盘价为 4.2 元/股,产业投资人本次交易获利 12.71 亿元。

④ **12.39 亿股**由**债权人**受让,其中,7 359 万股用以解决公司违规为控股股东及关联方提供担保的问题,该部分转增股票由违规担保权人受让;10.85 亿股转增股票通过以股抵债的方式清偿债务;7 995 万股本向控股股东及其一直行动人转增的股票由安通控股以 1 元的总价格回购用于完成控股股东存在的业绩补偿义务,回购后将该等股票用于清偿自身债务。综上,债权人所持股份占转增后安通控股总股本的 28.38%。

⑤ **9 750 万股**转增股票将由**部分原股东**受让,在本重整计划生效后的执行过程中,以届时选定的股权登记日收盘后向公司登记在册的前一百名股东之外的全体股东进行分配。

图 10-2 安通控股重整方案示意图

（2）公司将通过重整投资人业务资源支持、加强内部管控、降低成本费用等一系列措施,从根本上改善公司生产经营,实现高效有序的经营状态,维持并进一步提升安通控股在内贸物流行业竞争力。

（二）投资人及投资方案

1. 引进产业投资人

产业投资人招航物流将按照 2.292964 元/股的价格合计受让 4.1 亿股转增股票,支付现金对价合计 9.41 亿元。同时,产业投资人需以 5.69 元/股的价格合计受让应分给控股股东及其一致行动人上海仁建企业发展集团有限公司的 7 196 万股股票,支付现金对价合计 4.09 亿元用于解决资金占用问题。

2. 引入财务投资人

财务投资人将按照 2.528053 元/股的价格受让合计受让 9 亿股转增股票,支付现金对价合计 22.77 亿元。同时,财务投资人需以 5.69 元/股的价格合计受让应分给控股股东及其一致行动人上海仁建企业发展集团有限公司的 1.58 亿股股票,支付现金对价合计 9 亿元用于解决资金占用问题。

前述重整投资人为受让转增股票所支付的约 45.27 亿元现金对价,部分用于清偿安通控股及安盛船务、安通物流重整程序中的破产费用、共益债务、有财产担保债权、职工债权及50万元以下的小额债权;剩余部分用于安通控股重整完成后的经营发展,为安通控股将来壮大经营规模、提升整体盈利能力提供有力的资金支持,进而维护全体股东的利益。

重整投资人需要向安通控股提供重整完成后的业务发展支持,具体内容如下:招航物流在安通控股重整程序中作为产业投资人投资安通控股,重整完成后,招航物流将积极参与安通控股的日常业务经营,为安通控股的业务经营提供更高水平的管理支撑;同时,安通控股的主营业务为航运物流,在航运物流发展所需要的航运基础设施、船舶运力、货源归集、金融支持、地方多式联运体系等多个方面,招航物流均可以提供相应的资源支持,并根据自身特点以及安通控股目前的业务经营情况,整合、优化安通控股现有经营业务,全面提升安通控股整体业务实力。

(三)出资人权益调整方案

以安通控股重整前总股本14.87亿股为基数,按照每10股转增约19.35股的比例实施资本公积转增股本,共计可转增28.77亿股股票(最终实际转增的股票数量以中国结算上海分公司实际登记确认的数量为准)。转增后,安通控股总股本将由14.87亿股增加至43.64亿股。

1. 对控股股东的权益调整

转增股票中,应向控股股东及其一致行动人上海仁建企业发展集团有限公司分配的股票为15.71亿股。其中,11.88亿股专项用于引进重整投资人、通过股票清偿的方式清偿公司负债;剩余的3.83亿股专项用于解决安通控股存在的历史遗留问题。

2. 对其他出资人的权益调整

转增股票中,应向控股股东以外的全体股东分配股票为13.05亿股。其中,9 750万股股票将向在重整计划生效后的执行过程中,以届时选定的股权登记日收盘后公司登记在册的前100名股东之外的全体股东进行分配;剩余的12.08亿股将按照重整计划的规定专项用于引进重整投资人、通过股票清偿的方式清偿负债。

(四)债权调整及受偿方案

1. 职工债权调整及受偿

经管理人调查,职工债权总额156.66万元。职工债权不作调整,以现金方式全额清偿。

2. 普通债权调整及受偿

安通控股普通债权总额35.34亿元,共计42家债权人。

普通债权在经泉州中院裁定确认后,由安通控股在重整计划执行期限内,每家按照普通债权人每100元分得约10.5263158股A股上市公司股票(若股数出现小数位,则去掉拟分配股票数小数点右侧的数字后,在个位数上加"1"),股票的抵债价格为9.5元/股。

在安通控股此次重整过程中,安通控股与其他未进入重整程序的企业的关联债权的清偿安排劣后于非关联债权,在非关联债权按照本重整计划的规定予以清偿完毕之前,不对该等关联债权进行清偿。

3. 暂缓确定债权的处理

对于因诉讼尚未终结而暂缓确定的债权,在经泉州中院裁定确认后,债权人可以要求安通控股按照重整计划中规定的同类债权清偿方案进行清偿。

对于因债权人尚未提供补充证据材料、债权人提出异议等非诉讼未决事项暂缓确定的债权,在经泉州中院裁定确认后,债权人可以要求安通控股按照重整计划中规定的同类债权清偿方案进行清偿。

4. 未申报债权的处理

对于未依法申报的债权,如债权权利应受法律保护,债权人在重整计划执行期间不得行使权利,但可以在重整计划执行完毕后要求安通控股按照重整计划中规定的同类债权清偿方案进行清偿。

5. 债务清偿顺序

模拟破产清算下普通债权清偿率通过假定公司在破产清算条件下的偿债能力分析得到,主要来源于公司披露的《偿债能力分析报告》。而重组后清偿率是假定公司在重整条件下的名义清偿率。由图 10-3 可以看出,重整后的债权清偿率情况,比清算状态下的清偿率有一定提升。

重整计划草案披露的偿债方案显示,普通债权人的债权以资本公积转增股本按照9.5元/股的抵债价格进行股票清偿。因此,重整后普通债权的名义清偿率为100%。

(五)未来经营方案

(1)招航物流将积极参与安通控股的日常业务经营,为安通控股的业务经营提供更高水平的管理支撑。安通控股的主营业务为航运物流,在航运物流发展所需的航运基础设施、船舶运力、货源归集、金融支持、地方多式联运体系等多个方面,招航物流均可以提供相应的资源支持,并根据自身特点以及安通控股目前的业务经营情况,整合、优化安通控股现有经营业务,全面提升安通控股整体业务实力。

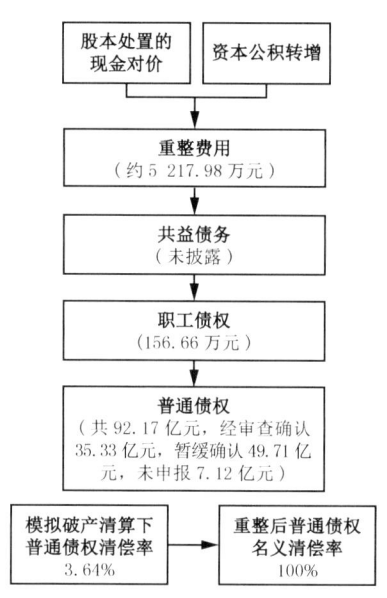

图 10-3 安通控股债务清偿顺序示意图

(2)在重整投资人的协助下,安通控股将全面改善生产经营,主要从优化治理结构、降低成本及资金注入等方面全面提高公司核心竞争力。其中,优化治理机构包括强化财务审批流程和优化管理团队两个方面;降低成本包括降低人力成本、降低财务成本;资金注入主要为适度多元融资渠道,及时回收应收预付资产。

(3)整合重整投资人与市场上的资源,完善多式联运综合物流网络,升级多样化的物流装备,丰富一体化综合物流与供应链服务体系,逐渐向供应链企业、供应链平台运营商转型,打造千亿级企业,力争发展成为中国最强、最大的全程物流供应链最佳服务商,为客户提供集"物流、贸易、金融＋科技"于一体的整体供应链解决方案。

五、重整计划表决与批准

(一) 债权人会议表决

公司第一次债权人会议于 2020 年 10 月 29 日上午通过全国企业破产重整案件信息网召开,对重整计划由职工债权组和普通债权组进行了分组表决。

1. 职工债权组

职工债权组共有 5 家出席会议,占出席会议的该组债权总人数的 100%,已超过本组出席会议债权人的半数;该债权人所代表的债权金额合计 157 万元,占全部该组债权总额的 100%,已超过本组债权总额的 2/3。表决通过。

2. 普通债权组

普通债权组共有 45 家出席会议,其中同意重整计划的债权人共计 43 家,占出席会议的该组债权总人数的 95.56%,已超过本组出席会议债权人的半数;该 43 家债权人所代表的债权金额合计 38.34 亿元,占全部有表决权的普通债权总额的 95.25%,已超过本组债权总额的 2/3。表决通过。

(二) 出资人组会议表决

公司于 2020 年 10 月 29 日下午通过现场和网络相结合的方式召开出资人组会议,会议完成了既定议程,并表决通过了重整计划草案之《出资人权益调整方案》。

参加出资人组会议的股东及股东代理人共 100 名,代表股份 11.682 亿股,占公司有表决权股份总数的 78.5649%。

表决情况为:同意票所代表的股份为 11.55 亿股,占出席会议股份总数的 98.8999%,已超过出席会议股东所持表决权的 2/3。表决通过。

(三) 重整计划批准

2020 年 11 月 4 日,泉州中院裁定批准重整计划,批准备查文件为(2020)闽 05 破 21 之二号《民事裁定书》。

六、重整计划执行与监督

(一) 执行与监督的主体

重整计划由安通控股负责执行,管理人负责监督。

在重整计划监督期限内,安通控股应接受管理人的监督,及时向管理人报告重整计划执行情况、公司财务状况,以及重大经营决策、财产处置等事项。

(二) 执行与监督的期限

重整计划的执行期限自重整计划获得泉州中院裁定批准之日起计算,安通控股应于 2020 年 12 月 31 日前执行完毕重整计划。在此期间,安通控股应当严格依照重整计划的规定清偿债务,并随时支付重整费用。如非安通控股自身原因,致使安通控股重整计划无法在上述期限内执行完毕,安通控股应于执行期限届满前,向泉州中院提交延长重整计划执行期限的申请,并根据泉州中院批准的执行期限继续执行。重整计划提前执行完毕的,执行期限在泉州中院裁定重整计划执行完毕之日到期。

重整计划执行的监督期限与执行期限相同,自泉州中院裁定批准重整计划之日起计算。

监督期届满或者安通控股提前执行完毕重整计划的,管理人将向泉州中院提交监督报告,自监督报告提交之日起,管理人的监督职责终止。

(三) 执行的措施

1. 清偿原则的特殊说明

三家重整企业存在作为共同担保人或共同债务人以及交叉提供担保等情况,就债权人对三家重整企业享有的债权,在依法申报并被泉州中院、丰泽法院裁定确认后,其清偿的安排原则如下:

(1) 有财产担保债权。三家重整企业分别作为主债务人或担保人,如有提供担保财产的,则债权人在三家重整企业中的受偿原则如下:①如主债务人提供担保财产,则在担保财产评估价值范围内,由主债务人优先以现金方式清偿;②如担保人提供担保财产,在主债务人未提供担保财产或提供的担保财产不足全额清偿的情况下,则在担保人提供的担保财产评估价值范围内,由担保人以现金方式清偿;③如按照上述方式仍未获得全额清偿,则剩余部分转为主债务人的普通债权,获得清偿。

(2) 普通债权。若同一笔债权,因连带保证或连带债务等,债权人向一家以上重整企业申报债权并均获泉州中院、丰泽法院裁定确认,则该笔债权可在任何重整程序中获得清偿,但清偿总额不应高于该笔债权依法可获得支持的最高金额。

2. 偿债资金的分配

偿债的资金和股票原则上以银行转账、股票划转的方式向债权人进行分配,尚未提供领受偿债资源所需的银行账户、证券账户的债权人,在重整计划获泉州中院批准后按照管理人指定格式书面提供领受偿债资源的银行账户、证券账户信息;未提供以及无法通知到的债权人将提存其分配额,由此产生的法律后果由相关债权人自行承担。

债权人自身和/或其代理人、关联方原因导致偿债资源不能到账,或账户信息错误、账户被冻结、扣划等的,产生的法律后果由相关债权人自行承担。

债权人可以指令将偿债资源支付/划转至债权人指定的、由该债权人所有/控制的账户或其他主体所有/控制的账户内,但因该指令导致偿债资源不能到账,以及该指令导致的法律纠纷和市场风险由相关债权人自行承担。

3. 偿债资金的提存及处理

对于已经泉州中院裁定确认的债权人未按照重整计划的规定领受偿债资源的,根据重整计划应向其分配的资金、股票将提存至管理人指定的银行账户、证券账户。上述提存的偿债资源自重整计划执行完毕公告之日起满 3 年,因债权人自身原因仍不领取的,视为放弃领受偿债资源的权利。重整计划执行人应当将提存的资金在扣除相关费用后用于补充公司流动资金,提存的股票可由重整计划执行人选择注销或者在二级市场上出售变现后,用于补充公司流动资金。

对于因诉讼、仲裁未决、债权人异议等导致管理人暂时无法作出审查结论的债权,以最终确认的债权金额为准,在经泉州中院裁定确认后,按照重整计划规定的同类债权清偿方案受偿。按照重整计划已预留的偿债资源在清偿该等债权后仍有剩余的,剩余的偿债资金将用于补充公司流动资金,剩余的偿债股票可由重整计划执行人选择注销或者在二级市场上出售变现后,用于补充公司流动资金。

对于安通控股已知悉但未依法在债权申报期限内申报的债权,如债权权利应受法律保护,则以最终确认的债权金额为准,按照重整计划规定的同类债权清偿方案受偿。按照重整计划已预留的偿债资源在清偿该等债权后仍有剩余的,剩余的偿债资金将用于补充公司流动资金,剩余的偿债股票可由重整计划执行人选择注销或者在二级市场上出售变现后,用于补充公司流动资金。

自重整计划提交之日后,经违规担保债权人申报并经管理人依法确认的违规担保债权,将优先以此次资本公积转增股本中应向控股股东分配的股票,按照重整计划中关于普通债权清偿的规定予以清偿。

4. 重整费用的支付

安通控股重整费用包括重整案件受理费、管理人报酬、聘请中介机构的费用、转增股票登记税费、股票过户税费及管理人执行职务的费用等。其中,重整案件受理费、管理人报酬、聘请中介机构的费用,在重整计划执行期间按照《诉讼费用交纳办法》《最高人民法院关于审理企业破产案件确定管理人报酬的规定》及合同约定通过管理人银行账户支付;安通控股转增股票登记及过户税费、管理人执行职务的费用及其他重整费用根据重整计划执行实际情况由管理人账户随时支付。该部分预估费用如有剩余,管理人将剩余部分划入安通控股账户用于补充公司流动资金。

5. 共益债务的清偿

安通控股重整期间的共益债务,包括但不限于因继续履行合同所产生的债务、继续营业而支付的劳动报酬和社会保险费用以及由此产生的其他债务,由安通控股按照《破产法》相关规定随时清偿。

6. 转让债权的清偿

债权人在重整受理日(即 2020 年 9 月 11 日)后依法对外转让债权的,受让人按照原债权人根据重整计划就该笔债权可以获得的受偿资源受偿;债权人向两个以上的受让人转让债权的,偿债资金向受让人按照其受让的债权比例分配。

7. 财产保全措施的解除

根据《破产法》第十九条的规定,人民法院受理破产申请后,有关债务人财产的保全措施应当解除。尚未解除对安通控股财产保全措施的债权人,应当在重整计划获得法院批准后30 日内协助办理完毕解除财产保全措施的手续。未能在前述规定期限内协助办理解除措施的,管理人或安通控股有权申请泉州中院依照重整计划的规定予以强制解除。

此外,债权人对安通控股依法享有的破产债权按照重整计划的规定得到清偿后,不再对安通控股享有债权。因此,债权人基于破产债权留置的安通控股财产以及基于与安通控股的业务往来扣留的所有权不属于安通控股的财产,应当及时释放。如债权人拒不释放前述留置、扣留财产,安通控股可申请泉州中院采取强制措施或通过其他合法手段要求相关债权人返还相应的财产,并可就因此而遭受的损失要求对方承担相应的赔偿责任。

七、重整计划顺利实施的预期效果

安通控股重整计划如能顺利实施:

(1)法人资格继续存续,仍是一家在上交所上市的股份公司。

(2)重整前产生的巨额负债获得妥善安排,整体解决安通控股及两家核心子公司的债务危机。重整计划实施完毕后,安通控股的巨额债务获得妥善安排,职工债权以现金方式全额清偿;普通债权受偿率达到100%,整体实现了各方共赢。两家子公司的经营性资产能够得到完整保留,使其生产经营正常进行,从而维持和提升安通控股的持续经营能力。

(3)重整投资人充分利用自身资源和优势。产业投资人招航物流将积极参与安通控股的日常业务经营,提供更高水平的管理支撑和业务资源支持,并根据自身特点以及安通控股目前的业务经营情况,整合、优化安通控股现有经营业务,全面提升安通控股整体业务实力。

案例 11　天海防务重整案例解析

背景

天海融合防务装备技术股份有限公司(以下简称"天海防务"或者"公司")是国内专业民用船舶与海洋工程科技企业,成立于 2001 年 10 月 29 日,重整前注册资本为 9.6 亿元。自 2018 年以来,天海防务一方面受到国内宏观经济增速放缓的影响,另一方面又连续遭遇重要在建项目买方违约、前期收购项目业绩大幅下滑等诸多不利事件,公司陷入严重债务危机,经营业务几乎难以正常开展。债权人中国船舶重工集团公司第七〇四研究所于 2019 年 3 月 20 日申请对公司进行重整。上海市第三中级人民法院(以下简称"上海第三中院")于 2020 年 2 月 14 日裁定受理公司重整,并指定上海市方达律师事务所担任重整管理人。2020 年 9 月 9 日,上海第三中院裁定批准重整计划。2020 年 12 月 31 日,天海防务被上海第三中院裁定重整计划执行完毕。天海防务破产案入选上海破产法庭 2020 年度典型案例。

方案要点

1. 出资人权益调整

以天海防务重整前总股本 9.6 亿股为基数,按每 10 股转增 8 股的比例实施资本公积转增股本,共计转增 7.68 亿股股份。转增后,总股本将由 9.6 亿股增加至 17.28 亿股。

转增股份全部由重整投资人有条件受让。

2. 债权调整及受偿

1) 有财产担保债权调整及受偿

有财产担保债权人共 1 家,债权金额共计 3.42 亿元,已经管理人确认。其中,依据评估机构出具的《偿债能力分析报告》,担保财产快速变现价值为 1.41 亿元,该部分金额纳入有财产担保债权组;剩余 2.01 亿元纳入普通债权组。

有财产担保债权在担保财产评估价值范围内以现金方式优先受偿,并以该受偿金额作为对价、按照 3 元/股的价格以重整投资人身份取得资本公积转增股本,超过估值范围的部分作为普通债权清偿。

2）普通债权调整及受偿

普通债权人共 37 家,债权金额 8.46 亿元。其中,已确认债权 35 家,债权金额 6.44 亿元;待确认债权人 1 家,债权金额 100 万元;有财产担保债权人无法就担保财产优先受偿的 1 家,债权金额 2.01 亿元。

普通债权每家债权人 5 000 万元以下(含 5 000 万元)的债权部分将以现金全额清偿;超过 5 000 万元的债权部分将以现金方式按照 85% 的比例清偿。

有财产担保债权超过担保物估值范围纳入普通债权的部分,以该受偿金额作为对价,按照 3 元/股的价格以重整投资人身份取得资本公积转增股本。

3. 引入重整投资人

厦门隆海投资管理有限公司(以下简称"厦门隆海")和上海丁果企业发展有限公司(以下简称"上海丁果")作为天海防务的重整投资人。天海防务的有财产担保债权人中国长城资产管理股份有限公司上海市分公司(以下简称"长城资产")以重整债权受偿额的形式参与对天海防务的重整投资。

上述重整投资人合计以 12.18 亿元对价受让公司 7.68 亿股。其中,有财产担保债权人长城资管,以债权受偿款 3.19 亿元为对价、按照 3 元/股的价格有条件取得转增 1.06 亿股票;厦门隆海或其指定主体与上海丁果及其指定的财务投资人以 8.99 亿元对价有条件取得转增6.62亿股票。

重整投资人的受让条件包括:

(1)厦门隆海或其指定主体成为上市公司控股股东,自受让转增股票之日起 3 年内不得向关联方以外的第三方转让其所持有的天海防务股票;其他受让转增股票的主体自受让转增股票之日起 6 个月内不得转让其所持有的天海防务股票。

(2)厦门隆海或其指定主体或其指定主体承诺,在重整计划执行完毕后次年起的 3 个完整会计年度内,天海防务累计扣除非经常性损益后归属于母公司股东的净利润不低于人民币 6 亿元,若累计扣除非经常性损益后归属于母公司股东的净利润未达到前述标准,则不足部分由厦门隆海或其指定主体在第 3 个完整会计年度的审计报告公布后 3 个月内向天海防务以现金方式予以补足;厦门隆海或其指定主体同意,累计扣除非经常性损益后归属于母公司股东的净利润在人民币 6 亿元至人民币 8 亿元(包括 8 亿元)的,超过人民币 6 亿元部分的 20% 用于奖励公司主要经营管理团队;累计扣除非经常性损益后归属于母公司股东的净利润超过人民币 8 亿元的,超过部分的 30% 用于奖励公司主要经营管理团队。

(3)重整投资人承诺保持天海防务现有业务结构和管理团队的稳定。

一、公司基本信息

(一)公司及业务简介

天海防务成立于 2001 年 10 月 29 日,原名上海佳豪船舶工程设计股份有限公司。公司股票于 2009 年 10 月 30 日在深交所创业板挂牌上市,股票代码为 300008,股票名称为上海佳豪,后变更为天海防务。公司注册地为上海市松江区莘砖公路 518 号 10 幢 8 层,注册资本为 9.6 亿元,法定代表人为刘楠。

天海防务登记经营范围为:从事防务装备、船舶产品、新能源科技领域内的技术开发技术转让、技术咨询、技术服务;船舶工程设计;港口与海洋工程、机电安装工程承包;船舶、机电工程监理领域内的咨询服务;船舶产品的开发研制及四技服务;商务信息咨询;企业形象策划;机电设备的批发与零售;从事货物及技术的进出口业务;自有设备租赁;合同能源管理。

根据公司重整申请前 2018 年年度报告,公司营业收入为 10.29 亿元,净亏损为 18.81 亿元,毛利率为 2.43%,净利率为−182.80%。

(二)重整前股权架构图

截至 2020 年 2 月 14 日,公司总股本 9.6 亿股,其中非限售流通股 7.43 亿股,限售流通股 2.17 亿股。公司第一大股东、法定代表人、实际控制人刘楠直接持有公司股份 1.81 亿股,持股比例为 18.83%,同时持有上海佳船企业发展有限公司 57.28% 的股份。而上海佳船企业发展有限公司间接持有公司股份 1 442 万股,持股比例为 1.5%,如图 11-1 所示。

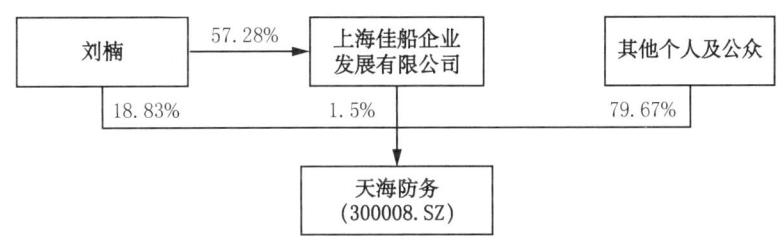

图 11-1　天海防务重整前股权架构图

二、资产负债情况

(一)资产负债情况总览

如表 11-1 所示,根据评估机构出具的《资产评估报告》以及《清算价值报告》,以重整受理日 2020 年 2 月 14 日为评估基准日,天海防务总资产账面价值为 14.84 亿元,清算价值为 9.12 亿元,清算评估价值为账面价值的 61.46%。

表 11-1　天海防务资产负债情况

单位:亿元

资产/债权类型	资产	负债	资产−负债	资产负债率
账面价值/审查确认债权	14.84	10.15	4.69	68.43%
评估清算价值/审查确认债权	9.12	10.15	−1.03	111.29%

截至 2020 年 7 月 31 日,共有 54 家债权人向管理人申报债权,申报数额共计 10.45 亿

元。其中,有财产担保债权金额为 5.09 亿元;社保债权金额为 132.03 万元;普通债权金额为 5.35 亿元。

经管理人初步审查确认的债权总额为 10.06 亿元;其中,有财产担保债权金额为 3.42 亿元;社保债权金额为 35.94 万元;普通债权金额为 6.44 亿元;劣后债权 1 892.14 万元。

待确认债权总额约 100 万元。不予确认债权总额 3 646.09 万元;经天海防务梳理统计及管理人调查,天海防务尚有账面记载未申报债权 95.06 万元。

经管理人调查,天海防务职工债权总额 972.3 万元。

综上,根据天海防务债权申报与审查情况,管理人对职工债权的调查情况以及截至受理日公司财务账簿的记录等,管理人审查确认的天海防务负债总额为 10.15 亿元。

(二) 债权分类

根据《破产法》的相关规定和债权审查确认情况,天海防务重整案债权主要包括有财产担保债权、职工债权、税款债权、普通债权等。

1. 有财产担保债权

已确认有财产担保债权人共 1 家,确认金额 3.42 亿元。

2. 职工债权

已确认职工债权总额 972.3 万元,涉及职工 166 名,款项性质为欠付职工的薪资、津贴及其他欠款(如报销款等)。此外,经测算,假设天海防务与全体职工解除劳动合同,预计需要支付经济补偿金等职工安置费用约 2 387.44 万元。

3. 税款债权

已确认税款债权总额 35.94 万元。

4. 普通债权

已确认的债权 35 家,确认金额 6.44 亿元。

5. 劣后债权

已确认的劣后债权人 4 家,主要为债权人根据生效法律文书申报的迟延履行金。债权金额 1 892.14 万元,不予清偿,依法不再单独设置表决组。

6. 其他债权

暂缓确定债权:已申报因未决诉讼待审查确认的债权 1 家,申报金额 100 万元。

未申报债权:经天海防务梳理统计及管理人调查,天海防务尚有账面记载未申报债权 95.06 万元。

(三) 偿债能力分析

根据评估机构出具的《偿债能力分析报告》,截至评估基准日 2020 年 6 月 30 日,天海防务如实施破产清算,假定其全部有效财产能够按快速变现值变现,可用于偿债的财产总额为 8.89 亿元。按照《破产法》规定的清偿顺序,担保财产变现所得优先用于偿还有财产担保债权,剩余其他财产的变现所得在支付破产费用、共益债务、职工债权、职工安置费用、社保债权后,用于向普通债权人分配,剩余可供向普通债权人进行分配的财产总额为 6.74 亿元。

假定按照普通债权总额 8.47 亿元(包括待确认债权、账面记载未申报债权和有财产担保债权转为普通债权的部分)进行分配,天海防务在破产清算状态下普通债权的受偿率约为 79.54%。

三、重整基本情况

(一)重整背景

天海防务是国内专业民用船舶与海洋工程科技企业。自 2018 年以来,天海防务一方面受到国内宏观经济增速放缓的影响,另一方面又连续遭遇重要在建项目买方违约、前期收购项目业绩大幅下滑等诸多不利事件,公司陷入严重债务危机,经营业务几乎难以正常开展。虽然公司多次尝试了债务重组、引入战略投资者等自救措施,但由于面临大量债务争议,潜在战略投资者望而却步。2018 年和 2019 年发生连续亏损,公司股票出现被暂停上市风险。

(二)重整申请情况

2019 年 3 月 20 日,中国船舶重工集团公司第七〇四研究所以公司不能清偿到期债务,且明显缺乏清偿能力为由,向上海第三中院申请对天海防务进行重整。

(三)重整受理情况

2020 年 2 月 14 日,上海第三中院裁定受理债权人对天海防务提出的重整申请。2020 年 2 月 19 日,经上海市高级人民法院随机摇号,依照《破产法》第二十二条第一款和《最高人民法院关于审理企业破产案件指定管理人的规定》第二十条的规定,上海第三中院指定上海市方达律师事务所为管理人。

(四)重整管理模式

债务人自行管理财产和营业事务。

(五)重整大事记

• 2019 年 3 月 20 日,债权人中国船舶重工集团公司第七〇四研究所向上海第三中院申请对天海防务进行重整。

• 2020 年 2 月 14 日,上海第三中院裁定受理天海防务重整。

• 2020 年 2 月 19 日,上海第三中院指定上海市方达律师事务所担任管理人。

• 2020 年 3 月 2 日,上海第三中院作出决定书,准许天海防务在管理人的监督下自行管理财产和营业事务。

• 2020 年 4 月 29 日,第一次债权人会议表决通过了《天海融合防务装备技术股份有限公司重整案财产管理方案》《天海融合防务装备技术股份有限公司重整案财产变价方案》《天海融合防务装备技术股份有限公司重整案关于债权人委员会议事规则的议案》,并对公司债权人委员会成员进行了投票选举。

• 2020 年 6 月 23 日,公司、管理人、厦门隆海和上海丁果签署《对天海融合防务装备技术股份有限公司重整投资之框架协议》。

• 2020 年 9 月 4 日,第二次债权人会议表决通过《天海融合防务装备技术股份有限公司重整计划(草案)》;出资人组会议审议通过了《出资人权益调整方案》。

• 2020 年 9 月 9 日,上海第三中院裁定批准《天海融合防务装备技术股份有限公司重整计划》并终止重整程序。

• 2020 年 11 月 16 日,管理人与厦门隆海、厦门隆海重能投资合伙企业(有限合伙)(以下简称"隆海重能")签署《天海融合防务装备技术股份有限公司重整投资协议之补充协议》,隆海重能作为厦门隆海指定的投资主体,成为天海防务的重整投资人;同日,管理人与天海防务的有财产担保债权人长城资产签署《天海融合防务装备技术股份有限公司重整投资框架协议》,长城资产以重整债权受偿额的形式参与对天海防务的重整投资;同日,管理人、厦门信达股份有限公司、冯翠英等签署了《天海融合防务装备技术股份有限公司重整投资框架协议》,上述主体作为上海丁果指定的财务投资主体,成为天海防务的重整投资人。

• 2020 年 12 月 31 日,上海第三中院裁定《天海融合防务装备技术股份有限公司重整计划》执行完毕。

四、重整计划主要内容

(一)重整思路概述

如图 11-2 所示,重整计划的主要思路为:

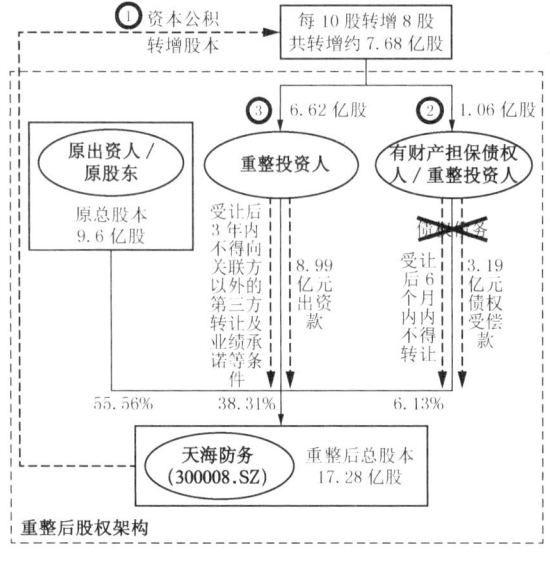

出资人权益调整方案

① 以天海防务重整前总股本 9.6 亿股为基数,按照每 **10 股转增 8 股**的比例**转增约 7.68 亿股**,转增股份不向原股东分配,由全体股东让渡,重整投资人以合计 12.18 亿元的对价有条件受让全部新增股票,对价为 1.59 元/股(公司第二次债权人大会停牌前 2020 年 9 月 3 日收盘价为 7.54 元/股)。投资款将用于支付破产费用、共益债务、清偿债务和补充公司流动资金。

② 1.06 亿股由债权人长城资管以债权受偿款为对价、按照 3 元/股的价格有条件取得转增股票,占转增后天海总股本的 6.6%。从受让转增股票之日起 6 个月内不得转让其所持有的天海防务股票。

③ 6.6212 亿股由厦门隆海或其指定主体以 8.99 亿元对价有条件受让,占转增后天海务总股本的 37.85%。厦门隆海或其指定主体自受让转增股票之日起 3 年内不得向关联方以外的第三方转让其所持有的天海防务股票,同时,在重整计划执行完毕后次年起的 3 个完整会计年度内(2021 年—2023 年),天海防务承诺其扣除非经常性损益后归属于母公司股东的净利润不低于人民币 6 亿元。若业绩承诺未完成,不足部分由厦门隆海或其指定主体在第 3 个完整会计年度的审计报告公布后 3 个月内向天海防务以现金方式予以补足。

注:长城资管债权金额为 3.42 亿(其中 1.41 亿元为有财产担保债权在担保财产快速变现价值范围内,2.01 亿元超出有财产担保债权在担保财产快速变现价值范围),经计算,长城资管所取得转增股票数=1.41÷3+(0.5+1.51×85%)÷3≈1.06(亿股),厦门隆海或其指定主体所取得转增股票数=7.68-1.06=6.62(亿股)。

图 11-2 天海防务重整方案示意图

(1)对出资人权益进行调整,在重整前股份基础上进行资本公积转增股本,合计转增 7.68亿股。有财产担保债权人长城资管,以债权受偿款 3.19 亿元为对价,按照 3 元/股的价格有条件取得转增 1.06 亿股票;厦门隆海或其指定主体与上海丁果及其指定的财务投资人以 8.99 亿元对价有条件取得转增 6.62 亿股票,并将转增股份用于清偿现有普通债权人部分债务,以及支付重整投资人对价。

(2)借助重整投资人的优势和资源,通过整合重整投资人的品牌、市场及资源,实现企业间的高效协同,发挥合作后的战略互补优势,争取更广阔的发展空间,扩大营收规模,提升经营业绩并实现利润稳步增长。

(二)投资人及投资方案

重整程序中,经过多轮磋商、洽谈,2020 年 6 月 23 日,公司、管理人、厦门隆海、上海丁果签署《对天海融合防务装备技术股份有限公司重整投资之框架协议》。2020 年 11 月 16 日,管理人与重整投资人或重整投资人指定主体签订了相关投资协议。

重整投资人合计以 12.18 亿元对价受让公司 7.68 亿股。其中,有财产担保债权人长城资管,以债权受偿款 3.19 亿元为对价、按照 3 元/股的价格有条件取得转增 1.06 亿股票;厦门隆海或其指定主体与上海丁果及其指定的财务投资人以 8.99 亿元对价有条件取得转增 6.62 亿股票。

重整投资人的受让条件包括:

(1)厦门隆海或其指定主体成为上市公司控股股东,自受让转增股票之日起 3 年内不得向关联方以外的第三方转让其所持有的天海防务股票;其他受让转增股票的主体自受让转增股票之日起 6 个月内不得转让其所持有的天海防务股票。

(2)厦门隆海或其指定主体承诺,在重整计划执行完毕后次年起的 3 个完整会计年度内,天海防务累计扣除非经常性损益后归属于母公司股东的净利润不低于人民币 6 亿元,若累计扣除非经常性损益后归属于母公司股东的净利润未达到前述标准,则不足部分由厦门隆海或其指定主体在第 3 个完整会计年度的审计报告公布后 3 个月内向天海防务以现金方式予以补足;厦门隆海或其指定主体同意,如累计扣除非经常性损益后归属于母公司股东的净利润在人民币 6 亿元至人民币 8 亿元(包括 8 亿元),超过人民币 6 亿元部分的 20%用于奖励公司主要经营管理团队;如累计扣除非经常性损益后归属于母公司股东的净利润超过人民币 8 亿元,超过部分的 30%用于奖励公司主要经营管理团队。

(3)重整投资人承诺保持天海防务现有业务结构和管理团队的稳定。

(三)出资人权益调整方案

以天海防务重整前总股本 9.6 亿股为基数,按每 10 股转增 8 股的比例实施资本公积转增股本,共计转增 7.68 亿股股份(最终转增的准确股份数量以中国结算深圳分公司实际登记确认的数量为准)。转增后,总股本将由 9.6 亿股增加至 17.28 亿股。

全体股东放弃 7.68 亿股转增股份,由重整投资人或其指定主体以合计 12.18 亿元的对价受让,支付的对价将用于支付破产费用、共益债务、清偿债务和补充天海防务流动资金等。

(四)债权调整及受偿方案

1. 有财产担保债权调整及受偿

有财产担保债权人共 1 家,债权金额共计 3.42 亿元,已经管理人确认。其中,依据评估机构出具的《偿债能力分析报告》，担保财产快速变现价值为 1.41 亿元，该部分金额纳入有财产担保债权组；剩余 2.01 亿元纳入普通债权组。

有财产担保债权在担保财产评估价值范围内优先现金受偿，并以该受偿金额作为对价、按照 3 元/股的价格以重整投资人身份取得资本公积转增股本，超过估值范围的部分作为普通债权清偿。

2. 职工债权调整及受偿

职工债权总额 972.3 万元，涉及 166 名职工债权人。职工债权不作调整，以现金方式全额清偿。

3. 税款债权调整及受偿

社保债权人共 1 家，债权数额为 35.94 万元，已经管理人确认。税款债权/社保债权不作调整，以现金方式全额清偿。

4. 普通债权调整及受偿

普通债权人共 37 家，债权金额 8.46 亿元。其中，已确认债权的 35 家，债权金额 6.44 亿元；待确认债权的 1 家，债权金额 100 万元；有财产担保债权人无法就担保财产优先受偿的 1 家，债权金额 2.01 亿元。

普通债权每家债权人 5 000 万元以下（含 5 000 万元）的债权部分将以现金全额清偿；超过 5 000 万元的债权部分将以现金方式按照 85% 的比例清偿。

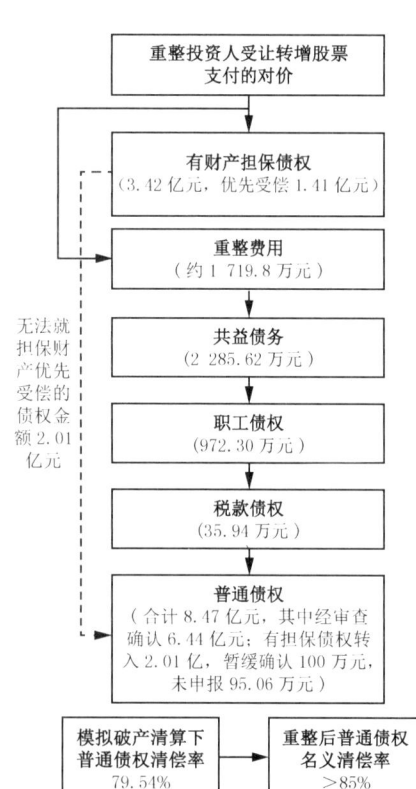

图 11-3　天海防务债务清偿顺序示意图

有财产担保债权超过担保物估值范围纳入普通债权的部分，该受偿金额作为对价、按照 3 元/股的价格以重整投资人身份取得资本公积转增股本。

5. 未申报债权的处理

账面记载未申报债权的债权人在重整计划执行期间不得行使权利，管理人将根据重整计划的受偿比例预留相应偿债资金，其债权获确认后按同类债权的清偿条件受偿。自重整计划执行完毕之日起 3 年内，账面记载未申报债权之债权人主张债权且经审查依法成立的，按照上述同类债权的清偿条件受偿。超过 3 年未主张或虽主张但经审查不成立的，不再清偿，相应预留偿债资金作为天海防务经营资金使用。

6. 债务清偿顺序

模拟破产清算下普通债权清偿率通过假定公司在破产清算条件下的偿债能力分析得到，主要来源于公司披露的《偿债能力分析报告》。而重组后清偿率是假定公司在重整条件下的名义清偿率。由图 11-3 可以看出，重整后的债权清偿率情况，比清算状态下的清偿率有一定提升。

重整计划草案披露的偿债方案显示,普通债权人 5 000 万元以下(含 5 000 万元)的债权部分以现金方式全额清偿;超过 5 000 万元的债权部分将以现金方式按照 85% 的比例清偿。因此,重整后普通债权的名义清偿率至少大于 85%。

(五)未来经营方案

(1)构建核心管控、支撑到位、保障有力、运行高效的总部。重整以后通过重整投资人的资源注入,形成母公司主导战略规划与布局,核心管控及运营体系总部架构;通过总部统一的技术研发、市场开拓、财务管理及投资管理的体系,最大限度提高公司整体的组织效率和运营水平。

(2)打造 EPC 总承包业务平台。基于技术引领的 EPC 总承包项目积累及管理经验,提升内部产能,进行"轻资产"模式的外部扩张,打造 EPC 总承包业务平台。

(3)打造公司特种防务装备的业务平台。重新整合已有的设计及建造优势,紧跟国家军民融合战略,强化技术科技创新,产品升级,打造公司特种防务装备的业务平台。

(4)强化公司清洁能源利用平台建设。基于公司在天然气方面的资质条件、技术积累、市场客户及分销网络等有利条件,充分利用重整投资人的金融、供应链及大宗物流方面的资源,推进天然气水上应用,强化公司清洁能源利用平台建设。

五、重整计划表决与批准

(一)债权人会议表决

债权人会议由有财产担保债权组、普通债权组对重整计划进行表决,职工债权组、税款债权组的债权人权益未受调整,不参与重整计划表决。

公司第一次债权人会议于 2020 年 4 月 29 日上午通过全国企业破产重整案件信息网召开,表决通过了《天海融合防务装备技术股份有限公司重整案财产管理方案》《天海融合防务装备技术股份有限公司重整案财产变价方案》《天海融合防务装备技术股份有限公司重整案关于债权人委员会议事规则的议案》,并对公司债权人委员会成员进行了投票选举。

公司第二次债权人会议于 2020 年 9 月 4 日上午通过全国企业破产重整案件信息网召开,审议通过了《天海融合防务装备技术股份有限公司重整计划(草案)》。

1. 有财产担保债权组

有财产担保债权组共有 1 家出席会议,占出席会议的本组债权总人数的 100%,已超过本组出席会议债权人的半数;该债权人所代表的债权金额合计 1.41 亿元,占全部有财产担保债权总额的 100%,已超过本组债权总额的 2/3。表决通过。

2. 普通债权组

普通债权组共有 36 家出席会议,其中同意重整计划的债权人共计 35 家,占出席会议的本组债权总人数的 97.22%,已超过本组出席会议债权人的半数;该 35 家债权人所代表的债权金额合计 8.45 亿元,占全部有表决权的普通债权总额的 99.9972%,已超过本组债权总额的 2/3。表决通过。

(二) 出资人组会议表决

公司于 2020 年 9 月 4 日下午通过现场和网络相结合的方式召开出资人组会议，会议完成了既定议程，并审议通过了《天海融合防务装备技术股份有限公司重整计划（草案）之出资人权益调整方案》。

参加出资人组会议的出资人及出资人代理人共 59 名，代表股份 3.39 亿股，占公司股份总数的 35.32%。

表决情况为：同意票所代表的股份为 3.39 亿股，约占出席会议股份总数的 100%，已超过出席会议股东所持表决权的 2/3。表决通过。

(三) 重整计划批准

2020 年 9 月 9 日，上海第三中院裁定批准重整计划，批准备查文件为(2020)沪 03 破 46 号之四《民事裁定书》。

六、重整计划执行与监督

(一) 执行与监督的主体

重整计划由天海防务负责执行，管理人负责监督。

在重整计划监督期限内，德奥通航应接受管理人的监督，及时向管理人报告重整计划执行情况、公司财务状况，以及重大经营决策、财产处置等事项。

(二) 执行与监督的期限

重整计划的执行期限系自重整计划获得上海第三中院裁定批准之日起 4 个月。重整投资人在执行期限内提供资金，天海防务应当严格依照重整计划的规定清偿债务，支付破产费用及共益债务，并在重整投资人支付全部资金后及时按照重整计划的规定将由重整投资人受让的股票登记至重整投资人指定的账户。重整计划提前执行完毕的，执行期限自执行完毕之日起届满。

重整计划执行的监督期限与执行期限一致。

重整计划监督期届满时，管理人将向法院提交监督报告，自监督报告提交之日起，管理人的监督职责终止。

(三) 执行的措施

1. 偿债资金的分配

偿债资金原则上以银行转账方式向债权人进行分配，债权人应在债权人会议表决重整计划之日起 5 日内，按照管理人指定格式书面提供领受偿债资金的银行账户信息。

2. 偿债资金的提存及处理

债权经法院裁定确认后的债权人未按照重整计划的规定领受分配的偿债资金的，根据重整计划应向其分配的资金将提存至管理人指定的银行账户，提存的偿债资金自重整计划执行完毕公告之日起满 3 年，因债权人自身原因仍不领取的，视为放弃受领清偿款项的权利,已提存的偿债资金将归还上市公司用于补充流动资金。

待确认债权最终经管理人审查不予确认或未获法院裁定确认的,根据重整计划为其预留的资金将归还上市公司用于补充流动资金。最终获法院裁定确认的债权数额与债权申报数额有差异的,以法院最终确认的债权数额为准,按照重整计划规定的同类债权的清偿条件受领偿债资金。若已按照重整计划预留的偿债资金在清偿上述债权后仍有剩余,剩余的偿债资金将归还上市公司用于补充流动资金。

对于账面记载未申报债权,在重整计划执行完毕公告之日起满 3 年未向公司主张权利的或者虽主张权利但经审查不成立或者有证据证明债权不成立的,不再清偿,根据重整计划为其预留的资金将归还上市公司用于补充流动资金。

3. 重整费用的支付

依据《最高人民法院关于审理企业破产案件确定管理人报酬的规定》及法院确定的管理人报酬方案计算的管理人报酬共计 1 373.8 万元,管理人将分阶段收取。其中,40% 在重整计划经法院裁定批准之日起 10 个工作日收取;60% 在重整计划执行完毕之日收取。在重整期间及重整计划执行期间,法院案件受理费、管理人聘请其他中介机构的费用、转增股票登记税费、股票过户税费、管理人执行职务等发生的各项破产费用(截至重整计划提交之日,合计约 346 万元),将根据实际发生数额以债务人财产随时支付。

4. 共益债务的清偿

天海防务重整期间的共益债务,包括但不限于因继续履行合同所产生的债务、继续营业而应支付的劳动报酬和社会保险费用以及由此产生的其他债务。截至 2020 年 6 月 30 日,共益债务约 2 285.62 万元,将根据实际发生数额以债务人财产随时支付。

5. 重整投资人的变更

客观原因导致需要变更重整投资人的,在不变更出资人权益调整方案、债权分类、债权调整和受偿方案的前提下,由管理人报告债权人会议,并请示法院批准后变更。

6. 财产保全措施的解除

根据《破产法》第十九条的规定,人民法院受理破产申请后,有关债务人财产的保全措施应当解除。尚未解除对天海防务财产保全措施的债权人,应当在重整计划获得法院裁定批准后协助办理完毕解除财产保全措施的手续。天海防务有权根据债权人配合解除财产保全措施的情况向该债权人支付偿债资金,因相关债权人不配合导致无法按期受领偿债资金的,不视为重整计划未能执行完毕。因债权人原因未能及时解除对天海防务财产的保全措施而对公司生产经营造成影响和损失,以及影响公司重整计划执行的,由相关债权人向公司及相关方承担赔偿责任。

7. 个别清偿的撤销

根据天海防务和管理人的详细梳理,天海防务个别清偿债权人 7 户,涉及金额 851.44 万元,管理人有权请求法院予以撤销,并于撤销后确认为破产债权依照重整计划确定的受偿方案进行清偿。鉴于重整计划对每家债权人 5 000 万元以下(含 5 000 万元)的债权部分将以现金全额清偿,不对前述个别清偿进行撤销不会损害其他债权人利益,因此管理人决定不再对该部分个别清偿进行撤销。

七、重整计划顺利实施的预期效果

天海防务重整计划如能顺利实施:

(1) 法人资格继续存续,仍是一家在深交所上市的股份公司。

(2) 重整前产生的负债获得妥善安排。重整计划实施完毕后,天海防务的债务获得较高比例清偿,实现各方共赢。

(3) 重整投资人多元化,充分利用自身资源和优势。重整计划批准后,重整投资人包含原有财产担保债权人长城资管,也包含由管理人招募的重整投资人厦门隆海及其指定主体。厦门隆海的股东与天海防务现有主营业务有较强的互补性及协同效应,将发挥各自优势,促进共同的业务发展。

案例 12 德奥通航重整案例解析

背景

德奥通用航空股份有限公司(以下简称"德奥通航"或者"公司")是一家以小家电和通用航空为主营业务的上市公司,成立于 1993 年 6 月 28 日,重整前注册资本为 2.65 亿元。近年来,受市场融资环境影响,通航业务仅能通过债务融资解决资金问题。从 2017 年开始,通航业务部分债务违约,陷入债务危机,资金链断裂导致通航业务生产运营全面停滞,2017 年财务报表对通航业务按照不可持续经营处理,相关资产计提了大额减值,造成公司巨额亏损,导致资不抵债的情况发生。债权人张小东于 2019 年 7 月 22 日申请对公司进行重整。广东省佛山市中级人民法院(以下简称"佛山中院")于 2019 年 8 月 27 日,初选了北京市中伦(深圳)律师事务所(联合方广东源浩律师事务所)作为预选管理人开展庭外重组工作。佛山中院于 2020 年 4 月 22 日裁定受理公司重整,并指定北京市中伦(深圳)律师事务所、广东源浩律师事务所联合担任重整管理人。2020 年 5 月 28 日,佛山中院裁定批准重整计划。2020 年 6 月 28 日,佛山中院裁定德奥通航重整计划执行完毕。德奥通航重整案是佛山中院受理的第一宗上市公司重整案,该案入选广东法院优化营商环境破产典型案例,同时也入选广东省破产管理人协会 2020 年度八大优秀案例。

方案要点

1. 出资人权益调整

以德奥通航重整前总股本 2.65 亿股为基数,按每 10 股转增 11 股的比例实施资本公积转增股本,共计转增约 2.92 亿股股份(最终转增的准确股份数量以中国结算深圳分公司实际登记确认的数量为准)。转增后,德奥通航总股本将由 2.65 亿股增至 5.57 亿股。

转增股票不向原股东分配。重整投资人深圳市迅图教育科技有限公司(以下简称"迅图教育")及其指定的财务投资人以合计 7.35 亿元的现金对价受让转增 2.92 亿股。

2. 债权调整及受偿

1）有财产担保债权调整及受偿

有财产担保债权在担保财产评估价值范围内以现金方式优先受偿，超出担保财产评估价值的部分作为普通债权受偿。

2）普通债权调整及受偿

普通债权以债权人为单位，每家债权人 50 万元以下（含 50 万元）的债权部分以现金全额受偿；超过 50 万元的部分以现金受偿 85％。剩余未受偿部分，德奥通航不再清偿。

3. 引入重整投资人

迅图教育为德奥通航的重整投资人，迅图教育及其指定的财务投资人总计提供 7.35 亿元资金支持德奥通航通过重整程序清理债务和在重整期间、重整程序终止后继续经营。全体投资人提供的 7.35 亿元现金用于认购 2.92 亿股资本公积转增股本。转增股本收入由德奥通航用于支付重整费用、共益债务、清偿债务和后续营业等。

重整投资人应在 2020 年 6 月 5 日前支付全部股份受让价款。迅图教育承诺德奥通航 2020—2022 年三年扣除非经常性损益后的净利润合计达到 3 亿元。德奥通航净利润未达到上述标准的，由迅图教育在 2022 年年度审计报告出具后 1 个月内以现金方式向上市公司补足。迅图教育受让的转增股本自转增股本登记至其证券账户之日起限售 18 个月，其他财务投资人限售 3 个月。

一、公司基本信息

（一）公司及业务简介

德奥通航成立于 1993 年 6 月 28 日，原名广东伊立浦电器股份有限公司。公司股票于 2008 年 7 月 16 日在深交所上市，股票代码为 002260，股票简称为伊立浦，后变更为德奥通航、*ST 德奥。公司注册地为广东省佛山市南海区松岗松夏工业园工业大道西，注册资本为 2.65 亿元，法定代表人为戚勇。

德奥通航的经营范围为：民用航空器及发动机（含零部件）、机载设备与系统、配套系统与产品的研发、设计、生产、销售及售后服务；通用航空服务；生产经营电饭煲、电开水器等家用小电器、商用厨房电器及设备、模具及金属模压制品；货物进出口、技术进出口；教育产品、玩具类产品研究、开发、制造、销售；股权投资、资产管理、商业咨询服务；物业的投资与经营管理。

根据公司重整申请前 2018 年年度报告，公司营业收入为 7.19 亿元，净亏损为 1.73 亿元，毛利率为 18.74％，净利率为 −24.01％。

（二）重整前股权架构图

截至 2020 年 4 月 22 日，德奥通航总股本 2.65 亿股，皆为无限售流通股，股东总数 24 704 户。公司大股东北京市梧桐翔宇投资有限公司（以下简称"梧桐翔宇"），持有公司股份 6 539 万股，占比 24.66％。根据 2018 年年度报告，公司实际控制人为宋亮，如图 12-1 所示。

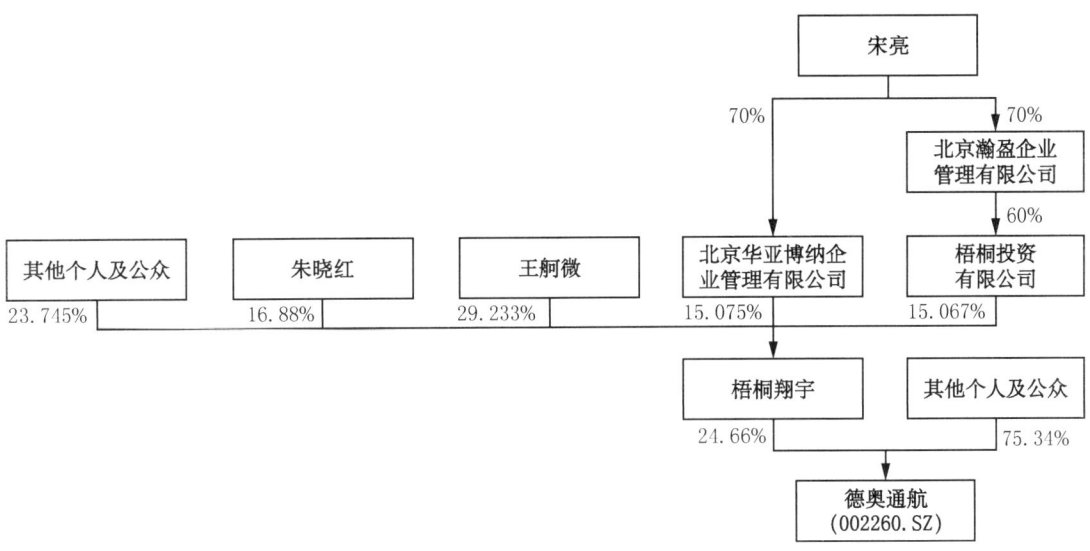

图 12-1　德奥通航重整前股权架构图

二、资产负债情况

(一) 资产负债情况总览

如表 12-1 所示,根据评估机构出具的《资产评估报告》,以 2020 年 4 月 22 日为评估基准日,德奥通航总资产账面价值为 5.82 亿元,资产清算评估价值为 3.85 亿元,清算价值为账面价值的 66.15%。

表 12-1　德奥通航资产负债情况

单位:亿元

资产/债权类型	资产	负债	资产一负债	资产负债率
账面价值/审查确认债权	5.82	4.11	1.71	70.62%
评估清算价值/审查确认债权	3.85	4.11	−0.26	106.75%

截至 2020 年 5 月 15 日,共有 59 家债权人向管理人申报债权,申报数额共计 4.82 亿元。其中,有财产担保债权金额 1.93 亿元;普通债权金额 2.88 亿元。

经管理人初步审查确认的债权总额为 4.11 亿元。其中,有财产担保债权为 1.65 亿元;普通债权金额为 2.46 亿元。

待确认债权总额约 6 784.99 万元;经德奥通航梳理统计及管理人调查,德奥通航尚有账面记载未申报债权 4 075.11 万元。

(二) 债权分类

根据《破产法》对债权分类的规定,结合债权人申报债权的实际情况,德奥通航债权主要包括有财产担保债权、普通债权等。关于欠缴的社保费用,公司将根据《破产法》规定和相关政策依法全额缴纳。

1. 有财产担保债权

已确认的有财产担保债权人共 2 家,确认数额 1.65 亿元。

2. 普通债权

德奥通航普通债权已确认的债权人 48 家,确认数额 2.46 亿元。

3. 其他债权

暂缓确定债权:已申报因未决诉讼待审查确认的债权 8 家,申报金额 6 785 万元。其中,待确认的有财产担保债权 2 家,涉及申报数额 2 826.15 万元;普通债权 6 家,涉及申报数额 3 958.85万元。

未申报债权:经德奥通航梳理统计及管理人调查,德奥通航尚有账面记载未申报债权 4 075.11万元。

(三)偿债能力分析

根据评估机构出具的《偿债能力分析报告》,截至评估基准日 2020 年 4 月 22 日,德奥通航如实施破产清算,假定全部有效资产能够按快速变现值变现,担保财产变现所得优先用于偿还有财产担保债权,剩余其他财产的变现所得在支付破产费用、共益债务并全额预留职工安置费用后用于向普通债权人分配,破产清算状态下普通债权的受偿率约为 36.47%。

三、重整基本情况

(一)重整背景

德奥通航是一家以小家电和通用航空为主营业务的上市公司。近年来受市场融资环境影响,通航业务仅能通过债务融资解决资金问题。从 2017 年开始,通航业务部分债务违约,陷入债务危机,资金链断裂导致通航业务生产运营全面停滞,2017 年财务报表对通航业务按照不可持续经营处理,相关资产计提了大额减值,造成公司巨额亏损,导致资不抵债的情况发生。2018 年 5 月 2 日,由于 2017 年末经审计净资产为负值,公司股票被深交所实施退市风险警示。2019 年 5 月 15 日,因 2018 年末经审计净资产依然为负值,公司股票被深交所实施暂停上市。

(二)重整申请情况

2019 年 7 月 22 日,张小东以德奥通航不能清偿到期债务,且明显缺乏清偿能力为由,向佛山中院申请对德奥通航进行重整。

(三)重整受理情况

2020 年 4 月 22 日,佛山中院裁定受理债权人对德奥通航提出的重整申请,并指定北京市中伦(深圳)律师事务所、广东源浩律师事务所联合担任德奥通航管理人。

(四)重整管理模式

债务人自行管理财产和营业事务。

（五）重整大事记

- 2019 年 7 月 22 日，债权人张小东向佛山中院申请对德奥通航进行重整。
- 2019 年 8 月 6 日，公司与云南同润投资有限公司签署合作协议，公司委托云南同润投资有限公司对公司的经营管理开展指导和优化管理等。
- 2019 年 8 月 27 日，公司收到佛山中院《关于开展庭外重组工作的通知》，佛山中院已通过随机方式预选了北京市中伦（深圳）律师事务所（联合方广东源浩律师事务所）作为预选管理人开展庭外重组工作。
- 2019 年 12 月 27 日，昆明迅图投资有限公司（以下简称为"昆明迅图"）与德奥通航控股子公司云南伊立浦工贸有限公司、德奥通航签订资产捐赠协议，由昆明迅图捐赠 1 000 万元现金及价值 1.73 亿元房产给云南伊立浦工贸有限公司，以协助德奥通航解决债务危机并拟通过参与德奥通航司法重整成为股东。
- 2020 年 4 月 8 日，公司公告《重整计划预案》。
- 2020 年 4 月 22 日，佛山中院裁定受理德奥通航重整，指定北京市中伦（深圳）律师事务所、广东源浩律师事务所联合担任德奥通航管理人。
- 2020 年 5 月 13 日，公司、管理人与迅图教育（昆明迅图为其主要股东之一）签署了《重整投资协议》，确认了迅图教育为公司重整的重整投资人。
- 2020 年 5 月 15 日，德奥通航与深圳市中幼微观科技有限公司、青岛海尔多媒体有限公司、深圳中幼盈达教育投资企业（有限合伙）、深圳市汇森鑫实业投资有限公司、万怀胜、深圳中幼福盈教育投资企业（有限合伙）、深圳徒康乐教育投资企业（有限合伙）、深圳市中幼欢乐文化传媒有限公司签署《重大资产重组框架协议》，各方就公司拟以发行股份、支付现金等方式收购深圳市中幼国际教育科技有限公司（深圳市中幼微观科技有限公司持有迅图教育 32% 的股权）不低于 90% 的股权的事项达成初步意向。
- 2020 年 5 月 27 日，第一次债权人会议对《德奥通航股份有限公司重整计划（草案）》进行表决，表决通过。
- 2020 年 5 月 27 日，公司出资人组表决通过《德奥通航重整计划草案之出资人权益调整方案》。
- 2020 年 5 月 28 日，佛山中院裁定批准德奥通航重整计划，终止重整程序。
- 2020 年 6 月 28 日，佛山中院裁定德奥通航重整计划执行完毕。

四、重整计划主要内容

（一）重整思路概述

如图 12-2 所示，重整计划的主要思路为：

（1）对出资人权益进行调整，在重整前股份基础上进行资本公积转增股本，合计转增 2.92 亿股。转增股份由迅图教育以合计 7.35 亿元的现金对价有条件受让。

（2）德奥通航将适时、分阶段调整业务结构，实现业务转型、升级，继续推动公司改革脱困和转型升级工作,巩固并强化重整成果。

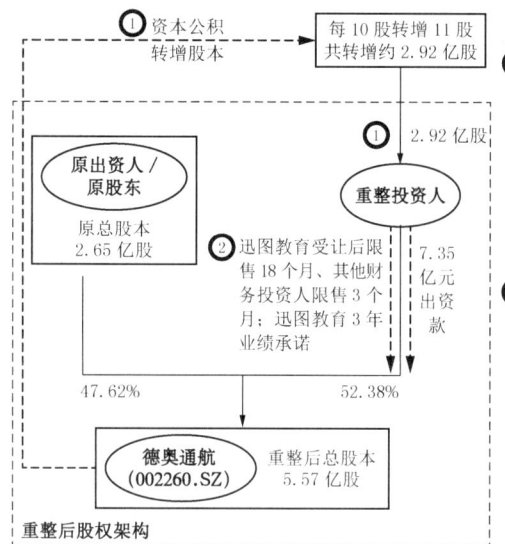

出资人权益调整方案

① 以德奥通航重整前总股本 2.65 亿股为基数,按照每 10 股转增 11 股的比例**转增 2.92 亿股**,转增后德奥通航总股本将扩大至 5.57 亿股。

上述转增股份不向原股东分配,由全体股东让渡,**全部转增持股份由重整投资人迅图教育**及其指定的财务投资人以合计 7.35 亿元的现金对价有条件受让,对价为 2.52 元／股(公司停牌前于 2019 年 4 月 26 日股价为 3.15 元／股),由此重整投资人所持股份占转增后公司总股本的 52.38%。转增股份收入由德奥通航用于支付重整费用、共益债务、清偿债务和后续营业等。

② 重整投资人受让条件包括:

迅图教育承诺德奥通航 2020—2022 年三年扣除非经常性损益后的净利润合计达到 3 亿元。德奥通航净利润未达到上述标准的,由迅图教育在 2022 年度审计报告出具后 1 个月内以现金方式向上市公司补足。

迅图教育自登记日起限售 18 个月,其他财务投资人自登记日或者德奥通航股票恢复上市之日(以发生在后者起算)起限售 3 个月。但重整投资人持有前述股份之后在同一实际控制人控制的不同主体之间(含子公司)进行协议转让、无偿划转、实施增资不受前述减持限制;除前述不受减持限制的情形之外,任何受让前述股票的第三方均应继续受前述承诺的约束。

图 12-2 德奥通航重整方案示意图

(二)投资人及投资方案

重整程序中,经过多轮磋商、洽谈,2020 年 5 月 13 日,公司、管理人与迅图教育签署了重整投资协议,确认了迅图教育为公司重整的重整投资人。

迅图教育及其指定的财务投资人提供计计 7.35 亿元资金,支持德奥通航通过重整程序清理债务和在重整期间、重整程序终止后继续经营。全体投资人提供的 7.35 亿元现金用于认购 2.92 亿股资本公积转增股本。转增股本收入由德奥通航用于支付重整费用、共益债务、清偿债务和后续营业等。

重整投资人应在 2020 年 6 月 5 日前支付全部股份受让价款。迅图教育承诺德奥通航 2020—2022 三年扣除非经常性损益后的净利润合计达到 3 亿元。德奥通航净利润未达到上述标准的,由迅图教育在 2022 年度审计报告出具后 1 个月内以现金方式向上市公司补足。

(三)出资人权益调整方案

以德奥通航重整前总股本 2.65 亿股为基数,按每 10 股转增 11 股的比例实施资本公积转增股本,共计转增 2.92 亿股股份(最终转增的准确股份数量以中国结算深圳分公司实际登记确认的数量为准)。转增后,德奥通航总股本将由 2.65 亿股增加至 5.57 亿股。

全体股东放弃 2.92 亿股转增股份,由重整投资人迅图教育及其指定的财务投资人以合计 7.35 亿元的现金对价受让,转增股份收入由德奥通航用于支付重整费用、共益债务、清偿债务和后续营业等。

(四)债权调整及受偿方案

1. 有财产担保债权调整及受偿

有财产担保债权人共 4 家,债权金额共计 1.93 亿元。其中,已确认的债权 2 家,确认数额 1.65 亿元;待确认的债权 2 家,涉及申报数额 2 826.15 万元。

有财产担保债权在担保财产评估价值范围内以现金方式优先受偿,超出担保财产评估价值的部分作为普通债权受偿。

已确认债权在重整计划执行期限内受偿完毕,对于待确认债权,管理人将根据上述受偿比例预留相应受偿资金,其债权获确认后按同类债权的清偿条件受偿。

2. 普通债权调整及受偿

德奥通航普通债权总额 2.86 亿元。其中,已确认的债权 48 家,确认数额 2.46 亿元;待确认的债权 6 家,涉及申报数额 3 958.85 万元。

普通债权以债权人为单位,每家债权人 50 万元以下(含 50 万元)的债权部分以现金全额受偿;超过 50 万元的部分以现金受偿 85%。剩余未受偿部分,德奥通航不再清偿。

已确认债权在重整计划执行期限内受偿完毕,对于待确认债权,管理人将根据上述受偿比例预留相应受偿资金,其债权获确认后按同类债权的清偿条件受偿。

3. 待确认债权调整及受偿

对于待确认债权,管理人将根据上述受偿比例预留相应受偿资金,其债权获确认后按同类债权的清偿条件受偿。

4. 未申报债权的处理

账面记载未申报债权的债权人在重整计划执行期间不得行使权利,管理人将根据重整计划的受偿比例预留相应偿债资金,其债权获确认后按同类债权的清偿条件受偿。自重整计划执行完毕之日起 3 年内,账面记载未申报债权之债权人主张债权且经审查依法成立的,按照上述同类债权的清偿条件受偿。超过 3 年未主张或虽主张但经审查不成立的,不再清偿,相应预留偿债资金作为德奥通航经营资金使用。

5. 债务清偿顺序

模拟破产清算下普通债权清偿率通过假定公司在破产清算条件下的偿债能力分析得到,主要来源于公司披露的《偿债能力分析报告》。而重组后清偿率是假定公司在重整条件下的名义清偿率。由图 12-3 可以看出,重整后的债权清偿率情况,比清算状态下的清偿率有一定提升。

重整计划草案披露的偿债方案显示,普通债权人 50 万元以下(含 50 万元)的债权部分以现金方式全额清偿;超过 50 万元的部分以现金受偿 85%。剩余未受偿部分,德奥通航不再清偿。因此,重整后普通债权的名义清偿率至少大于 85%。

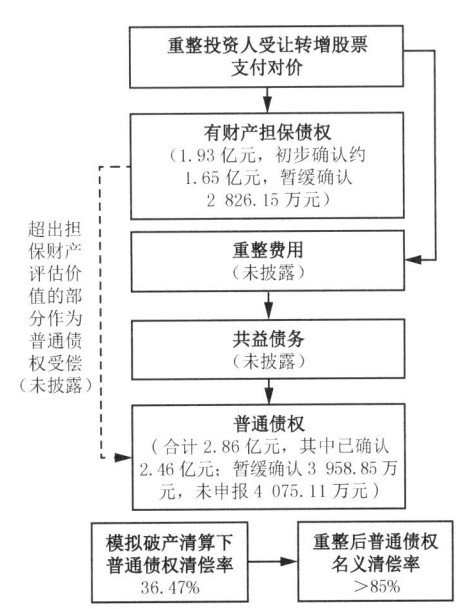

注:未披露重整费用合计数,仅披露管理人报酬共计 784 万元、评估机构费用 56 万元。

图 12-3　德奥通航债务清偿顺序示意图

（五）未来经营方案

（1）转让转增股份，引入重整投资人。公司将以重整为契机，引入重整投资人，重整投资人以一定对价受让股权，同时对未来 3 年扣除非经常性损益后的净利润之和作出承诺。

（2）增强小家电业务，剥离亏损业务。德奥通航将继续保持自主研发的优势，通过提升工艺和质量控制，借助优质客户资源和专业稳定团队，创新市场营销渠道，继续增强小家电业务。同时，德奥通航将剥离持续亏损业务，降低其对公司资产结构的影响。

（3）提升管理水平，提高经营效益。德奥通航将继续改善经营，提高经营业绩。进一步完善公司各项管理制度及实施流程，加强经营费用、运营成本及财务费用管理，提高公司经营效益，提升整体管理水平和经营效率，增强核心竞争力，实现企业快速稳定发展。

（4）开拓新业务领域，适时注入优质资产。借助迅图教育，德奥通航将开拓新的业务领域，生产儿童智能玩具、机器人产品和电子信息化产品等幼教类产品，进一步提升公司营业收入和利润水平。目前，德奥通航已与迅图教育的主要股东深圳市中幼微观科技有限公司签订了重组框架协议，重整计划执行完毕后，公司拟分步实施资产注入方案，以发行股份、支付现金等方式收购深圳市中幼国际教育科技有限公司不低于 90% 的股权。如获证券监督管理机构许可，未来德奥通航将成功转型为"小家电、信息化产品"生产基地和运营平台。

五、重整计划表决与批准

（一）债权人会议表决

公司第一次债权人会议于 2020 年 5 月 27 日上午通过全国企业破产重整案件信息网召开，对重整计划由有财产担保债权组和普通债权组进行了分组表决。

1. 有财产担保债权组

有财产担保债权组共有 4 家出席会议，占出席会议的该组债权总人数的 100%，已超过本组出席会议债权人的半数；该债权人所代表的债权金额合计 1.93 亿元，占全部有财产担保债权总额的 100%，已超过本组债权总额的 2/3。表决通过。

2. 普通债权组

普通债权组共有 57 家出席会议，其中同意重整计划的债权人共计 54 家，占出席会议的该组债权总人数的 94.74%，已超过本组出席会议债权人的半数；该 54 家债权人所代表的债权金额合计 2.74 亿元，占全部有表决权的普通债权总额的 93.40%，已超过本组债权总额的 2/3。表决通过。

（二）出资人组会议表决

公司于 2020 年 5 月 27 日下午通过现场和网络相结合的方式召开出资人组会议，会议完成了既定议程，并表决通过了《德奥通航重整计划草案之出资人权益调整方案》。

参加出资人组会议的股东及股东代理人共 513 名，代表股份 1.16 亿股，占公司有表决权股份总数的 36.99%。

表决情况为：同意票所代表的股份为 1.07 亿股，占出席会议股份总数的 91.94%，已超过出席会议股东所持表决权的 2/3。表决通过。

（三）重整计划批准

2020 年 5 月 28 日，佛山中院裁定批准重整计划，批准备查文件为（2020）粤 06 破 20-3 号《民事裁定书》。

六、重整计划执行与监督

（一）执行与监督的主体

重整计划由德奥通航负责执行，管理人负责监督。

在重整计划监督期限内，德奥通航应接受管理人的监督，及时向管理人报告重整计划执行情况、公司财务状况，以及重大经营决策、财产处置等事项。

（二）执行与监督的期限

重整计划的执行期限自重整计划获得法院裁定批准之日起 6 个月。重整计划提前执行完毕的，执行期限自执行完毕之日起届满。客观原因导致重整计划无法在上述期限内执行完毕的，德奥通航应于执行期限届满 3 日前向法院提交延长重整计划执行期限的申请，并根据法院批准的执行期限继续执行。

重整计划执行的监督期限与执行期限一致。

重整计划监督期届满时，管理人将向法院提交监督报告，自监督报告提交之日起，管理人的监督职责终止。

（三）执行的措施

1. 偿债资金的分配

每家债权人以现金方式受偿的债权部分，偿债资金原则上以银行转账方式向债权人进行分配，债权人应自法院裁定批准重整计划之日起 7 日内书面提供接受偿债资金的账户信息。

2. 偿债资金的提存及处理

债权经法院裁定确认的债权人未按照重整计划的规定领受分配的偿债资金，根据重整计划应向其分配的资金将提存至管理人指定的银行账户或证券账户，提存的偿债资金自重整计划执行完毕之日起满 3 年，因债权人自身原因仍不领取的，视为放弃受领受偿款项的权利，相应提存资金及股份变现价款将用于补充德奥通航流动资金。

已获管理人审查确认但尚未经法院裁定确认的债权，债权数额以法院最终裁定确认的为准，债权人按照重整计划规定的同类债权的清偿条件受领偿债资金。若已按照重整计划预留的偿债资金在清偿上述债权后仍有剩余，剩余的偿债资金和变现价款将用于补充德奥通航流动资金。

待确认债权最终未获法院裁定确认的，根据重整计划为其预留的资金将用于德奥通航补充流动资金。最终获法院裁定确认的债权数额与债权申报数额有差异的，以法院最终确认的债权数额为准，按照重整计划规定的同类债权的清偿条件受领偿债资金。若已按照重整计划预留的偿债资金在清偿上述债权后仍有剩余,剩余的偿债资金变现价款将用于补充德奥通航流动资金。

对于账面记载未申报债权,自重整计划执行完毕之日起 3 年未主张或者虽主张但经审查不成立或者有证据证明债权不成立的,不再清偿,相应预留偿债资金变现价款将用于补充德奥通航流动资金。

3. 重整费用的支付

依据《最高人民法院关于审理企业破产案件确定管理人报酬的规定》及法院确定的管理人报酬方案计算的管理人报酬共计 784 万元,按照管理人报酬方案支付。在重整期间及重整计划执行期间,法院案件受理费、管理人聘请其他中介机构的费用(包括聘请评估机构的费用 56 万元)、管理人执行职务等发生的各项破产费用,根据实际发生数额作为重整费用以债务人财产按照重整计划规定或合同约定支付或清偿。

此外,德奥通航财产变价税费、转增股份登记税费及股份过户税费、管理人执行职务的费用等其他重整费用根据重整计划执行实际情况随时支付。

4. 共益债务的清偿

德奥通航重整期间的共益债务,包括但不限于因继续履行合同所产生的债务、继续营业而应支付的劳动报酬和社会保险费用以及由此产生的其他债务,由德奥通航按照相关合同约定随时清偿。

5. 重整投资人的变更

客观原因导致需要变更重整投资人的,在不变更出资人权益调整方案、债权分类、债权调整和受偿方案的前提下,由管理人报告债权人会议,并请示法院批准后变更。

6. 财产保全措施的解除

重整计划经法院裁定批准后,如德奥通航财产仍存在保全措施,有关债权人应当配合管理人和德奥通航在重整计划获得法院裁定批准之日起 15 日内解除保全措施,在保全措施未能解除前,暂不向相关债权人实施清偿措施。

七、重整计划顺利实施的预期效果

德奥通航重整计划如能顺利实施:

(1)法人资格继续存续,仍是一家在深交所上市的股份公司。

(2)重整前产生的负债获得妥善安排。重整计划实施完毕后,德奥通航的债务获得较高比例清偿,实现各方共赢。

(3)资产业务结构获得优化重组。重整计划批准后,重整投资人投入资金以发展核心业务,亏损业务被剥离,生产经营格局得到优化,持续盈利能力增强。

案例 13　青海盐湖重整案例解析

　　青海盐湖工业股份有限公司(以下简称"青海盐湖"或者"公司")是我国第一家也是目前我国最大的钾肥生产企业,成立于 1997 年 8 月 25 日,重整前注册资本为 27.86 亿元。近年来,经济下行压力不断加大、融资政策不断趋紧、原料成本过高、生产要素供应不足、大举扩张但未见成效,导致财务成本过高,青海盐湖自身债务负担愈发沉重,濒临资不抵债,资金链已经断裂。债权人格尔木泰山实业有限公司(以下简称"泰山实业")于 2019 年 8 月 15 日申请对公司进行重整。青海省西宁市中级人民法院(以下简称"西宁中院")于 2019 年 9 月 30 日裁定受理公司重整,并指定青海盐湖清算组担任重整管理人。2020 年 1 月 20 日,西宁中院裁定批准重整计划。2020 年 4 月 20 日,西宁中院裁定确认公司重整计划执行完毕。

1. 出资人权益调整

　　以青海盐湖重整前总股本 27.86 亿股为基数,按照每 10 股转增 9.5 股的比例转增合计约 26.47 亿股,总股本扩大至 54.33 亿股。

　　上述转增股票中,约 25.76 亿股转增股票用于向债权人抵偿债务,占转增后总股本的 47.42%;剩余约 7 075.18 万股转增股票由拟处置资产的未来承接方有条件有偿受让,占转增后总股本的 1.3%。

2. 债权调整及受偿

　　1) 有财产担保债权调整及受偿

　　有财产担保债权在担保财产评估价值范围内优先受偿的部分予以留债,留债期限为 5 年,每年平均还本付息,利息以未偿留债余额为计算基数。

　　2) 普通债权调整及受偿

　　普通债权以债权人为单位,每家债权人 50 万元以下(含 50 万元)的部分,在重整计划执行期限内以现金方式一次性清偿完毕,超过 50 万元的部分,按照如下分类进行调整、清偿:

（1）非银行类普通债权可选择留债或股票清偿方式进行清偿，若选择留债，可在四种方式（参见表 13-2）中择一受偿，若选择股票清偿，则按照 13.1 元/股的抵债价格获得相应数量的转增股票，即每 100 元普通债权分得约 7.633588 股转增股票。

（2）银行类普通债权视非银行类普通债权的选择情况而部分留债并实施股票清偿，若全部或部分非银行类普通债权人选择股票清偿或选择留债方式中的前三种之一受偿，则选择股票清偿的债权人的债权额度以及选择打折留债的债权人所豁免的债权额度将用于按比例向全体银行类普通债权人进行留债安排。每家银行类普通债权人可分配的留债金额计算方式为：（每家银行类普通债权人的债权金额÷银行类普通债权总金额）×（选择股票清偿的非银行类普通债权金额＋选择打折留债的非银行类普通债权人所豁免的债权额度），留债方式同非银行类普通债权的第四种留债方式。银行类普通债权按上述方式进行部分留债处理后的剩余债权部分，将全部以资本公积转增股本抵偿，每股抵债价格为 13.1 元，每 100 元债权可分得约 7.633588 股股票。

3. 引入资产承接人

青海汇信资产管理有限责任公司（以下简称"汇信资管"）为青海盐湖的资产承接人，汇信资管将以 30 亿元的价格受让青海盐湖资产包，受让方式包括参与第六次拍卖或直接协议受让前述资产。

此外，汇信资管以 5.95 亿元对价受让 7 075.18 万股转增股票。

一、公司基本信息

（一）公司及业务简介

青海盐湖于 1997 年 8 月在青海省市场监督管理局依法注册登记成立，注册资本为 27.86 亿元，主营业务为氯化钾的开发、生产和销售，盐湖资源综合开发利用等。公司始建于 1958 年，前身为"青海钾肥厂"，1997 年改制为"青海盐湖钾肥股份有限公司"，并于同年在深交所上市，股票代码为 000792，股票名称盐湖钾肥。2011 年，公司完成对青海盐湖工业集团股份有限公司的吸收合并，合并后更名为"青海盐湖工业股份有限公司"，股票代码不变，股票名称变更为盐湖股份。

青海盐湖是青海省国有资产投资管理有限公司（以下简称"青海省国投公司"）下属的上市公司，同时也是青海省国资委管理的省属大型国有上市公司。青海盐湖资源所在地为柴达木盆地的察尔汗盐湖，钾肥生产能力约为 500 万吨/年，系国内最大的钾肥生产基地，位居全球前列。

根据公司重整申请前 2018 年年度报告，公司营业收入为 178.9 亿元，净亏损为 36.01 亿元，毛利率为 26.19%，净利率为－20.13%。

（二）重整前股权架构图

截至 2019 年 9 月 30 日，青海盐湖总股本为 27.86 亿股。青海盐湖的控股股东是青海省国投公司，其所持青海盐湖的股份为 7.53 亿股，占青海盐湖总股本的 27.03%，公司实际控制人是青海省国资委，如图 13-1 所示。

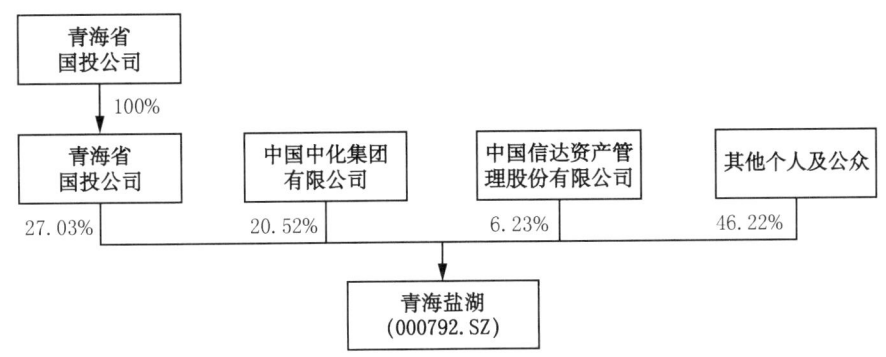

图 13-1 青海盐湖重整前股权架构图

二、资产负债情况

(一) 资产负债情况总览

如表 13-1 所示,根据评估机构出具的《资产评估报告》,以重整受理日即 2019 年 9 月 30 日为评估基准日,按照清算价值法进行评估,青海盐湖剔除融资租赁物后资产的清算评估总值为 426.14 亿元,清算价值为账面价值的 60%。

表 13-1 青海盐湖资产负债情况

单位:亿元

资产/债权类型	资产	负债	资产一负债	资产负债率
评估清算价值/审查确认债权	426.14	453.21	−27.07	106.35%

截至 2019 年 12 月 31 日,共有 1 075 家债权人向管理人申报债权,申报的债权金额共计 485.99 亿元,包括建设工程价款优先受偿权 4 家,申报金额为 1 634.18 万元;有财产担保债权 2 家,申报金额为 14.3 亿元;税款债权 1 家,申报金额为 22.5 亿元;普通债权 1 072 家,申报金额为 449.02 亿元。其中,2 家债权人同时申报了有财产担保债权和普通债权,2 家债权人同时申报了建设工程价款优先受偿权和普通债权。

截至 2019 年 12 月 31 日,经管理人初步审查确认的债权总额合计 453.21 亿元。其中,有财产担保债权为 11.28 亿元;职工债权 3.38 亿元;税款债权为 21.6 亿元;普通债权 416.95 亿元。

已申报债权中,经管理人初步审查不予确定的债权总额为 7.63 亿元。

暂缓确认金额约为 28.53 亿元。根据公司财务账簿记载及公司说明,未在债权申报期限内申报但账面记载的债权尚有约 9 853.52 万元。

(二) 债权分类

根据《破产法》对债权分类的规定,结合债权人向青海盐湖申报债权的实际情况,青海盐湖债权主要包括有财产担保债权、职工债权、税款债权、普通债权等。

1. 有财产担保债权

有财产担保债权总额为 11.28 亿元,涉及 1 家债权人。

2. 职工债权

职工债权总额约 3.38 亿元。

3. 税款债权

税款债权总额约 21.6 亿元,涉及 1 家债权人。

4. 普通债权

普通债权组的债权总额为 416.95 亿元,包括已经西宁中院裁定确认的债权 280.71 亿元、初步审查确定的债权 136.24 亿元。

5. 其他债权

暂缓确定债权:因涉及债权生效条件未成就、涉诉未决、工程尚未结算、需进一步补充证据材料等,债权人已申报但管理人尚无法确定其金额而暂缓确定的债权共涉及 276 家债权人,涉及的暂缓金额为 28.53 亿元,债权性质全部为普通债权。

未申报债权:根据公司财务账簿记载及公司说明,未在债权申报期限内申报但账面记载的债权尚有约 9 853.52 万元,性质均为普通债权。

(三)偿债能力分析

根据评估机构于 2019 年 12 月 16 日出具的《偿债能力分析报告》,结合当时拟处置资产已经 3 次拍卖流拍的客观实际,若青海盐湖实施破产清算,假设处置的资产可按照第 4 次拍卖的起拍价 58.25 亿元(剔除融资租赁物)成交,其他资产能够按照评估价值变现。按照《破产法》规定的清偿顺序,担保财产变现所得优先用于偿还有财产担保债权,剩余其他财产的变现所得在支付破产费用、职工债权、税款债权后用于向普通债权人分配,青海盐湖在假定破产清算状态下普通债权的受偿率约为 38.51%(具体数据以《偿债能力分析报告》为准)。

三、重整基本情况

(一)重整背景

近年来,受经济下行压力不断加大、融资政策不断趋紧、原料成本过高、生产要素供应不足、大举扩张投资但尚未形成效应从而造成资产折旧损失过大和财务成本过高等多重不利因素的影响,青海盐湖自身债务负担愈发沉重,濒临资不抵债,资金链已经断裂。

钾肥是我国的战略性物资,青海盐湖是我国第一家也是目前我国最大的钾肥生产企业。作为我国资源储备量最大、生产时间最悠久、生产技术最先进的钾肥企业,其正常运营对于保障国家粮食安全、支撑国家战略发展具有重大意义。

(二)重整申请情况

2019 年 8 月 15 日,债权人泰山实业以公司不能清偿到期债务、明显缺乏清偿能力为由向西宁中院提出对青海盐湖进行重整的申请。

(三)重整受理情况

西宁中院于 2019 年 9 月 30 日依法作出(2019)青 01 破申 2 号《民事裁定书》,以不能清偿到期债务且明显缺乏清偿能力为由,裁定受理青海盐湖重整一案,并于同日作出(2019)青01 破 2 号《决定书》,指定青海盐湖清算组担任青海盐湖管理人。

(四)重整管理模式

债务人自行管理财产和营业事务。

(五)重整大事记

• 2019 年 8 月 15 日,债权人泰山实业向西宁中院申请对青海盐湖进行重整。

• 2019 年 9 月 30 日,西宁中院裁定受理青海盐湖重整,指定青海盐湖清算组担任管理人。

• 2019 年 11 月 6 日,召开第一次债权人会议,管理人作重整期间阶段性工作报告、债务人财产状况报告、债权申报及审查情况说明,债权人表决通过《财产管理及变价方案》。

• 2019 年 11 月 23 日至 2020 年 1 月 9 日,公司对于分公司的固定资产、在建公司等资产包、持有的部分公司的股权及应收债权组织了 6 次拍卖,均因无参与竞拍而流拍,起拍价合计由 177.99 亿元降至 29.91 亿元。

• 2019 年 12 月 27 日,公司管理人与汇信资管签订《资产收购框架协议》。

• 2020 年 1 月 16 日,职工债权组表决通过《重整计划(草案)》。

• 2020 年 1 月 17 日,召开第二次债权人会议,有财产担保债权组、税款债权组和普通债权组表决通过《重整计划(草案)》。

• 2020 年 1 月 17 日,召开出资人组会议,表决通过《重整计划(草案)之出资人组调整方案》。

• 2020 年 1 月 17 日,汇信资管完成内部审查流程后签署《资产收购协议》。

• 2020 年 1 月 19 日,管理人向西宁中院提交了裁定批准公司重整计划的申请。

• 2020 年 1 月 20 日,西宁中院裁定批准重整计划,终止重整程序。

• 2020 年 3 月 31 日,青海盐湖与汇信资管签署《资产收购协议之补充协议(一)》。

• 2020 年 4 月 20 日,西宁中院作出(2019)青 01 破 2 号之三《民事裁定书》,裁定确认青海盐湖重整计划执行完毕。

• 2021 年 6 月 3 日,青海盐湖与汇信资管签署《资产收购协议之补充协议(二)》。

四、重整计划主要内容

(一)重整思路概述

如图 13-2 所示,重整计划的主要思路为:

(1) 对出资人权益进行调整,在重整前股本基础上进行资本公积转增股本,合计转增 26.47 亿股。转增股票中,约 25.76 亿股转增股票用于向债权人抵偿债务;剩余约 7 075.18 万股转增股票由拟处置资产的承接方有条件有偿受让清偿债务及由拟处置资产的承接方有条件有偿受让。

(2) 通过公开处置的方式剥离公司体系内亏损资产,优化公司资产结构,实现资产优化

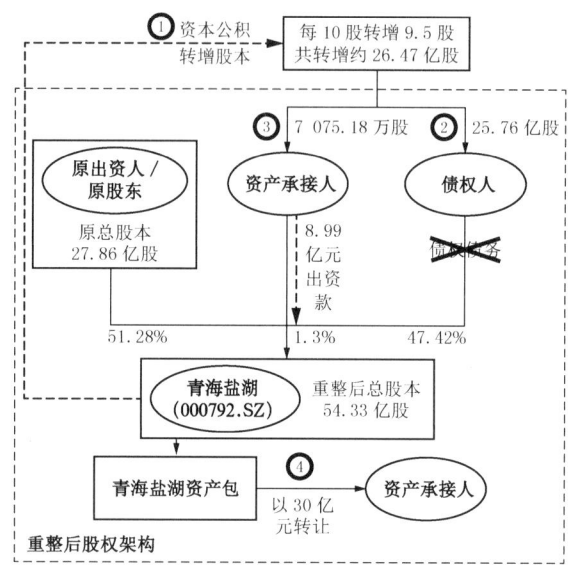

出资人权益调整方案

❶ 以青海盐湖重整前总股本 27.86 亿股为基数;按照每 10 股转增 9.5 股的比例转增合计约 26.47 亿股,总股本扩大至 54.33 亿股。

❷ 25.76 亿股转增股票用于向债权人抵偿债务,占转增后总股本的 47.42%。

❸ 7 075.18 万股转增股票由拟处置资产的承接方有条件有偿受让,占转增后总股本的 1.3%,受让对价优先用于支付重整费用和清偿部分债务。

资产处置方案

❹ 对青海盐湖所持对其控股子公司盐湖镁业公司的全部股权、应收债权,青海盐湖所持对其控股子公司海纳化工公司的全部股权、应收债权以及青海盐湖化工分公司的固定资产、在建工程、无形资产、存货(上述三项资产合称"青海盐湖资产包")进行处置;2020 年 1 月 17 日,汇信资产管理有限公司以 30 亿元收购青海盐湖资产包。

图 13-2 青海盐湖重整方案示意图

配置,加速资金周转,恢复公司持续盈利能力。

(二) 资产处置情况

根据《财产管理及变价方案》,管理人已分别于 2019 年 11 月 23 日、2019 年 12 月 2 日、2019 年 12 月 11 日、2019 年 12 月 20 日、2019 年 12 月 31 日、2020 年 1 月 9 日在淘宝网司法拍卖网络平台上对青海盐湖资产包进行了 6 次公开拍卖,但因在规定的拍卖期间无人参与竞拍,前述 6 次公开拍卖均已流拍。

2019 年 12 月 27 日,在青海盐湖资产包历经 4 次拍卖无人报名参与竞拍的情况下,管理人与汇信资管签订了《资产收购框架协议》。双方约定:如管理人后续继续采取公开拍卖或协议转让的方式处置青海盐湖资产包,且无其他主体愿意以超过人民币(下同)30 亿元的价格通过参与第 6 次拍卖或者协议受让方式受让青海盐湖资产包,汇信资管将以 30 亿元的价格受让青海盐湖资产包,受让方式包括参与第 6 次拍卖或直接协议受让前述资产。

2020 年 1 月 14 日,管理人将拟由双方签署的《资产收购协议》提交汇信资管,后者完成内部审查流程后于 2020 年 1 月 17 日签署。

(三) 出资人权益调整方案

以青海盐湖重整前总股本 27.86 亿股为基数,按每 10 股转增 9.5 股的比例实施资本公积转增股本,共计转增 26.47 亿股股票(最终转增的准确数量以中国结算深圳分公司实际登记确认的为准)。转增后,青海盐湖总股本将由 27.86 亿股增加至 54.33 亿股。上述转增所得股票不向原股东分配,将向债权人分配以抵偿债务以及由管理人进行处置。其中,约 25.76 亿股转增股票用于向债权人抵偿债务;剩余约 7 075.18 万股转增股票由拟处置资产的承接方有条件有偿受让,受让对价优先用于支付重整费用和清偿部分债务。

截至 2021 年 6 月 3 日,资产承接方汇信资管一直未向管理人支付上述受让股票对价款,管理人亦未向汇信资管转让相应股票。鉴于汇信资管在公司重整程序中受让了青海盐湖剥离的资产包并完成了 30 亿元对价款的支付,同时目前由于汇信资管主要为持股平台,其自身目前无实际经营业务,汇信资管主要子公司仍在重整程序中,其重整投资人招募工作尚未完成,导致汇信资管资金紧张,无法及时支付转增股票受让款项,经管理人与汇信资管协商达成一致意见,2021 年 6 月 3 日双方签署了《资产收购协议之补充协议(二)》,约定将转增股票受让款的支付期限延后至《资产收购协议之补充协议(二)》签署之日起 1 年。

(四) 债权调整及受偿方案

1. 有财产担保债权调整及受偿

截至 2019 年 12 月 31 日,有财产担保债权总额为 11.28 亿元,涉及 1 家债权人。根据《破产法》的规定,有财产担保债权人就担保财产价值为限享有优先受偿的权利。根据担保财产的评估价值,有财产担保债权 11.28 亿元均可以获得优先清偿。

留债期限:5 年。

留债利率:按原融资利率与重整计划草案提交法院及债权人会议前最近一期全国银行间同业拆借中心公布的 5 年期贷款市场报价利率(LPR)孰低者确定,利息自重整计划获得法院裁定批准之日起算。

清偿方式:每年平均还本付息,利息以未偿留债额度为计算基数。在重整计划草案项下,2020 年作为第一年,2021 年为第二年,2022 年为第三年,2023 年为第四年,2024 年为第五年。

还款时间:2020 年、2021 年、2022 年、2023 年、2024 年每年度最后 1 个月的 20 日为结息日,结息日的次日为付息还款日,首个付息还本日为 2020 年 12 月 21 日。

担保方式:留债期间原财产抵押担保关系不发生变化,在青海盐湖履行完毕上述有财产担保债权清偿义务后,有财产担保债权人应解除对担保财产设定的抵押手续,并不再就担保财产享有优先受偿权。未及时办理解除抵押手续的,不影响担保物权的消灭。

2. 职工债权调整及受偿

截至 2019 年 12 月 31 日,职工债权 3.38 亿元全额清偿,不作调整,由青海盐湖在重整计划执行期限内以现金方式全额清偿。后续如因处置资产而解除分公司全部或部分职工的劳动合同并产生经济补偿金的,将依法作为职工债权由青海盐湖予以清偿。

3. 税款债权调整及受偿

截至 2019 年 12 月 31 日,税款债权 21.6 亿元全额清偿,不作调整,由青海盐湖在重整计划执行期限内以现金方式全额清偿。青海盐湖清偿税款债权后,其中留存于青海省税款部分的 50% 将由地方政府在 2020 年内依法返还给青海盐湖。

4. 普通债权调整及受偿

截至 2019 年 12 月 31 日,普通债权组的债权总额为 445.48 亿元,涉及 1 072 家债权人,包括已经西宁中院裁定确认的债权 280.71 亿元、初步审查确定的债权 136.24 亿元以及其他债权中暂缓确定的债权 28.53 亿元。

普通债权以债权人为单位,每家债权人 50 万元以下(含 50 万元)的部分,由青海盐湖在重整计划执行期限内依法以现金方式一次性清偿完毕。超过 50 万元的部分处理如下。

1)非银行类普通债权

该类债权可选择留债或股票清偿方式进行清偿。

若选择留债,则应在表 13-2 的四种方式中择一。若选择股票清偿方式进行受偿,则按照 13.1 元/股的抵债价格获得相应数量的转增股票,即每 100 元普通债权分得约 7.633588 股转增股票。

表 13-2 非银行类普通债权留债方式

方式	留债期限	留债额度	清偿方式	还款时点	留债利率
1	2 年	按债权金额的 60%进行保留	每年分别偿还 0、100%的留债额度,利息以未偿还留债额度为计算基数。在重整计划草案项下,2020 年作为第一年,2021 年为第二年	2020 年、2021 年每年度最后 1 个月的 20 日为结息日,结息日的次日为付息还款日,首个付息日为 2020 年 12 月 21 日,还本日为 2021 年 12 月 21 日	按原融资利率与重整计划草案提交法院及债权人会议前最近一期全国银行间同业拆借中心公布的 1 年期贷款市场报价利率(LPR)下调 150 个基点孰低者确定,利息自重整计划获得法院裁定批准之日起算
2	3 年	按债权金额的 68%进行保留	每年分别偿还 0、40%、60%的留债额度,利息以未偿还留债额度为计算基数。在重整计划草案项下,2020 年作为第一年,2021 年为第二年,2022 年为第三年	2020 年、2021 年、2022 年每年度最后 1 个月的 20 日为结息日,结息日的次日为付息还款日,首个付息日为 2020 年 12 月 21 日,首个还本日为 2021 年 12 月 21 日	
3	4 年	按债权金额的 80%进行保留	每年分别偿还 0、20%、30%、50%的留债额度,利息以未偿还留债额度为计算基数。在重整计划草案项下,2020 年作为第一年,2021 年为第二年,2022 年为第三年,2023 年为第四年	2020 年、2021 年、2022 年、2023 年每年度最后 1 个月的 20 日为结息日,结息日的次日为付息还款日,首个付息日为 2020 年 12 月 21 日,首个还本日为 2021 年 12 月 21 日	
4	5 年	按债权金额的 100%进行保留	每年分别偿还 0、0、20%、30%、50%的留债额度,利息以未偿还留债额度为计算基数。在重整计划草案项下,2020 年作为第一年,2021 年为第二年,2022 年为第三年,2023 年为第四年,2024 年为第五年	2020 年、2021 年、2022 年、2023 年、2024 年每年度最后 1 个月的 20 日为结息日,结息日的次日为付息还款日,首个付息还款日为 2020 年 12 月 21 日,首个还本日为 2022 年 12 月 21 日	

注:非银行类普通债权人在前三种留债清偿方式中作出选择的,其剩余未获得清偿的部分依法豁免,青海盐湖不再承担清偿责任。

2)银行类普通债权

该类债权可视非银行类普通债权的选择情况而部分留债并实施股票清偿。

若全部或部分非银行类普通债权人选择股票清偿或选择留债方式中前三种之一受偿,则选择股票清偿的债权人的债权额度以及选择打折留债的债权人所豁免的债权额度将用于按比例向全体银行类普通债权人进行留债安排。每家银行类普通债权人可分配的留债金额计算方式为：(每家银行类普通债权人的债权金额÷银行类普通债权总金额)×(选择股票清偿的非银行类普通债权金额＋选择打折留债的非银行类普通债权人所豁免的债权额度)。留债方式同第四种非银行类普通债权的留债方式。

银行类普通债权按上述方式进行部分留债处理后的剩余债权部分，将全部以资本公积转增股本抵偿，每股抵债价格为 13.1 元，每 100 元债权可分得约 7.633588 股股票。

5. 暂未确认债权的处理

已向管理人申报但因债权生效条件未成就、涉诉未决、工程尚未竣工结算、需进一步补充证据材料等导致管理人尚无法出具审查意见而暂缓确定的债权，在重整中按照其申报金额预留相应偿债资金和抵债股票，待其债权经审查确定之后，可以按照重整计划草案规定的同类债权清偿条件受偿。

现已申报但暂缓确定的债权中包括 4 家申报了建设工程价款优先受偿权的债权人，涉及申报金额 1 634.18 万元。考虑到建设工程价款优先受偿权属于优先于有财产担保债权受偿的特殊优先权，后续待该 4 家债权人的债权金额最终确定后，由青海盐湖与该 4 家债权人自行协商以现金方式清偿。

6. 未申报债权的处理

未依照《破产法》规定申报但仍受法律保护的债权，在重整计划执行期间不得行使权利；在重整计划执行完毕后，其中 50 万元以下(含 50 万元)的部分由青海盐湖一次性现金清偿，超过 50 万元部分按照重整计划草案规定的非银行类普通债权中第 4 种留债安排予以清偿。

7. 债务清偿顺序

模拟破产清算下普通债权清偿率通过假定公司在破产清算条件下的偿债能力分析得到，主要来源于公司披露的《偿债能力分析报告》。而重组后清偿率是假定公司在重整条件下的名义清偿率。由图 13-3 可以看出，重整后的债权清偿率情况，比清算状态下的清偿率有一定提升。

重整计划草案披露的偿债方案显示，普通债权人 50 万元以下(含 50 万元)的部分以现金方式一次性清偿完毕；超过 50 万元的非银行类普通债权按表 13-2 中的四种方式择一清偿，其最低的留债额度为

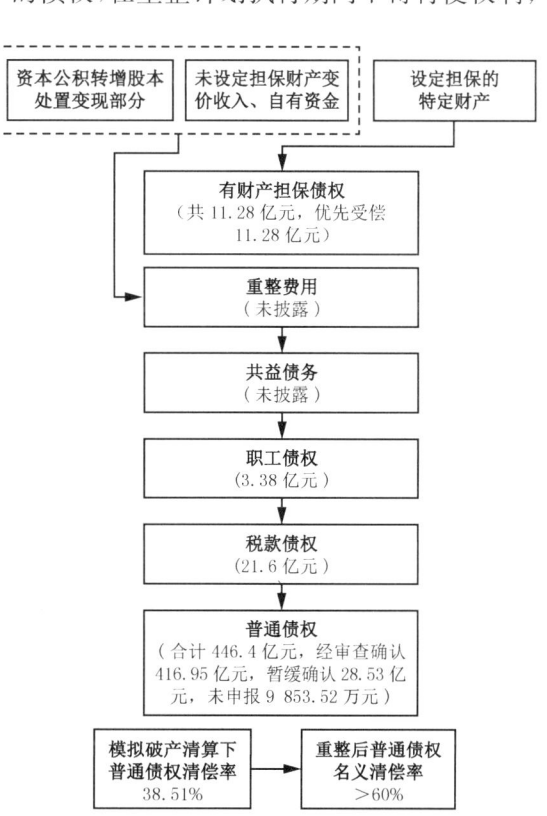

图 13-3　青海盐湖债务清偿顺序示意图

60%;超过 50 万元的银行类普通债权将视非银行类普通债权的选择情况而部分留债,并实施股票清偿。因此,重整后普通债权的名义清偿率至少大约 60%。

(五)未来经营方案

青海盐湖将以重整为契机,在重整完成后,继续对公司实施市场化改革,继续推动改革脱困和转型升级工作,进一步做优做强现有钾、锂主营业务,同时科学培育新的业务增长点。公司将重点在钾、锂产业加大研发投入,以高端品牌氯化钾为核心,以优质电池原料碳酸锂为补充性业务,以氢氧化锂、金属锂、硝酸钾为衍生性业务,并不断提升研发设计能力、提升核心竞争力,将青海盐湖打造成为具有影响力和综合竞争优势的钾工业基地、锂电原料基地。具体如下:

(1)加大研发投入,做强"盐桥"品牌。在重整完成后的 1~3 年,青海盐湖将着重打造具有影响力和综合竞争优势的钾工业基地、锂电原料基地,以提升管理、加大研发、创新营销体系为驱动,实现钾、锂产业升级,提升盈利水平。2023 年之后,青海盐湖将以统筹国内外两种资源拓展国外产能为驱动,实现生产规模和盈利能力的扩大与提升。

(2)完善上市公司治理结构,引入市场化管理机制。在重整计划执行完毕之后,金融机构将持有上市公司股票并成为上市公司股东。青海盐湖将继续优化完善上市公司的管理机制,与金融机构建立稳定的沟通机制,使青海盐湖的治理结构和决策机制更加科学规范。

(3)全面深化改革,重铸盐湖辉煌。青海盐湖要全面深化改革,继续勤勉尽责、忠实执行职务,立足柴达木资源优势,实施创新驱动战略,以新发展理念构建柴达木特色产业集群和循环经济工业体系,高水平、高效率推进盐湖资源综合开发利用,大力拓展盐湖资源综合开发的空间和水平。

五、重整计划表决与批准

(一)债权人会议表决

青海盐湖第二次债权人会议于 2020 年 1 月 17 日 9 点 30 分采取网络会议方式在全国企业破产重整案件信息网召开,由有财产担保债权组、职工债权组、税款债权组和普通债权组对《重整计划(草案)》进行分组表决,其中职工债权组已在第二次债权人会议开始前于 2020 年 1 月 16 日进行了表决,且表决通过了《重整计划(草案)》。

1. 有财产担保债权组

有财产担保债权组共有 1 人出席会议。其中,同意《重整计划(草案)》的债权人共计 1 人,占出席会议的有表决权债权人人数的比例为 100%,代表债权金额 11.28 亿元,占有财产担保债权总额的比例为 100%。表决通过。

2. 职工债权组

出席职工债权组会议有表决权的职工债权人共计 6 692 名,均同意《重整计划(草案)》,占出席会议的该组债权人总人数的 100%,已超过本组出席会议债权人的半数,其所代表的债权金额 7 662.11 万元,占职工债权总额的 97.97%。表决通过。

3. 税款债权组

税款债权组共有 1 人出席会议。其中,同意《重整计划(草案)》的债权人共计 1 人,占出席会议的有表决权债权人人数的比例为 100%,代表债权金额 21.6 亿元,占税款债权总额的比例为 100%。表决通过。

4. 普通债权组

普通债权组共有 1 084 家出席会议。其中,同意《重整计划(草案)》的债权人共计 1 049 家,占出席会议的有表决权债权人人数的比例为 96.77%,代表债权金额 365.33 亿元,占普通债权总额的比例为 82.01%。表决通过。

(二)出资人组会议表决

公司于 2020 年 1 月 17 日召开出资人组会议,对《重整计划(草案)之出资人权益调整方案》进行表决。表决方式为现场表决与网络投票相结合。

参加出资人组会议的股东及股东代理人共 603 名,代表股份 17.34 亿股,占公司有表决权股份总数的 62.24%。其中,出席现场会议投票的股东及股东代理人共 8 名,代表股份 10.27 亿股,占公司表决权股份总数的 36.88%;参加网络会议投票的股东及股东代理人共 595 名,代表股份 7.07 亿股,占公司表决权股份总数的 25.36%。

表决情况为:同意票 17.18 亿股,占出席会议有效表决权股份总数 99.0907%;反对票 1 516.78 万股,占出席会议有效表决权股份总数的 0.8747%;弃权票 59.93 万股,占出席会议有效表决权股份总数的 0.0346%。鉴于同意票数已超过出席会议股东所持表决权的 2/3,表决通过。

(三)重整计划批准

2020 年 1 月 20 日,西宁中院裁定批准重整计划,批准备查文件为(2019)青 01 破 2 号之二《民事裁定书》。批准理由为青海盐湖重整计划的制作、表决程序及内容均符合法律规定,且具有可行性。

六、重整计划执行与监督

(一)执行与监督的主体

重整计划由青海盐湖负责执行,管理人负责监督。

(二)执行与监督的期限

重整计划的执行期限为 3 个月,自重整计划获得西宁中院裁定批准之日起计算。重整计划执行期限内,青海盐湖及相关各方应严格依照重整计划的规定清偿债务,并优先支付重整费用。重整计划执行的监督期限与执行期限一致。若青海盐湖申请延长执行期限,管理人亦将申请延长监督期限。管理人将向西宁中院提交监督报告,自监督报告提交之日起,管理人的监督职责终止。

(三)执行的措施

1. 管理人处置转增股本

管理人将根据重整计划的规定对资本公积转增股本中的约 7 075.18 万股进行处置。股票受让方受让该 7 075.18 万股股票的主要条件为同时承诺另以不低于 30 亿元的价格接收拟处置财产。

2. 非银行类普通债权人选择权的行使

在西宁中院裁定批准重整计划次日起 10 个工作日内,非银行类普通债权人应当作出留债(应在四种留债方式中具体选择一种)或股票清偿的选择,并书面告知管理人。逾期告知、未以书面方式告知以及未告知管理人的,视为选择股票清偿方式受偿,即按照 13.1 元/股的抵债价格、每 100 元普通债权分得约 7.633588 股转增股票的方式获得清偿。

3. 偿债资金的分配

每家债权人以现金方式受偿的债权部分,原则上以银行转账方式向债权人进行分配。债权人自身和/或其关联方原因,导致偿债资金不能到账,或账户被冻结、扣划的,产生的法律后果和市场风险由相关债权人自行承担;债权人可以书面指令将偿债资金支付至债权人指定的由该债权人所有/控制的账户或其他主体所有/控制的账户内,但因该指令导致偿债资金不能到账,以及因该指令导致的法律纠纷和市场风险由相关债权人自行承担。

4. 抵债股票的分配

每家债权人以股票抵偿的债权部分,在重整计划执行期限内以资本公积转增股本进行分配,债权人应当在重整计划获西宁中院批准之日起 10 日内,向青海盐湖和管理人提供接受股份划转的证券账户信息。逾期不提供账户信息的债权人以及债权人自身和/或其关联方原因导致分配股票不能到账,或账户被冻结、扣划的,产生的法律后果和市场风险由相关债权人自行承担。

5. 偿债资金和偿债股票的预留、提存及处理

债权人未按照重整计划的规定领受偿债资金和抵债股份的,已获管理人审查确定但尚未经西宁中院裁定确认的债权属于重整计划规定的暂未确认债权和未申报债权的,管理人应将债权人预计可领受的资金和股份提存至管理人指定的银行账户和证券账户。预留后,视为公司已根据重整计划履行了清偿义务。上述提存的偿债资金和股份如属于因债权人未按规定领受而提存的,自法院裁定批准重整计划之日起满 3 年,因债权人自身原因仍不领受的,视为放弃领受清偿资金。所提存资金用于青海盐湖的生产经营,所提存股份在处置变现后,所得资金用于补充青海盐湖流动资金或实施常态化的股票回购计划。

6. 重整费用的支付

青海盐湖重整费用包括重整案件受理费、管理人报酬、管理人聘请中介机构的费用、财产处置税费、转增股票登记及过户税费、管理人执行职务的费用等,在重整计划执行期限内依法优先支付。

7. 共益债务的支付

青海盐湖重整期间的共益债务,包括但不限于因继续履行合同所产生的债务、继续营业而应支付的劳动报酬和社会保险费用以及由此产生的其他债务等,由青海盐湖按照法律规定及合同约定随时清偿。

8. 财产限制措施的解除

根据《破产法》第十九条的规定,人民法院受理破产申请后,有关债务人财产的保全措施应当解除。尚未解除对青海盐湖财产保全措施的债权人,应当在重整计划获得法院裁定批准后协助办理完毕解除财产保全措施的手续。因债权人原因未能及时解除对青海盐湖财产的保全措施而影响公司重整计划执行或对公司生产经营造成影响及损失的,由相关债权人向公司及相关方承担法律责任。

9. 信用修复

重整计划执行完毕之后,公司资产负债结构将得到实质改善,并将恢复可持续的经营能力及盈利能力。因此,在符合相关法律规定和信贷条件的前提下,各债权银行应当给予青海盐湖融资贷款公平公正的待遇及正常的信贷支持,不得对青海盐湖再融资设定任何没有法律规定的限制。

七、重整计划顺利实施的预期效果

青海盐湖重整计划如能顺利实施:

(1)法人资格及证券市场主体资格不变,原股东、债权人和其他投资者共同持有青海盐湖全部股权。青海盐湖的法人主体继续存续,证券市场主体资格不变,仍是一家在深交所上市的股份有限公司。

(2)重整前产生的巨额负债获得妥善安排。重整计划实施完毕后,青海盐湖的巨额债务获得清偿,有效化解地区金融风险,实现各方共赢。

(3)资产业务结构获得优化重组。在重整完成后,继续对公司实施市场化改革,继续推动改革脱困和转型升级工作,进一步做优做强现有钾、锂主营业务,同时科学培育新的业务增长点,将青海盐湖打造成为具有影响力和综合竞争优势的钾工业基地、锂电原料基地。

(4)中小投资者权益得到最大限度保护,债权人和出资人将共同分担青海盐湖重生的成本。重整完成后,青海盐湖的资产负债结构将被优化,青海盐湖的财务状况将得到改善并进一步提升持续盈利能力,为全体债权人与出资人提供质效更高的回报。

案例 14　坚瑞沃能重整案例解析

背景

陕西坚瑞沃能股份有限公司(以下简称"坚瑞沃能"或者"公司")的主要业务是锂离子动力电池、新能源汽车租售及运营以及消防工程,为国内最早成功研发新能源汽车动力电池并率先实现规模化生产和批量应用的企业,成立于 2005 年 4 月 30 日,重整前注册资本为 24.33 亿元。近年来,受国内宏观经济增速放缓、国家补贴政策调整等因素的影响,坚瑞沃能面临严峻的生产经营危机。一方面,由于公司整体产品较为单一、市场占有率不足,且国家对公司所涉及的动力电池产品的补贴力度有所下降,公司经营日趋困难;另一方面,公司及深圳市沃特玛电池有限公司(以下简称"深圳沃特玛")的债务负担过于沉重,导致资金链紧张,公司的正常生产经营陷入停滞。债权人陕西凯瑞达实业有限公司于 2018 年 12 月 12 日申请对公司进行重整。西安市中级人民法院(以下简称"西安中院")于 2019 年 9 月 30 日裁定受理公司重整,并指定北京市金杜(深圳)律师事务所担任重整管理人。2019 年 12 月 27 日,西安中院裁定批准重整计划。2020 年 4 月 29 日,西安中院裁定坚瑞沃能重整计划执行完毕。坚瑞沃能重整案是全国第一家新能源锂离子动力电池生产企业破产重整案件,也是全国首例创业板上市公司重整案件,同时还被陕西高院选入 2020 年度陕西法院十大审判执行案件。

方案要点

1. 出资人权益调整

以坚瑞沃能重整前总股本 24.33 亿股为基数,按照每 10 股转增 8.5 股的比例共计转增 20.68 亿股,总股本增至 45.01 亿股;李瑶持有的 3.02 亿股及该股份转增形成的 2.56 亿股将被回购注销,注销完成后总股本 39.42 亿股。

总转增股份除李瑶待注销的股份外,剩余部分作如下安排:郭鸿宝及宁波坚瑞新能源投资合伙企业(有限合伙)(以下简称"宁波坚瑞")的转增股 4.94 亿股全部让渡;其他股东的转增股中,每 10 股转增 0.5 股部分向原股东分配,每 10 股转增 8 股部分原股东让渡;上述让渡股份合计 17.34 亿股,由重整投资人有条件受让。

2. 债权调整及受偿

1)有财产担保债权调整及受偿

有财产担保债权在担保财产变价收入范围内优先受偿,超出担保财产变价收入的部分作为普通债权受偿。

2)普通债权调整及受偿

每家普通债权人 5 000 万元以下(含 5 000 万元)部分债权的 12% 以现金受偿,每家普通债权人超过 5 000 万元部分的债权,每 100 元债权以坚瑞沃能对深圳市迪斯卡特科技有限公司(以下简称"迪斯卡特")的债权 12 元抵偿。

按照上述方案受偿后未获受偿的部分,根据《破产法》第九十四条的规定,坚瑞沃能不再承担清偿责任。

3. 引入重整投资人

常德中兴投资管理中心(有限合伙)(以下简称"常德中兴")为坚瑞沃能的重整投资人,常德中兴及其指定财务投资人将向坚瑞沃能提供 7.1 亿元资金,受让坚瑞沃能实施资本公积转增股本形成的股份 17.34 亿股,并收购坚瑞沃能 6.1 亿元债权类资产。其中,常德中兴将支付自有资金 3.3 亿元,相应取得坚瑞沃能股份不超过 11.92 亿股、收购坚瑞沃能 6.1 亿元债权类资产中 46.48% 的份额。

常德中兴对坚瑞沃能重整后的业绩作出了 3 年内扭亏为盈的承诺。坚瑞沃能发布的重整投资补充协议显示,常德中兴将以不限于改善生产经营、注入其他经营资产等方式,自 2020 年 1 月 1 日起至 2022 年 12 月 31 日止,使坚瑞沃能实现扣除非经常性损益后的净利润合计不低于 3 亿元。若因常德中兴导致上述承诺未实现,常德中兴应当在坚瑞沃能 2022 年度报告披露后 3 个月内以现金方式向坚瑞沃能补足。与此同时,为维持坚瑞沃能重整后稳定经营,常德中兴还承诺自其在坚瑞沃能重整程序中认购的股票到账之日起 36 个月内不转让其所持有的坚瑞沃能的股票。

一、公司基本信息

(一)公司及业务简介

2016 年 9 月,陕西坚瑞消防股份有限公司通过发行股份购买深圳沃特玛 100% 股权后,公司名称变更为陕西坚瑞沃能股份有限公司。

目前,公司的主要业务是锂离子动力电池、新能源汽车租售及运营以及消防工程,为国内最早成功研发新能源汽车动力电池并率先实现规模化生产和批量应用的企业。坚瑞沃能之全资子公司深圳沃特玛,主要经营锂离子电池(组)及其材料和新能源汽车。由于受新能源行业补贴政策变化、销售回款时间较长、短贷长投、银行抽贷、产业扩张较快等多因素影响,2018 年一季度公司爆发债务危机,多笔债务到期无法偿还或兑付,被银行及供应商起诉,致使深圳沃特玛多个银行账户被冻结、部分存货及固定资产被查封,大部分子公司停产。

坚瑞沃能对深圳沃特玛提供了大额担保及借款,受深圳沃特玛债务危机影响,因无法按时偿还到期债务被银行及供应商起诉,公司多个银行账户被司法冻结,部分土地房产和股权被司法拍卖,持续经营能力亦受到影响。

根据公司重整申请前 2017 年年度报告,公司营业收入为 96.6 亿元,净亏损为 37.34 亿元,毛利率为 31.33%,净利率为 −38.65%。

(二)重整前股权架构图

截至 2019 年 9 月 30 日,坚瑞沃能总股本为 24.33 亿股,注册资本为 24.33 亿元。公司大股东为宁波坚瑞,持有公司股份 3.03 亿股。公司实际控制人为郭鸿宝,直接及间接持有公司股份共 5.81 亿股,持股比例为 23.89%,如图 14-1 所示。

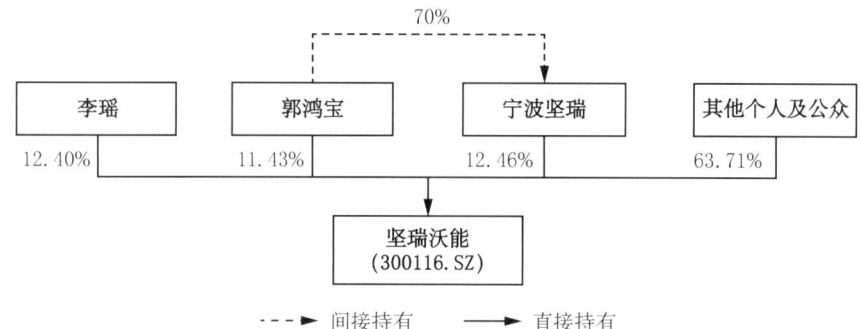

注:郭鸿宝与宁波坚瑞为一致行动人。因此,郭鸿宝直接及间接持有坚瑞沃能股份为 23.89%。重整后,坚瑞沃能更名为"保力新能源科技股份有限公司",股票名称变更为"保力新"。

图 14-1   坚瑞沃能重整前股权架构图

二、资产负债情况

(一)资产负债情况总览

如表 14-1 所示,截至评估基准日 2019 年 8 月 31 日,坚瑞沃能总资产账面价值为 29.76 亿元。根据评估机构出具的《资产评估报告》,以 2019 年 8 月 31 日为评估基准日,坚瑞沃能除所持深圳沃特玛股权外的部分资产清算评估价值为 4.54 亿元,清算价值为账面价值的 15.26%。

表 14-1   坚瑞沃能资产负债情况

单位:亿元

资产/债权类型	资产	负债	资产−负债	资产负债率
账面价值/审查确认债权	29.76	67.18	−37.42	225.74%
评估清算价值/审查确认债权	4.54	67.18	−62.64	1 479.74%

截至 2019 年 12 月 10 日,共有 124 家债权人向管理人申报债权,申报金额共计 76.18 亿元。其中,申报有财产担保债权 6 家,申报金额 13.7 亿元;申报普通债权 118 家,申报金额62.48 亿元。

已确认债权 94 家,确认金额 67.18 亿元。其中,有财产担保债权 1 家,确认金额 1.44 亿元;普通债权 93 家,确认金额 65.74 亿元。

经管理人调查,坚瑞沃能职工债权总额为 16.1 万元,涉及职工 32 名,为 2018 年度欠付的职工年末双薪。

已经向管理人申报,但因诉讼未决、债权人仍需补充证据等而尚未由管理人出具最终审查意见确认的债权 14 家,涉及申报金额 3.94 亿元,管理人对其申报的债权全部暂缓确认。

管理人审查不予确认的债权 26 家,涉及申报金额 3.2 亿元。

经坚瑞沃能梳理统计及管理人调查,坚瑞沃能尚有账面记载未申报债权 8 759.71 万元。

综上,根据坚瑞沃能债权申报与审查情况、管理人对职工债权的调查情况以及截至受理日公司财务账簿的记录等,坚瑞沃能负债 67.18 亿元。

(二) 债权分类

根据《破产法》对债权分类的规定,结合债权人向坚瑞沃能申报债权的实际情况,坚瑞沃能股份债权主要包括有财产担保债权、职工债权、普通债权等。

1. 有财产担保债权

有财产担保债权人对设定担保的特定财产享有优先受偿的权利,以对应的担保财产清算价值确定优先受偿范围。若担保财产的清算价值不足以清偿所对应的有财产担保债权,则该笔债权未受清偿的部分按照重整计划规定的普通债权清偿方案受偿;若担保财产的清算价值超出所对应的有财产担保债权,则超出部分不属于该担保债权人享有优先受偿权的范围。有财产担保债权人按优先受偿范围确定表决权;超过优先受偿范围的债权部分,作为普通债权确定表决权。

坚瑞沃能重整已确认的有财产担保债权人 1 家,债权人为北京银行股份有限公司西安分行(以下简称"北京银行西安分行"),有财产担保债权数额 1.44 亿元。其担保财产原为坚瑞沃能持有的达明科技有限公司股权,且已于 2019 年 8 月被法院执行拍卖,拍卖所得价款为 1.47 亿元,在担保财产清算价值范围内优先清偿的债权共计 1.44 亿元,获得全额清偿,如表 14-2 所示。

表 14-2　坚瑞沃能有财产担保债权具体情况

单位:亿元

债权人名称	债权金额	优先受偿金额	按普通债权清偿部分
北京银行西安分行	1.44	1.44	—

2. 职工债权

职工债权全额清偿,不作调整。经管理人调查,坚瑞沃能职工债权总额为 16.1 万元,为坚瑞沃能欠付 32 名职工 2018 年度年末双薪。此外,经测算,假设坚瑞沃能与全体职工解除劳动合同,预计需要支付经济补偿金等职工安置费用约 298.74 万元。

3. 普通债权

普通债权包括向管理人申报的普通债权,担保债权因优先受偿不足转为普通债权受偿的债权,以及未申报的债权。经管理人审查,截至 2019 年 12 月 10 日,坚瑞沃能重整案普通债权已确认的债权 93 家,总额 65.74 亿元。

4. 其他债权

暂缓确定债权:已经向管理人申报,但因诉讼未决、债权人仍需补充证据等而尚未由管理人出具最终审查意见确认的债权 14 家,涉及申报数额 3.94 亿元,管理人对其申报的债权全部暂缓确认。上述待确认债权中,10 家债权人申报的部分债权已获管理人审查确认,但其申报的 6 596.32 万元债权因属于诉讼费、律师费等实现债权的费用,条件未成就,需待诉讼终结、条件成就后确认;4 家债权人申报的 3.28 亿元债权,因诉讼未决且与坚瑞沃能对债务性质和数额存在争议、债权人尚需补充提交证据等,管理人对其申报的债权全部暂缓确认。

未申报债权:坚瑞沃能尚有账面记载未申报债权 8 759.71 万元。

(三)偿债能力分析

根据评估机构出具的《偿债能力分析报告》,在模拟破产清算状态下,假定坚瑞沃能全部资产能够按清算价值实际变现,则其资产变现款在扣除担保财产价值、优先清偿破产费用、共益债务、职工债权和预计职工安置费用后,剩余部分向普通债权人进行分配,则普通债权所能获得的清偿比例为 3.83%(截至《偿债能力分析报告》出具时,已确认、待确认、账面记载未申报的普通债权合计 69.99 亿元;在《偿债能力分析报告》出具后至重整计划提交债权人会议期间,因债权补充申报及确认等因素,普通债权数额已增加至 70.56 亿元,在此条件下,普通债权清偿率将较《偿债能力分析报告》进一步下降)。

(四)偿债能力分析特殊说明

根据《偿债能力分析报告》,坚瑞沃能破产清算状态下的普通债权受偿比例为 3.83%,但管理人认为,这一比例仍存在很大的不确定性,坚瑞沃能实际破产清算状态下的普通债权受偿率较上述预估并不乐观。管理人认为,如坚瑞沃能破产清算,能够达到上述普通债权受偿率的前提,一方面,破产财产均能够按照快速变现价值变现;另一方面,重整费用、共益债务和职工安置费用能够控制在评估机构预测的范围内。但根据坚瑞沃能的实际情况以及破产财产处置的实践经验,如果坚瑞沃能破产清算,其主要资产中的对外债权回收难度极大,快速变现时价值会大打折扣;长期股权投资多属坚瑞沃能专用生产基地,变现能力较低。这些因素都会导致可用于普通债权受偿的财产价值进一步降低。加之司法实践中破产清算程序耗时极为漫长,可能会产生超过预期的费用。基于以上因素,坚瑞沃能在破产清算状态下普通债权实际受偿率将远低于偿债能力分析测算的预计受偿率。

三、重整基本情况

(一)重整背景

近年来,受国内宏观经济增速放缓、国家补贴政策调整等因素的影响,坚瑞沃能面临严峻的生产经营危机。一方面,由于公司整体产品较为单一、市场占有率不足,且国家对公司所涉及的动力电池产品的补贴力度有所下降,公司经营日趋困难;另一方面,公司及深圳沃特玛的债务负担过于沉重,导致资金链紧张,公司正常的生产经营陷入停滞。

虽然公司广泛尝试了债务重组、引进战略投资者帮助下属工厂恢复生产等自救措施,但因公司及深圳沃特玛涉及债务规模太大,短期内无法彻底解决债务危机,致使生产经营始终未恢复正常运转,最终导致公司业绩出现巨额亏损,彻底陷入经营危机与债务危机。因2017 年、2018 年连续两年亏损,且 2018 年被注册会计师出具无法表示意见的审计报告,公司股票出现被暂停上市风险。

(二) 重整申请情况

公司于 2018 年 12 月 12 日收到债权人陕西凯瑞达实业有限公司(以下简称"凯瑞达公司")的《催款函》,告知因公司未能按照相关约定还款,凯瑞达公司已委托律师以坚瑞沃能不能清偿到期债务,且明显缺乏清偿能力为由,向西安中院申请对坚瑞沃能进行重整。根据凯瑞达公司《催款函》,截至 2018 年 12 月 12 日,公司尚欠凯瑞达公司合同款项人民币 530.75 万元。

(三) 重整受理情况

西安中院经审查,于 2019 年 9 月 30 日作出(2019)陕 01 破申 1 号《民事裁定书》,裁定受理债权人对坚瑞沃能提出的重整申请。同日,西安中院作出(2019)陕 01 破申 1 号《决定书》,指定北京市金杜(深圳)律师事务所担任坚瑞沃能管理人。

(四) 重整管理模式

管理人管理财产和营业事务。

(五) 重整大事记

• 2018 年 12 月 12 日,债权人凯瑞达公司向西安中院申请对坚瑞沃能进行重整。

• 2019 年 9 月 30 日,西安中院裁定受理坚瑞沃能重整,指定北京市金杜(深圳)律师事务所担任公司管理人。

• 2019 年 11 月 7 日,第一次债权人会议表决通过了《财产管理方案》。

• 2019 年 12 月 10 日,管理人、坚瑞沃能与常德中兴签署了《陕西坚瑞沃能股份有限公司重整投资协议》,确定常德中兴为坚瑞沃能重整的重整投资人。

• 2019 年 12 月 11 日,常德中兴按照《陕西坚瑞沃能股份有限公司重整投资协议》的约定,将 0.4 亿元的重整保证金汇入管理人账户。

• 2019 年 12 月 11 日,公司向西安中院提交了《陕西坚瑞沃能股份有限公司重整计划(草案)》。

• 2019 年 12 月 24 日,坚瑞沃能、管理人与常德中兴就重整投资事项签署《陕西坚瑞沃能股份有限公司重整投资补充协议》。

• 2019 年 12 月 25 日,坚瑞沃能、管理人与常德中兴就重整投资事项签署《陕西坚瑞沃能股份有限公司重整投资补充协议二》。

• 2019 年 12 月 27 日,第二次债权人会议表决通过《陕西坚瑞沃能股份有限公司重整计划(草案)》;出资人组会议表决通过《陕西坚瑞沃能股份有限公司重整计划(草案)之出资人权益调整方案》。同日,西安中院裁定批准重整计划,终止重整程序。

· 2020 年 4 月 29 日,西安中院裁定坚瑞沃能重整计划执行完毕。

四、重整计划主要内容

(一)重整思路概述

如图 14-2 所示,重整计划的主要思路为:

(1)对出资人权益进行调整,在重整前股份基础上进行资本公积转增股本,合计转增 20.68 亿股。

(2)因深圳沃特玛未完成业绩承诺,李瑶作为业绩补偿义务人,将其现持有的 3.02 亿股股份以及以李瑶现持有的股份为基数实施资本公积转增形成的 2.56 亿股进行回购注销。

(3)除李瑶回购注销的股票外,剩余转增股票中,原股东合计让渡 17.34 亿股转增股份给重整投资人,重整投资人共支付 1 亿元对价。

(4)变价部分资产,优化资产结构,坚瑞沃能对深圳沃特玛及其关联公司享有的债权约 6.1 亿元按照债权数额作价 6.1 亿元转让给重整投资人。

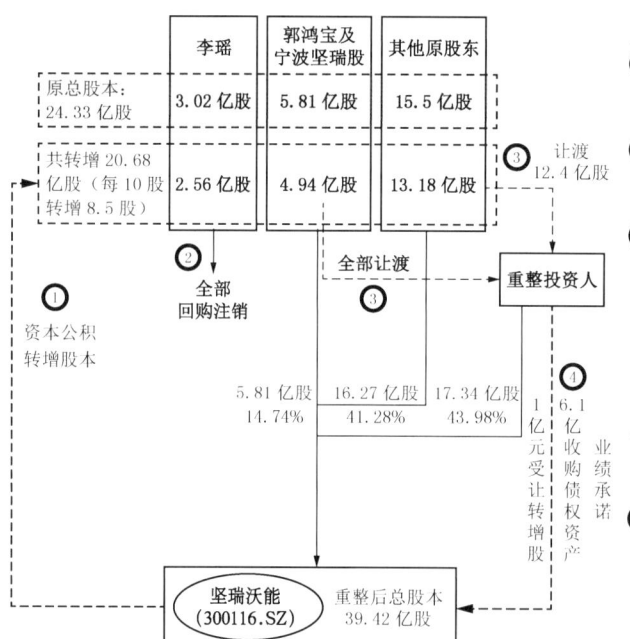

图 14-2 坚瑞沃能重整方案示意图

(二)投资人及投资方案

2019 年 12 月 10 日,管理人、坚瑞沃能与常德中兴签署了《陕西坚瑞沃能股份有限公司重整投资协议》,确定常德中兴为坚瑞沃能重整的重整投资人。

常德中兴成立于 2015 年 11 月，注册地为湖南省常德市经济技术开发区，经营范围是以自有资金从事新型材料的投资管理、投资咨询。

常德中兴的委派代表及其核心团队拥有多年锂电池产业链相关业务经验，对该行业有深刻的理解和长远的战略眼光，拥有丰富的行业经验。常德中兴作为投资平台，于 2012 年投资创办了湖南中锂新材料有限公司，主要研发、生产锂电池隔膜材料，且该公司于 2017 年 9 月被上市公司长园集团股份有限公司以超过 7 亿元的价格收购。目前，常德中兴仍广泛布局锂电池等新能源行业，其对公司的投资将有助于公司对现有的电池业务进行整合、优化和升级，从而为公司未来的主营业务发展起到尤为积极的作用。

在重整中，常德中兴及其指定财务投资人将向坚瑞沃能提供 7.1 亿元资金，受让坚瑞沃能实施资本公积转增股本形成的股份 17.34 亿股，并收购坚瑞沃能 6.1 亿元债权类资产。其中，常德中兴将支付自有资金 3.3 亿元，相应取得坚瑞沃能股份不超过 11.92 亿股、收购坚瑞沃能 6.1 亿元债权类资产中 46.48% 的份额。

常德中兴对坚瑞沃能重整后的业绩作出了 3 年内扭亏为盈的承诺。坚瑞沃能发布的重整投资补充协议显示，常德中兴将以不限于改善生产经营、注入其他经营资产等方式，自 2020 年 1 月 1 日起至 2022 年 12 月 31 日止，使坚瑞沃能实现扣除非经常性损益后的净利润合计不低于 3 亿元。若因常德中兴导致上述承诺未实现，常德中兴应当在坚瑞沃能 2022 年度报告披露后 3 个月内以现金方式向坚瑞沃能补足。与此同时，为维持坚瑞沃能重整后稳定经营，常德中兴还承诺自其在坚瑞沃能重整程序中认购的股票到账之日起 36 个月内不转让其所持有的坚瑞沃能的股票。

（三）出资人权益调整方案

以坚瑞沃能重整前总股本 24.33 亿股为基数，按照每 10 股转增 8.5 股的比例共计转增 20.68 亿股，总股本增至 45 亿股；业绩补偿义务人李瑶现持有的 3.02 亿坚瑞沃能股份及该股份转增形成的 2.56 亿股将被回购注销，注销完成后，公司总股本为 39.42 亿股。总转增股份除李瑶待注销的股份外，剩余部分作如下安排：郭鸿宝及宁波坚瑞的转增股（4.94 亿股）让渡；其他股东的转增股中，每 10 股转增 0.5 股部分向原股东分配，每 10 股转增 8 股部分原股东让渡；上述让渡股份（合计 17.34 亿股）由重整投资人以合计 1 亿元的对价受让，用于支付重整费用、共益债务、清偿部分债务。

（四）债权调整及受偿方案

1. 有财产担保债权调整及受偿

坚瑞沃能重整案有财产担保债权人共 1 家，债权人为北京银行西安分行，有财产担保债权数额 1.44 亿元。其担保财产原为坚瑞沃能持有的达明科技有限公司股权，该担保财产已于 2019 年 8 月被法院执行拍卖，拍卖所得价款为 1.47 亿元。有财产担保债权可获得全额清偿，超出部分按照《破产法》规定的清偿顺序进行偿还。

2. 职工债权调整及受偿

经管理人调查，坚瑞沃能职工债权总额为 16.1 万元，为坚瑞沃能欠付 32 名职工 2018 年度年末双薪,将在重整计划执行期内一次性以现金方式清偿。此外,经测算,假设坚瑞沃能与全体职工解除劳动合同,预计需要支付经济补偿金等职工安置费用约 298.74 万元。

3. 普通债权调整及受偿

截至 2019 年 12 月 10 日,坚瑞沃能重整案普通债权总额 70.56 亿元。其中,已确认的债权 93 家,确认数额 65.74 亿元;待确认的债权 14 家,涉及申报数额 3.94 亿元;坚瑞沃能账面记载,但未申报的债权 8 759.71 万元。

根据《偿债能力分析报告》,坚瑞沃能在破产清算状态下的普通债权受偿比例约为 3.83%。为最大限度提升债权人的受偿水平,保护债权人的合法权益,根据坚瑞沃能的实际情况,重整计划将普通债权的受偿比例提高至 12%,未受偿部分坚瑞沃能不再清偿。

受偿方式如下:

(1) 每家普通债权人 5 000 万元以下(含 5 000 万元)部分债权的 12% 以现金受偿。

(2) 每家普通债权人超过 5 000 万元部分的债权,每 100 元债权以坚瑞沃能对迪斯卡特债权的 12 元抵偿。

4. 暂未确认债权的处理

对于待确认债权,管理人将根据上述受偿比例预留相应受偿资金及债权资产,其债权获确认后按同类债权的清偿条件受偿。

5. 未申报债权的处理

根据《破产法》第九十二条第二款的规定,债权人未申报债权的,在重整计划执行期间不得行使权利;在重整计划执行完毕后,可以按照重整计划规定的同类债权的清偿条件行使权利。因此,账面记载未申报债权的债权人在重整计划执行期间不得行使权利,管理人将根据重整计划的受偿比例预留相应受偿资金和债权资产,其债权获确认后按同类债权的清偿条件受偿。

自重整计划执行完毕之日起 3 年内,账面记载未申报债权之债权人主张债权且经审查依法成立的,按照上述同类债权的清偿条件受偿。超过 3 年未主张或虽主张但经审查不成立的,不再清偿,相应预留偿债资金和债权资产作为坚瑞沃能经营资金使用。

坚瑞沃能的普通债权按照上述方案受偿后未获受偿的部分,根据《破产法》第九十四条的规定,坚瑞沃能不再承担清偿责任。

6. 债务清偿顺序

模拟破产清算下普通债权清偿率通过假定公司在破产清算条件下的偿债能力分析得到,主要来源于公司披露的《偿债能力分析报告》。而重组后清偿率是假定公司在重整条件下的名义清偿率。由图 14-3 可以看出,重整后的债权清偿率情况,比清算状态下的清偿率有一定提升。

重整计划草案披露的偿债方案显示,普通债权人 5 000 万元以下(含 5 000 万元)债权的 12% 以现金方式全额清偿;超过 5 000 万元部分的债权,每 100 元债权以坚瑞沃能对迪斯卡特的债权 12 元抵偿。因此,重整后普通债权的名义清偿率至少大于 12%。

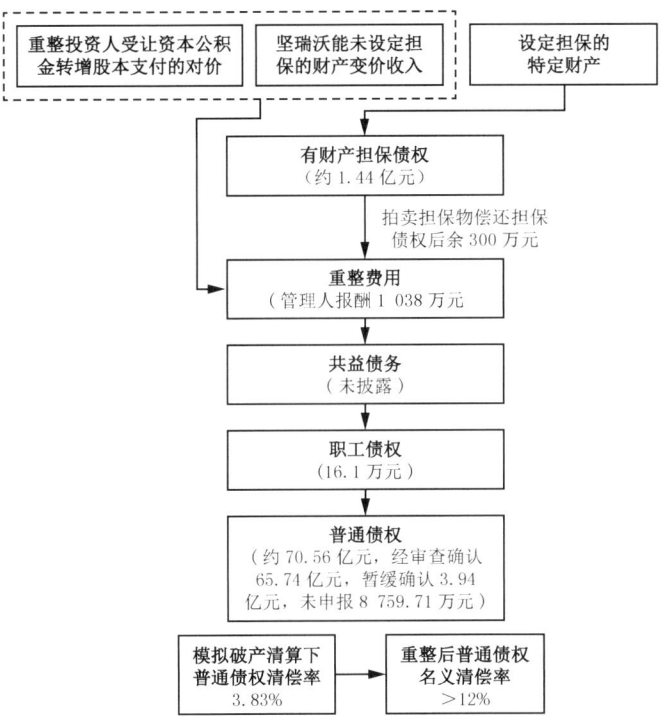

图 14-3　坚瑞沃能债务清偿顺序示意图

(五) 未来经营方案

坚瑞沃能将以重整为契机,借助重整投资人的优势,在化解公司危机、减轻公司债务负担后,适时、分阶段调整坚瑞沃能业务结构,实现坚瑞沃能业务转型、升级,继续推动公司改革脱困和转型升级工作,巩固并强化重整成果。经营方案具体如下:

(1) 变价部分资产,优化资产结构。坚瑞沃能对深圳沃特玛及其关联公司享有的债权约 6.1 亿元按照债权数额作价 6.1 亿元转让给重整投资人。

(2) 提高上市公司治理水平优化主营业务经营。常德中兴作为重整后坚瑞沃能的主要股东,通过注入流动性和未来优质资产重组的方式支持坚瑞沃能重整后的经营和管理。坚瑞沃能在分析本行业现状以及未来发展趋势后,基于对未来锂电池应用场景将更为广泛、市场规模将逐渐扩大的分析,在发挥自身优势并维持主营业务不变的主旨前提下,制订了重整后的经营规划。

五、重整计划表决与批准

(一) 债权人会议表决

公司第二次债权人会议于 2019 年 12 月 27 日上午通过全国企业破产重整案件信息网召开,对《陕西坚瑞沃能股份有限公司重整计划(草案)》,由有财产担保债权组、职工债权组和普通债权组进行了分组表决。

1. 有财产担保债权组

有财产担保债权组中同意的债权人共 1 家,占出席会议的该组债权人的 100%,其所代表的债权金额为 1.44 亿元,占该组债权总额的 100%。表决通过。

2. 职工债权组

职工债权组中同意的债权人共 32 家,占出席会议的该组债权人的 100%;其所代表的债权金额 16 万元,占该组债权总额的 100%。表决通过。

3. 普通债权组

出席债权人会议有表决权的普通债权人共计 73 家。其中,同意的债权人 59 家,占出席会议的该组债权总人数的 80.82%,已超过该组出席会议债权人的半数;该 59 家债权人所代表的债权金额合计 38.24 亿元,占全部有表决权的普通债权总额的 72.2%,已超过该组债权总额的 2/3。表决通过。

(二)出资人组会议表决

公司于 2019 年 12 月 27 日下午召开出资人组会议,对《陕西坚瑞沃能股份有限公司重整计划(草案)之出资人权益调整方案》进行表决。表决方式为现场表决与网络投票相结合。

现场出席会议的出资人或出资人代理人共 4 人,代表公司股份 6.26 亿股,占公司股份总数 24.33 亿股的 25.75%。通过网络投票方式参加会议的出资人或出资人代理人共计 377 人,代表公司股份 3.36 亿股,占公司股份总数 24.33 亿股的 13.83%。出席会议的人员还包括西安中院指派法官、坚瑞沃能管理人、坚瑞沃能部分高管及见证律师。

表决情况为:坚瑞沃能到会有表决权的出资人共 381 家,所代表的股份 9.63 亿股,占坚瑞沃能股份总数 24.33 亿股的 39.58%;投同意票的出资人所代表的股份数为 9.63 亿股,占到会有表决权股份总数的 99.99%,达到 2/3 以上。表决通过。

(三)重整计划批准

2019 年 12 月 27 日,西安中院裁定批准重整计划,批准备查文件为(2019)陕 01 破 33 号之八《民事裁定书》。批准理由为:《陕西坚瑞沃能股份有限公司公司重整计划(草案)》具有《破产法》第八十一条规定的各项内容,其债权分类、调整、受偿方案及出资人权益调整方案不违反法律法规的强制性规定。经债权人会议分组表决,该重整计划草案已经坚瑞沃能公司有财产担保债权组、职工债权组、普通债权组表决通过。《陕西坚瑞沃能股份有限公司重整计划(草案)之出资人权益调整方案》已经坚瑞沃能公司出资人组表决通过。坚瑞沃能公司重整案债权人会议及出资人组会议召开程序、表决分组符合法律规定,各表决组表决结果符合通过的法定条件。

六、重整计划执行与监督

(一)执行与监督的主体

根据《破产法》第八十九条的规定,经法院裁定批准的重整计划由债务人负责执行,即坚瑞沃能是重整计划的执行主体,由管理人监督重整计划的执行。

(二) 执行与监督的期限

重整计划的执行期限自重整计划获得法院裁定批准之日起 6 个月。在此期间,坚瑞沃能应当严格依照重整计划的规定清偿债务,并随时支付重整费用及共益债务。重整计划提前执行完毕的,执行期限自执行完毕之日起届满。客观原因导致重整计划无法在上述期限内执行完毕的,坚瑞沃能应于执行期限届满 3 日前向法院提交延长重整计划执行期限的申请,并根据法院批准的执行期限继续执行。根据重整计划执行的实际情况,需要延长重整计划执行的监督期限的,由管理人向法院提交延长重整计划执行监督期限的申请,并根据法院批准的期限继续履行监督职责。

法院裁定批准重整计划后,管理人将向坚瑞沃能移交财产和营业事务。重整计划监督期届满时,管理人将向法院提交监督报告,自监督报告提交之日起,管理人的监督职责终止。

(三) 执行的措施

1. 偿债资金的分配

每家债权人以现金方式受偿的债权部分,偿债资金原则上以银行转账方式向债权人进行分配,债权人应自法院裁定批准重整计划之日起 30 日内书面提供接受偿债资金的账户信息。

债权人自身和/或其关联方原因导致偿债资金不能到账,或账户被冻结、扣划的,产生的法律后果和风险由相关债权人自行承担。债权人可以书面指令将偿债资金支付至债权人指定的、由该债权人所有/控制的账户或其他主体所有/控制的账户内。债权人指令将偿债资金支付至其他主体的账户的,因该指令导致偿债资金不能到账,以及该指令导致的法律纠纷和风险由相关债权人自行承担。

2. 抵债债权的分配

每家债权人以坚瑞沃能对迪斯卡特债权资产受偿的债权部分,坚瑞沃能将在法院裁定批准重整计划后出具《债权转让通知书》。债权人可以自行清收、处置,也可以委托管理人清收、处置获偿的债权。

3. 偿债资金和抵债债权的提存及处理

债权经法院裁定确认的债权人未按照重整计划的规定领受分配的偿债资金,根据重整计划应向其分配的资金将提存至管理人指定的银行账户,提存的偿债资金自重整计划执行完毕之日起满 3 年,因债权人自身原因仍不领取的,视为放弃受领受偿款项的权利,相应提存资金将用于补充坚瑞沃能流动资金。

已获管理人审查确认但尚未经法院裁定确认的债权,债权数额以法院最终裁定确认的为准,债权人按照重整计划规定的同类债权的清偿条件受领偿债资金和抵债债权或债权回收款项。已按照重整计划预留的偿债资金和抵债债权在清偿上述债权后仍有剩余的,剩余的偿债资金和抵债债权回收款项将用于补充坚瑞沃能流动资金。

待确认债权最终未获法院裁定确认的,根据重整计划为其预留的资金和抵债债权回收款项将用于坚瑞沃能补充流动资金。最终获法院裁定确认的债权数额与债权申报数额有差异的,以法院最终确认的债权数额为准,按照重整计划规定的同类债权的清偿条件受领偿债资金和抵债债权或债权回收款项。已按照重整计划预留的偿债资金和抵债债权在清偿上述债权后仍有剩余的,剩余的偿债资金和抵债债权回收款项将用于补充坚瑞沃能流动资金。

对于账面记载未申报债权,自重整计划执行完毕之日起 3 年未主张或者虽主张但经审查不成立或者有证据证明债权不成立的,不再清偿,相应预留偿债资金和抵债债权回收款项将用于补充坚瑞沃能流动资金。

4. 重整费用的支付

依据《最高人民法院关于审理企业破产案件确定管理人报酬的规定》及法院确定的管理人报酬方案计算的管理人报酬共计 1 038 万元,按照管理人报酬方案支付。在重整期间及重整计划执行期间,法院案件受理费、管理人聘请其他中介机构的费用、管理人执行职务等发生的各项破产费用,根据实际发生数额以债务人财产按照重整计划规定或合同约定支付或清偿。

此外,坚瑞沃能财产变价税费、转增股份登记税费及股份过户税费、管理人执行职务的费用等其他重整费用根据重整计划执行实际情况随时支付。

5. 共益债务的清偿

坚瑞沃能重整期间的共益债务,包括但不限于因继续履行合同所产生的债务、继续营业而应支付的劳动报酬和社会保险费用以及由此产生的其他债务,由坚瑞沃能按照相关合同约定随时清偿。

6. 重整投资人的变更

客观原因导致需要变更重整投资人的,在不变更出资人权益调整方案、债权分类、债权调整和受偿方案的前提下,由管理人报告债权人会议,并请示法院批准后变更。

7. 对债务人财产限制措施的解除

根据《破产法》第十九条的规定,人民法院受理破产申请后,有关债务人财产的保全措施应当解除。尚未解除对坚瑞沃能财产保全措施的债权人,应当在重整计划获得法院裁定批准后协助办理完毕解除财产保全措施的手续。管理人有权根据债权人配合解除财产保全措施的情况向该债权人支付偿债资金和抵债债权,因相关债权人不配合导致无法按期受领偿债资金和抵债债权的,不视为重整计划未能执行完毕。因债权人原因未能及时解除对坚瑞沃能财产的保全措施而对公司生产经营造成影响和损失,以及影响公司重整计划执行的,由相关债权人向公司及相关方承担赔偿责任。

七、重整计划顺利实施的预期效果

坚瑞沃能重整计划如能顺利实施:

(1)转增后股价不除权。重整后,坚瑞沃能总股本扩大,同时超过 60 亿元的债务将得到豁免,股东权益明显增加。每股代表的企业实际价值(以每股净资产计算)较重整前显著提升,因此未做除权处理,维护了广大中小投资者的利益。

(2)上市地位得以保全。坚瑞沃能法人资格继续存续,证券市场主体资格不变,仍是一家在深交所上市的股份公司。常德中兴成为其重整后第一大股东,获得坚瑞沃能重整后的生产经营和管理权。

(3)重整前产生的巨额负债获得妥善安排。重整计划实施完毕后,坚瑞沃能的巨额债务获得妥善安排,有财产担保债权在担保财产变价收入范围内以现金方式优先受偿,超出担保财产变价收入的部分作为普通债权受偿;职工债权以现金方式全额清偿;普通债权受偿率为 12%,远高于清算状态下受偿率。以现金方式和债权资产受偿,整体实现了各方共赢。

(4)引入行业经验丰富的重整投资人。常德中兴的委派代表及其核心团队拥有多年锂电池产业链相关业务经验,对该行业有深刻的理解和长远的战略眼光。目前,常德中兴仍广泛布局锂电池等新能源行业,其对坚瑞沃能的投资将有助于坚瑞沃能对现有的电池业务进行整合、优化和升级,从而为坚瑞沃能未来的主营业务发展起到积极的作用。

案例 15 莲花健康重整案例解析

莲花健康股份有限公司(以下简称"莲花健康"或"公司")是一家以味精、鸡精、面粉及其他小麦深加工产品生产销售为主营业务的 A 股上市公司,成立于 1998 年 7 月 2 日,重整前注册资本为 10.62 亿元。受历史遗留的职工问题和债务问题影响,公司逐步陷入生产经营困境,并引发债务危机。债权人国厚资产管理股份有限公司于 2019 年 7 月 3 日申请对公司进行重整。河南省周口市中级人民法院(以下简称"周口中院")于 2019 年 10 月 15 日裁定受理公司重整,并指定北京市金杜律师事务所担任重整管理人。2019 年 12 月 16 日,周口中院裁定批准重整计划。2020 年 3 月 4 日,公司收到周口中院(2019)豫 16 破 7 号《民事裁定书》,周口中院裁定确认莲花健康重整计划执行完毕,终止莲花健康重整程序。莲花健康破产案入选河南法院破产审判十大典型案例。

方案要点

1. 出资人权益调整

以莲花健康重整前总股本 10.62 亿股为基数,按照每 10 股转增 2.99333 股的比例转增合计约 3.18 亿股,公司总股本扩大至 13.8 亿股。

上述转增股票不向原股东分配,全部由重整投资人有条件受让。

2. 债权调整及受偿

1) 有财产担保债权调整及受偿

莲花健康有财产担保债权中,担保财产系莲花健康重整拟保留之经营性资产的,其债权在重整程序中暂不清偿,由重整后的莲花健康根据经营情况逐步清偿;担保财产系莲花健康非经营性资产的,其债权在担保财产变现价值范围内全额清偿。

2) 普通债权调整及受偿

以债权人为单位,对每家普通债权人 10 万元以下(含 10 万元)的债权部分按照 100% 的比例清偿;超过 10 万元的债权部分,将按照 17.48% 的清偿比例进行清偿。按照上述方案清偿后未获清偿的债权部分,根据《破产法》的规定,莲花健康不再承担清偿责任。

3. 引入重整投资人

芜湖市莲泰投资管理中心(有限合伙)(以下简称"莲泰投资")及其指定的第三方和项城市国有资产控股管理集团有限公司(以下简称"国控集团")共同为莲花健康的重整投资人。深圳市润通贰号投资企业(有限合伙)(以下简称"润通贰号")作为重整计划规定的第三方重整投资人参与莲花健康重整。莲泰投资、国控集团和润通贰号合称为重整投资人。

莲泰投资按照 1.7 元/股的价格受让转增股票,向莲花健康提供偿债资金约人民币 2.35 亿元;润通贰号按照 1.7 元/股的价格受让转增股票,向莲花健康提供偿债资金约人民币 1.88 亿元;国控集团按照 1.7 元/股的价格受让转增股票,向莲花健康提供偿债资金约人民币 1.17 亿元。莲泰投资提供 1 年期贷款 1.65 亿元,国厚资产提供 1 年期贷款 9 500 万元。其中 7 946 万为国厚资产根据重整计划的清偿安排将在莲花健康重整执行程序中获得的清偿分配款,双方同意,国厚资产直接将该清偿分配款转为重整融资款,贷款利率参照一年期贷款市场的报价利率(LPR)执行。

一、公司基本信息

(一) 公司及业务简介

莲花健康前身是河南省周口地区味精厂,成立于 1998 年 7 月 2 日。公司曾经是国务院确定的 520 家重点企业之一,曾被原农业部等 8 部委审定为全国第一批 151 家"农业产业化国家重点龙头企业"之一。

莲花健康是一家以味精、鸡精、面粉及其他小麦深加工产品生产销售为主营业务的上市公司,主要产品有味精、鸡精和其他调味料,面粉、挂面、面包糠及其他面制品,大米,调味酱,食用油,淀粉,糖类物质等。

根据公司重整申请前 2018 年年度报告,公司营业收入为 17.29 亿元,净亏损为 3.84 亿元,毛利率为 9.7%,净利率为−22.22%。

(二) 重整前股权架构图

截至 2019 年 10 月 15 日,莲花健康股本总数为 10.62 亿股,注册资本为 10.62 亿元。第一大股东为浙江睿康投资有限公司,持股比例为 11.78%,实际控制人为夏建统,如图 15-1 所示。

二、资产负债情况

(一) 资产负债情况总览

如表 15-1 所示,截至 2019 年 10 月 31 日,莲花健康总资产账面价值为 16.12 亿元。根据评估机构出具的《资产评估报告》,以 2019 年

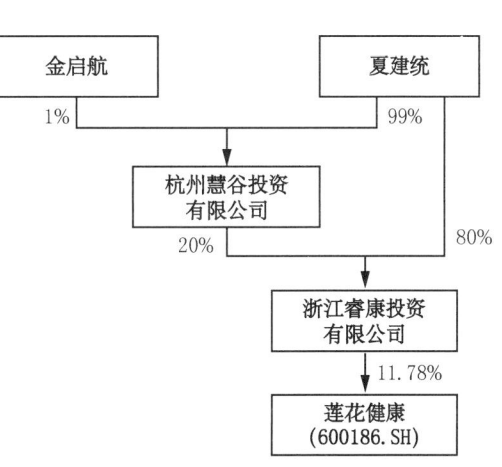

图 15-1 莲花健康重整前股权架构图

10 月 31 日为评估基准日,公司资产清算评估价值为 8.95 亿元,清算价值约为账面价值的 55.53%。

表 15-1　莲花健康资产负债情况

单位:亿元

资产/债权类型	资产	负债	资产—负债	资产负债率
账面价值/审查确认债权	16.12	18.21	−2.09	112.97%
评估清算价值/审查确认债权	8.95	18.21	−9.26	203.46%

截至申报期限届满,共有 134 家债权人向管理人申报债权,申报债权总金额 13.41 亿元。其中,有财产担保债权为 4.51 亿元;税款债权为 1 033.43 万元;普通债权为 8.79 亿元。

经管理人初步审查确认的债权 115 家,总额为 9.78 亿元。其中,有财产担保债权 3 家,涉及债权金额为 4.26 亿元;税款债权 1 家,涉及债权金额为 1 033.43 万元;普通债权 113 家,涉及债权金额为 5.42 亿元。

经管理人初步调查,莲花健康职工债权总额预计约为 8.43 亿元。

已经向管理人申报,但因诉讼未决、需要补充证据、债权人提出异议等暂缓确认的债权 6 家,涉及申报数额 1.34 亿元,均为普通债权。

管理人审查不予确认的债权 14 家,涉及申报数额 1.56 亿元。

经莲花健康梳理统计及管理人调查,莲花健康尚有账面记载未申报债权 8 104.17 万元。

综上,根据莲花健康债权申报与审查情况、管理人对职工债权的调查情况以及截至受理日公司财务账簿的记录等,莲花健康经管理人初步审查确认的负债约为 18.21 亿元。

(二) 债权分类

根据《破产法》第八十二条的规定和债权审查确认情况,莲花健康债权主要包括有财产担保债权、职工债权、税款债权和普通债权等。

1. 有财产担保债权

有财产担保债权 3 家,涉及债权金额约为 4.26 亿元。

2. 职工债权

职工债权总额预计约为 8.43 亿元。

3. 税款债权

税款债权总额约为 1 033.43 万元。

4. 普通债权

普通债权总额约为 5.42 亿元,共计 113 家债权人。

5. 其他债权

暂缓确定债权:已经向管理人申报,但因诉讼未决、需要补充证据、债权人提出异议等暂缓确认的债权 6 家,涉及申报数额约为 1.34 亿元,均为普通债权。

未申报债权:莲花健康尚有账面记载未申报债权约为 8 104.17 万元。

（三）偿债能力分析

根据评估机构出具的《偿债能力分析报告》,在模拟破产清算状态下,假定其财产均能够按评估价值获得处置变现,担保财产变现所得优先用于偿还有财产担保债权,剩余其他财产的变现所得在支付必要的破产费用后,将不足以偿还现有预计的职工债权,普通债权清偿率为 0(具体数据以《偿债能力分析报告》为准)。

三、重整基本情况

（一）重整背景

莲花健康是一家以味精、鸡精、面粉及其他小麦深加工产品生产销售为主营业务的 A 股上市公司。受历史遗留的职工问题和债务问题影响,公司逐步陷入生产经营困境,并引发债务危机。

（二）重整申请情况

2019 年 7 月 3 日,莲花健康债权人国厚资产以公司不能清偿到期债务、明显缺乏清偿能力,符合重整条件为由,向周口中院申请公司进行重整。

（三）重整受理情况

2019 年 10 月 15 日,公司收到周口中院送达的(2019)豫 16 破申 7 号《民事裁定书》及(2019)豫 16 破 7 号《决定书》,周口中院裁定受理债权人国厚资产对公司的重整申请,指定北京市金杜律师事务所担任公司管理人。

（四）重整管理模式

管理人管理财产和营业事务。

（五）重整大事记

• 2019 年 7 月 3 日,债权人国厚资产向周口中院申请公司进行重整。

• 2019 年 10 月 15 日,周口中院裁定受理莲花健康重整,指定北京市金杜律师事务所担任公司管理人。

• 2019 年 11 月 20 日,第一次债权人会议表决通过《重整案财产管理方案》。

• 2019 年 11 月 28 日,莲花健康、管理人与莲泰投资、国控集团签署《莲花健康产业集团股份有限公司重整案投资框架协议》,确定莲泰投资和国控集团共同为莲花健康重整的重整投资人。

• 2019 年 12 月 16 日,第二次债权人会议和出资人组会议分别表决通过《重整计划(草案)》和《出资人权益调整方案》。

• 2019 年 12 月 16 日,管理人向周口中院提交了裁定批准公司重整计划的申请,周口中院裁定批准重整计划,终止重整程序。

• 2019 年 12 月 23 日,经各方确认,莲花健康、润通贰号、莲泰投资、国控集团及公司管理人共同签署《莲花健康产业集团股份有限公司重整案重整投资协议》,确定润通贰号作为重整计划规定的第三方重整投资人参与莲花健康重整。

• 2020 年 3 月 4 日,公司收到周口中院(2019)豫 16 破 7 号《民事裁定书》,周口中院裁定确认莲花健康重整计划执行完毕,终结莲花健康重整程序。

四、重整计划主要内容

(一)重整思路概述

如图 15-2 所示,重整计划的主要思路为:

(1)对出资人权益进行调整,在重整前股份基础上进行资本公积转增股本,合计转增 3.18 亿股。原出资人放弃全部转增股份,由重整投资人有条件受让。其中,莲泰投资以 1.7 元/股的价格受让 1.385 亿股;润通贰号以 1.7 元/股的价格受让 1.103 亿股;国控集团以 1.7 元/股的价格有条件受让约 6 900 万股。以上投资人合计提供 5.4 亿元出资款。

(2)重整出资人提供及协助筹措贷款 2.6 亿元,进一步补充偿债资金以清偿债务、补充流动资金。

(3)债权人放弃部分债权。

(4)重整投资人将根据企业经营需求和实际条件,在充分论证且各方面条件成熟的基础上,适时向莲花健康注入资产状况较好、回报收益较高的优质资产,以改善资产负债情况,进一步增强莲花健康的盈利能力。

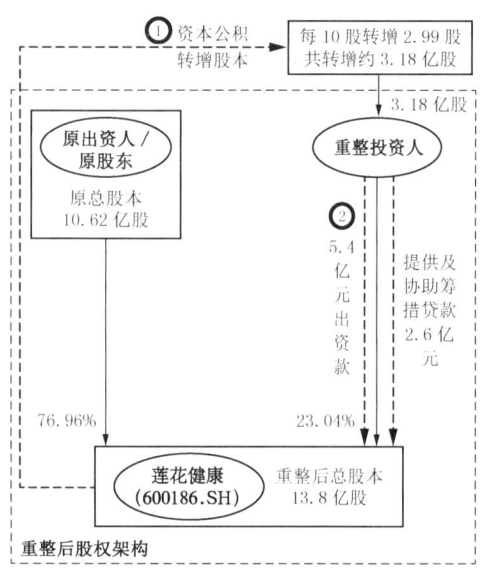

出资人权益调整方案

① 以莲花健康重整前总股本 10.62 亿股为基数;按照每 10 股转增 2.99 股的比例转增合计约 3.18 亿股,总股本扩大至 13.8 亿股;上述转增股票不向原股东分配,全部由重整投资人有条件受让,其中:

莲泰投资受让 1.39 亿股,约占重整后莲花健康总股本的 10.04%;润通贰号受让 1.1 亿股,约占重整后莲花健康总股本的 8%,国控集团有条件受让约 6 900 万股,约占重整后莲花健康总股本的 5%。

引进投资人增资

② 莲泰投资按照 1.7 元/股的价格受让转增股票,向莲花健康提供偿债资金约人民币 2.35 亿元。按重整草案批准日前最后一个交易日收盘价 2.5 元/股计算,该交易投资人赚取约 1.11 亿元)。

润通贰号按照 1.7 元/股的价格受让转增股票,向莲花健康提供偿债资金约人民币 1.88 亿元。按重整草案批准日前最后一个交易日收盘价 2.5 元/股计算,该交易投资人赚取约 8 832 万元)。

国控集团按照 1.7 元/股的价格受让转增股票,向莲花健康提供偿债资金约人民币 1.17 亿元。按重整草案批准日前最后一个交易日收盘价 2.5 元/股计算,该交易投资人赚取约 5 520 万元)。

莲泰投资提供 1 年期贷款 1.65 亿元,国厚资产提供 1 年期贷款 9 500 万元,贷款利率参照 1 年期贷款市场的报价利率(LPR)执行。

图 15-2　莲花健康重整方案示意图

(二)投资人及投资方案

2019 年 11 月 28 日,莲花健康、管理人与莲泰投资和国控集团签署《重整投资框架协议》,确定莲泰投资和国控集团共同为莲花健康重整投资人。

2019 年 12 月 23 日,经各方协商确认,莲花健康、润通贰号、莲泰投资、国控集团及公司管理人共同签署《莲花健康产业集团股份有限公司重整案重整投资协议》,确定润通贰号作为重整计划规定的第三方重整投资人参与莲花健康重整。

莲泰投资按照 1.7 元/股的价格受让转增股票,向莲花健康提供偿债资金约人民币 2.35 亿元;润通贰号按照 1.7 元/股的价格受让转增股票,向莲花健康提供偿债资金约人民币 1.88 亿元;国控集团按照 1.7 元/股的价格受让转增股票,向莲花健康提供偿债资金约人民币 1.17 亿元。莲泰投资提供 1 年期贷款 1.65 亿元,国厚资产提供 1 年期贷款 9 500 万元。其中 7 946 万元为国厚资产根据重整计划的清偿安排将在莲花健康重整执行程序中获得的清偿分配款,双方同意,国厚资产直接将该清偿分配款转为重整融资款,贷款利率参照一年期贷款市场的报价利率(LPR)执行。

(三) 出资人权益调整方案

以莲花健康截至法院受理日总股本 10.62 亿股为基数,按照每 10 股转增约 2.99333 股的比例实施资本公积转增股本,共计可转增 3.18 亿股股票(最终实际转增的股票数量以中国结算上海分公司实际登记确认的数量为准),占转增后总股本 13.8 亿股的 23.04%。上述转增股票不向原股东分配,全部由重整投资人有条件受让。

(四) 债权调整及受偿方案

1. 有财产担保债权调整及受偿

有财产担保债权人共 3 家,确认债权金额共计约 4.26 亿元,但因债权人国厚资产债权对应的担保财产评估值为 0,重整程序中,国厚资产所持债权将全额转为普通债权并行使相关权利。调整后,有财产担保债权人共 2 家,确认债权金额共计约 2.01 亿元。

在莲花健康有财产担保债权中,担保财产系莲花健康重整拟保留之经营性资产的,其债权在本次重整程序中暂不清偿,由重整后的莲花健康根据经营情况逐步清偿;担保财产系莲花健康非经营性资产的,其债权在担保财产变现价值范围内全额清偿。

2. 职工债权调整及受偿

职工债权总额预计约 8.43 亿元。职工债权不作调整,全额清偿。职工债权金额以职工安置过程中实际发生的金额为准,因本次重整对职工债权不作调整,根据《最高人民法院关于运用〈中华人民共和国企业破产法〉若干问题的规定(三)》第十一条第二款之规定,不设职工债权组。

3. 税款债权调整及受偿

税款债权总额为 1 033.43 万元。税款债权不作调整,全额清偿。因本次重整对税款债权不作调整,根据《破产法司法解释三》第十一条第二款之规定,不设税款债权组。

4. 普通债权调整及受偿

普通债权总额约为 7.66 亿元(含有财产担保债权转到普通债权组部分),共计 113 家债权人。根据《偿债能力分析报告》,普通债权在破产清算状态下将无法获得清偿,为最大限度地保护债权人合法权益、提高债权人的受偿水平,根据莲花健康实际情况,重整投资人将提供偿债资金用于莲花健康债务的现金清偿,在依次支付重整费用、有财产担保债权、职工债权、税款债权后,普通债权将按照以下方式进行清偿:

（1）对每家普通债权人 10 万元以下（含 10 万元）的债权部分按照 100％的比例清偿。

（2）对每家普通债权人超过 10 万元的债权部分，将按照 17.48％的清偿比例进行清偿。按照上述方案清偿后未获清偿的债权部分，根据《破产法》的规定，莲花健康不再承担清偿责任。

5. 暂缓确认债权的处理

对于因诉讼尚未终结暂缓确定的债权，在经周口中院确认后，仍可要求莲花健康按照重整计划中规定的同类债权清偿方案进行清偿。对于因债权人尚未提供补充证据材料、债权人提出异议等非诉讼未决事项暂缓确定的债权，在经周口中院确认后，可以要求莲花健康按照重整计划中规定的同类债权清偿方案进行清偿。

6. 未申报债权的处理

对于莲花健康账面记载但未依法申报的债权，如债权权利应受法律保护，则在重整计划执行期间不得行使权利，但可以在重整计划执行完毕后要求莲花健康按照重整计划中规定的同类债权清偿方案进行清偿。

7. 债务清偿顺序

模拟破产清算下普通债权清偿率通过假定公司在破产清算条件下的偿债能力分析得到，主要来源于公司披露的《偿债能力分析报告》。而重组后清偿率是假定公司在重整条件下的名义清偿率。由图 15-3 可以看出，重整后的债权清偿率情况，比清算状态下的清偿率有一定提升。

重整计划草案披露的偿债方案显示，普通债权人 10 万元以下（含 10 万元）的债权部分以现金方式全额清偿；超过 10 万元的债权部分以 17.48％的比例进行清偿。因此，重整后普通债权的名义清偿率至少大于 17.48％。

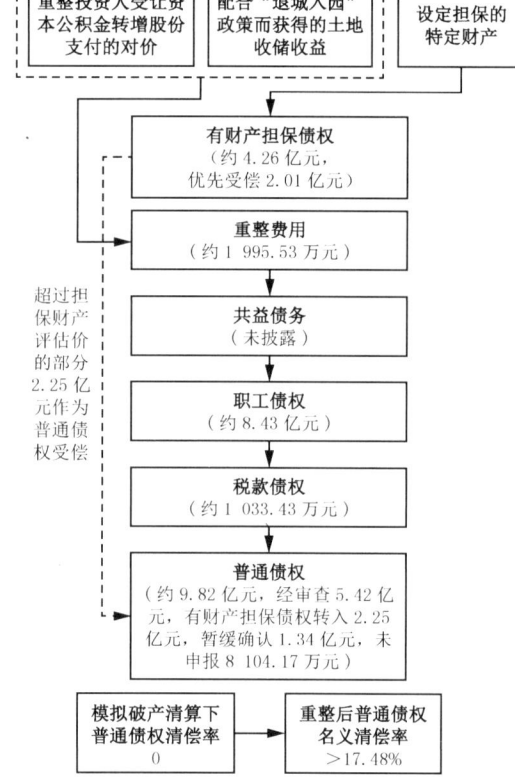

图 15-3　莲花健康债务清偿顺序示意图

（五）未来经营方案

莲花健康将通过重整程序引入在企业管理、市场拓展等方面具有明显背景优势的重整投资人。在重整投资人取得莲花健康实际控制人地位之后，公司将保留味精、鸡精、面粉等主营业务，通过注入流动资金、加强内部管控、降低成本费用、减员增效、完善激励约束机制等一系列措施，从根本上改善公司生产经营，实现高效有序的经营状态，维持莲花品牌系列产品在我国调味食品行业家庭消费与餐饮消费两大终端市场的优势地位，使莲花健康成为经营稳健、运营规范、业绩优良的上市公司。

（1）优化治理结构，加强内部管理。公司将持续规范完善内部决策机制，不断改革优化治理结构，保证公司决策的合理性和有效性。同时，公司还将完善内部规章制度，通过提高管理团队的能力素养，加强企业内部管理。

（2）降低生产及运营成本，整合主营业务。严控成本，实现高效经营状态，为恢复正常生产提供支持；保留味精、鸡精、面粉为主的主营业务，维持在餐饮业和家庭消费终端的领先地位，注重研发新产品技术，加强推广，在提升市场占有率的同时逐步将公司做大做强。

（3）适时注入优质资产。重整投资人将根据企业经营需求和实际条件，适时向莲花健康注入资产状况较好、回报收益较高的优质资产，以改善资产负债情况，进一步增强莲花健康的盈利能力。

五、重整计划表决与批准

（一）债权人会议表决

公司第二次债权人会议于 2019 年 12 月 16 日上午 10 时通过全国企业破产重整案件信息网召开，对重整计划草案进行了表决。

1. 有财产担保债权组

有财产担保债权组共有 2 人出席会议，其中同意重整计划草案的债权人共计 2 人，占出席会议的有表决权债权人人数的比例为 100%；代表债权金额 2.01 亿元，占有财产担保债权总额的比例为 100%。表决通过。

2. 普通债权组

普通债权组共有 99 家出席会议，其中同意重整计划草案的债权人共计 96 家，占出席会议的有表决权债权人人数的比例为 96.97%；代表债权金额 6.97 亿元，占普通债权总额的比例 91.96%。表决通过。

（二）出资人组会议表决

公司于 2019 年 12 月 16 日以现场和网络相结合的方式召开出资人组会议，对《出资人权益调整方案》进行表决。

参加出资人组会议的股东及股东代理人共 82 名，代表股份 1.54 亿股，占公司有表决权股份总数的 14.57%。其中，出席现场会议投票的股东及股东代理人共 2 名，代表股份 1.34 亿股，占公司表决权股份总数的 12.68%，经现场确认，上述出资人已通过网络方式进行投票；参加网络会议投票的股东及股东代理人共 82 名，代表股份 1.54 亿股，占公司表决权股份总数的 14.57%。

表决情况为：同意票 1.54 亿股，占出席会议有效表决权股份总数 100%。根据《公司法》与《破产法》的相关规定，表决通过。

（三）重整计划批准

2019 年 12 月 16 日，管理人收到了周口中院送达的(2019)豫 16 破 7 号之二《民事裁定书》，裁定批准莲花健康重整计划，并终止莲花健康重整程序。

六、重整计划执行与监督

(一) 执行与监督的主体

重整计划由莲花健康负责执行,管理人负责监督。

(二) 执行与监督的期限

重整计划的执行期限自重整计划获得周口中院裁定批准之日起计算,莲花健康应于 2020 年 4 月 30 日前执行完毕重整计划。在此期间,莲花健康应当严格依照重整计划的规定清偿债务,并随时支付重整费用。

如非莲花健康自身原因,致使莲花健康重整计划无法在上述期限内执行完毕,莲花健康应于执行期限届满前,向周口中院提交延长重整计划执行期限的申请,并根据周口中院批准的执行期限继续执行。重整计划提前执行完毕的,执行期限在执行完毕之日到期。

自管理人向周口中院提交重整计划执行监督报告之日起,管理人的监督职责终止。

(三) 执行的措施

1. 偿债资金的分配

偿债资金原则上以银行转账方式向债权人进行分配。债权人自身和/或其关联方原因导致偿债资金不能到账,或账户被冻结、扣划的,产生的法律后果和市场风险由相关债权人自行承担;债权人可以书面指令将偿债资金支付至债权人指定的由该债权人所有/控制的账户或其他主体所有/控制的账户内,但因该指令导致偿债资金不能到账,以及因该指令导致的法律纠纷和市场风险由相关债权人自行承担。

2. 财产保全措施的解除

根据《破产法》第十九条的规定,人民法院受理破产申请后,有关债务人财产的保全措施应当解除。尚未解除对莲花健康财产保全措施的债权人,应当在重整计划获得法院批准后 30 日内协助办理完毕解除财产保全措施的手续;有财产担保债权人应当同步协助办理完毕解除涉及抵押、质押财产的他项权利登记手续。未能在前述规定期限内协助办理解除措施的,重整投资人、管理人和莲花健康有权申请周口中院依照重整计划的规定予以强制解除。

3. 偿债资金的预留、提存及处理

对于已经周口中院裁定确认的债权人未按照重整计划的规定领受偿债资金的,根据重整计划应向其一次性分配的资金将提存至管理人指定的银行账户。上述提存的偿债资金自重整计划执行完毕公告之日起满 3 年,因债权人自身原因仍不领取的,视为放弃领受偿债资金的权利。重整计划执行人应当将提存的资金在扣除相关费用后用于补充公司流动资金。

对于因诉讼、仲裁未决、债权人异议等导致管理人暂时无法作出审查结论的债权,以最终确认的债权金额为准,在经周口中院确认后,按照重整计划规定的受偿率受偿。已按照重整计划预留的偿债资金在清偿上述债权后仍有剩余的,剩余的偿债资金将用于补充公司流动资金。

对于未申报债权,重整计划不再预留偿债资金。相关债权在经周口中院确认后,以最终

确认的债权金额为准,由莲花健康通过后续生产经营所得资金按照重整计划规定的清偿率获得清偿。

4. 资产处置

为进一步夯实资产质量、改善莲花健康资产负债结构并提升公司盈利能力而涉及财产处置事宜的,在报经周口中院同意后,管理人及莲花健康可以根据《破产法》及《莲花健康产业集团股份有限公司财产管理方案》相关规定,原则上以评估价值为底价,采取公开拍卖的方式进行处置。

5. 重整费用的支付

莲花健康重整费用预计 1 995.53 万元,包括重整案件受理费、管理人报酬、聘请中介机构的费用、转增股票登记税费、股票过户税费及管理人执行职务的费用等。其中,重整案件受理费、管理人报酬、聘请中介机构的费用,在重整计划执行期间按照《诉讼费用交纳办法》《最高人民法院关于审理企业破产案件确定管理人报酬的规定》及合同约定通过管理人银行账户支付;莲花健康转增股票登记及过户税费、管理人执行职务的费用及其他重整费用,根据重整计划执行实际情况由管理人账户随时支付。

6. 共益债务的支付

莲花健康重整期间的共益债务,包括但不限于因继续履行合同所产生的债务、继续营业而支付的劳动报酬和社会保险费用以及由此产生的其他债务,由莲花健康按照《破产法》相关规定随时清偿。

7. 转让债权的清偿

债权人在重整受理日(即 2019 年 10 月 15 日)后依法对外转让债权的,受让人按照原债权人根据重整计划就该笔债权可以获得的受偿条件受偿;债权人向两个以上的受让人转让债权的,偿债资金向受让人按照其受让的债权比例分配。

七、重整计划顺利实施的预期效果

莲花健康重整计划如能顺利实施:

(1)上市地位得以保全。莲花健康的企业法人性质及市场主体资格不变,仍是一家在上交所上市的股份有限公司。

(2)重整前产生的巨额负债获得妥善安排。重整计划实施完毕后,重整投资人将通过受让转增股票,提供偿债资金,并承诺协助莲花健康筹措融资贷款。其中,公司最大的债权人国厚资产也成为公司的股东。职工债权与税款债权全额清偿;有财产担保债权中担保物为重整计划中保留部分经营资产的,重整后逐步清偿,非经营性资产的根据变现情况清偿;普通债权也得到了部分偿还,实现了各方共赢。

(3)引入有明显背景优势的重整投资人。引入莲泰投资、国控集团等在企业管理、市场拓展等方面具有明显背景优势的重整投资人除了可以为公司注入资金支持业务运营,还可根据经营需求与实际条件,适时向公司注入资产状况较好、回报率较高的优质资产,提高企业整体盈利水平,进一步增强公司盈利能力。

（4）中小投资者权益得到最大限度保护。本重整方案由债权人和原出资人共同分担莲花健康重整的成本。公司的广大中小投资者所持公司股票的绝对数量未减少,持股比例在一定程度上被压缩。重整完成后,莲花健康的债务负担将显著降低,且随着莲花健康重整后的经营状况得以改善,全体投资者所持有的股票的实际价值将得以提升,从而最大限度地保护中小投资者的合法权益。

案例16 庞大集团重整案例解析

庞大汽贸集团股份有限公司(以下简称"庞大集团"或"公司")主营业务是汽车经销和维修养护,成立于2007年12月29日,重整前注册资本为65.38亿元。因受市场持续低迷、融资环境恶化等各种不利因素影响,庞大集团2018年度出现巨额亏损,且因资金严重不足、财产不能变现等,无法清偿到期债务,有明显丧失清偿能力的可能。庞大集团虽然账面资产大于负债,但以资产评估结果来看,其实际已严重资不抵债,经营和财务状况均已陷入困境。债权人北京冀东丰汽车销售服务有限公司(以下简称"冀东丰公司")于2019年5月13日申请对公司进行重整。唐山市中级人民法院(以下简称"唐山中院")于2019年9月5日裁定受理公司重整,并指定庞大集团清算组担任重整管理人。2019年12月10日,唐山中院裁定批准重整计划。2019年12月29日,公司收到唐山中院(2019)冀02破2号之十九《民事裁定书》,唐山中院裁定确认庞大集团重整计划执行完毕。

1. 出资人权益调整

以庞大集团重整前总股本65.38亿股为基数,按照每10股转增5.641598股的比例转增合计约36.89亿股,公司总股本扩大至102.27亿股。

转增股票中,由重整投资人及财务投资人受让7亿股,剩余约29.89亿股用于清偿债务。

控股股东及其关联自然人让渡其所持有的21.06亿股股票,由重整投资人及其关联方有条件受让。

2. 债权调整及受偿

1)有财产担保债权调整及受偿

有财产担保债权中存在质押保证金的债权,以相应保证金及保证金(预期)产生的存款利息优先清偿。其他有财产担保债权在对应担保财产评估价值范围内,由庞大集团留债展期6年清偿。有财产担保债权无法被保证金及担保财产覆盖的部分将作为普通债权,按照普通债权的调整及受偿方案获得清偿。

2）普通债权调整及受偿

每家债权人 50 万元以下（含 50 万元）的债权部分，在重整计划执行期限内以现金方式全额清偿；超出 50 万元的部分，区分为子公司担保财产评估价值覆盖部分和股票清偿部分。

（1）子公司担保财产评估价值覆盖部分：与 A 股上市公司提供财产担保的债权作同等处理，即庞大集团子公司提供财产担保的债权在该担保财产评估价值范围内，由庞大集团留债展期清偿，调整及受偿方案与有财产担保债权留债展期方案一致。

（2）股票清偿部分：剩余普通债权由庞大集团在重整计划执行期限内，以每 100 元普通债权分得约 16.722408 股庞大集团资本公积转增股本，股票抵债价格按每股 5.98 元计算，该部分普通债权的名义清偿率为 100％。

3. 引入重整投资人

深圳市深商控股集团股份有限公司（以下简称"深商控股"）、深圳市元维资产管理有限公司（以下简称"元维资产"）和深圳市国民运力科技集团有限公司（以下简称"国民运力"）组成的联合体为庞大集团重整的投资人。

上述三家重整投资人及其引进的财务投资人共投入 7 亿资金构成出资款受让 7 亿股，重整投资人自受让转增股票之日起 3 年内不得向关联方以外的第三方转让其所持有的庞大集团股票；其他受让转增股票的主体自受让转增股票之日起 6 个月内不得转让其所持有的庞大集团股票。

同时，由重整投资人及其关联方受让由控股股东及其关联自然人让渡的 21.06 亿股股票，受让条件包括：

（1）重整投资人承诺，按照其所提出的经营方案，对庞大集团业务结构进行调整，提升庞大集团的管理水平及运营价值，确保庞大集团恢复持续盈利能力。

（2）重整投资人承诺，庞大集团 2020 年、2021 年、2022 年的归属于母公司所有者的净利润分别不低于 7 亿元、11 亿元、17 亿元，或 2020 年、2021 年、2022 年的归属于母公司所有者的净利润合计达到 35 亿元。若最终实现的归属于母公司所有者的净利润未达到前述标准，由重整投资人在 2022 年会计年度审计报告公布后 3 个月内向庞大集团以现金方式予以补足。

（3）为保障庞大集团恢复持续盈利能力，增强各方对庞大集团未来发展的信心，重整投资人承诺，自受让让渡股票之日起 3 年内不向关联方以外的第三方转让其所持有的庞大集团股票。

此外，为支持庞大集团重整及后续经营发展，投资人同意并引荐庞大集团金融债权人委员会主席、第一大债权人中国民生银行股份有限公司为庞大集团提供不超过 10 亿元的共益债务融资。

一、公司基本信息

（一）公司及业务简介

庞大集团系由原唐山市冀东机电设备有限公司整体变更设立的股份有限公司，于 2007 年

12 月 29 日在原唐山市工商行政管理局注册登记。2011 年 4 月 28 日,庞大集团在上交所上市,股票代码为 601258。

公司主营业务以汽车经销和维修养护业务为主,代理销售近百个汽车品牌,车型包括乘用车、微型车、商用车等。

根据公司重整申请前 2018 年年度报告,公司营业收入为 420.34 亿元,净亏损为 61.72 亿元,毛利率为 0.64%,净利率为 -14.68%。

(二)重整前股权架构图

截至 2019 年 9 月 5 日,庞大集团的股本总数为 65.38 亿股,注册资本为 65.38 亿元。公司的控股股东和实际控制人为庞庆华,其持有庞大集团 13.63 亿股,持股比例为 20.84%;控股股东庞庆华及其关联自然人合计持有庞大集团约 21.06 亿股,持股比例为 32.21%,如图 16-1 所示。

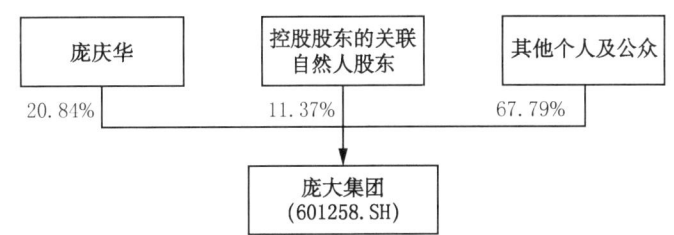

注:关联自然人股东与庞庆华先生存在一致行动关系。

图 16-1　庞大集团重整前股权架构图

二、资产负债情况

(一)资产负债情况总览

如表 16-1 所示,根据评估机构出具的《资产评估报告》,以 2019 年 9 月 5 日为评估基准日,公司资产评估市场价值总额为 97.66 亿元,清算评估价值为 50.17 亿元,清算价值约为市场价值的 51.37%。

表 16-1　庞大集团资产负债情况

单位:亿元

资产/债权类型	资产	负债	资产-负债	资产负债率
账面价值/审查确认债权	302.08	175.33	126.75	58.04%
评估市场价值/审查确认债权	97.66	175.33	-77.67	179.53%
评估清算价值/审查确认债权	50.17	175.33	-125.16	349.47%

第一次债权人会议核查并经唐山中院裁定的债权总额为 169.71 亿元。其中,有财产担保债权为 56.83 亿元;税款债权为 314.65 万元;普通债权为 112.85 亿元。

经管理人审查确认,尚需提交债权人会议核查并经法院裁定确认的债权总额为 5.06 亿元。其中,税款债权为 281.04 万元;普通债权为 5.03 亿元。

经管理人调查的职工债权总额为 5 636.16 万元。其中,欠付工资 378.14 万元;涉及劳动仲裁或诉讼的职工债权 345.09 万元;职工集资款 3 912.93 万元;解决职工问题而预留的不可预见费用 1 000 万元。

其他债权总额共计 97.47 亿元。其中,债权人已申报债权,但截至重整计划提交之日因涉及诉讼等,尚未经管理人审查确认的暂缓确认债权共计 71.73 亿元;同时尚有约 25.74 亿元普通债权未向管理人申报。

综上,根据庞大集团债权申报与审查情况、管理人对职工债权的调查情况以及截至受理日公司财务账簿的记录等,庞大集团经管理人初步审查确认的负债约为 175.33 亿元。

(二)债权分类

根据《破产法》对债权分类的规定,结合债权人向庞大集团申报债权的实际情况,庞大集团债权主要包括有财产担保债权、职工债权、税款债权、普通债权等。

1. 有财产担保债权

有财产担保债权人共 15 家,确认债权金额共计 56.83 亿元。

2. 职工债权

职工债权涉及职工 493 人,债权总额共计 5 636.16 万元。

3. 税款债权

税款债权共 3 家债权人,债权总额共计 595.7 万元。

4. 普通债权

普通债权的债权总额为 117.88 亿元,共计 189 家债权人。

5. 其他债权

暂缓确定债权:债权人已申报债权,但截至重整计划提交之日因涉及诉讼等尚未经管理人审查确认的暂缓确认债权共计 71.73 亿元。其中,暂缓确认的有财产担保债权金额约为 15.4 亿元(包括申报建设工程价款优先受偿权的债权约为 1.2 亿元),暂缓确认的普通债权金额约为 56.33 亿元。需要特别说明的是:暂缓确认的债权中,庞大集团为具有偿债能力的企业或者个人提供担保而形成的债权金额约为 31.81 亿元;暂缓确认的债权中,包含融资租赁类债权金额约为 13.95 亿元。

未申报债权:庞大集团账面有记载,未向管理人申报但可能受法律保护的债权金额约为 25.74 亿元。

(三)偿债能力分析

根据评估机构出具的《偿债能力分析报告》,在模拟破产清算状态下,假定庞大集团全部资产能够按评估价值实际变现,则其资产变现款在扣除担保财产价值、优先清偿破产费用、共益债务、职工债权和税款债权后,剩余部分向普通债权人进行分配,则普通债权所能获得的清偿比例为 11.2%(具体数据以《偿债能力分析报告》为准)。

三、重整基本情况

(一) 重整背景

因受市场持续低迷、融资环境恶化等各种不利因素影响,庞大集团 2018 年度出现巨额亏损,且因资金严重不足、财产不能变现等,无法清偿到期债务,有明显丧失清偿能力的可能。

庞大集团虽然账面资产大于负债,但以资产评估结果来看,其实际已严重资不抵债,经营和财务状况均已陷入困境。如果庞大集团进行破产清算,现有资产在清偿各类债权后已无剩余财产向出资人分配,出资人权益为零。为挽救庞大集团,避免其破产清算,出资人和债权人需共同努力,共同分担实现公司重生的成本。

(二) 重整申请情况

2019 年 5 月 13 日,庞大集团债权人冀东丰公司向唐山中院提出对庞大集团进行重整的申请。庞大集团 2018 年度出现巨额亏损,且因资金严重不足、财产不能变现等,无法清偿到期债务。根据庞大集团于 2019 年 5 月 13 日发布的《关于被债权人申请重整的提示性公告》,庞大集团尚欠冀东丰公司合同款项 1 700 万元。

(三) 重整受理情况

唐山中院根据债权人冀东丰公司的申请,于 2019 年 9 月 5 日依法作出 (2019) 冀 02 破申 5 号之二《民事裁定书》,裁定受理庞大集团重整一案,并于同日作出 (2019) 冀 02 破 2 号之二《决定书》,指定庞大集团清算组担任管理人,负责重整期间的各项工作。

(四) 重整管理模式

管理人管理财产和营业事务。

(五) 重整大事记

• 2019 年 5 月 13 日,债权人冀东丰公司向唐山中院申请对庞大集团进行重整。

• 2019 年 9 月 5 日,唐山中院裁定受理庞大集团重整,指定庞大集团清算组担任公司管理人。

• 2019 年 10 月 25 日,第一次债权人会议召开,截至 2019 年 10 月 18 日债权申报期届满,共有 273 家债权人向管理人申报债权,申报金额合计人民币 245.66 亿元。债权金额最终以法院裁定确认的债权表记载为准。

• 2019 年 11 月 20 日,管理人与意向投资人(由深商控股、元维资产和国民运力组成的联合体)签订《关于庞大汽贸集团股份有限公司重整事宜之投资协议》,确认深商控股、元维资产、国民运力组成的联合体为庞大集团重整的投资人。

• 2019 年 12 月 9 日,第二次债权人会议对庞大集团《庞大汽贸集团股份有限公司重整计划(草案)》进行表决,表决通过。

• 2019 年 12 月 9 日,公司出资人组会议表决通过了《重整计划(草案)之出资人权益调整方案》。

- 2019 年 12 月 9 日,管理人向唐山中院提交了裁定批准公司重整计划的申请。
- 2019 年 12 月 10 日,唐山中院裁定批准重整计划,终止重整程序。
- 2019 年 12 月 29 日,公司收到唐山中院(2019)冀 02 破 2 号之十九《民事裁定书》,唐山中院裁定确认庞大集团重整计划执行完毕。

四、重整计划主要内容

(一)重整思路概述

如图 16-2 所示,重整计划的主要思路为:

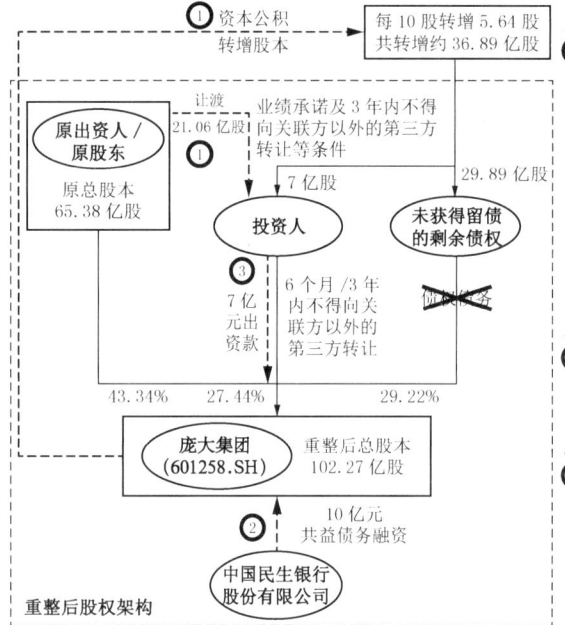

图 16-2　庞大集团重整方案示意图

（1）对出资人权益进行调整,在重整前股份基础上进行资本公积转增股本,合计转增 36.89 亿股。原出资人放弃全部转增股份,由重整投资人及其引进的财务投资人以 7 亿元受让 7 亿股,剩余约 29.89 亿股用于清偿债务。

（2）控股股东及其关联自然人让渡约 21.06 亿股股票给重整投资人及其关联方,为庞大集团的经营亏损承担主要责任并付出必要的成本。

（3）庞大集团金融债权人委员会主席、第一大债权人中国民生银行股份有限公司为庞大集团提供不超过 10 亿元的共益债务融资。

（4）庞大集团将对乘用车、商用车量大板块品牌代理、网络分布、业务结构进行调整,对没有发展前景的品牌进行裁撤,聚焦具备盈利能力和前景的核心品牌。

(二)投资人及投资方案

2019 年 9 月 13 日,管理人发布《庞大管理人关于重整进展有关事项的公告》,公布管理人经过多方寻找和洽谈,确定由深商控股、元维资产和国民运力组成的联合体为庞大集团重整的意向投资人,并于2019年11月20日正式签订《关于庞大汽贸集团股份有限公司重整事宜之投资协议》。

深商控股成立于2011年7月,注册资本10.22亿元,是由79家深圳市重点民营企业共同投资成立的一家从事金融服务类、大型项目投资和高新技术开发与生产的大型民营企业,股东的总资产近万亿元。深商控股拥有11家全资控股子公司,成功运营了深商(国际)生命科学产业园、光明健康城、深圳龙华大浪时尚创意产业园等大型重点项目。

元维资产成立于2014年4月,注册资本为1亿元,主要从事的经营活动包括受托资产管理(不得从事信托、金融资产管理、证券资产管理及其他限制项目);股权投资;投资管理(不含限制项目);受托管理股权投资基金(不得从事证券投资活动/不得以公开方式募集资金开展投资活动/不得从事公开募集基金管理业务)。

国民运力成立于2016年8月,注册资本1亿元,国民运力以"绿色交通+互联网"为理念,以信息化平台为纽带,为城市提供集公交车、出租车、物流车、环卫车、特种车、充电桩、智能停车等动/静态交通于一体的电动化综合解决方案,致力于推动城市公共交通和公众出行电动化、资源集约化和城市智能化建设。

上述三家重整投资人及其引入的财务投资人共投入7亿资金构成出资款受让7亿股,重整投资人自受让转增股票之日起3年内不得向关联方以外的第三方转让其所持有的庞大集团股票;其他受让转增股票的主体自受让转增股票之日起6个月内不得转让其所持有的庞大集团股票。

同时,由控股股东及其关联自然人让渡的21.06亿股股票,由重整投资人及其关联方有条件受让,受让条件包括:

(1)重整投资人承诺,按照其所提出的经营方案,对庞大集团业务结构进行调整,提升庞大集团的管理水平及运营价值,确保庞大集团恢复持续盈利能力。

(2)重整投资人承诺,庞大集团2020年、2021年、2022年的归属于母公司所有者的净利润分别不低于7亿元、11亿元、17亿元,或2020年、2021年、2022年的归属于母公司所有者的净利润合计达到35亿元。若最终实现的归属于母公司所有者的净利润未达到前述标准,由重整投资人在2022年年度审计报告公布后3个月内向庞大集团以现金方式予以补足。

(3)为保障庞大集团恢复持续盈利能力,增强各方对庞大集团未来发展的信心,重整投资人承诺,自受让让渡股票之日起3年内不向关联方以外的第三方转让其所持有的庞大集团股票。

此外,为支持庞大集团重整及后续经营发展,投资人同意并引荐庞大集团金融债权人委员会主席、第一大债权人中国民生银行股份有限公司为庞大集团提供不超过10亿元的共益债务融资。

(三) 出资人权益调整方案

以庞大集团重整前总股本 65.38 亿股为基数,按照每 10 股转增 5.641598 股的比例转增合计约 36.89 亿股,公司总股本扩大至 102.27 亿股。转增股票中,由重整投资人受让 7 亿股,剩余约 29.89 亿股用于清偿债务。

庞大集团控股股东及其关联自然人让渡其所持有的 21.06 亿股股票,由重整投资人及其关联方有条件受让。

(四) 债权调整及受偿方案

1. 有财产担保债权调整及受偿

有财产担保债权人共 15 家,确认债权金额共计 56.83 亿元。

有财产担保债权中存在质押保证金的债权,以相应保证金及保证金(预期)产生的存款利息优先清偿。其他有财产担保债权在对应担保财产评估价值范围内,由庞大集团留债展期清偿。有财产担保债权无法被保证金及担保财产覆盖的部分将作为普通债权,按照普通债权的调整及受偿方案获得清偿。具体留债方案如下:

留债期限:6 年。

留债利率:以中国人民银行公布的 5 年期以上贷款基准利率 4.9% 为基础下浮 40%,即约 2.94%;原贷款利率低于 2.94% 的,按照原合同利率执行。

利息支付方式:清偿期间从重整计划执行完毕之日的次月 1 日起算,每个自然季度最后 1 个月的第 20 日支付本季度产生的利息;如遇还本日或付息日为法定节假日或公休日,则该还本日或付息日顺延至第一个工作日。

本金清偿方式:前 3 年只付息不还本,第 4 年清偿本金的 30%,第 5 年清偿本金的 30%,第 6 年清偿本金的 40%,还本日分别为每年最后 1 个月的第 20 日。

担保方式:留债期间保留原有财产担保关系。

2. 职工债权调整及受偿

职工债权不作调整,由庞大集团在重整计划执行期限内以现金方式全额清偿。职工债权涉及职工 493 人,债权总额共计 5 636.16 万元。

3. 税款债权调整及受偿

税款债权共 3 家债权人,债权总额共计 595.7 万元,将在重整计划执行期限内以现金方式全额清偿。

4. 普通债权调整及受偿

普通债权组的债权总额为 117.88 亿元,共计 189 家债权人。

每家债权人 50 万元以下(含 50 万元)的债权部分,在重整计划执行期限内以现金方式全额清偿,超出 50 万元的部分,区分为子公司担保财产评估价值覆盖部分和股票清偿部分:

(1) 子公司担保财产评估价值覆盖部分:与 A 股上市公司提供财产担保的债权作同等处理,即庞大集团子公司提供财产担保的债权在该担保财产评估价值范围内,由庞大集团留债展期清偿,调整及受偿方案与有财产担保债权留债展期方案一致。

（2）股票清偿部分：剩余普通债权由庞大集团在重整计划执行期限内，以每 100 元普通债权分得约 16.722408 股庞大集团资本公积转增股本，股票抵债价格按 5.98 元/股计算。该部分普通债权的清偿比例为 100%。

5. 融资租赁债权调整及受偿

融资租赁债权对应融资租赁物评估价值部分与有财产担保债权留债展期部分调整及受偿方案一致，扣除前述融资租赁评估价值的剩余债权作为普通债权，按照普通债权的受偿方案予以清偿。

6. 暂未确认债权的处理

庞大集团为具有偿债能力的企业或者个人提供担保而形成的债权全部为普通债权。该部分债权不在重整计划中安排，不占用重整程序中筹集的偿债资源，相应的债权按原有合同约定予以清偿。

融资租赁类债权涉及诉讼的，债权人应当获得相关法院的生效判决之后，再确认融资租赁物回购价款。融资租赁物回购价款部分，参照有财产担保债权受偿方案予以清偿，扣除融资租赁物回购价款后的债权部分，按照普通债权的清偿条件受偿。

其他暂缓确认债权，在其债权依法确认后，将按照重整计划规定的同类债权的清偿条件受偿。

7. 未申报债权的处理

未依照《破产法》规定申报但账面记载的债权，在重整计划执行期间不得行使权利；在重整计划执行完毕后，债权人可以按照重整计划规定的同类债权的清偿条件向庞大集团主张权利。

因此，重整计划将按照已确认债权受偿方案为上述预计债权预留现金、股票及留债额度，在其债权获得最终确认后按照重整计划规定的同类债权的清偿条件对其进行清偿。

8. 债务清偿顺序

模拟破产清算下普通债权清偿率通过假定公司在破产清算条件下的偿债能力分析得到，主要来源于公司披露的《偿债能力分析报告》。而重组后清偿率是假定公司在重整条件下的名义清偿率。由图 16-3 可以看出，重整后的债权清偿率情况，比清算状态下的清偿率有一定提升。

重整计划草案披露的偿债方案显示，普通

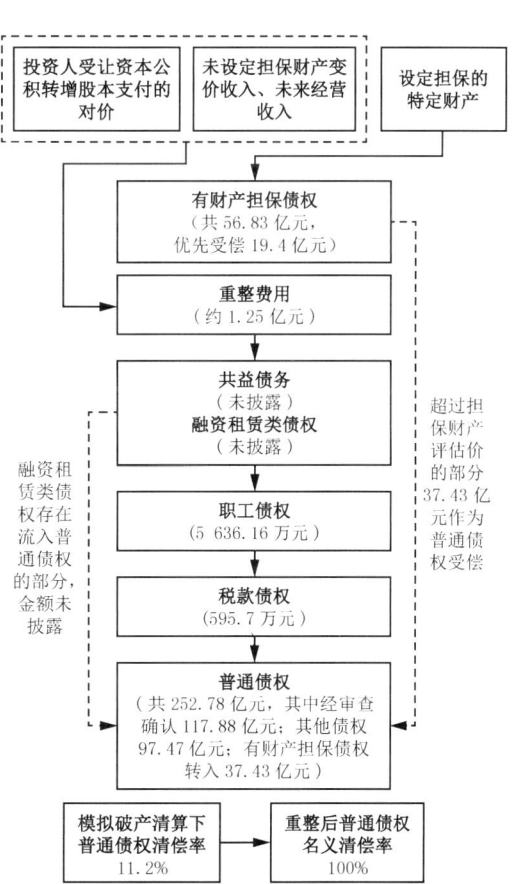

图 16-3 庞大集团债务清偿顺序示意图

债权人 50 万元以下(含 50 万元)的债权部分以现金方式全额清偿;超过 50 万元的债权部分以资本公积转增股本按照 5.98 元/股的抵债价格进行股票清偿。因此,重整后普通债权的名义清偿率为 100％。

(五)未来经营方案

为使庞大集团恢复持续经营能力和盈利能力,管理人根据重整投资人提交的方案,在深入调查研究庞大集团相关情况的基础上,制定经营方案。该经营方案由"存量业务的调整与优化"和"增量业务的引进与发展"两部分构成,具体如下:

(1)补充流动资金、提升资产流动性及资金使用效率。为支持后续经营发展,重整投资人将引入中国民生银行股份有限公司为庞大集团提供不超过 10 亿元的共益债务融资,用于补充公司流动资金。

以重整为契机,庞大集团将从以强调资产规模,过渡到以提升资金使用效率为中心,根据资产闲置状况,因地制宜地通过出租、出售、合作开发等不同方式盘活闲置资产,提升资产流动性及资金使用效率。

(2)优化品牌及经营网络结构、推进新能源与新零售。对没有发展前景的品牌进行裁撤,聚焦具备盈利能力和前景的核心品牌,结合品牌特性合理分布网络;积极推进线上线下合作,参与新零售业务开展等。

(3)探索充电服务业务商业化、推动智慧城市建设。探索新的经营模式,助力庞大集团快速提升业务规模,实现企业良性发展。

五、重整计划表决与批准

(一)债权人会议表决

公司第二次债权人会议于 2019 年 12 月 9 日上午 9 时通过全国企业破产重整案件信息网召开,由有财产担保债权组和普通债权组对《庞大汽贸集团股份有限公司重整计划(草案)》进行了分组表决,职工债权组、税款债权组的债权人权益未受调整,不参与重整计划表决。

1. 有财产担保债权组

同意重整计划草案的债权人人数为 10 家,占出席会议的有表决权人数的比例为 76.92％,超过半数;代表的债权额为人民币 47.94 亿元,占有财产担保债权总额比例为 84.36％,超过财产担保债权总额的 2/3。表决通过。

2. 普通债权组

同意重整计划草案的债权人人数为 128 家,占出席会议的有表决权人数的比例为 79.01％,超过半数;代表的债权额为人民币 96.53 亿元,占普通债权总额比例为 69.52％,超过普通债权总额的 2/3。表决通过。

(二)出资人组会议表决

公司于 2019 年 12 月 9 日 14 时 30 分在北京经济技术开发区中冀斯巴鲁大厦 C 座四楼

会议室以"现场＋网络"的形式召开出资人组会议,对《重整计划(草案)之出资人权益调整方案》进行表决。表决方式为现场表决与网络投票相结合。

参加出资人组会议的股东及股东代理人共 658 人,所持有表决权的股份总数共 22.27 亿股,占公司总股份的 34.0598%。其中,出席现场会议投票的股东及股东代理人共 17 人,出席会议的股东所持有表决权的股份总数共 20.77 亿股;参加网络会议投票的股东及股东代理人共 642 人,参加会议的股东所持有表决权的股份总数共 1.5 亿股。有 1 位股东持有表决权的股份 41 万股,既参加了网络投票,又参加了现场投票,按照会议表决规则,以第一次网络投票为准。

出资人组会议对《重整计划(草案)之出资人权益调整方案》进行表决,表决结果为:同意 22.27 亿股,占出席会议股份总数的 99.9937%,超过出席会议的股东所持表决权的 2/3。

根据《破产法》第八十五条及《关于审理上市公司破产重整案件工作座谈会纪要》第七条规定,表决通过。

(三)重整计划批准

2019 年 12 月 10 日,公司收到(2019)冀 02 破 2 号之十五《民事裁定书》。法院裁定批准重整计划,并终止公司重整程序。

根据重整计划的债权分类、调整及清偿方案,出资人权益调整方案及经营方案,庞大集团清偿债务等执行重整计划的行为将对公司 2019 年度的净资产产生重大积极的影响,具体数据以经审计的财务报表数据为准。

六、重整计划执行与监督

(一)执行与监督的主体

重整计划由庞大集团负责执行,管理人负责监督。

(二)执行与监督的期限

重整计划的执行期限自重整计划获得唐山中院裁定批准之日起计算,庞大集团应当争取于 2019 年 12 月 31 日前执行完毕。

如重整计划无法在上述期限内执行完毕,庞大集团应于执行期限届满前向唐山中院提交延长重整计划执行期限的申请,并在唐山中院批准的延长执行期限内继续执行。

重整计划执行完毕的条件成就后,庞大集团应向唐山中院与管理人提交执行情况报告,唐山中院将出具确认重整计划执行完毕的裁定。

(三)执行的措施

1. 现金清偿措施

每家债权人以现金方式清偿的债权部分,偿债资金原则上以银行转账方式向债权人指定银行账户划转。债权人应当自债权人会议表决重整计划之日起 5 日内,按照管理人指定格式以书面方式提供领受偿债资金的银行账户信息。非庞大集团和管理人原因导致偿债资金不能转入债权人指定银行账户,或账户被冻结、扣划的,产生的法律后果由相关债权人自行承担。对于逾期不提供银行账户信息的债权人,应向其分配的现金将按照重整计划的相关规定处理,由此产生的法律后果由相关债权人自行承担。

2. 留债展期的执行

根据重整计划应当留债展期的债权,在重整计划获得法院批准后,庞大集团应向有关债权人送达留债展期安排告知书。留债展期安排告知书中明确留债金额及支付安排,庞大集团按照留债展期安排告知书确定的留债金额及支付安排进行清偿。个别金融机构可根据需要与庞大集团签署书面留债协议,协议内容应符合重整计划的规定。

3. 转增股本的分配

每家债权人以股票抵偿的债权部分,在重整计划执行期限内以资本公积转增股本进行分配。债权人应当自债权人会议表决重整计划之日起 5 日内,按照管理人指定格式以书面方式提供领受分配股票的证券账户信息。非庞大集团和管理人原因导致分配股票不能到账,或账户被冻结、扣划的,产生的法律后果由相关债权人自行承担。对于逾期不提供证券账户信息的债权人,应向其分配的股票将按照重整计划的相关规定处理,由此产生的法律后果由相关债权人自行承担。

4. 偿债资金和抵债股份的提存及处理

债权经法院裁定确认后的债权人未按照重整计划的规定领受分配的偿债资金和抵债股票的,根据重整计划应向其分配的资金和股票将提存至管理人指定的银行账户和证券账户,提存的偿债资金及股票自重整计划执行完毕公告之日起满 3 年,因债权人自身原因仍不领取的,视为放弃受领清偿款项和股票的权利。已提存的偿债资金将归还上市公司用于补充流动资金,已提存的偿债股票将按照上市公司股东大会形成的生效决议予以处置。

5. 暂缓确认债权的处理

除不作安排的暂缓确认债权外,因涉及诉讼或者仲裁未决等暂缓确认的债权,其最终确认的债权金额与暂缓确认金额存在差异的,以最终确认的债权金额为准,按照重整计划的规定受偿。已按照重整计划预留的偿债资金及股票在清偿上述债权后仍有剩余的,剩余的偿债资金将归还上市公司用于补充流动资金,剩余的偿债股票将按照上市公司股东大会形成的生效决议予以处置。

6. 未申报债权的处理

未依法申报债权的债权人,在重整计划执行完毕公告之日起满 3 年仍未向公司主张权利的,根据重整计划为其预留的资金将归还上市公司用于补充流动资金,已提存的偿债股票将按照上市公司股东大会形成的生效决议予以处置。

7. 重整费用的支付

庞大集团重整费用包括案件受理费、管理人报酬、聘请其他中介机构的费用、管理人执行职务的费用、执行重整计划所需费用[如转增股票登记(过户)产生的税费等],具体构成如表 16-2 所示。

表 16-2　庞大集团重整费用分布

单位:万元

序号	项目	金额
1	管理人报酬	9 969.85
2	聘请中介机构(评估、财务顾问)发生的费用	1 995.00
3	管理人执行职务费用、执行重整计划所需费用以及预估不可预见费用	535.15
	合计	12 500.00

8. 共益债务的清偿

庞大集团重整期间的共益债务,包括但不限于因继续履行合同所产生的债务、为继续营业而借款所产生的债务、为继续营业而应支付的劳动报酬和社会保险费用以及由此产生的其他债务,由庞大集团按照相关合同约定清偿。

七、重整计划顺利实施的预期效果

庞大集团重整计划如能顺利实施:

(1)重整投资人、普通债权人和其他投资者共同持有庞大集团全部股权。庞大集团的法人主体继续存续,证券市场主体资格不变,仍是一家在上交所上市的股份有限公司,普通债权人对庞大集团的持股比例约为 29.22%。

(2)重整前产生的巨额负债获得妥善安排。重整计划实施完毕后,庞大集团的巨额债务获得清偿,有效化解地区金融风险,实现各方共赢。

(3)资产业务结构获得优化重组。重整计划批准后,与公司未来业务规划方向存在偏离的资产在重整中予以处置,公司生产经营格局得到优化,持续盈利能力将得到显著增强。

(4)中小投资者权益得到最大限度保护。债权人和出资人将共同分担庞大集团重生的成本。重整完成后,庞大集团的资产负债结构将得到优化,债务负担显著降低,净资产规模、收入及净利润均有较大幅度改善。在重整计划下,上市公司的广大中小投资者所持公司股票的绝对数量未发生减少,加上庞大集团经营状况将得到改善,公司的持续盈利能力逐步增强。因此,全体投资者所持有的庞大集团股票的实际价值将得以提升,广大中小投资者的合法权益将得到最大限度保护。

案例 17 沈机股份重整案例解析

背景

　　沈阳机床股份有限公司(以下简称"沈机股份"或"公司")是我国最大的机床制造企业，成立于 1993 年 5 月 20 日，重整前注册资本为 7.65 亿元。受历史原因及内外部因素影响，沈机股份机构设置"大而全"但效率低下，人员冗余，债务负担沉重，生产经营消耗大、成本高等历史遗留问题尚未完全解决，导致公司长期处于亏损状态。2019 年 7 月 12 日，公司收到沈阳市中级人民法院(以下简称"沈阳中院")通知书，债权人沈阳美庭线缆销售有限公司申请对公司进行重整。沈阳中院于 2019 年 8 月 16 日裁定受理公司重整，并指定沈阳机床股份有限公司清算组担任重整管理人。2019 年 11 月 16 日，沈阳中院裁定批准重整计划。2019 年 12 月 31 日，公司收到沈阳中院送达的 (2019) 辽 01 破 18 - 5 号《民事裁定书》，沈阳中院裁定终结公司重整程序。

方案要点

1. 出资人权益调整

　　以沈机股份重整前总股本 7.65 亿股为基数，按照每 10 股转增 12 股的比例转增合计约 9.19 亿股，公司总股本扩大至 16.84 亿股。

　　上述转增股票中，由投资人受让的约 5.05 亿股，剩余约 4.14 亿股用于清偿债务。

2. 债权调整及受偿

1) 有财产担保债权调整及受偿

　　有财产担保债权在担保物的清算价值范围内全部留债，留债偿还期限为 7 年，清算价值部分不能覆盖的债权将作为普通债权，按照普通债权的调整及受偿方案获得清偿。

2) 普通债权调整及受偿

　　普通债权以债权人为单位，每家债权人 50 万元(含 50 万元)以下的债权部分获得全额现金清偿；50 万元以上部分区分金融普通债权和非金融普通债权予以清偿。对于金融普通债权，按 5% 的比例留债清偿，留债偿还期限为 7 年，剩余部分每 100 元债权将分得 2.91 股沈机股份的股票,在按每股 9 元价格计算的情况下,金融普通债权人的综合清偿率约 30%。对于非金融普通债权,可选择以下两种方式之一获得清偿:①按 15%的清偿比例在重整计划执行期限内获得一次性现金清偿;②按 30%的清偿比例在 3 年内分期清偿。按照上述方式清偿后,未获清偿的普通债权,沈机股份不再承担清偿责任,债权人可依据《破产法》第九十二条的规定,就未获清偿的部分向其他连带债务人进行追偿。

3. 引入战略投资人

中国通用技术(集团)控股有限责任公司(以下简称"通用技术集团")为沈机股份重整的战略投资人。通用技术集团共投入 18 亿元资金,其中 12 亿元为出资款,受让 5.05 亿股;6 亿元为 1 年期股东信用借款,借款年固定利率为 4.35%。上述资金中,沈机股份分别向其子公司沈阳机床银丰铸造有限公司(以下简称"银丰铸造")及沈阳优尼斯智能装备有限公司(以下简称"优尼斯")投资 3.5 亿元,合计 7 亿元作为其重整资金,剩余 11 亿元则用于清偿债务和生产经营。

一、公司基本信息

(一) 公司及业务简介

沈机股份是经沈阳市经济体制改革委员会批准,由沈阳第一机床厂、中捷友谊厂和辽宁精密仪器厂三家发起,采用定向募集方式于 1993 年 5 月 20 日设立,注册资本为人民币 1.62 亿元的公司。1996 年 7 月 18 日,公司在深交所上市,股票代码为 000410。

公司主营业务为生产和销售机床设备及其零部件、配套产品,并提供行业工艺解决方案及工业服务。重整前,公司的产品主要包括数控机床、普通车床、普通钻床及普通镗床等。

根据公司重整申请前 2018 年年度报告,公司营业收入为 50.15 亿元,净亏损为 8.64 亿元,毛利率为 25.64%,净利率为-17.23%。

(二) 重整前股权架构图

截至 2019 年 8 月 16 日,沈机股份的股本总数为 7.65 亿股,注册资本为 7.65 亿元。第一大股东为沈阳机床(集团)有限责任公司(以下简称"沈机集团"),持股比例为24.91%,实际控制人为沈阳市国资委,如图 17-1 所示。

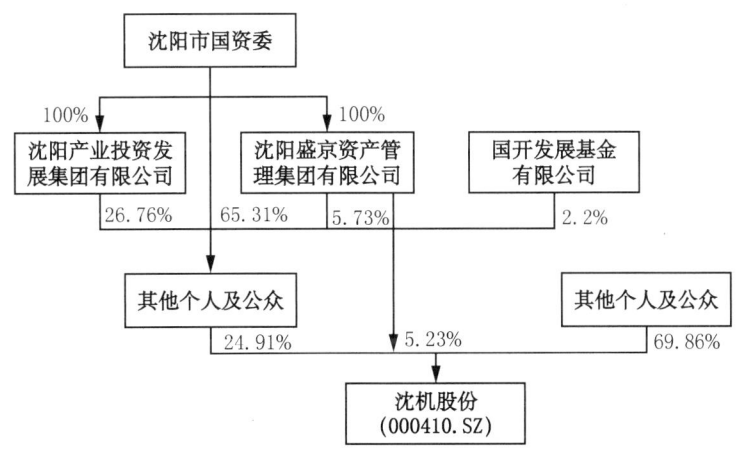

图 17-1　沈机股份重整前股权架构图

二、资产负债情况

(一)资产负债情况总览

如表 17-1 所示,根据截至审计基准日 2019 年 8 月 16 日的《审计报告》,公司资产总额为 76.6 亿元,负债总额为 157.73 亿元,净负债 81.13 亿元,已经资不抵债。根据评估机构出具的《资产评估报告》,以 2019 年 8 月 16 日为评估基准日,公司资产评估市场价值总额为 67.92 亿元,清算评估价值为 24.66 亿元,清算价值约为市场价值的 36.31%。

表 17-1   沈机股份资产负债情况

单位:亿元

资产/债权类型	资产	负债	资产—负债	资产负债率
经审计	76.6	157.73	−81.13	205.91%
评估市场价值/审查确认债权	67.92	157.43	−89.51	231.79%
评估清算价值/审查确认债权	24.66	157.43	−132.77	638.4%

截至 2019 年 10 月 10 日,共有 1 329 家债权人向管理人申报债权,申报债权总金额 177.33 亿元。其中,有财产担保债权为 10.64 亿元;税款债权为 1.79 亿元;普通债权为 164.9 亿元。

经管理人初步审查确认的债权总额为 153.9 亿元。其中,有财产担保债权为 10.64 亿元,税款债权为 0.48 亿元;普通债权为 142.78 亿元。

经管理人调查、公示的职工债权共计 1.97 亿元,包括欠付职工的工资、伤残补助、抚恤费用,所欠的应当划入职工个人账户的基本养老保险、医疗保险费用及公积金,法律、行政法规规定应当支付给职工的经济补偿金等。除此之外,管理人调查以及税务部门申报的根据《破产法》第八十三条规定不得减免的其他社会保险费用合计 1.56 亿元。

根据审计机构出具的《债务明细表鉴证报告》,尚有约 7.04 亿元普通债权未向管理人申报。

综上,根据沈机股份债权申报与审查情况、管理人对职工债权的调查情况以及截至受理日公司财务账簿的记录等,沈机股份经管理人初步审查确认的负债约为 157.43 亿元。

(二)债权分类

根据《破产法》对债权分类的规定,结合债权人向沈机股份申报债权的实际情况,沈机股份债权主要包括有财产担保债权、职工债权、税款债权、普通债权。

1. 有财产担保债权

有财产担保债权人共 3 家,确认债权金额共计 10.64 亿元,在担保财产清算价值范围内优先清偿的债权共计 5.7 亿元;超过担保财产清算价值范围的债权金额为 4.41 亿元,该部分依照重整计划规定的普通债权的清偿方案进行清偿,如表 17-2 所示。

表 17-2 沈机股份有财产担保债权具体情况

单位:亿元

债权人名称	债权金额	优先受偿金额	按普通债权清偿部分
中国进出口银行辽宁分行	4.40	3.87	0^注
哈尔滨银行股份有限公司沈阳支行	1.06	0.46	0.60
中国信达资产管理股份有限公司辽宁省分公司	5.18	1.37	3.81
合　计	10.64	5.70	4.41

注:中国进出口银行辽宁分行向沈机集团提供本金为 4.20 亿元的贷款,沈机股份提供抵押担保。根据《物权法》的规定,沈机股份作为担保人,以担保物的价值为限承担担保责任。剩余未受偿部分,沈机股份不再承担清偿义务。

2. 职工债权

已公示的职工债权共计 1.97 亿元。除此之外,管理人调查以及税务部门申报的根据《破产法》第八十三条规定不得减免的其他社会保险费用合计 1.56 亿元。以上两项债权合计3.53亿元。

3. 税款债权

税款债权共计 0.48 亿元。

4. 普通债权

普通债权包括向管理人申报的普通债权,有财产担保债权因优先受偿不足转为普通债权受偿的部分,以及未申报的债权。经管理人审查,截至 2019 年 10 月 10 日,普通债权总额为 170 亿元,其中,经管理人审查确认的普通债权 142.78 亿元、无法就担保财产价值优先获偿而依法转入的普通债权 4.41 亿元、暂未确认的普通债权 15.78 亿元和未申报的普通债权 7.04 亿元。普通债权具体包括两类:金融普通债权金额共计 150 亿元;非金融普通债权金额共计 20 亿元。

(三) 偿债能力分析

根据评估机构出具的《偿债能力分析报告》,在模拟破产清算状态下,假定沈机股份全部资产能够按清算价值实际变现,则其资产变现款在扣除担保财产价值、优先清偿破产费用、共益债务、职工债权和税款债权后,剩余部分向普通债权人进行分配,则普通债权所能获得的清偿比例为0(具体数据以《偿债能力分析报告》为准)。

三、重整基本情况

(一) 重整背景

机床被称为"工业母机",关系到国家装备制造水平。沈机股份及其下属公司是我国"一五"期间 156 个重点建设项目之一,是我国最大的机床制造企业。受历史原因及内外部因素影响,沈机股份架构冗余、效率低下,债务和人员负担沉重,生产经营消耗大、成本高等历史遗留问题尚未完全解决,公司长期处于亏损状态。

为推动振兴制造业，积极帮助沈机集团改革脱困和步入健康发展轨道，2017 年 11 月 23 日，国务院国资委等联合发布《关于印发〈沈阳机床厂综合改革方案〉的通知》。沈机股份作为沈机集团的核心企业，在辽宁省、沈阳市两级政府的大力支持下，开展了综合改革措施，取得了一定的效果，但未从根本上解决负债率高、财务费用高的问题。同时，受市场和政策变化影响，综合改革方案中部分措施未能完成。沈机股份面临运营资金匮乏、在手订单无法按期交付、债务违约风险加剧的重大风险。

（二）重整申请情况

2019 年 7 月 12 日，沈机股份债权人沈阳美庭线缆销售有限公司（以下简称"美庭线缆"）以公司不能清偿到期债务、明显缺乏清偿能力，符合重整条件为由，向沈阳中院申请公司进行重整。根据美庭线缆催收函，截至 2019 年 5 月 20 日，公司尚欠美庭线缆合同款项人民币441.44 万元。

（三）重整受理情况

2019 年 8 月 16 日，公司收到沈阳中院送达的（2019）辽 01 破申 14 号《民事裁定书》及（2019）辽 01 破 18-1 号《决定书》，裁定受理美庭线缆对公司的重整申请，并指定沈阳机床股份有限公司清算组担任管理人。

（四）重整管理模式

债务人自行管理财产和营业事务。

（五）重整大事记

• 2019 年 7 月 12 日，债权人美庭线缆向沈阳中院申请公司进行重整。

• 2019 年 8 月 16 日，沈阳中院裁定受理沈机股份重整，指定沈阳机床股份有限公司清算组担任公司管理人。

• 2019 年 8 月 30 日，通用技术集团向管理人递交《投资意向书》，明确表示有意参与重整投资。

• 2019 年 11 月 13 日，第一次债权人会议对《沈阳机床股份有限公司重整计划（草案）》进行表决，但未公布结果。

• 2019 年 11 月 14 日公司出资人组会议表决通过了《沈阳机床股份有限公司重整计划（草案）之出资人权益调整方案》。

• 2019 年 11 月 15 日，管理人公布债权人会议对《沈阳机床股份有限公司重整计划（草案）》表决结果，表决通过。

• 2019 年 11 月 15 日，管理人向沈阳中院提交了裁定批准公司重整计划的申请。

• 2019 年 11 月 16 日，沈阳中院裁定批准重整计划，终止重整程序。

• 2019 年 12 月 2 日，沈机股份对拟处置资产进行第二次公开拍卖，竞买人沈机集团以 5.65亿元竞买成功。12 月 4 日，全部交易价款缴入指定账户。

• 2019 年 12 月 31 日，公司收到沈阳中院送达的（2019）辽 01 破 18-5 号《民事裁定书》，沈阳中院裁定终结公司重整程序。

四、重整计划主要内容

（一）重整思路概述

如图 17-2 所示,重整计划的主要思路为:

（1）对出资人权益进行调整,在重整前股份基础上进行资本公积转增股本,合计转增 9.19 亿股。原出资人放弃全部转增股份,由重整投资人以 12 亿元受让 5.05 亿股,剩余约 4.14 亿股用于清偿未获得留债的金融普通债权。

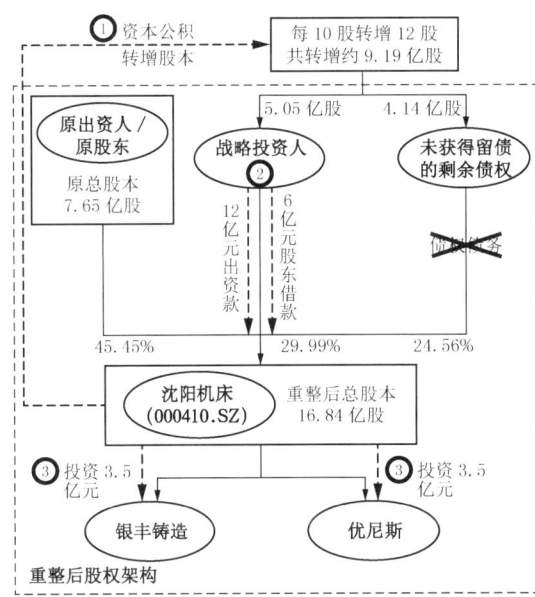

出资人权益调整方案

① 以沈机股份重整前总股本 7.65 亿股为基数;按照**每 10 股转增 12 股**的比例转增合计约 9.19 亿股,总股本扩大至 16.84 亿股;上述转增股份中,

5.05 亿股由战略投资人受让,占转增后沈机股份总股本的 29.99%;

4.14 亿股用于清偿债务。

引进投资人增资

② 通用技术集团投入 18 亿元资金用于整体重整沈机股份,其中 12 亿元为出资款,受让约 5.05 亿股(按重整草案批准日前最后一个交易日收盘价 6.78 元/股计算,该交易投资人赚取约 22 亿元);6 亿元为 1 年期股东信用借款,借款年固定利率为 4.35%。

③ 上述资金中,沈机股份分别向银丰铸造、优尼斯装备投资 3.5 亿元,作为银丰铸造和优尼斯装备的重整资金,剩余资金用于清偿债务、补充流动资金。

图 17-2　沈机股份重整方案示意图

（2）战略投资人通用技术集团提供 6 亿元 1 年期股东信用借款,借款年固定利率为 4.35%。

（3）沈机股份分别向子公司银丰铸造、优尼斯装备投资 3.5 亿元,作为银丰铸造和优尼斯装备的重整资金。

（4）制定切实可行的经营发展方案,通过公开处置的方式剥离与未来业务规划方向存在偏离的资产,加速不匹配资产出清;通过资产变现取得资金,以支付重整费用、清偿债务及补充流动资金。

（二）投资人及投资方案

2019 年 8 月 23 日,管理人发布《沈阳机床股份有限公司战略投资者招募公告》,公开招募战略投资人。2019 年 8 月 30 日,通用技术集团向管理人递交《投资意向书》,明确表示有意参与重整投资。

通用技术集团成立于 1998 年 3 月,注册资本 75 亿元,是中央直接管理的国有重要骨干企业。国务院持有通用技术集团 100% 股权,是通用技术集团的大股东和实际控制人。

通用技术集团核心主业包括先进制造与技术服务咨询、医药健康、贸易与工程承包,拥有门类齐全、素质较高、经验丰富的专业人才队伍，与国际国内众多大型企业、金融机构有长期稳定的战略合作关系。通用技术集团拥有 21 家境内二级经营机构；拥有 3 家上市公司（中国医药，600056.SH；中国汽研，601965.SH；环球医疗，02666.HK）；拥有境外机构 66 家。通用技术集团拥有大连机床、齐齐哈尔二机床等大型机床生产研发制造单位，是我国国防、军工、航空、航天、船舶、汽车、能源等国家重点行业和领域的重要供应商。

通用技术集团共投入 18 亿元资金，其中 12 亿元为出资款，受让 5.05 亿股；6 亿元为 1 年期股东信用借款，借款年固定利率为 4.35%。上述资金中，银丰铸造和优尼斯投资 3.5 亿元，合计共 7 亿元作为其重整资金，剩余 11 亿元则用于清偿债务和生产经营。

（三）资产处置情况

2019 年 11 月 16 日，公司将存货、固定资产、长期股权投资等拟处置资产在淘宝网司法拍卖网络平台上挂拍。2019 年 11 月 24 日，第一次公开拍卖因无人出价流拍。2019 年 11 月 24 日，公司再次将拟处置资产在淘宝网司法拍卖网络平台上挂拍。2019 年 12 月 2 日，公司对拟处置资产进行第二次公开拍卖，竞买人沈机集团以 5.65 亿元竞买成功。2019 年 12 月 4 日，沈机集团已将全部交易价款缴入指定账户。

由于竞买人沈机集团为沈机股份大股东，此次资产处置构成关联方交易。此次资产处置价格已参考专业评估机构出具的评估报告，处置方式为网络公开拍卖，整个竞价流程公开、透明，最终竞拍成功属于市场化行为而非上市公司主动行为的结果，因此未损害债权人、上市公司及公众股东利益。

（四）出资人权益调整方案

以沈机股份截至法院受理日总股本 7.65 亿股为基数，按照每 10 股转增 12 股的比例转增合计约 9.19 亿股，公司总股本扩大至 16.84 亿股。转增股票中，通用技术集团受让 5.05 亿股，占转增后沈机股份总股数的 29.99%，成为沈机股份第一大股东；剩余 4.14 亿股用于清偿债务。

（五）债权调整及受偿方案

1. 有财产担保债权调整及受偿

有财产担保债权人共 3 家，确认债权金额共计 10.64 亿元，在担保财产清算价值范围内优先清偿的债权共计 5.7 亿元；超过担保财产清算价值范围的债权金额为 4.41 亿元，该部分依照重整计划规定的普通债权的清偿方案进行清偿。明细如表 17-3 所示。

表 17-3　沈机股份有财产担保债权具体情况

单位：亿元

债权人名称	债权金额	优先受偿金额	按普通债权清偿部分
中国进出口银行辽宁分行	4.4	3.87	0注
哈尔滨银行股份有限公司沈阳支行	1.06	0.46	0.6
中国信达资产管理股份有限公司辽宁省分公司	5.18	1.37	3.81

（续表）

债权人名称	债权金额	优先受偿金额	按普通债权清偿部分
合　计	10.64	5.7	4.41

注:中国进出口银行辽宁分行向沈机集团提供本金为 4.20 亿元的贷款,沈机股份提供抵押担保。根据《物权法》的规定,沈机股份作为担保人,以担保物的价值为限承担担保责任。

有财产担保债权在债务人特定财产的清算价值范围内全额留债清偿。具体如下:

留债期限:7 年。

留债利率:在原贷款利率基础上下浮 20％且不高于法院裁定批准重整计划后最近一期中国人民银行 1 年期贷款市场报价利率下浮 20％确定(取两者较低者)。

还款方式:每半年结息,结息日为每年度 6 月 20 日和 12 月 20 日,次日为付息还款日。

清偿方式:前 3 年只付息不还本,从第 4 年开始,按照等额本息方式清偿,本金跟随付息安排 1 年清偿 2 次;重整计划项下,2020 年被视为第一年,之后完整的公历年度为第二年,以此类推。

担保方式:留债期间保留原有财产担保关系。

2. 职工债权调整及受偿

经管理人调查,职工债权共计 3.52 亿元,包括已公示的欠付职工的工资、伤残补助、抚恤费用,应当划入职工个人账户的基本养老保险、医疗保险费用及公积金,法律和行政法规规定应当支付给职工的经济补偿金等合计 1.97 亿元及不得减免的其他社会保险费用合计 1.56 亿元,将在重整计划执行期内一次性以现金方式清偿。

3. 税款债权调整及受偿

依法向管理人申报的税款债权共计 0.48 亿元,将在重整计划执行期内一次性以现金方式清偿。

4. 普通债权调整及受偿

截至 2019 年 10 月 10 日,普通债权总额为 170 亿元。其中,经管理人审查确认的普通债权 142.78 亿元、无法就担保财产价值优先获偿而依法转入的普通债权 4.41 亿元、暂未确认的普通债权 15.78 亿元;未申报的普通债权 7.04 亿元。普通债权可分为两类,其中,金融普通债权金额共计 150 亿元;非金融普通债权金额共计 20 亿元。

每家债权人优先在 50 万元(含 50 万元)范围内获得一次性现金清偿,超出 50 万元的部分,区分金融普通债权和非金融普通债权分别清偿。

（1）金融普通债权 50 万元以上的部分,按照 5％的比例进行留债清偿,未获留债的金融债权采取股票清偿方式。

留债清偿具体条款如下:

留债期限:7 年。

留债利率:在原贷款利率基础上下浮 20％且不高于法院裁定批准重整计划后最近一期中国人民银行 1 年期贷款市场报价利率下浮 20％确定(取两者较低者)。

还款方式:每半年结息,结息日为每年度 6 月 20 日和 12 月 20 日,次日付息还款。

清偿方式:前 3 年只付息不还本,从第 4 年开始,按照等额本息方式清偿,本金跟随付息安排 1 年清偿 2 次;重整计划项下,2020 年被视为第一年,之后完整的公历年度为第二年,以此类推。

股票清偿方式具体条款如下:

股票清偿由沈机股份资本公积转增股本中的约 4.14 亿股股票进行清偿,每 100 元普通债权预计可分得约 2.91 股沈机股份的股票。重整后,沈机股份金融普通债权人在沈机股份的持股比例约为 25%。每家债权人受让的准确股票数量以证券登记部门实际划转为准,对于零碎股按照"进 1 法"处理,即不足 1 股按照 1 股调整,所需的额外股票由战略投资人提供。

考虑到重整后公司基本面发生变化,在按照每股 9 元价格实施股票清偿的情况下,股票清偿方式的清偿比例约为 26%,金融普通债权的综合清偿比例合计约为 30%。

按照上述方式清偿后,未获清偿的金融普通债权,沈机股份不再承担清偿责任,债权人可依据《破产法》第九十二条的规定,就未获清偿的部分向其他连带债务人进行追偿。

（2）非金融普通债权 50 万元以上的部分,债权人可以且仅可以选择以下两种方式之一获得清偿:①按 15% 的清偿比例在重整计划执行期限内获得一次性现金清偿,剩余部分不予清偿。②按 30% 的清偿比例在 3 年内分期清偿,剩余部分豁免。其中,2020 年支付 5%,2021 年支付 10%,2022 年支付 15%,每年最后 1 个月的 20 日为付款日。

非金融普通债权分期清偿期间不计息。非金融普通债权人应当自重整计划批准之日 10 日内按照重整计划规定向管理人书面明确拟选择的清偿方式。到期仍未向管理人提交书面确认文件的,视为选择按照第一种方式获得清偿。

5. 暂未确认债权的处理

已依法申报但在沈机股份重整程序中尚未得到管理人初步审查确认的债权,在经沈阳中院裁定确认后,根据沈阳中院裁定确认的债权金额和性质按照重整计划规定的同类债权的清偿方案予以清偿。

6. 未申报债权的处理

根据《破产法》有关规定,未申报债权在沈机股份重整计划执行期间不得行使权利,沈机股份重整计划执行完毕后,未申报债权人所主张的债权必须获得法院生效判决或仲裁机构生效裁决确认。同时,为保障沈机股份及广大债权人的利益,未申报债权按照重整计划规定的非金融普通债权第一种清偿方案获得清偿。

自重整计划执行期满 3 年内,仍未补充申报或提出债权受偿请求的,视为债权人放弃债权获得清偿的权利,沈机股份不再负责清偿。

7. 债务清偿顺序

模拟破产清算下普通债权清偿率通过假定公司在破产清算条件下的偿债能力分析得到,主要来源于公司披露的《偿债能力分析报告》。而重组后清偿率是假定公司在重整条件下的名义清偿率。由图 17-3 可以看出,重整后的债权清偿率情况,比清算状态下的清偿率有一定提升。

重整计划草案披露的偿债方案显示:

(1)普通债权人 50 万元(含 50 万元)的债权部分以现金方式全额清偿。

(2)超过 50 万元的金融普通债权,按照 5% 的比例进行留债清偿,未获留债的金融债权以资本公积转增股本按照 9 元/股的抵债价格进行股票清偿,股票清偿方式的清偿比例约为 26%。

(3)非金融普通债权 50 万元以上的部分可以按 15% 的比例一次性现金清偿或者按 30% 的清偿比例在 3 年内分期清偿。

因此,重整后金融普通债权的名义清偿率约为 30%,非金融普通债权的名义清偿率为不少于 15%。

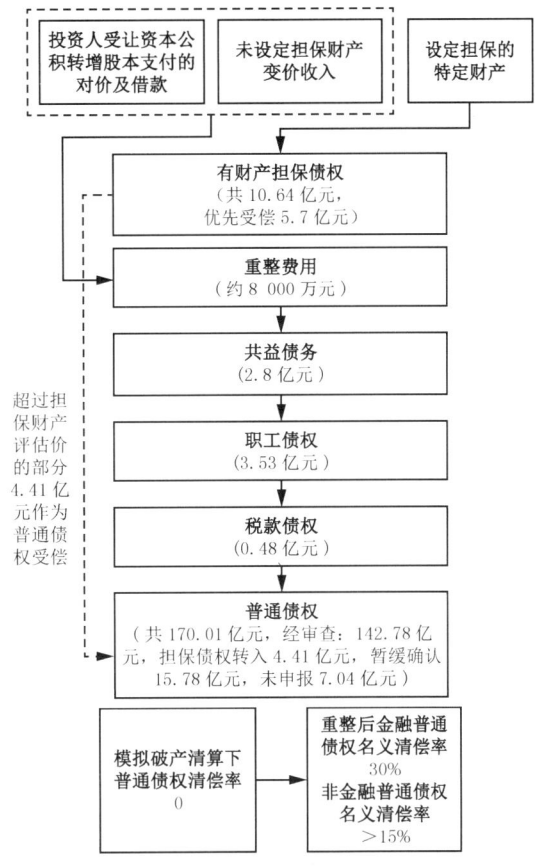

图 17-3　沈机股份债务清偿顺序示意图

(六)未来经营方案

未来经营方案的总体思路是在通用技术集团作为战略投资人参与的情况下,以现有机床产品、技术、渠道、品牌基础,积极协同通用技术集团的产业资源,有效利用资本市场融资平台,做实做强智能控制机床、做强做优铸造业务。具体如下:

(1)剥离低效亏损资产,优化资产结构。公司以重整为契机,集中剥离与未来业务规划方向存在偏离的资产,加速不匹配资产处置,实现资产优化配置,为公司业务转型奠定良好基础。

(2)继续开展机床业务,维持公司正常经营。公司以现有机床产品、技术、渠道、品牌为基础,协同通用技术集团产业资源,积极拓展工业互联网应用领域和市场,塑造生态型产品服务体系。

(3)完善治理结构,强化精细化管理理念。深化体制机制改革,激发企业发展活力。强化精细化管理理念,全面提升管理水平。

五、重整计划表决与批准

(一)债权人会议表决

公司第一次债权人会议于 2019 年 11 月 13 日上午 9 时 30 分通过全国企业破产重整案件信息网召开,由有财产担保债权组、职工债权组、税款债权组和普通债权组对《沈阳机床股份有限公司重整计划(草案)》进行了分组表决。

因部分债权额占比较高的债权人申请延期提交书面表决票,管理人按照会议要求对表决结果进行封存,并将汇总各表决组结果后于 2019 年 11 月 15 日在最高人民法院破产重整案件信息平台予以公布。

1. 有财产担保债权组

有财产担保债权组共有 3 人出席会议,其中,同意的债权人共计 3 人,占出席会议的有表决权债权人人数的比例为 100%;代表债权金额 5.7 亿元,占有财产担保债权总额的比例为 100%。表决通过。

2. 职工债权组

经职工代表大会审议,职工债权组表决通过。

3. 税款债权组

税款债权组共有 2 人出席会议,其中,同意的债权人共计 2 人,占出席会议的有表决权债权人人数的比例为 100%;代表债权金额 2 658 万元,占税款债权总额的比例为 100%。表决通过。

4. 普通债权组

普通债权组共有 1 413 人出席会议,其中,同意的债权人共计 1 367 人,占出席会议的有表决权债权人人数的比例为 96.74%;代表债权金额 152.9 亿元,占普通债权总额的比例为 89.39%。表决通过。

(二)出资人组会议表决

公司于 2019 年 11 月 14 日召开出资人组会议,对《沈阳机床股份有限公司重整计划(草案)之出资人权益调整方案》进行表决。表决方式为现场表决与网络投票相结合。

参加出资人组会议的股东及股东代理人共 420 名,代表股份 2.83 亿股,占公司有表决权股份总数的 36.99%。其中,出席现场会议投票的股东及股东代理人共 4 名,代表股份 1.92 亿股,占公司表决权股份总数的 25.12%;参加网络会议投票的股东及股东代理人共 416 名,代表股份 9 087 万股,占公司表决权股份总数的 11.87%。

表决情况为:同意票 2.82 亿股,占出席会议有效表决权股份总数 99.43%,反对票 156.49 万股,占出席会议有效表决权股份总数的 0.55%;弃权票 5.52 万股,占出席会议有效表决权股份总数的 0.02%。鉴于同意票数已超过出席会议股东所持表决权的 2/3,表决通过。

(三)重整计划批准

2019 年 11 月 16 日,沈阳中院裁定批准重整计划,批准备查文件为(2019)辽 01 破 18-2 号《民事裁定书》。批准理由为重整计划内容完备,依据该重整计划中的债权受偿方案,普通债权的清偿比例高于依照破产清算程序所能获得的清偿比例,债权受偿方案合法公平,未违反法律、法规的强制性规定。重整计划中的经营方案具有可行性。

六、重整计划执行与监督

（一）执行与监督的主体

重整计划由沈机股份负责执行，管理人负责监督。

（二）执行与监督的期限

重整计划的执行期限自重整计划获得沈阳中院裁定批准之日起计算，沈机股份应当于 2019 年 12 月 31 日前执行完毕重整计划。

客观原因导致沈机股份重整计划相关事项无法在上述期限内执行完毕的，沈机股份应于执行期限届满前 15 日，向沈阳中院提交延长重整计划执行期限的申请，并根据沈阳中院批准的执行期限继续执行。如根据重整计划执行的实际情况，需要延长管理人监督重整计划执行的期限，则管理人需向沈阳中院提交延长重整计划执行监督期限的申请，并根据沈阳中院批准的期限继续履行监督职责。

自管理人向沈阳中院提交重整计划执行监督报告之日起，管理人的监督职责终止。

（三）执行的措施

1. 投资款的支付

投资款的支付是执行重整计划的基础。通用技术集团应在重整计划执行期内，按照与管理人签署的《重整投资协议》所约定的条件，向沈机股份管理人银行账户支付全部 18 亿元资金。

2. 现金清偿

现金清偿原则上以银行转账方式向债权人进行分配。债权人自身和/或其关联方原因导致偿债资金不能到账，或账户被冻结、扣划的，产生的法律后果和市场风险由相关债权人自行承担；债权人可以书面指令将偿债资金支付至债权人指定的由该债权人所有/控制的账户或其他主体所有/控制的账户内，但因该指令导致偿债资金不能到账，以及因该指令导致的法律纠纷和市场风险由相关债权人自行承担。

3. 股份划转的实施

投资人和金融普通债权人应当在重整计划获沈阳中院批准之日起 10 日内，向沈机股份和管理人提供接受股份划转的证券账户信息。股份划转所需支付的费用由沈机股份承担。对于逾期不提供账户信息的债权人，应向其分配的股份将按照重整计划的规定提存处理，由此产生的法律后果和市场风险由相关债权人自行承担。对于经沈阳中院裁定确认的金融普通债权，沈机股份按照重整计划之出资人权益调整方案规定履行股份划转手续。对于暂未确认的金融普通债权，预留相应的股份并由管理人提存，须在债权获得裁定确认之后才能办理股权划转手续。

4. 偿债资金和偿债股份的提存及处理

债权人未按照重整计划的规定领受偿债资金和抵债股份的，或债权属于重整计划规定的暂未确认债权、未申报债权的，应向其分配的资金和股份将提存至管理人指定的银行账户和证券账户,不得因其他原因进行处分。上述提存的偿债资金和股份如属于因债权人未按规定领受而提存的,自法院裁定批准重整计划之日起满 3 年,因债权人自身原因仍不领受的,视为放弃领受清偿资金。所提存资金用于沈机股份的生产经营,所提存股份在处置变现后,所得资金用于沈机股份生产经营。

5. 留债的实施

按照重整计划规定应当留债的债权,在重整计划获得沈阳中院裁定批准之日起,债权人即与沈机股份之间形成新的债权债务关系,沈机股份将按照重整计划的规定履行偿债义务。

6. 资产处置

重整计划经法院批准后,由沈机股份负责按照重整计划的规定对拟处置资产进行公开处置,管理人负责监督。沈机股份若采取拍卖方式处置,如拍卖流拍,沈机股份有权决定降价幅度并继续拍卖。

7. 职工安置

沈机股份应当按照已获职工代表大会表决通过的职工安置方案,负责对相关职工进行安置。

8. 重整费用的支付

沈机股份重整费用预计 8 000 万元,包括重整案件受理费、管理人报酬、聘请中介机构的费用、财产处置税费等。重整案件受理费、管理人报酬、聘请中介机构的费用由沈机股份及管理人在重整计划执行完毕前,按重整计划规定或合同约定支付。在沈机股份重整计划执行期间,管理人履行职务的费用根据重整计划执行情况随时支付。

9. 共益债务的支付

在重整期间,通用技术集团向沈机股份提供了合计 2.8 亿元的共益债务借款,用于支付重整期间的共益债务。上述 2.8 亿元资金由沈机股份按照协议约定清偿。

10. 票据的返还

对于以票据权利向管理人申报债权的,债权人在根据重整计划的规定接受清偿前,应向沈机股份返还票据原件。

11. 财产保全措施的解除

重整计划经法院裁定批准后,如沈机股份财产仍存在保全措施,有关债权人应当配合管理人和沈机股份在重整计划获得法院裁定批准之日起 15 日内解除保全措施,在保全措施未能解除前,暂不向相关债权人实施清偿措施。

12. 信用惩戒措施的消除

在法院裁定批准重整计划之日起 15 日内,债权人应当向相关法院申请消除沈机股份法定代表人、主要负责人及其他相关人员的限制消费令及其他信用惩戒措施。若债权人未在上述期限内申请消除信用惩戒措施,沈机股份或管理人有权将相关债权人依重整计划可获分配的现金、股权等予以暂缓分配,待信用惩戒措施消除后再行向债权人分配。

七、重整计划顺利实施的预期效果

沈机股份重整计划如能顺利实施:

(1) 战略投资人、金融普通债权人和其他投资者共同持有沈机股份全部股。沈机股份的法人主体继续存续,证券市场主体资格不变,仍是一家在深交所上市的股份有限公司。通用技术集团出资成为第一大股东,持股比例预计为 29.99%,金融普通债权人对沈机股份的持股比例约为 25%。

(2) 重整前产生的巨额负债获得妥善安排。重整计划实施完毕后,沈机股份的巨额债务获得清偿,资产负债率预计低于 40%,有效化解地区金融风险,实现各方共赢。

(3) 资产业务结构获得优化重组。重整计划批准后,与公司未来业务规划方向存在偏离的资产在重整中予以处置,公司生产经营格局得到优化,持续盈利能力将得到显著增强。

(4) 中小投资者权益得到最大限度保护。债权人和出资人将共同分担沈机股份重生的成本,重整完成后,沈机股份的资产负债结构将得到优化,债务负担显著降低,净资产规模、收入及净利润均有较大幅度改善。重整计划下,上市公司的广大中小投资者所持公司股票的绝对数量未发生减少,加上沈机股份资产的基本面将发生根本变化,经营状况将得到改善,公司的持续盈利能力逐步增强。因此,全体投资者所持有的沈机股份股票的实际价值将得以提升,广大中小投资者的合法权益将得到最大限度保护。

案例 18　中银绒业重整案例解析

背景

宁夏中银绒业股份有限公司(以下简称"中银绒业"或"公司")主要从事羊绒及其制品、毛纺织品、棉纺织品、各种纤维的混纺织品及其他纺织品的开发、设计、生产和销售,成立于1998年9月15日,重整前注册资本为18.05亿元。自2018年以来,受市场影响,原辅料价格较上年同期上涨较快,销售毛利率较上年同期有所下降,影响公司业绩;从2018年初开始,中银绒业资金持续紧张,受公司营运资金影响,原料采购不及时,公司订单较上年同期下降较多,导致公司单位生产成本增幅较大,销售毛利率较上年同期下降较多,公司业绩大幅下滑。债权人上海雍润投资管理有限公司(以下简称"上海雍润")于2018年11月14日申请对公司进行重整。宁夏回族自治区银川市中级人民法院(以下简称"银川中院")于2019年7月9日裁定受理公司重整,并指定银川市人民政府推荐的有关部门人员及中介机构组成清算组担任重整管理人。2019年11月13日,银川中院裁定批准重整计划。2019年12月26日,银川中院裁定中银绒业重整计划执行完毕。

方案要点

1. 出资人权益调整

以重整前股本总额18.05亿股为基数,按照每10股约转增13.61股的比例实施资本公积转增股本,共计转增约24.57亿股,转增后公司总股本为42.62亿股。

上述转增股票中,约9.81亿股由附承诺的资产购买方受让,剩余约14.76亿股用于清偿债务。

2. 债权调整及受偿

1) 有财产担保债权调整及受偿

有财产担保债权以其经确认的担保债权额就担保财产变现价款优先受偿,未受偿的债权作为普通债权,按照普通债权的调整及受偿方案获得清偿。除中银绒业以账面财产提供的担保外,担保财产变现价款还包括:

(1) 中银绒业在向子公司出资前因已办理抵押、质押登记而未完成过户的财产之变现价款。

（2）中银绒业的子公司抵质押给债权人的财产,经相应抵质押权人授权,管理人已经纳入财产处置方案一并处置的变现价款。

2）普通债权调整及受偿

普通债权以债权人为单位,每家债权人 50 万元以下(含 50 万元)的债权部分将获得全额现金清偿;超过 50 万元的普通债权部分,以中银绒业资本公积转增股本抵偿,每股抵债价格为 5.87 元,即每 100 元债权可分得约 17.035775 股中银绒业股票。

3. 引入战略投资人

恒天系企业恒天金石投资管理有限公司(以下简称"恒天金石")通过其全资子公司恒天嘉源(宁夏)投资管理有限公司(以下简称"恒天嘉源")向宁夏恒天丝路产业投资基金合伙企业(有限合伙)(以下简称"羊绒基金")购买其子公司宁夏恒天丝路贸易有限公司(以下简称"恒天贸易")99.998％股权,实现对恒天贸易控制。此后,恒天贸易与中银绒业、管理人共同签署债务豁免协议,豁免其对中银绒业债权中的 5 亿元部分,相应利得计入资本公积。

在处置财产五次流拍的情况下,原二股东恒天系企业与北京中商华通科贸有限公司、湖南晟华金桐健康管理企业(普通合伙)、宁夏跃尚科技发展有限公司、刘天一、陈开军、孙娜、张宇组成的联合体以 20.5 亿元对价打包购买中银绒业处置财产及资本公积转增股本 9.81 亿股(处置财产作价 10 亿元,资本金转增股权作价 10.5 亿元)。其中,恒天系企业认购 1.71 亿股,经权益调整后成为中银绒业大股东。

一、公司基本信息

(一) 公司及业务简介

中银绒业于 1998 年 9 月 15 日成立,公司注册资本为 18.05 亿元。公司于 2000 年 7 月 6 日在深交所挂牌交易,股票名称为中银绒业,股票代码为 000982。经历数次转增、配股后,现公司总股本为 18.05 亿股,全部为流通股。

公司主营业务为羊绒及其制品、毛纺织品、棉纺织品、各种纤维的混纺织品及其他纺织品的开发、设计、生产和销售。公司是宁夏回族自治区高新技术企业和少数民族用品定点生产企业,拥有业界公认的品牌优势,与世界前五大羊绒生产与销售企业均建立了良好的合作关系。

根据公司重整申请前 2017 年年度报告,公司营业收入为 27.97 亿元,净利润为 0.47 亿元,毛利率为 10.17％,净利率为 1.68％。

(二) 重整前股权架构图

截至 2019 年 7 月 9 日,中银绒业的股本总数为 18.05 亿股,注册资本为 18.05 亿元。公司的第一大股东为宁夏中银绒业国际集团有限公司(以下简称"中绒集团"),中绒集团共计持有 4.81 亿股,持股比例为 26.68％,其实际控制人为马生国,如图 18-1 所示。

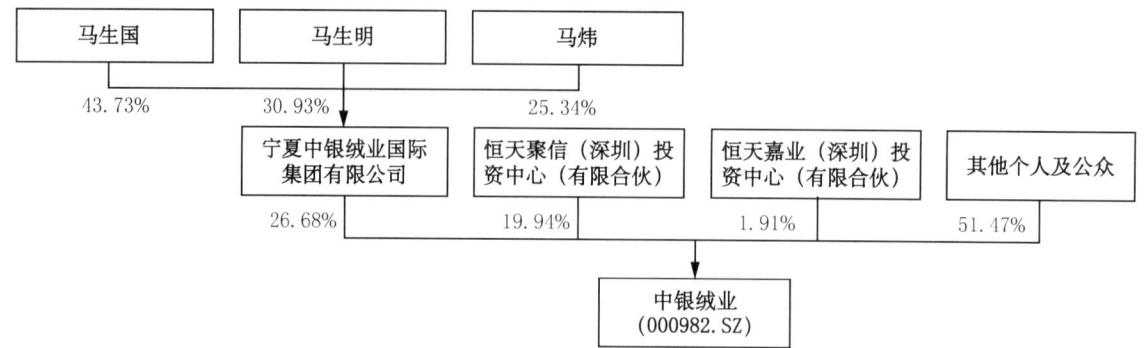

图 18-1　中银绒业重整前股权架构图

二、资产负债情况

（一）资产负债情况总览

如表 18-1 所示,根据评估机构出具的《资产评估报告》,以 2019 年 7 月 9 日为评估基准日,公司资产清算评估价值为 39.44 亿元,结合处置资产的实际情况,清算状态下可用偿债资金预计为 11.27 亿元,约为清算价值的 28.58%。

表 18-1　中银绒业资产负债情况

单位:亿元

资产/债权类型	资产	负债	资产－负债	资产负债率
评估清算价值/审查确认债权	39.44	84.76	－45.32	214.91%

截至 2019 年 10 月 29 日,共有 159 家债权人向管理人申报债权,申报债权总金额 110.07 亿元。其中,有财产担保债权为 47.19 亿元;税款债权为 1.82 亿元;普通债权为 61.07 亿元。

经管理人初步审查确认的债权总额为 83.68 亿元。其中,有财产担保债权为 47.18 亿元,税款债权为 1.82 亿元;普通债权为 34.68 亿元。

暂缓确认债权 13 笔,涉及债权金额为 24.27 亿元,性质均为普通债权;未在债权申报期限内申报但账面记载的债权尚有约为 2 633 万元,性质均为普通债权。

因债权申报主体不适格、债权债务关系不成立等,债权人已申报但管理人不予确认的债权申报金额为 24.27 亿元。

经管理人调查,中银绒业职工债权总额预计约 1.08 亿元(以实际发生金额为准)。其中,欠缴社会保险 6 619.31 万元;预计经济补偿金 3 511.33 万元;医疗和伤残补助 88.04 万元;欠付第三方垫付重整前工资 450 万元;三期职工费用 41.34 万元;欠付职工体检费等62.93 万元。

综上,根据中银绒业债权申报与审查情况、管理人对职工债权的调查情况以及截至受理日公司财务账簿的记录等,中银绒业经管理人初步审查确认的负债约为 84.76 亿元。

（二）债权分类

根据《破产法》对债权分类的规定，结合债权人向中银绒业申报债权的实际情况，中银绒业债权主要包括有财产担保债权、职工债权、税款债权、普通债权等。

1. 有财产担保债权

有财产担保债权总额为 47.18 亿元，共计 7 家债权人，包括已经中银绒业第一次债权人会议核查并经银川中院裁定确认的债权 34.59 亿元、已经管理人审查但尚未经债权人会议核查和银川中院裁定确认的债权 12.59 亿元。

2. 职工债权

已公示的职工债权共计 1.08 亿元，涉及职工 2 000 余人。

3. 税款债权

税款债权共计 1.82 亿元，共计 3 家债权人。

4. 普通债权

普通债权组的债权总额为 34.68 亿元，包括已经中银绒业第一次债权人会议核查并经银川中院裁定确认的债权 15.47 亿元、已经管理人审查但尚未经债权人会议核查和银川中院裁定确认的债权 19.21 亿元。

5. 其他债权

暂缓确定债权：因涉及债权生效条件未成就、涉诉未决、价款未结算等，债权人已申报但管理人尚无法确定债权金额的债权共有 13 笔，对应的申报金额为 24.27 亿元，性质均为普通债权。

未申报债权：根据公司财务账簿记载及公司说明，未在债权申报期限内申报但账面记载的债权尚有约 2 633 万元，性质均为普通债权。

（三）偿债能力分析

根据《偿债能力分析报告》，结合处置财产目前已经五次拍卖流拍的客观实际，假设中银绒业的处置财产可按照第五次拍卖的流拍价格（10 亿元）处置，且本部账面未纳入处置范围的货币资金、应收出口退税款、对江阴绒耀进出口有限公司 100％股权、对东方羊绒有限公司 100％股权能够按照评估值 1.27 亿元予以处置，则公司清算状态下可用偿债资金预计为 11.27 亿元。按照《破产法》规定的清偿顺序，担保财产变现所得优先用于偿还有财产担保债权，剩余其他财产的变现所得在支付破产费用，包括案件受理费、管理、变价和分配债务人财产的费用（含预计财产处置税费）、管理人执行职务的费用、报酬和聘用工作人员的费用、聘请专业机构的费用等，并全额清偿共益债务、职工债权、税款债权后，已无剩余财产用于普通债权分配。因此，中银绒业破产清算状态下的普通债权清偿比例为 0。

三、重整基本情况

（一）重整背景

公司 2018 年度经审计的期末净资产为负值，根据《深圳证券交易所股票上市规则》

(2018 年 11 月修订)第 13.2.1 条"上市公司出现以下情形之一的,本所对其股票实施退市风险警示:(二)最近一个会计年度经审计的期末净资产为负值或者因追溯重述导致最近一个会计年度期末净资产为负值"的规定,公司股票自 2018 年年度报告发布后,被深交所实施退市风险警示。若公司 2019 年年度不能通过重整程序重组公司债务,增加公司净资产,则公司 2019 年度期末净资产可能继续为负值,深交所将暂停公司股票上市交易。

另外,公司 2018 年度经审计的净利润为负值,根据《深圳证券交易所股票上市规则》(2018 年 11 月修订)第 13.2.1 条"上市公司出现以下情形之一的,本所对其股票实施退市风险警示:(一)最近两个会计年度经审计的净利润连续为负值或者因追溯重述导致最近两个会计年度净利润连续为负值"的规定,在公司 2019 年度极可能再次亏损的情况下,如不能通过重整将公司原有低效资产清理出表,则公司在 2020 年度可能再次因经营收入有限无法覆盖大额的折旧、摊销或资产减值等成本导致亏损,深交所将暂停公司股票上市交易。

如果公司股票被暂停上市,暂停上市后首个年度(即 2020 年度)报告显示公司净利润或者扣除非经常性损益后的净利润为负值、期末净资产为负值、营业收入低于 1 000 万元,或者公司财务会计报告被出具保留意见、无法表示意见、否定意见的审计报告,或者未能在法定期限内披露 2020 年年度报告,根据《深圳证券交易所股票上市规则》(2018 年 11 月修订)第 14.4.1 条第(一)至第(五)项的规定,公司股票将被终止上市。

综上,因严重债务危机和低效资产拖累上市公司盈利,公司面临严峻的退市风险,急需在 2019 年度通过重整程序对资产和债务进行彻底改组。

(二)重整申请情况

2018 年 11 月 14 日,中银绒业债权人上海雍润向银川中院提交了关于对中银绒业实施重整的申请。银川中院经审查后认为,中银绒业不能清偿到期债务,且现有资产不足以清偿全部债务,符合重整受理条件。

(三)重整受理情况

2019 年 7 月 9 日,银川中院依法作出(2018)宁 01 破申字第 29 号《民事裁定书》,裁定受理中银绒业重整一案,并于同日作出(2019)宁 01 破 6-1 号《决定书》,指定由银川市人民政府推荐的有关部门人员及中介机构组成清算组担任中银绒业管理人。

(四)重整管理模式

管理人管理财产和营业事务。

(五)重整大事记

• 2018 年 11 月 14 日,债权人上海雍润向银川中院申请对中银绒业进行重整。

• 2019 年 7 月 9 日,银川中院裁定受理中银绒业重整,指定银川市人民政府推荐的有关部门人员及中介机构组成清算组担任管理人。

• 2019 年 8 月 23 日,召开第一次债权人会议。

• 2019 年 11 月 13 日,召开第二次债权人会议,出资人组会议分别通过了《宁夏中银绒业股份有限公司重整计划(草案)》及《宁夏中银绒业股份有限公司重整案出资人权益调整方案》。同日,银川中院批准《重整计划(草案)》通过。

- 2019 年 11 月 14 日,中银绒业在深交所复牌。
- 2019 年 12 月 4 日,公布竞价处置部分公司资本公积转增股本及资产成交结果。
- 2019 年 12 月 26 日,银川中院裁定中银绒业重整计划执行完毕。

四、重整计划主要内容

(一)重整思路概述

如图 18-2 所示,重整计划的主要思路为:

(1)原二股东购买债权人公司并撤销债务以补足转股所需资本公积金。

(2)对出资人权益进行调整,在重整前股份基础上进行资本公积转增股本,合计转增 24.57 亿股。联合体以 10.5 亿元受让 9.81 亿股,剩余约 14.76 亿股作价 5.87 元/股对 50 万元以上普通债权进行清偿,使得该部分普通债权清偿比率约为 100%。

(3)中银绒业将以回归羊绒主业为战略支点,矫正资源错配,重塑公司产业核心竞争力。在完成资产剥离后,中银绒业成为一家为羊绒纺织产业提供供应链服务的轻资产运营上市公司,控制原绒供应,并着力打造高端羊绒原料、纱线和面料品牌。

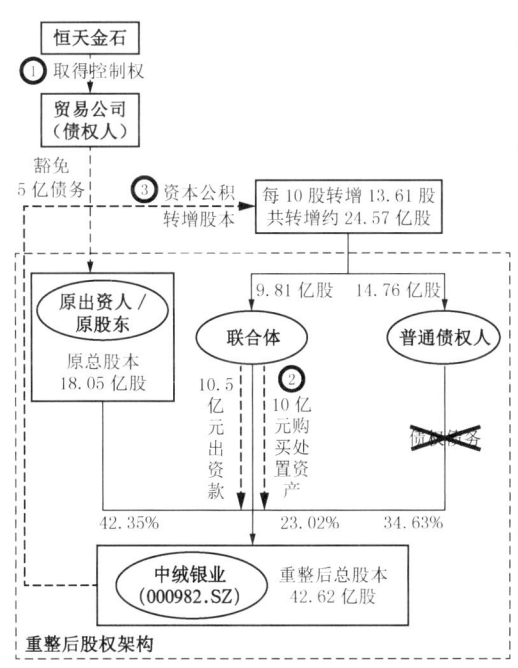

联合体("原二股东恒天系企业及其他战略投资人")增资

① 恒天金石通过其全资子公司恒天嘉源向羊绒基金购买其子公司贸易公司 99.998% 股权,实现对贸易公司控制。此后,作为债权人的贸易公司与中银绒业、管理人共同签署债务豁免协议,豁免其对中银绒业债权中的 5 亿元部分,相应利得并计入资本公积。

② 联合体为待处置资产支付对价人民币 10 亿元,为 9.81 亿转增股票支付对价人民币 10.5 亿元,均价 1.07 元 / 股(按重整草案批准日前最后一个交易日收盘价 1.83 元 / 股计算,该交易联合体赚取约 7.46 亿元)。联合体受让股票数量明细如下:

联合体成员名称	受让股数
恒天金石投资管理有限公司	1.71 亿股
北京中商华通科贸有限公司	1.5 亿股
湖南晟华金桐健康管理企业(普通合伙)	5 000 万股
宁夏跃尚科技发展有限公司	1 亿股
刘天一	7 000 万股
陈开军	4 000 万股
孙娜	2 亿股
张宇	2 亿股
合计	9.81 亿股

出资人权益调整方案

③ 以中银绒业重整前总股本 18.05 亿股为基数;按照每 **10 股转增 13.61 股** 的比例转增合计约 **24.57 亿股**,总股本扩大至 42.62 亿股;上述转增股份中:

9.81 亿股 由联合体受让,作为联合体中的一方,恒天金石申购 1.71 亿股,重整后,恒天系企业(原二股东)共持有约 5.65 亿股,占比 13.27%,成为大股东;

14.76 亿股 管理人用于抵偿债务。

图 18-2　中银绒业重整方案示意图

(二)资产处置情况

根据第一次债权人会议表决通过的《财产管理及变价方案》,管理人于 2019 年 8 月

26 日启动对中银绒业处置财产的公开拍卖程序。但截至重整计划提交表决之日,管理人对处置财产进行了 5 轮拍卖,拍卖均因无人竞买而流拍,处置财产第 5 轮拍卖的流拍价格为 10 亿元。

(三)出资人权益调整方案

恒天贸易豁免债权形成资本公积,加上中银绒业账面原有资本公积(资本溢价部分)19.57 亿元,可用于转增股票的资本公积约为 24.57 亿元。以中银绒业重整前总股本为基数,按照每 10 股约转增 13.61 股的比例实施资本公积转增股本,共计转增 24.57 亿股(最终转增的准确股票数量以中国结算深圳分公司实际登记确认的数量为准)。转增后,中银绒业总股本将由 18.05 亿股增至 42.62 亿股。

上述转增所得股票不向原股东分配,由管理人进行处置。其中,约 9.81 亿股转增股票由联合体受让取得,并支付人民币 10.5 亿元投资对价,股票处置所得优先用于支付重整费用和清偿各类债务,剩余部分则用于提高中银绒业的经营能力;其余约 14.76 亿股用于抵偿债务。

(四)债权调整及受偿方案

1. 有财产担保债权调整及受偿

有财产担保债权人共 7 家,确认债权金额共计 47.18 亿元,在担保财产清算价值范围内优先清偿的债权共 7.91 亿元;超过担保财产清算价值范围的债权金额为 39.27 亿元,该部分依照重整计划规定的普通债权的清偿方案进行清偿。

有财产担保债权以其经确认的担保债权额就担保财产变现价款优先受偿,未受偿的债权作为普通债权,按照普通债权的调整及受偿方案获得清偿。除中银绒业以账面财产提供的担保外,担保财产变现价款还包括:①中银绒业在向子公司出资前因已办理抵押、质押登记而未完成过户的财产之变现价款;②中银绒业的子公司抵质押给债权人的财产,经相应抵质押权人授权,管理人已经纳入财产处置方案一并处置的变现价款。

在中银绒业履行完毕上述有财产担保债权清偿义务后,有财产担保债权人应解除对担保财产设定的抵押手续,并就担保财产不再享有优先受偿权。该组债权不能全额清偿的部分,将作为普通债权按照普通债权组受偿方案进行清偿。

2. 职工债权调整及受偿

中银绒业职工债权总额约 1.08 亿元(以实际发生金额为准),涉及职工 2 000 余人。职工债权(以实际发生金额为准)全额清偿,不作调整,并将根据国家有关法律法规规定,在重整计划执行期限内以现金方式全额支付。

3. 税款债权调整及受偿

税款债权总额为 1.82 亿元,共计 3 家债权人。税款债权在重整计划执行期限内全额清偿。

4. 普通债权调整及受偿

普通债权组的债权总额为 59 亿元,共计 112 家债权人,包括已经中银绒业第一次债权人会议核查并经银川中院裁定确认的债权 15.47 亿元、已经管理人审查但尚未经债权人会议核查和银川中院裁定确认的债权 19.21 亿元和因涉诉未决、条件尚未成就等暂缓确认的 24.27 亿元债权。

为最大限度地提升债权人的受偿水平,保护债权人的合法权益,根据中银绒业的实际情况,重整计划将对普通债权的清偿比例作较大幅度的提高,具体调整方法如下:

(1) 对每家普通债权人 50 万元以下(含 50 万元)的债权部分,按照 100% 的比例以现金方式清偿。

(2) 对每家普通债权人 50 万元以上的债权部分,以转增股本抵偿,每股抵债价格为 5.87 元,即每 100 元债权可分得约 17.035775 股股票。该部分普通债权的清偿比例约为 100%。在股票清偿过程中,若债权人可分得的股票存在不足 1 股的情况,则该债权人分得的股票数量按照"进一法"处理,即去掉拟分配股票数小数点右侧的数字后,在个位数上加"1"。

按照上述债权清偿方案,普通债权的受偿率为 100%。

5. 暂未确认债权的处理

因诉讼未决、债权生效条件未成立或其他因素导致暂时无法确认的债权,待其符合债权确认条件后,可以按照重整计划规定的同类债权清偿条件受偿。

6. 未申报债权的处理

未依照《破产法》规定申报但仍受法律保护的债权,在重整计划执行期间不得行使权利;在重整计划执行完毕后,债权人可以按照重整计划规定的同类债权的清偿条件向中银绒业主张权利。

7. 债务清偿顺序

模拟破产清算下普通债权清偿率通过假定公司在破产清算条件下的偿债能力分析得到,主要来源于公司披露的《偿债能力分析报告》。而重组后清偿率是假定公司在重整条件下的名义清偿率。由图 18-3 可以看出,重整后的债权清偿率情况,比清算状态下的清偿率有一定提升。

重整计划草案披露的偿债方案显示,普通债权人 50 万元以下(含 50 万元)的债权部分以现金方式全额清偿;超过 50 万元的债权部分以资本公积转增股本按照 5.87 元/股的抵债价格进行股票清偿。因此,重整后普通债权的名义清偿率为 100%。

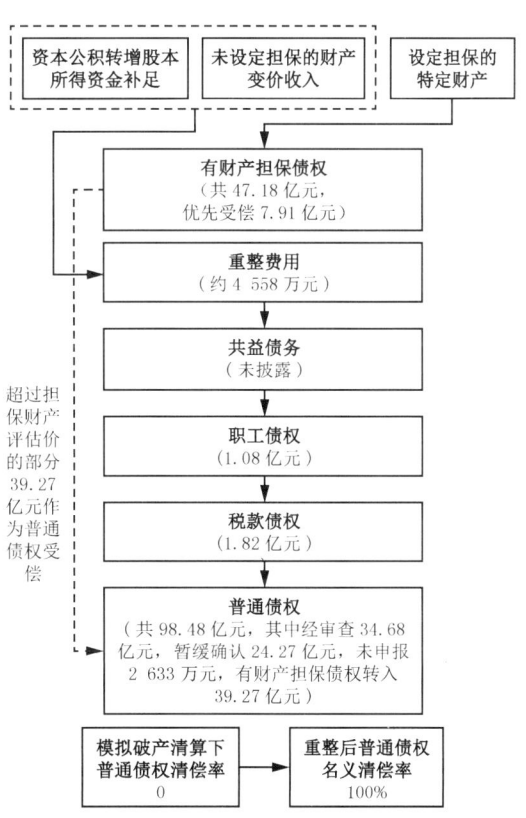

图 18-3　中银绒业债务清偿顺序示意图

（五）未来经营方案

为使中银绒业恢复持续经营能力和盈利能力，管理人在深入调查研究中银绒业相关情况的基础上，制定如下经营方案：

（1）剥离低效亏损资产，优化资产结构。公司通过剥离低效资产，引入战略投资者，获得充足流动性，使资产和负债状态得到极大改善，实现轻装再上阵。

（2）短期内经营主要围绕控制原绒供应羊绒相关产品贸易。公司可凭借资金优势快速恢复羊绒等原料的规模化采购，在原料端形成一定的市场控制力，控制公司的采购成本，形成成本优势；依托多年以来通过实施海外并购和行业整合经验，以及建立的较为完整的国际销售网络和营销体系，快速恢复关键客户的合作关系。

（3）中远期将从原料、纱线和面料着手打造高端品牌。公司将加大研发投入、内外部合作、人才引进和技术研发力度，建立起产学研一体化的研发体系，不断提升产品研发能力和质量控制能力，打造成真正具有行业影响力的原料、纱线、面料品牌。

五、重整计划表决与批准

（一）债权人会议表决

中银绒业重整案第二次债权人会议于 2019 年 11 月 13 日上午通过全国企业破产重整案件信息网召开，会议完成了既定议程，并表决通过了《宁夏中银绒业有限公司重整计划（草案）》。

1. 有财产担保债权组

有财产担保债权组共有 7 人出席会议，其中同意的债权人共计 6 人，占出席会议的有表决权债权人人数的比例为 85.71%；代表债权金额 45.98 亿元，占有财产担保债权总额的比例为 97.46%。表决通过。

2. 职工债权组

职工债权未受到调整或者影响，根据《最高人民法院关于适用〈中华人民共和国企业破产法〉若干问题的规定（三）》第十一条第二款的规定，职工债权组不参加重整计划草案的表决。

3. 税款债权组

出席债权人会议有表决权的税款债权人共计 3 家。其中，3 家债权人同意，占出席会议的该组债权总人数的 100%，已超过本组出席会议债权人的半数；该 3 家债权人所代表的债权金额合计 1.82 亿元，占全部税款债权总额的 100%，已超过本组债权总额的 2/3。表决通过。

4. 普通债权组

出席债权人会议有表决权的普通债权人共计 108 家。其中，106 家债权人同意，占出席会议的该组债权总人数的 98.15%，已超过本组出席会议债权人的半数；该 106 家债权人所代表的债权金额合计 30.89 亿元，占全部普通债权总额的 98.36%，已超过本组债权总额的

2/3。表决通过。

(二) 出资人组会议表决

公司出资人组会议于 2019 年 11 月 13 日采取"现场＋网络"方式召开。

出席出资人组会议的股东及股东代理人共 612 人,其所持有表决权的股份总数为 10.35 亿股,占公司总股本的 57.3213%。其中,出席现场会议投票的股东及股东代理人共 4 人,出席会议的股东所持有表决权的股份总数共计 8.78 亿股;参加网络会议投票的股东及股东代理人共 608 人,参加会议的股东所持有表决权的股份总数共计 1.57 亿股。

出资人组会议对《宁夏中银绒业股份有限公司重整案出资人权益调整方案》进行表决,表决结果为:同意 10.33 亿票,占出席会议股份总数的 99.8059%,已超过出席会议股东所持表决权的 2/3。

根据《破产法》第八十五条、《公司法》第一百零三条的规定,《宁夏中银绒业股份有限公司重整案出资人权益调整方案》已获得出资人组会议表决通过。

(三) 重整计划批准

2019 年 11 月 13 日,依照《破产法》第八十六条之规定,银川中院裁定批准中银绒业重整计划并终止中银绒业重整程序。

六、重整计划执行与监督

(一) 执行与监督的主体

重整计划由中银绒业负责执行,管理人负责监督。

(二) 执行与监督的期限

重整计划的执行期限自重整计划获得银川中院裁定批准之日起计算,中银绒业应当于重整计划裁定批准之日起 6 个月内执行完毕重整计划。

如非中银绒业自身原因,致使重整计划无法在上述期限内执行完毕,中银绒业应于执行期限届满前向银川中院提交延长重整计划执行期限的申请,并根据银川中院批准的执行期限继续执行。

重整计划执行的监督期限与执行期限一致。

(三) 执行的措施

1. 管理人处置转增股票

管理人将根据重整计划的规定对约 9.81 亿股资本公积转增股本进行公开处置,股票受让方参与股票处置的主要条件为承诺另以不低于处置财产第 5 次拍卖流拍价 10 亿元的价格购买处置财产,其他条件以管理人另行公告为准。

2. 偿债资金和抵债股票的分配

(1) 每家债权人以现金方式清偿的债权部分,偿债资金原则上以银行转账方式向债权人进行分配,债权人应自重整计划获得法院裁定批准之日起 3 个工作日内按照管理人指定格式书面提供领受偿债资金的银行账户信息。

债权人自身和/或其关联方原因导致偿债资金不能到账,或账户被冻结、扣划的,产生的法律后果和市场风险由相关债权人自行承担。债权人可以书面指令将偿债资金支付至债权人指定的、由该债权人所有/控制的账户或其他主体所有/控制的账户内。

债权人指令将偿债资金支付至其他主体的账户的,因该指令导致偿债资金不能到账,以及指令导致的法律纠纷和市场风险由相关债权人自行承担。

(2)每家债权人以股票抵偿的债权部分,在重整计划执行期限内以资本公积转增股本进行分配。债权人应自重整计划获得法院裁定批准之日起 3 个工作日内按照管理人指定格式一并提供领受分配股票的证券账户信息。

对于逾期不提供证券账户信息的债权人,应向其分配的股票将按照重整计划的相关规定处理,由此产生的法律后果和市场风险由相关债权人自行承担。债权人自身和/或其关联方原因导致分配股票不能到账,或账户被冻结、扣划的,产生的法律后果和市场风险由相关债权人自行承担。债权人可以书面指令将抵债股票划转至债权人指定的、由该债权人所有/控制的账户或其他主体所有/控制的账户内。

3. 偿债资金和抵债股票的提存及处理

债权已经法院裁定确认的债权人未按照重整计划的规定领受分配的偿债资金和抵债股票的,根据重整计划应向其分配的资金和股票将提存至管理人指定的银行账户和证券账户,提存后,视为中银绒业已根据重整计划履行了清偿责任。提存的偿债资金及股票自重整计划执行完毕公告之日起满 3 年,因债权人自身原因仍不领取的,视为放弃受领清偿款项的权利。已提存的偿债资金将归还上市公司用于补充流动资金,已提存的偿债股票将按照上市公司股东大会生效决议予以处置。

因诉讼未决、条件未成立或其他因素导致管理人暂时无法作出审查结论的债权之金额,与最终确认的债权金额存在差异的,以最终确认的债权金额为准,按照重整计划规定的受偿方案受偿。根据重整计划应向其分配的资金和股票将提存至管理人指定的银行账户和证券账户,提存后,视为中银绒业已根据重整计划履行了清偿责任。已按照重整计划预留的偿债资金及股票在清偿上述债权后仍有剩余的,剩余的偿债资金将归还上市公司用于补充流动资金,剩余的偿债股票将按照上市公司股东大会生效决议予以处置。

对于未在法院规定的债权申报期限向管理人申报的债权人,根据重整计划应向其分配的资金和股票将提存至管理人指定的银行账户和证券账户,提存后,视为中银绒业已根据重整计划履行了清偿责任。该部分债权人在重整计划执行完毕公告之日起满 3 年未向公司主张权利的,根据重整计划为其预留的资金将归还上市公司用于补充流动资金,已提存的偿债股票将按照上市公司股东大会生效决议予以处置。

4. 转让债权的清偿

债权人在重整受理日(即 2019 年 7 月 9 日)之后对外转让债权的,受让人按照原债权人根据重整计划就该笔债权可以获得的受偿条件及总额受偿;债权人向两个以上的受让人转让债权的,偿债资金及股票向受让人按照其受让的债权比例分配。

5. 重整费用的支付

中银绒业重整费用包括重整案件受理费、管理人报酬、聘请中介机构的费用、财产处置税费、转增股票登记税费、股票过户税费及管理人执行职务的费用等。其中,重整案件受理费、管理人报酬、聘请中介机构的费用由中银绒业及管理人在重整计划执行完毕前,按重整计划规定或合同约定支付,上述费用明细如表 18-2 所示。

表 18-2　中银绒业重整费用分布

单位:万元

序号	项目	金额
1	重整案件受理费	30
2	管理人报酬	3 000
3	资产评估机构费	278
4	债委会中介机构费用	250
5	财务顾问费用	1 000

此外,中银绒业财产处置税费、转增股票登记税费及股票过户税费、管理人执行职务的费用根据重整计划执行实际情况随时支付。

6. 共益债务的清偿

中银绒业重整期间的共益债务,包括但不限于因继续履行合同所产生的债务、继续营业而应支付的劳动报酬和社会保险费用以及由此产生的其他债务、重整期间向股东方借款等,由中银绒业随时清偿。

7. 财产保全措施的解除

根据《破产法》第十九条的规定,人民法院受理破产申请后,有关债务人财产的保全措施应当解除。尚未解除对中银绒业财产保全措施的债权人,应当在重整计划获得法院裁定批准后协助办理完毕解除财产保全措施的手续。

8. 债权人授权处置子公司抵质押资产

关于中银绒业的子公司抵押给债权人的财产,相关债权人授权管理人将中银绒业子公司提供抵押担保的资产纳入《财产处置方案》的处置范围中一并予以处置,重整将按照《财产处置方案》确定该部分债权人抵质押物的具体变现金额。

9. 子公司债权不参与偿债资金和抵债股票的分配

中银绒业子公司对中银绒业的应收款等内部往来债权和中银绒业子公司为中银绒业提供担保产生的追偿债权,均予以豁免,不参与偿债资金和抵债股票的分配。

10. 完善上市公司治理结构,引入市场化管理机制

在重整计划执行完毕之后,金融机构等债权人将持有上市公司股票,并成为上市公司股东。中银绒业将继续优化完善上市公司的管理机制,与金融机构等债权人建立稳定的沟通机制,使公司治理结构更加规范化与市场化。

七、重整计划顺利实施的预期效果

中银绒业重整计划如能顺利实施：

（1）战略投资人、中银绒业在深交所上市地位得以保全。中银绒业的法人主体继续存续，证券市场主体资格不变，仍是一家在深交所上市的股份有限公司，原二股东恒天系企业出资成为第一大股东，持股比例预计为 13.27%。

（2）重整前产生的巨额负债获得妥善安排。重整计划实施完毕后，中银绒业的所有已审查及预计债务都将得到清偿，资产负债率得到优化，有效化解地区金融风险，实现各方共赢。

（3）剥离低效资产，回归羊绒主业。重整结束后，上市公司剥离低效资产，引入战略投资者，并获得充足流动性，财务状况得到极大改善，实现轻装再上阵。结合公司的资源条件、能力与优势、所处产业的特点和行业竞争态势，中银绒业未来经营将以回归羊绒主业为战略支点，矫正资源错配，重塑公司产业核心竞争力。

案例 19　厦工股份重整案例解析

背景

厦门厦工机械股份有限公司(以下简称"厦工股份"或"公司")主营工程机械制造,始建于 1951 年,于 1994 年 1 月 10 日改制为股份有限公司,并于 1994 年 1 月 28 日在上交所上市,重整前注册资本为 9.59 亿元。近年来,受国家宏观经济形势和固定资产投资增速放缓等因素影响,工程机械行业整体呈现断崖式下降,厦工股份的经营发展也深陷困境,其股票被实施退市风险警示。债权人厦门市育明工程机械有限公司(以下简称"厦门育明")于 2019 年 4 月 2 日申请对公司进行重整。厦门市中级人民法院(以下简称"厦门中院")于 2019 年 7 月 26 日裁定受理公司重整,并指定厦工股份清算组担任重整管理人。2019 年 11 月 1 日,厦门中院裁定批准重整计划。2019 年 12 月 31 日,公司收到厦门中院(2019)闽 02 破 9 号之四《民事裁定书》,厦门中院裁定确认厦工股份重整计划执行完毕。厦工股份重整案入选 2019 年度福建法院十大典型案件。

方案要点

1. 出资人权益调整

以厦工股份重整前总股本 9.59 亿股为基数,按照每 10 股转增 8.5 股的比例转增合计约 8.15 亿股,转增后,公司总股本扩大至 17.74 亿股。

上述转增股票中,由金融类普通债权人受让 4.14 亿股,占比 23.36%;经营类普通债权人最多受让 2.33 亿股(在所有经营类普通债权人都选择股票清偿而非留债的情况下),占比 13.14%;剩余 1.68 亿股变现后用于清偿债务及补充运营资金。

2. 债权调整及受偿

普通债权以债权人为单位,每家债权人 50 万元(含 50 万元)以下的债权部分,获得全额现金清偿,由厦工股份在重整计划执行期限内清偿完毕。债权超过 50 万元的部分,按 32% 的比例确定留债总额,6 年内清偿。超过 50 万元部分在扣除留债展期部分后全部股票清偿,普通债权人按 100 元普通债权获得 27.777778 股股票,股票的抵债价格为每股 3.6 元。

考虑到经营普通债权人的特殊性,经营类普通债权人可以放弃股票清偿的清偿安排,选择全额留债展期,留债展期期限为 6 年。

一、公司基本信息

（一）公司及业务简介

厦工股份创建于 1951 年,是国家重点生产装载机、挖掘机、叉车、道路机械、小型机械、环保机械、混凝土机械、桩工机械、起重机械、隧道掘进机械等产品的骨干大型一类企业。公司于 1994 年 1 月 28 日于上交所上市,股票代码为 600815。

公司主营业务为工程机械制造。重整前,公司的产品主要包括装载机、挖掘机、叉车、道路机械、隧道掘进机械等。

根据公司重整申请前 2018 年年度报告,公司营业收入为 28.38 亿元,净亏损为6.82亿元,毛利率为11.77%,净利率为－24.04%。

（二）重整前股权架构图

截至 2019 年 7 月 26 日,厦工股份的股本总数为 9.59 亿股,注册资本为 9.59 亿元。第一大股东为厦门海翼集团有限公司直接持有公司股份的 40.98%,并通过厦工重工有限公司间接持有公司股份的 7.3%。实际控制人为厦门市国资委,如图 19-1 所示。

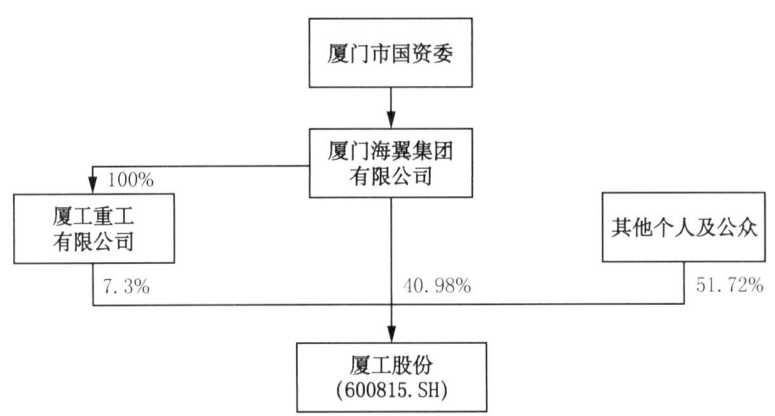

图 19-1　厦工股份重整前股权架构图

二、资产负债情况

（一）资产负债情况总览

如表 19-1 所示根据截至审计基准日 2019 年 7 月 26 日的《审计报告》,公司资产总额为32.84 亿元,负债总额为 39.51 亿元,净负债 6.67 亿元,已经资不抵债。根据《偿债能力分析报告》,以 2017 年 12 月 13 日为评估基准日,公司资产的清算评估价值为 23.85 亿元,清算价值为账面价值的 72.62%。

截至 2019 年 10 月 30 日,共有 443 家债权人向管理人申报债权,申报债权总金额共计38.52 亿元。

表 19-1 厦工股份资产负债情况

单位:亿元

资产/债权类型	资产	负债	资产－负债	资产负债率
经审计	32.84	39.51	－6.67	120.31%
评估清算价值/审查确认债权	23.85	35.78	－11.93	150.02%

法院裁定确认的债权人 343 家,债权金额为 32.12 亿元。其中,职工债权人 1 家金额为 5 605.52 万元;普通债权人 342 家金额为 31.56 亿元。此外,得到管理人初步确认的债权金额约 3.66 亿元(52 家债权人),该部分尚需法院裁定确认,该部分债权均为普通债权。

22 家债权人申报的债权因需进一步提供补充证据材料等,暂未予以确认,该部分债权金额合计 1 038.23 万元。根据审计机构出具的《债务明细表鉴证报告》,尚有约 1.75 亿元普通债权未向管理人申报。

综上,根据厦工股份债权申报与审查情况、管理人对职工债权的调查情况以及截至受理日公司财务账簿的记录等,厦工股份经管理人初步审查确认的负债约为 35.78 亿元。

(二)债权分类

根据《破产法》对债权分类的规定,结合债权人向厦工股份申报债权的实际情况,厦工股份债权主要包括职工债权、普通债权等。

1. 职工债权

已公示的职工债权共计 5 605.52 万元。

2. 普通债权

普通债权包括经法院裁定确认或得到管理人初步确认的金额,截至 2019 年 10 月 30 日,普通债权总额为 35.22 亿元。

3. 其他债权

暂缓确定债权:22 家债权人申报的债权因需进一步提供补充证据材料等,暂未予以确认,该部分债权金额合计 1 038.23 万元。

未申报债权:根据审计机构出具的《债务明细表鉴证报告》,尚有约 1.75 亿元普通债权未向管理人申报。

(三)偿债能力分析

根据评估机构出具的《偿债能力分析报告》,在模拟破产清算状态下,假定厦工股份全部资产能够按清算价值实际变现,则其资产变现款在优先清偿破产费用、共益债务、职工债权后,剩余部分向普通债权人进行分配,则普通债权所能获得的清偿比例为 58.62%(具体数据以《偿债能力分析报告》为准),但实践中能否达到这一清偿比率仍存在很大的不确定性。

三、重整基本情况

（一）重整背景

厦工股份重整受到厦门市委、市政府及厦门中院等相关部门的高度重视，得到各家银行的大力支持。为给厦工股份持续创造良好的信用环境，避免生产经营活动受到影响，各家银行站在服务实体经济、助力国企改革的高度，在相关部门的支持下，充分利用现有政策努力维持厦工股份贷款分类稳定。

（二）重整申请情况

2019 年 4 月 2 日，厦工股份债权人厦门育明以公司不能清偿到期债务、明显缺乏清偿能力，符合重整条件为由，向厦门中院申请公司进行重整。截至 2019 年 4 月 2 日，公司尚欠厦门育明的款项余额为人民币 1 212.43 万元。

（三）重整受理情况

2019 年 7 月 26 日，公司收到厦门中院送达的（2019）闽 02 破申 7 号《民事裁定书》及（2019）闽 02 破 9 号《决定书》，裁定受理厦门育明对公司的重整申请，并指定厦工股份清算组担任管理人。

（四）重整管理模式

管理人管理财产和营业事务。

（五）重整大事记

• 2019 年 4 月 2 日，债权人厦门育明向厦门中院申请对公司进行重整。

• 2019 年 7 月 26 日，厦门中院裁定受理厦工股份重整，指定厦工股份清算组担任公司管理人。

• 2019 年 9 月 6 日，第一次债权人会议表决通过《厦门厦工机械股份有限公司财产管理和变价方案》和《关于设立债权人委员会的方案》。

• 2019 年 11 月 1 日，召开第二次债权人会议及出资人组会议，分别表决通过《厦门厦工机械股份有限公司重整计划（草案）》及《厦门厦工机械股份有限公司重整案出资人权益调整方案》。同日，厦工股份破产管理人向厦门中院提交《厦门厦工机械股份有限公司重整计划（草案）》，厦门中院裁定通过。

• 2019 年 12 月 31 日，公司收到厦门中院（2019）闽 02 破 9 号之四《民事裁定书》，厦门中院裁定确认厦工股份重整计划执行完毕。

四、重整计划主要内容

（一）重整思路概述

如图 19-2 所示，重整计划的主要思路为：

（1）对出资人权益进行调整，在重整前股份基础上进行资本公积转增股本，合计转增 8.15 亿股。上述转增股票中，由金融类普通债权人受让 4.14 亿股；经营类普通债权人最多受让 2.33 亿股(在所有经营类普通债权人都选择以股票抵偿债务而非留债的情况下);剩余 1.68 亿股,管理人在二级市场出售获得资金用于偿还债务,补充运营资金。

(2) 集中剥离处置部分资产,包括应收账款及呆滞存货等,盘活闲置资产,增加子公司现金流入,提升资产使用效率。

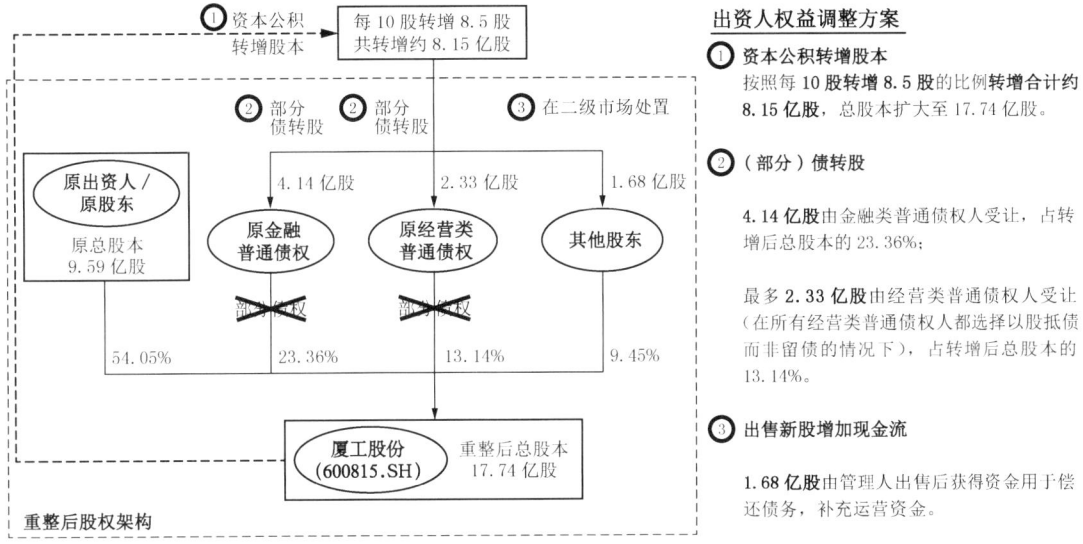

注:考虑到经营类普通债权人的特殊性并参考实践惯例,经营类普通债权人可以放弃部分债权以股票抵偿债务的清偿安排,选择全额留债展期。因此,2.33 亿股是经营类普通债权人可能占到的最大股数,1.68 亿股则是其他股东可能占到的最小股数。

图 19-2 厦工股份重整方案示意图

(二) 出资人权益调整方案

以厦工股份截至法院受理日总股本为基数,按照每 10 股转增 8.5 股的比例转增合计约 8.15 亿股,公司总股本扩大至 17.74 亿股。转增股票不向原股东分配,由金融类普通债权人受让 4.14 亿股,占比 23.36%;经营类普通债权人最多受让 2.33 亿股,(在所有经营类普通债权人都选择股票清偿而非留债的情况下),占比 13.14%;剩余 1.68 亿股,由管理人出售给投资者所获资金用于偿还债务,补充运营资金。

(三) 债权调整及受偿方案

1. 职工债权调整及受偿

经管理人调查,职工债权共计 5 605.52 万元,重整计划执行期限内全额现金清偿。

2. 普通债权调整及受偿

在清偿方案中,普通债权总额为 35.32 亿元,包括得到法院及管理人初步确认的 35.22 亿元和暂未予以确认的 1 038.23 万元。每家债权人 50 万元(含 50 万元)以下的债权部分,获得全额现金清偿,由厦工股份在重整计划执行期限内清偿完毕。债权超过 50 万元的部分,32% 的比例确定为留债总额并在 6 年内清偿完毕;剩余 68% 的部分全部以股票抵偿债务方式,区分金融普通债权和经营普通债权清偿,具体安排如下。

1）金融普通债权

（1）留债清偿具体条款。

以留债总额为本金，本金每年清偿 2 次，为每年 6 月 20 日和 12 月 20 日，次日为付息日。

留债期限：6 年。

留债利率：第 1 个两年、第 2 个两年和第 3 个两年分别按照现有借款合同约定利率的 50％、80％和 100％计息，若现有借款合同约定利率低于首次起息日前 1 个工作日贷款市场报价利率（LPR）的 50％，则按照现有借款合同利率计息。

本金清偿方式：6 年共分 12 次清偿完毕，第 1 个两年每次清偿留债总额 5％，第 2 个两年每次清偿留债总额的 7.5％，第 3 个两年每次清偿留债总额的 12.5％。

保证担保：现有借款合同由海翼集团提供保证担保的，对于留债展期清偿的债务，海翼集团继续提供担保。

（2）债转股具体条款。

债权超过 50 万元的部分在扣除留债展期部分后以股票清偿。普通债权人按 100 元普通债权获得 27.777778 股股票，股票的抵债价格为 3.6 元/股（2019 年 11 月 1 日股价为 3.19 元/股，2019 年 12 月 20 日股价为 2.94 元/股）。如债权人可分得的股票数量不为整数，则该债权人分得的股票数量按照"进一法"处理，即去掉拟分配股票数小数点右侧的数字后，在个位数上加"1"。

2）经营普通债权

考虑到经营普通债权人的特殊性，经营类普通债权人可以放弃股票清偿的清偿安排，选择全额留债展期。经营类普通债权人选择留债展期的，留债展期期限为 6 年，自重整计划执行完毕之日的次月 1 日起算。第一年至第六年每年清偿的比例分别为留债总额的 10％、10％、15％、15％、25％、25％，由厦工股份在每年的 12 月 31 日前清偿，清偿期间不计付利息。

3. 暂未确认债权的处理

对于债权被暂缓确认的债权人，管理人将根据重整计划的规定为其预留偿债资金和抵偿股票，待其债权依法获得确认后，由厦工股份按照重整计划规定的清偿方式对其清偿。

4. 未申报债权的处理

对于厦工股份账面记载，但未在规定的债权申报期内申报的债权，债权人在重整计划执行期间不得行使权利；重整计划执行完毕后，债权仍在诉讼时效内并依法有效的，债权人可以按照重整计划规定的同类债权人的清偿条件向厦工股份主张权利，其中普通债权 50 万元以上（不含 50 万元）的债权部分统一以留债展期方式清偿。留债展期期限自该笔债权依法获得厦工股份确认时起算。

5. 债务清偿顺序

模拟破产清算下普通债权清偿率通过假定公司在破产清算条件下的偿债能力分析得到，主要来源于公司披露的《偿债能力分析报告》。而重组后清偿率是假定公司在重整条件下的名义清偿率。由图 19-3 可以看出,重整后的债权清偿率情况,比清算状态下的清偿率有一定提升。

重整计划草案披露的偿债方案显示:

（1）普通债权人 50 万元以下（含 50 万元）的债权部分以现金方式全额清偿。

（2）金融普通债权超过 50 万元的 32% 的比例确定为留债总额并在 6 年内清偿完毕,剩余 68% 的部分全部通过以资本公积转增股本按照 3.6 元/股的抵债价格进行股票清偿。

（3）非金融普通债权超过 50 万元的部分全额留债展期。

因此,重整后普通债权的名义清偿率为 100%。

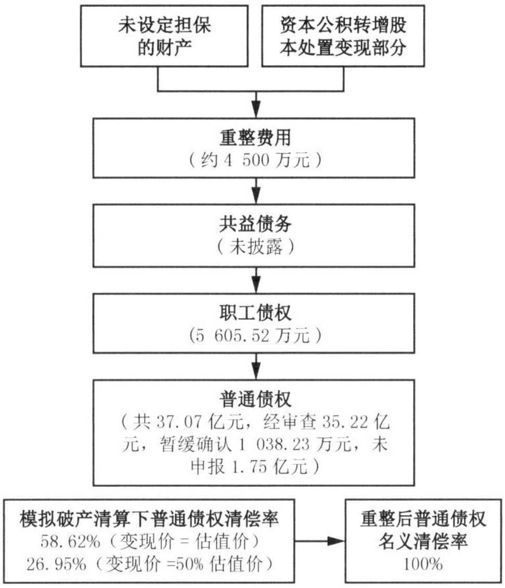

图 19-3　厦工股份债务清偿顺序示意图

（四）未来经营方案

（1）剥离低效资产,聚焦工程机械。公司确立了继续以工程机械为主营业务的发展方向,主要产品包括装载机、挖掘机、叉车、道路机械、隧道掘进机械等。公司通过整合资源,剥离低效、亏损的非核心资产,坚持高端机械制造主业,确保未来的可持续发展。

（2）整合产品结构,提高产品毛利率。公司通过提升产品质量、加强技术研发等措施,提高产品竞争力。

（3）调整产业基地布局,发挥资源配置优势。厦工股份拥有福建厦门、福建三明和河南焦作三个生产基地。厦工股份在权衡劳动力成本、区域运输优势、管理成本、地方政策等因素后进行产能分配整合,合理布局产业基地。

（4）重建销售渠道。在国内销售方面,公司通过加快与诉讼经销商的和解,恢复和有销售能力的经销商的合作。在海外销售方面,公司以现有渠道为基础,将 3 家年销量在 100 台以上的经销商及 2 家 50 台以上的经销商作为重点经销渠道。

（5）寻找新的业务增长点,谋求多元化发展。除工程机械业务改革升级外,厦工股份还将积极寻找新的业务增长点,充分利用好中央及地方的支持资源,通过引入优质资产、延伸公司产业链（面）等方式,优化厦工股份产业结构,进一步提升公司持续经营及盈利能力。

此外,控股股东承诺自 2020 年开始未来 3 年累计归属于母公司股东的净利润不低于 4 亿元,差额部分由控股股东补足。

五、重整计划表决与批准

（一）债权人会议表决

公司第二次债权人会议于 2019 年 11 月 1 日采取"网络＋现场"方式召开,由职工债权组和普通债权组对《厦门厦工机械股份有限公司重整计划（草案）》进行了分组表决。

1. 职工债权组

经职工代表大会审议,职工债权组表决通过。

2. 普通债权组

同意的债权人共计 374 人,占出席会议的有表决权债权人人数的比例为 95.17%;代表债权金额 34.37 亿元,占普通债权总额的比例为 97.32%。表决通过。

(二)出资人组会议表决

公司于 2019 年 11 月 1 日召开出资人组会议,对《厦门厦工机械股份有限公司重整案出资人权益调整方案》进行表决。表决方式为现场表决与网络投票相结合。

参加出资人组会议的股东及股东代理人共 129 名,代表股份 4.97 亿股,占公司有表决权股份总数的 51.83%。其中,出席现场会议投票的股东及股东代理人共 49 名,代表股份 4.72 亿股;参加网络会议投票的股东及股东代理人共 82 名,代表股份 2 856 万股。有 2 位股东持有表决权的股份 325 万股,既参加了网络投票,又参加了现场投票,按照会议表决规则,以第一次网络投票为准。

表决情况为:同意票 4.93 亿股,占出席会议有效表决权股份总数 99.11%。鉴于同意票数已超过出席会议股东所持表决权的 2/3。表决通过。

(三)重整计划批准

2019 年 11 月 1 日,厦门中院裁定批准重整计划,批准备查文件为(2019)闽 02 破 9-2 号《民事裁定书》。批准理由为:重整计划内容完备,依据该重整计划中的债权受偿方案,普通债权的清偿比例高于依照破产清算程序所能获得的清偿比例,债权受偿方案合法公平,未违反法律法规的强制性规定。重整计划中的经营方案具有可行性。

六、重整计划执行与监督

(一)执行与监督的主体

重整计划由厦工股份负责执行,管理人负责监督。

(二)执行与监督的期限

重整计划的执行期限自重整计划获得厦门中院裁定批准之日起计算,厦工股份应当于 2019 年 12 月 31 日前执行完毕重整计划。

客观原因导致厦工股份重整计划相关事项无法在上述期限内执行完毕的,厦工股份应于执行期限届满前向厦门中院提交延长重整计划执行期限的申请,并根据厦门中院批准的执行期限继续执行。

重整计划执行完毕的条件成就后,厦工股份应向厦门中院和管理人提交执行情况报告,确定重整计划执行完毕。

(三)执行的措施

1. 现金清偿措施

现金清偿的偿债资金来源于厦工股份依法处置低效闲置资产及公开变现资本公积转增

股本所得的资金。

每家债权人以现金方式清偿的债权部分,偿债资金原则上以银行转账方式通过管理人银行账户向债权人指定银行账户划转,债权人应在重整计划经债权人会议表决后 1 周内,按照管理人指定格式以书面方式提供领受偿债资金的银行账户信息。非厦工股份和管理人原因导致偿债资金不能转入债权人指定银行账户,或账户被冻结、扣划的,产生的法律后果由相关债权人自行承担。

对于逾期不提供银行账户信息的债权人,应向其分配的现金将按照重整计划的相关规定处理,由此产生的法律后果由相关债权人自行承担。

2. 留债展期的执行

根据重整计划应当留债展期的债权,在重整计划获得法院批准后,厦工股份应向经营类普通债权人送达留债展期安排告知书。留债展期安排告知书中明确留债金额及支付安排,厦工股份按留债展期安排告知书确定的留债金额及支付安排进行清偿。对于金融类债权人,厦工股份将根据金融类普通债权人的需要签署书面留债协议,协议内容应符合重整计划规定。

3. 转增股本的分配与处理

每家债权人以股抵偿的债务部分,在重整计划执行期限内以资本公积转增股本进行分配。债权人应在重整计划经债权人会议表决后 1 周内,按照管理人指定格式书面提供领受分配股票的证券账户信息。资本公积转增股本除用于债权人抵偿债务外,剩余股份由管理人负责处置、变现。管理人处置变现股票过程应接受法院和债权人委员会监督。

4. 经营类债权人选择权的行使

债权金额超过 50 万元的经营类普通债权人,应在重整计划经债权人会议表决后 1 周内,按照管理人指定格式书面提供债权清偿方式选择告知书。

5. 偿债资金和抵债股票的提存及处理

债权经法院裁定确认后的债权人未按照重整计划的规定领受分配的偿债资金和抵债股票的,根据重整计划应向其分配的资金和股票将提存至管理人指定的银行账户和证券账户,提存的偿债资金及抵债股票自重整计划执行完毕公告之日起满 3 年,因债权人自身原因仍不领取的,视为放弃受领清偿款项的权利。已提存的偿债资金将归还给上市公司用于补充流动资金,已提存的抵债股票由上市公司依法处置变现后补充流动资金。

6. 暂缓确认债权的处理

对于债权被暂缓确认的债权人,公司将根据重整计划的规定为其预留偿债资金和抵债股票,待其债权依法获得确认后,由厦工股份按照重整计划规定的清偿方式对其清偿。

7. 重整费用的支付

厦工股份重整费用预计 4 500 万元,包括重整案件受理费、管理人报酬、聘请中介机构的费用、财产处置税费等。重整案件受理费、管理人报酬、聘请中介机构的费用由厦工股份及管理人在重整计划执行完毕前,按重整计划规定或合同约定支付。在厦工股份重整计划执行期间,管理人履行职务的费用根据重整计划执行情况随时支付。

8. 共益债务的支付

厦工股份重整期间的共益债务,包括但不限于因继续履行合同所产生的债务、继续营业而应支付的劳动报酬、社会保险费用以及借款等债务,由厦工股份按照相关合同约定随时清偿。

9. 对外担保债权的处理

厦工股份对外提供担保形成的债权不占用重整程序中的偿债资源,由厦工股份继续督促主债务人履行义务。

10. 票据的返还

对于以票据权利向管理人申报债权的,债权人在根据重整计划的规定接受清偿前,应向厦工股份返还票据原件。

11. 转让债权的清偿

债权人在重整计划执行完毕前转让债权的,受让人按照原债权人根据重整计划就其债权可以获得的清偿条件及总额受偿;债权人向两家或两家以上的受让人转让债权的,所有债权受让人只能在原债权人根据重整计划规定获得的清偿范围进行清偿。

12. 信用惩戒措施的消除

重整计划执行完毕之后,公司资产负债结构将得到实质改善,可持续经营能力及盈利能力得以提升。因此,在符合相关法律规定的前提下,各债权银行继续给予厦工股份正常的信贷支持,协助厦工股份完成信用修复。

七、重整计划顺利实施的预期效果

厦工股份重整计划如能顺利实施:

(1)上市地位得以保全。厦工股份的法人主体继续存续,证券市场主体资格不变,仍是一家在上交所上市的股份有限公司,金融普通债权人对厦工股份的持股比例约为 23.36%。

(2)重整前产生的巨额负债获得妥善安排。重整计划实施完毕后,厦工股份的巨额债务获得清偿或转股,重整后的资产负债结构得到优化,有效化解地区金融风险,实现各方共赢。

(3)资产利用率提高。重整计划批准后,闲置及利用效率不高的资产在重整中予以处置,生产经营格局得到优化,现金流更加充足,资产利用率提高,持续盈利能力将得到显著增强。

(4)盈利能力提升。厦工股份预计,装挖机产品整合和产品研发工作全面完成之后,挖掘机的毛利率将从 13.95% 提升至 19.42%;装载机的毛利率将从 7.39% 提升至 13.83%。

案例 20 柳化股份重整案例解析

背景

柳州化工股份有限公司(以下简称"柳化股份"或者"公司")从事化工和化肥产品的生产和销售,成立于2001年3月6日,重整前注册资本为3.99亿元。在化工化肥行业总体发展处于下滑的大背景下,柳化股份毛利率总体走低,但期间费用却居高不下,导致公司经营形势不断恶化,且并未有实质性改善。柳化股份已无法清偿到期债务,且明显缺乏清偿能力,生产经营和财务状况均已陷入困境。债权人广西柳化氯碱有限公司于2017年9月18日申请对公司进行重整。柳州市中级人民法院(以下简称"柳州中院")于2018年1月31日裁定受理公司重整,并指定柳化股份清算组担任重整管理人。2018年11月26日,柳州中院裁定批准重整计划。2019年12月13日,公司收到柳州中院送达的裁定书,确认柳化股份重整计划执行完毕、终结柳化股份重整程序。柳化股份重整案是广西第一起国有上市公司重整案件,柳化股份重整案入选广西法院首批"10+3"破产审判典型案例。

方案要点

1. 出资人权益调整

以柳化股份重整前总股本3.99亿股为基数,按照每10股转10股的比例实施资本公积转增股本,共计转增3.99亿股股票。转增后,公司总股本扩大至7.98亿股。

上述资本公积转增股本不向原股东分配,其中,2.11亿股用于直接抵偿债务;剩余的1.88亿股由重整投资人按照每股3.22元的价格受让。

2. 债权调整及受偿

1) 有财产担保债权调整及受偿

有财产担保债权优先受偿部分以现金方式受偿。有财产担保债权对于柳化股份提供的担保财产,已经变价的在变价收入范围内优先受偿,未变价的在快速变现价值范围内优先受偿,超出担保财产变价收入或者快速变现价值的部分作为普通债权受偿。

2) 普通债权调整及受偿

普通债权以现金和股票清偿方式受偿。20 万元以下(含 20 万元)的部分全额现金受偿；20 万元至 1 000 万元(含 1 000 万元)的部分以现金方式受偿 50%；超过 1 000 万元的部分，以股票抵债方式受偿 50%，抵债股票按照柳化股份于 2018 年 3 月 8 日股票收市时的价格折价 4.83 元每股。

3. 引入重整投资人

柳州元通投资发展有限公司(以下简称"元通公司")为柳化股份的重整投资人。元通公司共投入 6 亿资金,受让 1.88 亿股(按 3.22 元/股受让),主要将用于支付重整费用、共益债务和清偿部分债务等。

一、公司基本信息

(一)公司及业务简介

柳化股份是由柳州化学工业集团有限公司(以下简称"柳化集团")等 6 家发起人共同发起设立的股份公司,于 2001 年 3 月 6 日注册成立,目前注册资本 3.99 亿元。经中国证监会许可,公司股票于 2003 年 7 月 17 日在上交所上市,股票代码为 600423。

公司现所处行业为化工行业,主要生产、销售各类化肥、化工产品。公司经营范围包括：液氨、浓硝酸、甲醇、甲醛、硝酸铵(粉状)、硝酸钠、亚硝酸钠、硫磺、硫酸、液氧、液氮、氩气、双氧水生产;氮肥、纯碱、复合肥料、蒸汽、系列工业水、生活水、脱盐水、硝基复合肥、液体肥料(危险化学品除外)、重碱生产销售;液氨、甲醛、甲醇、硝酸、硝酸铵、硝酸钠、亚硝酸钠、硫磺、硫酸、双氧水($20\% \leqslant$ 含量 $\leqslant 60\%$)、盐酸、二氧化碳(液体)、液氧、液氮、氩气、氨水($10\% \leqslant$ 含氨 $\leqslant 35\%$,不带有储存设施经营)等化工产品(危险化学品除外)、化肥产品销售;煤炭批发;过磅收费服务;经营进出口业务(国家限定公司经营或禁止出口的商品除外);经营本企业的进料加工和"三来一补"业务。

根据公司重整申请前 2016 年年度报告,公司营业收入为 20.76 亿元,净亏损为 8.16 亿元,毛利率为-2.65%,净利率为-39.31%。

(二)重整前股权架构图

截至 2018 年 1 月 31 日,柳化股份的股本总数为 3.99 亿股,注册资本为 3.99 亿元。第一大股东为柳化集团,持股比例为 5.72%,实际控制人为柳州市国资委,如图 20-1 所示。

二、资产负债情况

(一)资产负债情况总览

如表 20-1 所示,根据评估机构出具的《资产评估报告》,以 2018 年 1 月 31 日为评估基准日,假设柳化股份进行破产清算并对全部财产进行快速处置变现,柳化股份财产评估价值为 11.94 亿元,清算评估价值为 8.64 亿元,柳化股份总资产账面价值为 25.17 亿元,清算价值为账面价值的 34.33%。

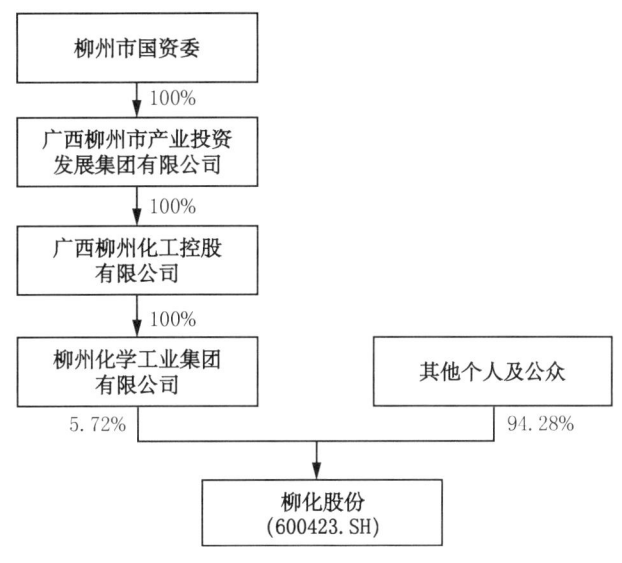

图 20-1　柳化股份重整前股权架构图

表 20-1　柳化股份资产负债情况

单位:亿元

资产/债权类型	资产	负债	资产-负债	资产负债率
账面价值/审查确认债权	25.17	25.05	0.12	99.52%
评估市场价值/审查确认债权	11.94	25.05	−13.11	209.8%
评估清算价值/审查确认债权	8.64	25.05	−16.41	289.93%

截至 2018 年 10 月 26 日,共有 462 家债权人向管理人申报债权,申报金额共计 28.51 亿元。其中,申报有财产担保债权 2 家,申报金额 2.89 亿元;申报普通债权 461 家(其中 1 家债权人同时申报了普通债权和有财产担保债权),申报金额 25.63 亿元,申报的普通债权中包括 45 家"11 柳化债"债券持有人申报的 511 万元。

上述已申报债权中,已确认债权 429 家,确认金额 25.05 亿元。其中,有财产担保债权 2 家,确认金额 2.88 亿元;普通债权 428 家(其中 1 家债权人同时申报了普通债权和有财产担保债权),确认金额 22.17 亿元。

上述已申报债权中,管理人审查不予确认的债权 24 家,涉及申报金额 1 469 万元。

上述已申报债权中,已经向管理人申报但因涉及诉讼未决、所附条件未成就等尚未由管理人出具最终审查意见确认的债权 10 家(其中 1 家债权系法院裁定确认其金额后补充申报),涉及申报金额 2 462 万元。

综上,根据柳化股份债权申报与审查情况、管理人对职工债权的调查情况以及截至受理日公司财务账簿的记录等,柳化股份经管理人初步审查确认的负债约为 25.05 亿元。

（二）债权分类

根据《破产法》对债权分类的规定,结合债权人向柳化股份申报债权的实际情况,柳化股份债权主要包括有财产担保债权、职工债权、普通债权等。

1. 有财产担保债权

有财产担保债权人共 2 家,确认债权金额共计 2.88 亿元。

2. 职工债权

管理人依法通过柳化股份人力资源部、财务部,柳州市人力资源和社会保障局、柳州市住房公积金管理中心,调查柳化股份职工债权情况。经调查,柳化股份不存在欠付欠缴工资、社保、公积金的情形。

3. 普通债权

普通债权共 428 家(其中 1 家债权人同时申报了普通债权和有财产担保债权),涉及总额为 22.17 亿元。

4. 其他债权

暂缓确定债权:已经向管理人申报但因涉及诉讼未决、所附条件未成就等尚未由管理人出具最终审查意见确认的债权 10 家(其中 1 家债权系法院裁定确认其金额后补充申报),涉及申报金额 2 462.42 万元。

未申报债权:经柳化股份梳理统计及管理人调查,截至 2018 年 1 月 31 日,柳化股份尚有账面记载未申报债权 7 492.94 万元。

（三）偿债能力分析

柳化股份在假定破产清算条件下的偿债能力进行了分析。根据评估机构出具的《柳州化工股份有限公司破产清算假设下偿债能力分析咨询项目测算报告》,截至评估基准日 2018 年 1 月 31 日,柳化股份如实施破产清算,假定全部有效资产能够按快速变现值变现,按照《破产法》规定的清偿顺序,担保财产变现所得优先用于偿还有财产担保债权,剩余其他财产的变现所得在支付破产费用、共益债务并全额预留职工安置费用后用于向普通债权人分配,剩余可供向普通债权人进行分配的财产总额为 3.67 亿元。假定按照普通债权总额 25.78 亿元(包括待确认债权、账面记载未申报债权)进行分配,柳化股份在破产清算状态下普通债权的受偿率约为 14.23%。

三、重整基本情况

（一）重整背景

公司总体盈利能力差且持续恶化。自 2013 年以来,柳化股份盈利能力总体处于波动下滑的局面,总体盈利能力不佳。尤其是自 2015 年以来,经营形势持续恶化。

产品整体盈利能力较弱,竞争优势不明显。近年来,柳化股份主要产品中的双氧水盈利水平相对较好,毛利率保持在较高水平,硝酸铵、液氨次之,硝酸、尿素较差,特别是尿素最近 3 年的毛利率已连续为负值。

期间费用居高不下。近年来,柳化股份期间费用占营业收入比重总体呈上升趋势。

综上,近 5 年以来,在化工化肥行业总体发展处于下滑的大背景下,柳化股份毛利率总体走低,但期间费用却居高不下,导致公司经营形势不断恶化且并未有实质性改善。柳化股份已无法清偿到期债务且明显缺乏清偿能力,生产经营和财务状况均已陷入困境。如果柳化股份进行破产清算,重整前资产在清偿各类债权后已无剩余财产向出资人分配,出资人权益为零。因此,为挽救柳化股份,避免其破产清算,公司急需通过重整程序对资产和债务进行彻底改组。

(二) 重整申请情况

2017 年 9 月 18 日,柳化股份债权人广西柳化氯碱有限公司以公司不能清偿到期债务、明显缺乏清偿能力,符合重整条件为由,向柳州中院申请公司进行重整。

(三) 重整受理情况

2018 年 1 月 31 日,公司收到柳州中院送达的(2017)桂 02 破申 17 号《民事裁定书》及(2017)桂 02 破申 17 号《决定书》,裁定受理对柳化股份的重整申请,并指定柳化股份清算组担任管理人。

(四) 重整管理模式

管理人管理财产和营业事务。

(五) 重整大事记

• 2017 年 9 月 18 日,债权人广西柳化氯碱有限公司向柳州中院申请对柳化股份进行重整。

• 2018 年 1 月 31 日,柳州中院裁定受理柳化股份重整,指定柳化股份清算组担任公司管理人。

• 2018 年 4 月 10 日,召开第一次债权人会议,由管理人通报了重整工作进展,对债权申报及审查情况进行说明,并由债权人会议依法对债权表进行核查;同时由债权人会议审议通过《柳州化工股份有限公司重整案财产管理方案》,成立了柳化股份重整案债权人委员会。

• 2018 年 11 月 23 日,召开第二次债权人会议,有财产担保债权组和普通债权组均表决通过《柳州化工股份有限公司重整计划(草案)》。

• 2018 年 11 月 23 日,召开出资人组会议,表决通过了《柳州化工股份有限公司重整计划(草案)之出资人权益调整方案》。

• 2018 年 11 月 26 日,柳州中院裁定批准重整计划,并终止了柳化股份重整程序。

• 2019 年 12 月 13 日,公司收到柳州中院送达的裁定书,确认柳化股份重整计划执行完毕、终结柳化股份重整程序。

四、重整计划主要内容

(一) 重整思路概述

如图 20-2 所示,重整计划的主要思路为:

（1）对出资人权益进行调整，在重整前股份基础上进行资本公积转增股本，合计转增 3.99 亿股。上述转增股票中，由重整投资人以对价 6 亿元受让 1.88 亿股；剩余 2.11 亿股用于偿还债权。

（2）集中剥离处置低效、亏损的非核心资产，调整业务结构，恢复持续经营能力。

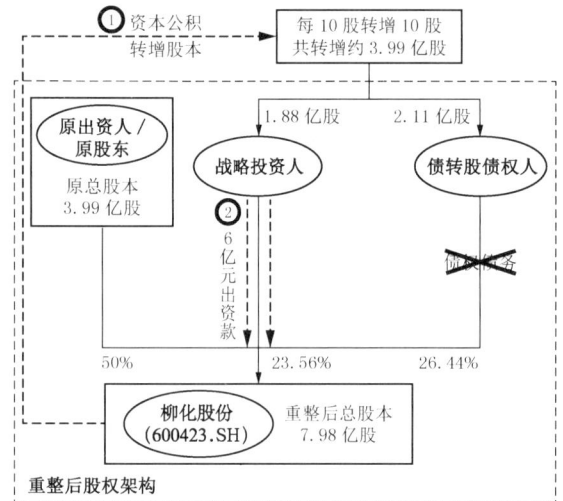

出资人权益调整方案

① 以柳化股份重整前总股本 3.99 亿股为基数，按照每 10 股转增 10 股的比例转增合计约 3.99 亿股，总股本扩大至 7.98 亿股；上述转增股票中：

1.88 亿股由战略投资人受让，占转增后柳化股票总股本的 23.56%；

2.11 亿股用于清偿债务。

引进投资人增资

② 重整投资人元通公司按照 3.22 元／股的价格受让柳化股份转增的 1.88 亿股，受让对价合计约为 6 亿元；

投资款将用于支付重整费用、共益债权和清偿部分债务等。

图 20-2　柳化股份重整方案示意图

（二）投资人及投资方案

元通公司成立于 2013 年 4 月 23 日，注册资本 5 亿元，系柳州市国资委全资设立的国有资产平台公司。元通公司经营范围包括：以公司拥有的资本对外投资；对上市、收购、兼并、破产、重组、参股、控股、产权交易、股份转让、股权投资、租赁等进行产业资源的优化配置、资产重组和资本运作；土地的开发整理；城乡基础项目投资建设；旧城改造；城中村改造；对工业、商贸业、物流业、新兴产业项目的投资、建设、经营及管理；国有资本经营和资本化运营；投资咨询服务。

元通公司共投入 6 亿资金，受让 1.88 亿股（按 3.22 元/股受让），资金主要将用于支付重整费用、共益债务和清偿部分债务等。

（三）出资人权益调整方案

以柳化股份重整前总股本 3.99 亿股为基数，按每 10 股转 10 股的比例实施资本公积转增股本，共计转增 3.99 亿股股票（最终转增的准确股票数量以中国结算上海分公司实际登记确认的数量为准）。转增后，柳化股份总股本将由 3.99 亿股增加至 7.98 亿股。

上述资本公积转增股本不向原股东分配，其中，2.11 亿股按照重整计划之债权受偿方案的规定用于直接抵偿债务；剩余的 1.88 股由重整投资人按照 3.22 元每股的价格受让，受让对价合计 6 亿元，由管理人用于支付重整费用、共益债务和清偿部分债务等。

(四)债权调整及受偿方案

1. 有财产担保债权调整及受偿

柳化股份有财产担保债权人 2 家,有财产担保债权金额为 2.88 亿元。有财产担保债权优先受偿部分以现金方式受偿。有财产担保债权对于柳化股份提供的担保财产,已经变价的在变价收入范围内优先受偿,未变价的在快速变现价值范围内优先受偿,超出担保财产变价收入或者快速变现价值的部分作为普通债权受偿。

2. 普通债权调整及受偿

清偿方案中,普通债权总额为 23.17 亿元,包括经管理人确认的普通债权 428 家,金额为 22.17 亿元。已经向管理人申报、但因涉及诉讼未决、所附条件未成就等尚未由管理人出具最终审查意见确认的债权 10 家(其中 1 家债权系法院裁定确认其金额后补充申报),涉及申报金额 2 462.42 万元。经柳化股份梳理统计及管理人调查,截至 2018 年 1 月 31 日,柳化股份尚有账面记载未申报债权 7 492.94 万元。普通债权以现金和股票清偿方式受偿:

(1) 20 万元以下(含 20 万元)的部分全额现金受偿。

(2) 20 万元至 1 000 万元(含 1 000 万元)的部分以现金方式受偿 50%。

(3) 超过 1 000 万元的部分,以股票抵债方式受偿 50%。抵债股票按照柳化股份 2018 年 3 月 8 日股票收市时的价格折价 4.83 元/股。

3. 暂未确认债权的处理

对于待确认债权,管理人将根据上述受偿比例预留相应受偿资金股票,其债权获确认后按同类债权的清偿条件受偿。

4. 未申报债权的处理

根据《破产法》第九十二条第二款的规定,债权人未申报债权的,在重整计划执行期间不得行使权利,在重整计划执行完毕后,可以按照重整计划规定的同类债权的清偿条件行使权利。因此,账面记载未申报债权的债权人在重整计划执行期间不得行使权利,管理人将根据重整计划的受偿比例预留相应受偿资金股票,其债权获确认后按同类债权的清偿条件受偿。

自重整计划执行完毕之日起 3 年内,账面记载未申报债权之债权人主张债权且经审查依法成立的,按照上述同类债权的清偿条件受偿。超过 3 年未主张或虽主张但经审查不成立的,不再清偿,相应预留偿债资金股票作为柳化股份经营资金使用。柳化股份的普通债权按照上述方案受偿后未获受偿的部分,根据《破产法》第九十四条的规定,柳化股份不再承担清偿责任。

5. 债务清偿顺序

模拟破产清算下普通债权清偿率通过假定公司在破产清算条件下的偿债能力分析得到,主要来源于公司披露的《偿债能力分析报告》。而重组后清偿率是假定公司在重整条件下的名义清偿率。由图 20-3 可以看出,重整后的债权清偿率情况,比清算状态下的清偿率有一定提升。

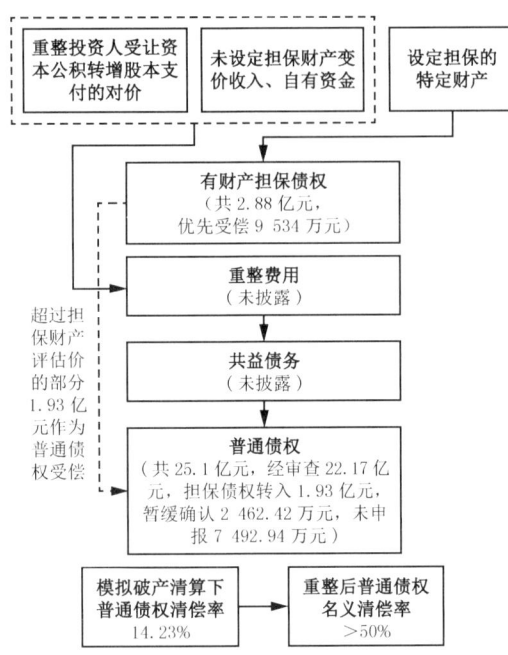

图 20-3　柳化股份债务清偿顺序示意图

重整计划草案披露的偿债方案显示,普通债权人 20 万元以下(含 20 万元)的债权部分以现金方式全额清偿;20 万元至 1 000 万元(含 1 000 万元)的部分以现金方式受偿 50%;超过 1 000 万元的部分,以股票抵债方式受偿 50%,按照 4.83 元/股的抵债价格进行股票清偿。因此,重整后普通债权的名义清偿率至少大于 50%。

(五)未来经营方案

在重整计划获得法院批准之后,柳化股份将以重整为契机,借助重整投资人的优势,在化解公司危机、消除公司债务负担后,积极寻求战略投资者与优质资产,适时、分阶段调整柳化股份业务结构,实现柳化股份业务转型、升级,继续推动公司改革脱困和转型升级工作,巩固并强化重整成果。经营方案具体如下:

(1)剥离低效亏损资产,改善资产结构。目前,柳化股份将继续保留现有盈利能力相对较好产品的生产与销售业务,并将对柳化股份现有资产中已丧失盈利能力的产品进行剥离,避免其进一步侵蚀上市公司利润,以改善柳化股份资产结构,提高柳化股份资产的经济效益。

(2)提升管理水平,提高经济效益。柳化股份将继续改善经营,提高经营业绩;进一步完善公司各项管理制度及其实施流程,加强经营费用、运营成本及财务费用管理,提升公司经营效益,提升整体管理水平和经营效率,增强核心竞争力,实现企业快速稳定发展。

(3)调整业务结构,适时注入优质资产。在完成重整并保留一定规模优质经营性资产的情况下,柳化股份将恢复持续经营能力。为进一步增强盈利能力,管理人、重整投资人、柳化股份等将在重整计划执行阶段积极寻求、接触潜在战略投资者,最大限度为柳化股份寻求质量高、效益好,符合相关规定的、柳化股份股东大会认可的优质资产,并在条件成熟后依法、适时注入柳化股份,进一步增强和提高柳化股份的持续经营及盈利能力。

(4)盈利预测及业绩承诺。在正式确定战略投资者后,战略投资者应在符合法律、法规规定的前提下,结合拟注入资产的实际情况,对拟注入资产自注入之日起连续 3 年(含注入当年)的净利润进行承诺。如果实际实现的净利润低于上述承诺净利润,战略投资者就差额部分以支付现金或者资产注入时经股东大会及监管机构认可的补偿方式对柳化股份进行补偿。

五、重整计划表决与批准

(一)债权人会议表决

公司第二次债权人会议于 2018 年 11 月 23 日上午 9 时通过全国企业破产重整案件信息网召开,会议完成了既定议程,对《柳州化工股份有限公司重整计划(草案)》进行了表决。

1. 有财产担保债权组

有财产担保债权组共有 2 人出席会议。其中,同意的债权人共计 2 人,占出席会议的有表决权债权人人数的比例为 100%;代表债权金额 9 534 万元,占有财产担保债权总额的比例为 100%。表决通过。

2. 普通债权组

普通债权组共有 420 人出席会议。其中,同意的债权人共计 408 人,占出席会议的有表决权债权人人数的比例为 97.14%;代表债权金额 20.25 亿元,占普通债权总额的比例为 84.06%。表决通过。

(二)出资人组会议表决

公司于 2018 年 11 月 23 日召开出资人组会议,对《柳州化工股份有限公司重整计划(草案)之出资人权益调整方案》进行表决。表决方式为现场表决与网络投票相结合。

参加出资人组会议的股东及股东代理人共 393 名,代表股份 9 208 万股,占公司有表决权股份总数的 23.06%。其中,出席现场会议投票的股东及股东代理人共 19 名,代表股份 4 058 万股,占公司表决权股份总数的 10.16%;参加网络会议投票的股东及股东代理人共 374 名,代表股份 5 150 万股,占公司表决权股份总数的 12.9%。

表决情况为:同意票 6 510 万股,占出席会议有效表决权股份总数 70.69%;反对票 2 653 万股,占出席会议有效表决权股份总数的 28.81%;弃权票 46.1 万股,占出席会议有效表决权股份总数的 0.5%。表决通过。

(三)重整计划批准

2018 年 11 月 26 日,管理人收到了柳州中院送达的(2018)桂 02 破 2 号之五《民事裁定书》,裁定批准重整计划,并终止柳化股份的重整程序。

六、重整计划执行与监督

(一)执行与监督的主体

重整计划由柳化股份负责执行,管理人负责监督。

(二)执行与监督的期限

重整计划的执行期限自重整计划获得柳州中院裁定批准之日起 6 个月。在此期间,柳化股份应当严格依照重整计划的规定清偿债务,并随时支付重整费用及共益债务。

重整计划执行的监督期限与执行期限一致。

（三）执行的措施

1. 偿债资金的分配

每家债权人以现金方式受偿的债权部分，偿债资金原则上以银行转账方式向债权人进行分配，债权人应自柳州中院裁定批准重整计划之日起 10 日内书面提供接受偿债资金的银行账户信息。

债权人自身和/或其关联方原因导致偿债资金不能到账，或账户被冻结、扣划的，产生的法律后果和风险由相关债权人自行承担。债权人可以书面指令将偿债资金支付至债权人指定的、由该债权人所有/控制的账户或其他主体所有/控制的账户内。

债权人指令将偿债资金支付至其他主体的账户的，因该指令导致偿债资金不能到账，以及该指令导致的法律纠纷和风险由相关债权人自行承担。

2. 抵债股票的分配

每家债权人以股票方式受偿的债权部分，抵债股票原则上以非交易过户方式向债权人进行分配，债权人应自柳州中院裁定批准重整计划之日起 30 日内书面提供接受抵债股票的证券账户信息。

债权人自身和/或其关联方原因导致抵债股票不能到账，或账户被冻结、扣划的，产生的法律后果和风险由相关债权人自行承担。债权人可以书面指令将抵债股票划转至债权人指定的、由该债权人所有/控制的账户或其他主体所有/控制的账户内。

债权人指令将抵债股票划转至其他主体的账户的，因该指令导致抵债股票不能到账，以及该指令导致的法律纠纷和风险由相关债权人自行承担。

3. 偿债资金和偿债股份的提存及处理

债权经法院裁定确认的债权人未按照重整计划的规定领受分配的偿债资金和抵债股票的，根据重整计划应向其分配的资金和股票将提存至管理人指定的银行账户和证券账户，提存的偿债资金和股票自重整计划执行完毕之日起满 3 年，因债权人自身原因仍不领取的，视为放弃受领受偿款项的权利，相应提存资金和抵债股票变价款项将用于补充柳化股份流动资金。

已获管理人审查确认但尚未经法院裁定确认的债权，债权金额以法院最终裁定确认的为准，债权人按照重整计划规定的同类债权的清偿条件受领偿债资金和抵债股票。已按照重整计划预留的偿债资金和抵债股票在清偿上述债权后仍有剩余的，剩余的偿债资金和抵债股票变价款项将用于补充柳化股份流动资金。

待确认债权最终未获法院裁定确认的，根据重整计划为其预留的资金和抵债股票变价款项将用于补充流动资金。最终获法院裁定确认的债权金额与债权申报金额有差异的，以法院最终确认的债权金额为准，按照重整计划规定的同类债权的清偿条件受领偿债资金和抵债股票。已按照重整计划预留的偿债资金和抵债股票在清偿上述债权后仍有剩余的，剩余的偿债资金和抵债股票变价款项将用于补充柳化股份流动资金。

对于账面记载未申报债权，自重整计划执行完毕之日起 3 年未主张或虽主张但经审查不成立的,不再清偿,相应预留偿债资金和抵债股票变价款项将用于补充柳化股份流动资金。

4. 重整费用的支付

柳化股份重整费用包括重整案件受理费、管理人报酬、聘请中介机构的费用、财产变价税费、转增股份登记税费、股票过户税费及管理人执行职务的费用等。其中,重整案件受理费、管理人报酬、聘请中介机构的费用由柳化股份及管理人在重整期间和法院裁定批准重整计划后,按重整计划规定或合同约定随时支付。此外,柳化股份财产变价税费、转增股份登记税费及股票过户税费、管理人执行职务的费用等其他重整费用根据重整计划执行实际情况随时支付。

5. 共益债务的清偿

柳化股份重整期间的共益债务,包括但不限于因继续履行合同所产生的债务、继续营业而应支付的劳动报酬和社会保险费用以及由此产生的其他债务,由柳化股份按照相关合同约定随时清偿。融资租赁设备自 2018 年 1 月 31 日起至 2018 年 10 月 31 日止的设备使用费,以及融资租赁设备的快速变现价值作为共益债务全额受偿,融资租赁债权人申报的债权金额扣除共益债务部分后作为普通债权受偿。融资租赁债权按照上述方式受偿后,融资租赁设备属于柳化股份所有。

6. 重整投资人的变更

客观原因导致需要变更重整投资人的,在不变更债权分类、调整和受偿方案的前提下,由管理人在报告债权人委员会,并经柳州中院批准后变更。

7. 对债务人财产限制措施的解除

根据《破产法》第十九条的规定,人民法院受理破产申请后,有关债务人财产的保全措施应当解除。尚未解除对柳化股份财产保全措施的债权人,应当在重整计划获得法院裁定批准后协助办理完毕解除财产保全措施的手续。

为确保柳化股份重整程序结束后能够正常生产经营,各抵押权人/质权人应尽快注销有关抵押/质押登记手续。在柳化股份根据经法院裁定批准的重整计划完成清偿后,有财产担保债权人应解除对担保财产设定的抵押/质押,并就担保财产不再享有优先受偿的权利。未及时办理注销手续的,不影响担保物权的消灭。

因债权人原因未能及时解除对柳化股份财产的限制措施而对公司生产经营造成影响及损失,以致影响公司重整计划执行的,由相关债权人向公司及相关方承担赔偿责任。

七、重整计划顺利实施的预期效果

柳化股份重整计划如能顺利实施:

(1)战略投资人、原股东和债转股债权人共同持有全部股权。柳化股份的法人主体继续存续,证券市场主体资格不变,仍是一家在上交所上市的股份有限公司。元通公司出资成为第一大股东,持股比例预计为 23.56%,债权人对柳化股份的持股比例约为 26.44%。

（2）重整前产生的巨额负债获得妥善安排。重整计划实施完毕后，柳工股份的巨额债务获得清偿，有效化解公司危机，实现各方共赢。

（3）资产业务结构获得优化重组。重整计划批准后，公司将分阶段调整业务结构，实现柳化股份业务转型、升级，与公司未来业务规划方向存在偏离的资产在重整中予以处置，生产经营格局得到优化，持续盈利能力将得到增强。

案例 21　抚顺特钢重整案例解析

　　抚顺特殊钢股份有限公司(以下简称"抚顺特钢"或者"公司")是国防军工、航空航天等高科技领域使用的特殊钢材料的生产研发基地,成立于 1999 年 6 月 7 日,重整前注册资本为 13 亿元。2018 年 6 月 27 日,因 2016 年、2017 年两个会计年度经审计的归属于抚顺特钢股东的净利润连续为负值,2017 年会计年度经审计的期末净资产为负值,抚顺特钢股票被实施退市风险警示,股票名称由"抚顺特钢"变更为"*ST抚钢"。债权人上海东震冶金工程技术有限公司于 2018 年 4 月 8 日申请对公司进行重整。抚顺市中级人民法院(以下简称"抚顺中院")于 2018 年 9 月 20 日裁定受理公司重整,并指定北京市金杜律师事务所担任重整管理人。2018 年 11 月 22 日,抚顺中院裁定批准重整计划。2018 年 12 月 27 日,抚顺中院裁定重整计划执行完毕。

1. 出资人权益调整

　　以抚顺特钢重整前总股本 13 亿股为基数,按照每 10 股转增不超过 5.72 股的比例实施资本公积转增股本,共计转增不超过 7.436 亿股,公司总股本最多增至 20.436 亿股。

　　上述转增股票不向原股东分配,其中,5.9 亿股直接用于抵偿金融类普通债权,不超过 7 360 万股根据债权人的选择直接用于抵偿经营类普通债权;剩余 8 000 万股处置变现,所得价款用于偿付债务和支付有关费用,补充抚顺特钢生产经营所需资金。

2. 债权调整及受偿

1) 有财产担保债权调整及受偿

有财产担保债权在担保财产的评估价值范围内全额保留,10 年内清偿完毕。

2) 普通债权调整及受偿

经营类普通债权以债权人为单位,每家债权人 50 万元以下(含 50 万元)的债权部分,以现金方式一次性全额清偿。超过 50 万元的债权部分,可以选择以下三种清偿方式之一:

(1) 全额保留,7 年内清偿完毕,前 4 年不安排清偿,第 5 至第 7 年分别清偿 30%、

30% 和 40%。

（2）每 100 元普通债权分得约 12.626263 股转增股票，以分得的转增股票抵偿债务，股票的抵债价格按 7.92 元/股计算，该部分普通债权的清偿比例为 100%。

（3）按照 70% 的清偿率一次性现金清偿，剩余未获清偿部分抚顺特钢不再承担清偿责任。

金融类普通债权以债权人为单位，每家债权人 50 万元以下（含 50 万元）的债权部分，以现金方式一次性全额清偿。超过 50 万元的债权部分，将分如下两部分进行清偿：

（1）各家债权人根据债权金额及对抚顺特钢重整的贡献程度保留部分债权，该部分债权由抚顺特钢在 10 年内清偿完毕。

（2）剩余的债权部分，每 100 元普通债权分得约 12.626263 股转增股票，以分得的转增股票抵偿债务，股票的抵债价格按 7.92 元/股计算，该部分普通债权的名义清偿率为 100%。

一、公司基本信息

（一）公司及业务简介

抚顺特钢的注册地为辽宁省抚顺市望花区鞍山路东段 8 号，注册资本为 13 亿元，法定代表人为孙启。根据公司章程，抚顺特钢经营范围为：经营本企业自产产品及技术的出口业务和本企业所需的机械设备、零配件、原辅材料及技术的进口业务（国家限定公司经营或禁止进出口的商品及技术除外）、钢冶炼、压延钢加工、冶金技术服务、工业气体（含液体）制造、销售、设备安装、冶金设备维修和制造、机械加工与铆焊制作、电器维修、钢结构架制造、机电设备技术咨询、钢材销售、窑炉维修。

根据公司重整申请前 2017 年年度报告，公司营业收入为 49.84 亿元，净利润为 −13.38 亿元，毛利率为 13.97%，净利率为 −26.84%。

（二）重整前股权架构图

截至 2018 年 9 月 20 日，抚顺特钢的股本总数为 13 亿股，注册资本为 13 亿元。第一大股东为东北特殊钢集团有限公司责任公司（以下简称"东北特钢集团"），持股比例为 38.22%，实际控制人为辽宁省国资委，如图 21-1 所示。

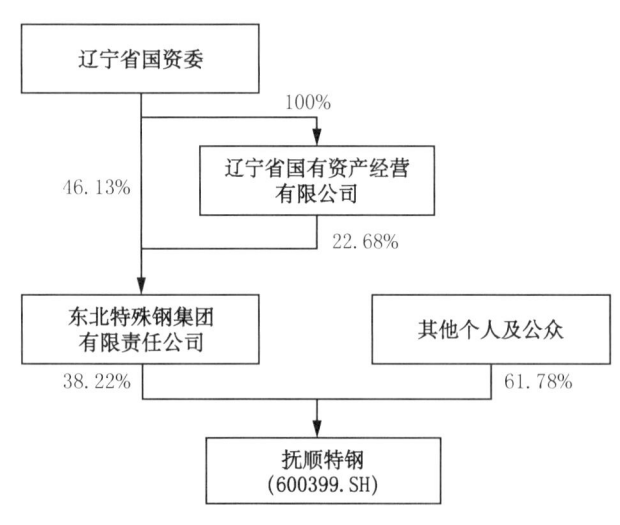

图 21-1 抚顺特钢重整前股权架构图

二、资产负债情况

（一）资产负债情况总览

如表 21-1 所示，根据评估师出具的《偿债能力分析报告》，以重整受理日（即 2018 年 9 月

20 日)为评估基准日,抚顺特钢总资产的账面价值为 75.29 亿元。按照清算价值法进行评估,上述资产清算评估价值为 38.62 亿元,清算价值为账面价值的 51.3%。

表 21-1　抚顺特钢资产负债情况

单位:亿元

资产/债权类型	资产	负债	资产－负债	资产负债率
账面价值/审查确认债权	75.29	83.57	－8.28	111%
评估清算价值/审查确认债权	38.62	83.57	－44.95	216.39%

在债权申报期间,共有 1 000 家债权人向管理人申报债权,申报的债权金额共计 98.07 亿元。其中,申报的有财产担保债权为 6.79 亿元,申报的普通债权为 91.28 亿元。

已申报的债权中,经管理人审查确定并提交债权人会议核查的债权金额为 83.57 亿元。其中,有财产担保债权为 6.79 亿元,普通债权为 76.78 亿元。经管理人调查,抚顺特钢职工债权共计 9.85 万元。

已申报债权中,因涉及诉讼等尚未经管理人审查确定的债权总额为 3.14 亿元,均为普通债权。

未在债权申报期限内申报但抚顺特钢账面记载的债权约 5.05 亿元。

综上,根据抚顺特钢债权申报与审查情况、管理人对职工债权的调查情况以及截至受理日公司财务账簿的记录等,抚顺特钢经管理人初步审查确认的负债约为 83.57 亿元。

(二)债权分类

根据《破产法》对债权分类的规定,结合债权人向抚顺特钢申报债权的实际情况,抚顺特钢债权主要包括有财产担保债权、职工债权、普通债权等。

1. 有财产担保债权

有财产担保债权总额为 6.79 亿元,共 3 家债权人。

2. 职工债权

职工债权总额为 9.85 万元。

3. 普通债权

重整方案中,普通债权组的债权总额包括经管理人审查确定并提交债权人会议核查的债权金额 76.78 亿元及已申报债权中,因涉及诉讼等尚未经管理人审查确定的债权总额为 3.14 亿元,合计约为 79.92 亿元,共 987 家债权人。

债权人具体包括两类:经营类普通债权,债权人共 969 家,债权金额共计 14.91 亿元;金融类普通债权,债权人共 18 家,债权金额共计 65.01 亿元。

4. 其他债权

暂缓确定债权:已申报债权中,因涉及诉讼等尚未经管理人审查确定的债权总额为 3.14 亿元,均为普通债权。

未申报债权:未在债权申报期限内申报但抚顺特钢账面记载的债权约 5.05 亿元。

（三）偿债能力分析

根据评估师出具的《偿债能力分析报告》，如抚顺特钢破产清算，假定其财产均能够按评估价值变现，按照《破产法》规定的清偿顺序，担保财产变现所得优先用于偿还有财产担保债权，担保财产变现所得的剩余部分及其他财产的变现所得在支付破产费用、职工债权后用于向普通债权分配，普通债权受偿率约为 21.22%。

三、重整基本情况

（一）重整背景

2018 年 6 月 27 日，因 2016 年、2017 年两个会计年度经审计的归属于抚顺特钢股东的净利润连续为负值，2017 年经审计的期末净资产为负值，抚顺特钢股票被实施退市风险警示，股票名称由"抚顺特钢"变更为"*ST 抚钢"。

（二）重整申请情况

2018 年 4 月 8 日，抚顺特钢债权人上海东震冶金工程技术有限公司以公司不能清偿到期债务、明显缺乏清偿能力，符合重整条件为由，向抚顺中院申请公司进行重整。

（三）重整受理情况

抚顺中院经审查后认为抚顺特钢符合重整条件，于 2018 年 9 月 20 日依法作出 (2018) 辽 04 破申 1 号《民事裁定书》，裁定受理抚顺特钢重整一案；并于同日作出 (2018) 辽 04 破 3 号《决定书》和 (2018) 辽 04 破 3-1 号《决定书》，指定北京市金杜律师事务所作为管理人。

（四）重整管理模式

债务人自行管理财产和营业事务。

（五）重整大事记

• 2018 年 4 月 8 日，债权人上海东震冶金工程技术有限公司向抚顺中院申请对抚顺特钢进行重整。

• 2018 年 9 月 20 日，抚顺中院裁定受理抚顺特钢重整。

• 2018 年 9 月 20 日，控股股东东北特钢集团为支持公司重整及后续发展，与抚顺特钢签署了《资金赠予协议》，赠予资金不超过人民币 9 亿元。

• 2018 年 10 月 30 日，召开第一次债权人会议。

• 2018 年 11 月 21 日，召开第二次债权人会议，表决通过《抚顺特殊钢股份有限公司重整计划（草案）》。

• 2018 年 11 月 21 日，公司重整出资人组会议表决通过《抚顺特殊钢股份有限公司重整计划（草案）之出资人权益调整方案》。

• 2018 年 11 月 22 日，管理人向抚顺中院提交了裁定批准公司重整计划的申请。

• 2018 年 11 月 22 日，抚顺中院裁定批准重整计划，终止重整程序。

• 2018 年 12 月 27 日，抚顺中院裁定重整计划执行完毕。

四、重整计划主要内容

(一)重整思路概述

如图 21-2 所示,重整计划的主要思路为:

(1)控股股东东北特钢集团向抚顺特钢赠予 9 亿元资金用于补充抚顺特钢的资本公积,确保出资人权益调整方案的实施。

(2)对出资人权益进行调整,在重整前股份基础上进行资本公积转增股本,共计转增不超过 7.436 亿股抚顺特钢 A 股股票。其中,6.636 亿股用于抵偿债权;8 000 万股根据重整计划的规定处置变现,所得价款用于偿付债务和支付有关费用,补充抚顺特钢生产经营所需资金。

(3)在稳定提升产品质量的同时围绕中高端产品市场加大开发力度,深入挖潜,降本节支,提升效益。

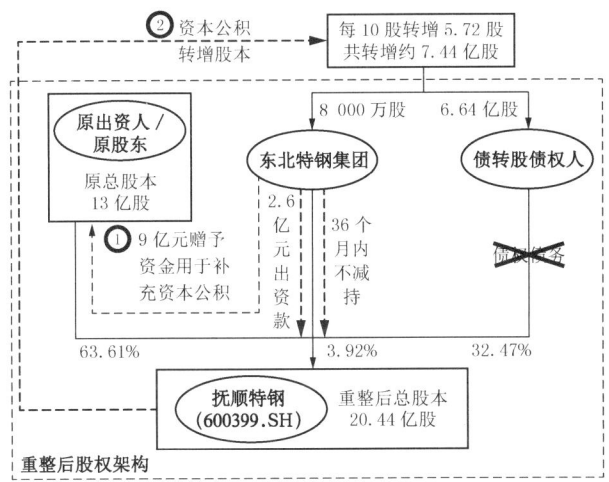

图 21-2　抚顺特钢重整方案示意图

(二)控股股东赠予资金

控股股东东北特钢集团向抚顺特钢赠予资金用以补充抚顺特钢的资本公积金。为支持抚顺特钢重整,2018 年 9 月 20 日,东北特钢集团与抚顺特钢签署了《资金赠予协议》。协议约定东北特钢集团向抚顺特钢赠予资金不超过人民币 9 亿元。首期 3 亿元赠予资金已于 9 月 27 日支付到抚顺特钢的账户。截至 2018 年 9 月 30 日,抚顺特钢财务账面资本公积金余额为 4.63 亿元。东北特钢集团将按照上述协议的约定继续向抚顺特钢赠予资金,确保出资人权益调整方案的实施。

(三)转增股份处置情况

根据重整计划的规定,公司拟竞价处置部分公司资本公积转增股本,用于公司偿付债务、支付有关费用以及补充生产经营所需资金。2018 年 12 月 10 日,管理人确定了 1 位受让方并与其签订《成交确认书》,股票受让情况如表 21-2 所示。

表 21-2 抚顺特钢股票受让情况

受让方名称	申购价格 （元/股）	成交股票数量 （万股）	总成交额 （亿元）
东北特殊钢集团股份有限公司	3.24	8 000	2.592

该 8 000 万股股票的受让方需同时满足以下条件:须以特殊钢产品的生产和加工为主营业务,并具备 10 年以上的特殊钢行业经验,与抚顺特钢在产品结构、产业定位等方面具有协同效应的优先考虑;应承诺在处置程序中受让的转增股票自登记至其名下之日起 36 个月内不减持;应当符合监管机构要求的其他条件。

（四）出资人权益调整方案

以抚顺特钢重整前 A 股总股本为基数,按每 10 股转增不超过 5.72 股的比例实施资本公积转增股本,共计转增不超过 7.436 亿股抚顺特钢 A 股股票,抚顺特钢的总股本将由 13 亿股最多增至 20.436 亿股。

上述转增股票不向原股东分配。其中,5.9 亿股根据重整计划的规定直接用于抵偿金融类普通债权;不超过 7 360 万股根据重整计划的规定及债权人的选择直接用于抵偿经营类普通债权;8 000 万股根据重整计划的规定处置变现,所得价款用于偿付债务和支付有关费用,补充抚顺特钢生产经营所需资金。

（五）债权调整及受偿方案

1. 有财产担保债权调整及受偿

有财产担保债权人共 3 家,确认债权金额共计 6.79 亿元,在对应的担保财产评估价值范围内全额保留,由抚顺特钢 10 年内清偿完毕。前 5 年只付息不还本,从第 6 年起每年清偿本金中的 20%,直至清偿完毕;清偿期间由抚顺特钢按照 2.8% 的年利率支付利息,清偿期间从重整计划执行完毕之日的次月 1 日起算,每个自然季度最后 1 个月的第 20 日支付本季度产生的利息。上述债权在清偿期间仍然由抚顺特钢以对应的担保财产提供抵押、质押担保。上述债权中原由东北特钢集团提供保证担保的,继续由东北特钢集团提供保证担保。

2. 职工债权调整及受偿

职工债权总额为 9.85 万元,由抚顺特钢在重整计划执行期限内以现金方式清偿完毕。

3. 普通债权调整及受偿

普通债权组的债权总额为 79.92 亿元,共计 987 家债权人。其具体包括两类:经营类普通债权,债权人共 969 家,债权金额共计 14.91 亿元;金融类普通债权,债权人共 18 家,债权金额共计 65.01 亿元。重整计划对普通债权的清偿方案如下。

1）经营类普通债权

经营类普通债权以债权人为单位,每家债权人 50 万元以下（含 50 万元）的债权部分,以现金方式一次性全额清偿,由抚顺特钢在重整计划执行期限内清偿完毕。超过 50 万元的债权部分,经营类普通债权人可以选择以下三种清偿方式之一:

(1) 全额保留,由抚顺特钢在 7 年内清偿完毕,清偿期间从重整计划执行完毕之日的次月 1 日起算,清偿期间起算日所在年份为第一年,前 4 年不安排清偿,从第五年起至第七年,由抚顺特钢在每年的 12 月 31 日前分别清偿 30%、30% 和 40%,清偿期间不计收利息。

(2) 按照 7.92 元/股的抵债价格获得相应数量的转增股票,即每 100 元普通债权分得约 12.626263 股转增股票。

(3) 按照 70% 的清偿率一次性现金清偿,由抚顺特钢在重整计划执行期限内以现金方式清偿完毕,剩余未获清偿的部分依法豁免,抚顺特钢不再承担清偿责任。

2) 金融类普通债权

金融类普通债权以债权人为单位,每家债权人 50 万元以下(含 50 万元)的债权部分,以现金方式一次性全额清偿,由抚顺特钢在重整计划执行期限内清偿完毕。金融类普通债权人每家超过 50 万元的债权部分共计 64.92 亿元,将分如下两部分进行清偿:

(1) 超过 50 万元的债权部分中的 18.21 亿元债权将全额保留,由抚顺特钢在 10 年内清偿完毕,具体安排包括以下两部分:每家债权人 50 万元以上的债权部分,统一按照每 7.911617 元债权保留 1 元债权的比例共计保留 8.21 亿元债权;为支持抚顺特钢重整,金融机构需向东北特钢集团、锦程沙洲提供共计 10 亿元贷款支持,对于提供贷款支持的债权人按照每提供 1 元贷款保留 1 元债权的比例共计保留 10 亿元债权。

上述共计保留的 18.21 亿元债权,由抚顺特钢在 10 年内清偿完毕。前 5 年只付息不还本,从第 6 年起每年清偿本金中的 20%,直至清偿完毕;在清偿期间,由抚顺特钢按照 2.8% 的年利率支付利息,清偿期间从重整计划执行完毕之日的次月 1 日起算,每个自然季度最后 1 个月的第 20 日支付本季度产生的利息。上述债权在清偿期间由东北特钢集团提供保证担保。

(2) 超过 50 万元的债权部分中剩余的 46.71 亿元普通债权,每 100 元普通债权分得 12.626263 股转增股票,以分得的转增股票抵偿债务,股票的抵债价格按 7.92 元/股计算,该部分普通债权的清偿比例为 100%。

4. 暂未确认债权的处理

对于已申报债权中因涉及诉讼等导致管理人尚未审查确定的债权,根据重整计划的规定按照申报金额为其预留偿债资金及股票,待其债权获得最终确认后,依法对其进行清偿。

5. 未申报债权的处理

未依照《破产法》规定申报但抚顺特钢账面记载的债权,在重整计划执行期间不得行使权利;在重整计划执行完毕后,债权人可以按照重整计划规定的同类债权的清偿条件向抚顺特钢主张权利。其中,经营类普通债权 50 万元以上(不含 50 万元)的债权部分统一按照 70% 的清偿率进行一次性现金清偿。金融类普通债权 50 万元以上(不含 50 万元)的债权部分,除按照每 7.911617 元债权保留 1 元债权的比例保留部分债权由抚顺特钢按照重整计划的规定清偿外,剩余部分由抚顺特钢以现金方式进行清偿,所应清偿的现金金额=根据重整计划规定应分得的股票数量×2.38 元/股。

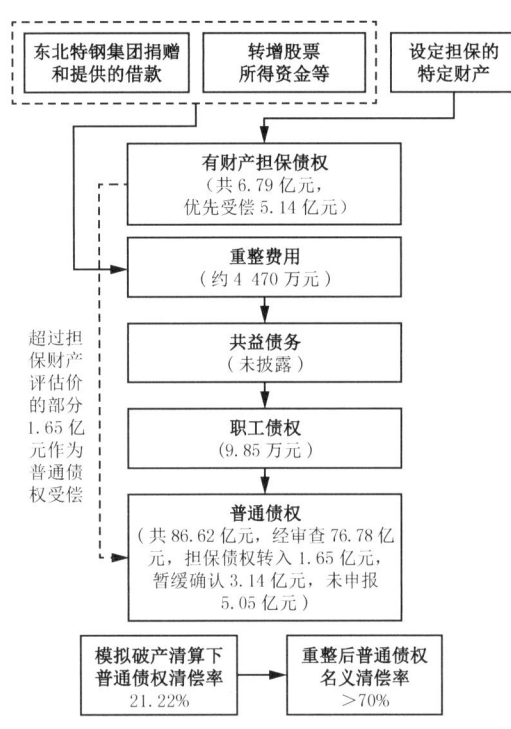

图 21-3　抚顺特钢债务清偿顺序示意图

6. 债务清偿顺序

模拟破产清算下普通债权清偿率通过假定公司在破产清算条件下的偿债能力分析得到,主要来源于公司披露的《偿债能力分析报告》。而重组后清偿率是假定公司在重整条件下的名义清偿率。由图 21-3 可以看出,重整后的债权清偿率情况,比清算状态下的清偿率有一定提升。

重整计划草案披露的偿债方案显示:

(1)普通债权人 50 万元以下(含 50 万元)的债权部分以现金方式全额清偿。

(2)经营类普通债权超过 50 万元的部分,可选择全额保留、以资本公积转增股本按照 7.92 元/股的抵债价格进行股票清偿、按照 70%的清偿率一次性现金清偿三种方式之一进行清偿。

(3)金融类普通债权超过 50 万元的部分全额保留。

因此,重整后普通债权的名义清偿率至少大于 70%。

(六)未来经营方案

按照东北特钢集团的整体发展规划和抚顺特钢的自身实际情况,抚顺特钢的发展将定位为"特钢更特",紧紧围绕"品种、质量、效率、效益",坚持发展以高温合金、高强钢、高档工模具钢、特种不锈钢(以下简称"三高一特")为代表的优势特钢品种,在稳定提升产品质量的同时围绕中高端产品市场加大开发力度,深入挖潜,降本节支,提升效益。具体而言,东北特钢集团将主要从以下四个方面着手改善抚顺特钢的持续盈利能力。

(1)在"吃饱开足"的基础上进一步释放产能、降低成本。2017 年,抚顺特钢钢产量 62 万吨,钢材产量 51 万吨。由于市场开发、成本等方面因素影响,部分产线未真正实现"吃饱开足",产能还有待进一步释放。未来 3~5 年,抚顺特钢将在"吃饱开足"的基础上,通过加大技改投入、释放产能等方式实现产量翻番,降低吨钢成本。

(2)优化品种结构,实现品种升级,增强市场话语权。抚顺特钢将紧紧围绕"三高一特"核心品种,进一步提升产品的国际市场竞争力,巩固在航空航天、高端模具、清洁能源等领域的国内市场占有率领先优势地位;提高替代进口比例,打造世界级特殊钢精品材制造中心,形成"高性能、高精度、高效率"服务模式,成为全球航空航天、能源装备、模具工具、交通运输、舰艇兵器、石油化工、节能环保、工程机械等八大领域具有国际重大影响力的特种合金（超合金、钛合金）和特殊钢原材料供应商，进一步增强市场话语权。

（3）加强人才队伍建设、延长产业链，提高人均产钢量。截至 2017 年底，抚顺特钢所有员工共计 10 119 人（含劳务、退养），其中从业人员 9 632 人。公司将通过加强人才队伍建设、延长产业链等方式提高人均产钢量，进一步提升抚顺特钢的持续盈利能力。

（4）优化完善法人治理结构。在重整计划执行完毕之后，金融机构将持有抚顺特钢股票而成为抚顺特钢股东。抚顺特钢将继续优化完善法人治理结构，与金融机构建立稳定的沟通机制，使抚顺特钢的法人治理结构更加规范，具体措施为：与金融机构建立稳定的沟通机制；金融机构股东享有按法律规定的董事（含独立董事）或监事提名权；听取金融机构股东的合理建议或意见，切实保障金融机构股东与广大中小股东的合法权益。

五、重整计划表决与批准

（一）债权人会议表决

公司第二次债权人会议于 2018 年 11 月 21 日上午 9 时 30 分通过全国企业破产重整案件信息网召开，由有财产担保债权组、职工债权组和普通债权组对《抚顺特殊钢股份有限公司重整计划（草案）》进行了分组表决。

1. 有财产担保债权组

有财产担保债权组共有 3 家出席会议。其中，同意的债权人共计 2 家，超过本组出席会议债权人的半数；代表债权金额 4.79 亿元，占有财产担保债权总额的比例为 70.43%，超过该组债权总额的 2/3。表决通过。

2. 职工债权组

职工债权组已表决通，同意人数和金额均为 100%。

3. 普通债权组

普通债权组共有 968 家出席会议。其中，同意的债权人共计 951 家，超过本组出席会议债权人的半数；代表债权金额 61.62 亿元，占普通债权总额的比例为 77.5%，超过该组债权总额的 2/3。表决通过。

（二）出资人组会议表决

2018 年 11 月 21 日 14 时 30 分，公司重整出资人组会议在抚顺中院召开，并对《抚顺特殊钢股份有限公司重整计划（草案）之出资人权益调整方案》进行表决。表决方式为现场表决与网络投票相结合。

出席出资人组会议的股东或其代理人共计 262 人，出席会议的股东所持表决权的股份总数为 5.72 亿股。出席会议的股东所持表决权股份数占公司有表决权股份总数比例为 43.9753%。

表决情况为：同意票 5.71 亿股，占出席会议的有表决权股东（包括股东代理人）所持表决权的 99.9219%；反对票 408 478 股，占出席会议的有表决权股东（包括股东代理人）所持表决权的 0.0714%;弃权票 37 900 股,占出席会议的有表决权股东(包括股东代理人)所持表决权的 0.0067%。表决通过。

(三) 重整计划批准

2018 年 11 月 22 日,公司收到抚顺中院(2018)辽 04 破 3-1 号《民事裁定书》。抚顺中院裁定批准重整计划,并终止公司重整程序。

六、重整计划执行与监督

(一) 执行与监督的主体

重整计划由抚顺特钢负责执行,管理人负责监督。

(二) 执行与监督的期限

重整计划的执行期限自重整计划获得抚顺中院裁定批准之日起计算,抚顺特钢应当于 2018 年 12 月 31 日前执行完毕重整计划。在此期间内,抚顺特钢应当严格依照重整计划的规定清偿债务,并随时支付重整费用及共益债务。

重整计划执行的监督期限与执行期限一致。

(三) 执行的措施

1. 经营类普通债权人选择权的行使

《债权清偿方式选择告知书》已于 2018 年 11 月 5 日通过邮政特快专递方式向各债权人邮寄,经营类普通债权人需在 11 月 15 日前作出选择并将《债权清偿方式选择告知书》提交管理人;逾期未提交的,视为选择按照 70%的清偿率接受一次性现金清偿。经营类普通债权人的清偿方式选择结果最终以管理人确认的结果为准。

2. 偿债资金和抵债股票的分配

每家债权人以现金方式清偿的债权部分,偿债资金原则上以银行转账方式向债权人进行分配,债权人应在管理人规定的时间内,按照管理人指定格式书面提供领受偿债资金的银行账户信息。

每家债权人以股票抵偿的债权部分,在重整计划执行期限内以资本公积转增的 A 股股票进行分配。债权人应在管理人规定的时间内,按照管理人指定格式书面提供领受分配股票的证券账户信息。

3. 偿债资金和抵债股票的提存及处理

债权经抚顺中院裁定确认后的债权人未按照重整计划的规定领受分配的偿债资金和抵债股票的,根据重整计划应向其分配的资金和股票将提存至管理人指定的银行账户和证券账户,提存的偿债资金及股票自重整计划执行完毕公告之日起满 3 年,因债权人自身原因仍不领取的,视为放弃领受清偿款项的权利。已提存的偿债资金将归还抚顺特钢用于补充流动资金,已提存的抵债股票由抚顺特钢依法处置变现后补充流动资金。

对于已申报债权中经管理人审查确定并已提交第一次债权人会议核查及拟提交第二次债权人会议核查的债权,根据重整计划的规定为其预留偿债资金及股票,待其债权获得抚顺中院裁定确认后,依法对其进行清偿。如果上述债权最终未获得抚顺中院裁定确认,根据重整计划规定为其预留的资金将归还抚顺特钢用于补充流动资金,已提存的抵债股票由抚顺特钢依法处骆变现后补充流动资金。

对于已申报债权中因涉及诉讼等导致管理人尚未审查确定的债权,根据重整计划的规定按照申报金额为其预留偿债资金及股票,待其债权获得最终确认后,依法对其进行清偿。如果上述债权最终未获得确认或按照确认金额清偿后仍有剩余的,剩余的偿债资金将归还抚顺特钢用于补充流动资金,已提存的抵债股票由抚顺特钢依法处置变现后补充流动资金。

4. 未申报债权的受偿方案

未依照《破产法》规定申报但抚顺特钢账面记载的债权,在重整计划执行期间不得行使权利;在重整计划执行完毕后,债权人可以按照重整计划规定的同类债权的清偿条件向抚顺特钢主张权利。其中,经营类普通债权 50 万元以上(不含 50 万元)的债权部分统一按照 70% 的清偿率进行一次性现金清偿。金融类普通债权 50 万元以上(不含 50 万元)的债权部分,除按照每 7.911617 元债权保留 1 元债权的比例保留部分债权由抚顺特钢按照重整计划的规定清偿外,剩余部分由抚顺特钢以现金方式进行清偿,所应清偿的现金金额＝根据重整计划规定应分得的股票数量×2.38 元/股。

5. 经管理人审查不予以确认的债权的受偿方案

已申报债权中,部分债权经管理人审查后不予确认,相关债权人通过诉讼等方式主张权利的,如相关债权最终获得确认,债权人可以按照重整计划规定的同类债权的清偿条件向抚顺特钢主张权利。其中,经营类普通债权 50 万元以上(不含 50 万元)的债权部分统一按照 70% 的清偿率进行一次性现金清偿。金融类普通债权 50 万元以上(不含 50 万元)的债权部分,除按照每 7.911617 元债权保留 1 元债权的比例保留部分债权由抚顺特钢按照重整计划的规定清偿外,剩余部分由抚顺特钢以现金方式进行清偿,所应清偿的现金金额＝根据重整计划规定应分得的股票数量×2.38 元/股。

6. 重整费用的支付

抚顺特钢重整费用包括案件受理费、管理人报酬、管理人聘请中介机构的费用、管理人执行职务的费用、转增股票登记(过户)产生的税费及抚顺特钢聘请中介机构发生的费用等,根据重整计划执行的实际情况及相关协议的约定由抚顺特钢进行支付。

7. 共益债务的清偿

抚顺特钢重整期间的共益债务,包括但不限于因继续履行合同所产生的债务、继续营业而应支付的劳动报酬和社会保险费用以及由此产生的其他债务,由抚顺特钢按照相关合同约定随时清偿。

8. 财产保全措施的解除

根据《破产法》第十九条的规定,人民法院受理破产申请后,有关债务人财产的保全措施应当解除。尚未解除对抚顺特钢财产保全措施的债权人,应当在重整计划获得抚顺中院裁定批准后协助办理解除财产保全措施的手续。

9. 票据的返还

对于持有抚顺特钢开具的商业承兑汇票的债权人向抚顺特钢主张债权的，抚顺特钢根据重整计划规定在向债权人履行清偿义务前，债权人应向抚顺特钢返还票据原件。

七、重整计划顺利实施的预期效果

抚顺特钢重整计划如能顺利实施：

（1）原股东、部分普通债权人和投资者共同持有抚顺特钢全部股权。抚顺特钢的法人主体资格继续存续，证券市场主体资格不变，仍为一家在上交所上市的股份有限公司。

（2）重整前产生的巨额负债获得妥善安排。重整计划实施完毕后，抚顺特钢的巨额债务获得清偿，有效化解地区金融风险，实现各方共赢。

（3）资产业务结构获得优化重组。抚顺特钢重整完成后，其资产负债结构将得到优化，财务状况得以改善。同时，抚顺特钢将继续做大做强原有的特殊钢业务，并将重新优化生产经营格局，提升经营效率和持续盈利能力。重整计划项下抚顺特钢广大中小投资者所持有的抚顺特钢股票绝对数量不会减少，且抚顺特钢的资产质量将发生较大变化，并逐步恢复持续经营能力和盈利能力。因此，全体投资者所持有的抚顺特钢股票的实际价值将得以提升，广大中小投资者的合法权益也将得到更高程度的保护。

案例 22　泸天化股份重整案例解析

背景

四川泸天化股份有限公司(以下简称"泸天化股份"或"公司")主营业务为生产和销售各类化肥、化工产品,成立于 1999 年 4 月 29 日,重整前注册资本为 5.85 亿元。自 2013 年以来,受国内宏观经济增速放缓、行业产能过剩等因素影响,泸天化股份面临严峻的生产经营形势。一方面,化肥行业产能严重过剩,市场低迷不振;另一方面,公司的债务负担过于沉重,导致资金链紧张,严重影响了正常的生产经营。债权人泸州天浩塑料制品有限公司于 2017 年 6 月 5 日申请对公司进行重整。四川省泸州市中级人民法院(以下简称"泸州中院")于 2017 年 12 月 13 日裁定受理公司重整,并指定北京金杜(成都)律师事务所担任重整管理人。2018 年 7 月 2 日,泸州中院裁定批准重整计划。2018 年 12 月 28 日,泸州中院裁定泸天化股份重整计划执行完毕。2019 年 3 月,四川省高级人民法院公布四川省服务大局八大典型案例,泸天化系列重整案成功入选。

方案要点

1. 出资人权益调整

以泸天化股份重整前总股本 5.85 亿股为基数,按照每 10 股转增 16.803419 股的比例转增 9.83 亿股,公司总股本扩大至 15.68 亿股。

上述转增股票中,约 2.75 亿股将分配给泸天化股份的债权人用于清偿债务;不超过 2.19 亿股将提供给全资子公司宁夏和宁化学有限公司(以下简称"和宁化学")的债权人以清偿债务;约 4.7 亿股由重整投资人有条件受让;剩余 1 900 万股公开处置变现后用于改善公司持续经营能力等。

2. 债权调整及受偿

1) 普通债权调整及受偿

普通债权以债权人为单位,每家债权人 10 万元以下(含 10 万元)的债权部分,由泸天化股份以现金方式一次性清偿完毕,超过 10 万元的部分分为金融类普通债权人和非金融类普通债权人清偿。

每家金融类普通债权人每 100 元普通债权分得约 11.24859393 股上市公司股票,股票的抵债价格为 8.89 元/股,该部分债权的清偿比例为 100%。

每家非金融类普通债权人可选择如下一种方式获得清偿:

(1) 每 100 元普通债权分得约 11.24859393 股上市公司股票,股票的抵债价格为 8.89 元/股,该部分债权的清偿比例为 100%。

(2) 在重整计划获得法院裁定批准之日起 6 个月内,由泸天化股份以现金方式一次性清偿该部分债权的 60%,剩余未获清偿部分依法豁免,泸天化股份不再承担清偿责任。

3. 引入重整投资人

由泸天化(集团)有限责任公司(以下简称"泸天化集团")、江苏天华富邦科技有限公司(以下简称"江苏富邦")及四川天毛科技有限公司(以下简称"天毛公司")三家公司组成的联合投标人为公司重整投资人。

重整投资人共投入 16.45 亿资金,受让 4.7 亿股,中标价格为 3.5 元/股,所筹集的资金将主要用于支持上市公司做好原有主营业务的持续经营、实施产业转型升级方案、购买有盈利能力与发展前景的优质经营性资产及实施产业整合并购,并将依法用于支付执行重整计划所需要发生的各项费用和依法清偿应当以现金方式清偿的债务。同时,重整投资人应承诺泸天化股份 2018—2020 年经审计的合并财务报表的净利润分别不低于人民币 3.1 亿元、3.4 亿元、3.5 亿元,或 2018—2020 三年的合并财务报表的净利润合计达到 10 亿元。若泸天化股份三年合计净利润未达到 10 亿元,则由重整投资人以现金方式向上市公司补足(2018 年和 2019 年经审计的合并财务报表的净利润分别为 3.5 亿元和 2.81 亿元)。

一、公司基本信息

(一)公司及业务简介

泸天化股份前身为始建于 1959 年的四川省泸州天然气化工厂。经四川省人民政府批准,泸天化集团作为独家发起人,将其部分生产经营性资产作为出资,并采用募集方式于 1999 年 4 月 29 日设立了泸天化股份。1999 年 6 月 3 日,公司在深交所挂牌上市,股票代码为 000912。

公司主营业务为生产和销售各类化肥、化工产品,公司的产品主要包括尿素、复合肥等化肥类产品,液氨、甲醇、二甲醚、稀硝酸系列、浓硝酸、液体硝酸铵,以及四氧化二氮等化工类产品。

根据公司重整申请前 2016 年年度报告,公司营业收入为 30.59 亿元,净亏损为 6.38 亿元,毛利率为 2.06%,净利率为 -20.85%。

(二)重整前股权架构图

截至 2017 年 12 月 13 日,泸天化股份的股本总数为 5.85 亿股。第一大股东为泸天化集团,持股比例为 34.72%,实际控制人为泸州市国资委,如图 22-1 所示。

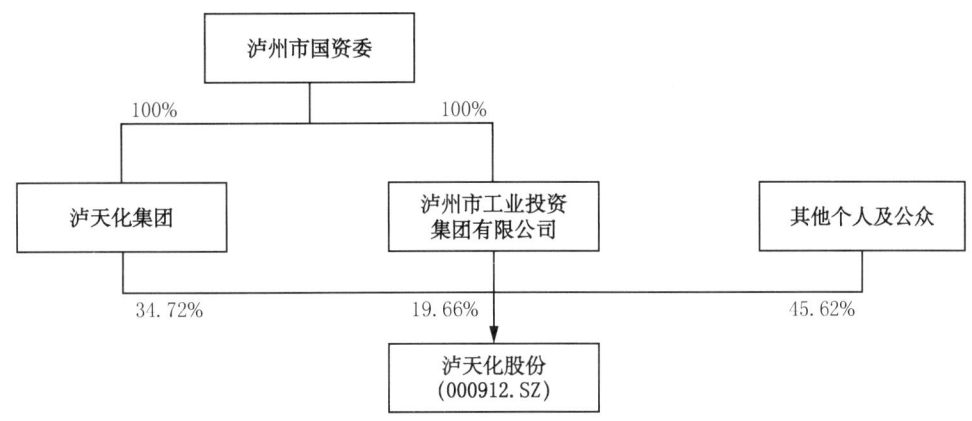

图 22-1　泸天化股份重整前股权架构图

二、资产负债情况

(一) 资产负债情况总览

如表 22-1 所示,截至 2017 年 12 月 13 日,泸天化股份总资产的账面价值为 23.41 亿元。根据评估机构出具的《资产评估报告》,以 2017 年 12 月 13 日为评估基准日,泸天化股份重整前全部资产清算评估价值为 8.05 亿元,清算价值为账面价值的 34.39%。

表 22-1　泸天化股份资产负债情况

单位:亿元

资产/债权类型	资产	负债	资产一负债	资产负债率
账面价值/审查确认债权	23.41	26.66	−3.25	113.88%
评估清算价值/审查确认债权	8.05	26.66	−18.61	331.18%

截至 2018 年 6 月 11 日,共有 137 家债权人向管理人申报债权,申报债权总金额 35.3 亿元,均为普通债权。

经第一次债权人会议核查并已由泸州中院裁定确认的债权共计 116 笔,裁定确认债权总额为 24.92 亿元;已经管理人初步审查确定,但尚未经债权人会议核查及泸州中院裁定确认的债权共计 12 笔,债权总额为 1.08 亿元,债权性质均为普通债权。

经管理人调查,泸天化股份的职工债权总额约为 6 566.62 万元,涉及职工 1 552 名。

经管理人审查,共有 3 笔债权,共计 5.13 亿元债权不予确认。

暂缓确认的普通债权 7 家,涉及金额为 3.68 亿元,未在债权申报期限内申报但可能受法律保护的债权尚有约 2.18 亿元。

综上,根据泸天化股份债权申报与审查情况、管理人对职工债权的调查情况以及截至受理日公司财务账簿的记录等,泸天化股份经管理人初步审查确认的负债约为 26.66 亿元。

（二）债权分类

根据《破产法》的规定及债权审查情况，泸天化股份债权主要包括职工债权和普通债权等。

1. 职工债权

经管理人调查，泸天化股份的职工债权总额约为 6 566.62 万元，涉及职工 1 552 名。

2. 普通债权

经管理人审查，泸天化股份普通债权总额约为 26 亿元，涉及 127 家债权人，包括确认债权 24.92 亿元、初步审查确定的债权 1.08 亿元。

3. 其他债权

暂缓确定债权：根据债权申报情况，共有 7 家债权人申报的 3.68 亿元普通债权因需进一步补充证据材料等，暂无法确定其债权具体金额，债权性质均为普通债权。

未申报债权：根据截至基准日的泸天化股份财务账簿的记载及公司说明，未在债权申报期限内申报但可能受法律保护的债权尚有约 2.18 亿元。

（三）偿债能力分析

根据评估机构出具的《偿债能力分析报告》，在假定破产清算条件下，截至评估基准日，泸天化股份如实施破产清算，假定全部有效资产能够按评估价值变现，按照《破产法》规定的清偿顺序，资产变现所得在依次支付破产费用及共益债务、职工债权后，剩余可供向普通债权人进行分配，普通债权所能获得的清偿比例为 1.36%（具体数据以《偿债能力分析报告》为准）。

三、重整基本情况

（一）重整背景

自 2013 年以来，受国内宏观经济增速放缓、行业产能过剩等因素影响，泸天化股份面临严峻的生产经营形势。一方面，化肥行业产能严重过剩，市场低迷不振；另一方面，公司的债务负担过于沉重，导致资金链紧张，严重影响了正常的生产经营。虽然公司积极采取了全面的内部改革及脱困措施，但仍不能彻底摆脱公司的经营困境和债务危机。

（二）重整申请情况

2017 年 6 月 5 日，泸天化股份债权人泸州天浩塑料制品有限公司以债务人不能清偿到期债务，且有明显丧失偿债能力的可能，向泸州中院申请对泸天化股份实施重整。法院经审查后，于 2017 年 12 月 13 日作出（2017）川 05 破 3 号《民事裁定书》，裁定受理债权人对泸天化股份提出的重整申请。

（三）重整受理情况

2017 年 12 月 13 日，泸州中院裁定受理泸天化股份重整申请。2017 年 12 月 20 日，泸州中院作出（2017）川 05 破 3 号《决定书》，指定北京金杜（成都）律师事务所担任泸天化股份管理人。

(四) 重整管理模式

管理人管理财产和营业事务。

(五) 重整大事记

- 2017 年 6 月 5 日,债权人泸州天浩塑料制品有限公司向泸州中院申请对公司进行重整。
- 2017 年 12 月 13 日,泸州中院裁定受理泸天化股份重整申请。
- 2017 年 12 月 20 日,泸州中院指定北京金杜(成都)律师事务所担任泸天化股份管理人。
- 2018 年 2 月 6 日,在泸州中院的主持下,召开第一次债权人会议。
- 2018 年 6 月 28 日,公司出资人组会议表决通过了《四川泸天化股份有限公司重整计划(草案)之出资人权益调整方案》,第二次债权人会议表决通过重整计划。
- 2018 年 6 月 29 日,管理人向泸州中院提交了裁定批准公司重整计划的申请。
- 2018 年 7 月 2 日,泸州中院裁定批准重整计划。
- 2018 年 9 月 26 日,公司重整投资人评选会确定泸天化集团、江苏富邦及天竺公司三家公司组成的联合投标人为公司重整投资人。
- 2018 年 12 月 28 日,泸州中院裁定泸天化股份重整计划执行完毕。

四、重整计划主要内容

(一) 重整思路概述

如图 22-2 所示,重整计划的主要思路为:

(1) 对出资人权益进行调整,在重整前股份基础上进行资本公积转增股本,共计转增 9.83 亿股。其中,4.7 亿股由重整投资人以 16.45 亿元对价受让;2.75 亿股用于泸天化股份抵偿债权;2.19 亿股将提供给和宁化学的债权人以清偿债务;1 900 万股公开处置变现后用于改善公司持续经营能力等。

(2) 泸天化股份将以重整为契机,继续对公司实施市场化改革,推动改革脱困和转型升级工作,进一步做优做强化肥、化工主营业务,同时不断培育新的业务增长点。

(二) 投资人及投资方案

2018 年 9 月 10 日,公司发布《关于以公开招标方式遴选重整投资人的公告》和《四川泸天化股份有限公司重整案重整投资人遴选招标文件》。

2018 年 9 月 26 日,在泸州中院的监督下,公司重整案重整投资人评标委员会确定泸天化集团、江苏富邦、天竺公司三家公司组成的联合投标人为公司重整投资人。其中,泸天化集团为主投标人,江苏富邦、天竺公司为附属投标人。

泸天化集团是集化肥、精细化工的生产销售,科研设计、建筑安装、交通运输为一体的大型企业,总部位于四川省泸州市市中区,集团公司总资产为 210 亿元。泸天化集团公司始创于 1959 年。经过 50 多年的发展,泸天化集团目前旗下拥有泸天化股份、四川天华股份有限公司、四川煤气化有限公司、和宁化学、四川省古叙煤田开发股份有限公司等分、子公司 40 余家,拥有国家级技术中心、大数据中心、营销中心和博士后科研工作站。

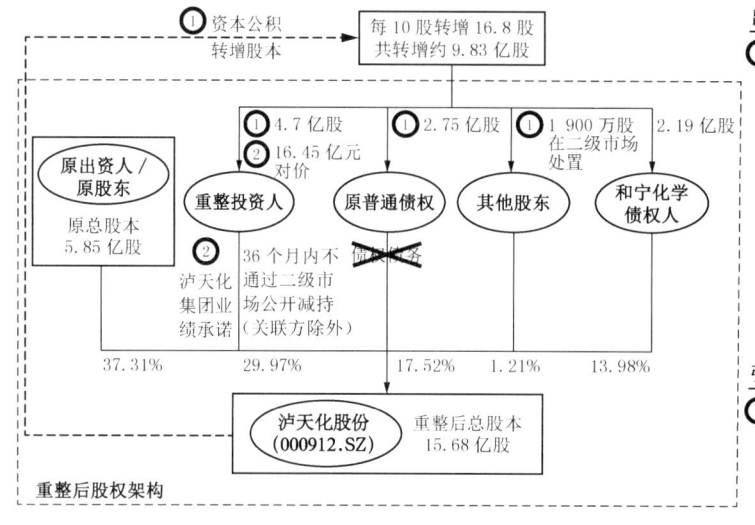

出资人权益调整方案

① 以泸天化股份重整前总股本 5.85 亿股为基数,按照每 **10 股转增约 16.8 股**的比例,**转增合计约 9.83 亿股**,总股本扩大至 15.68 亿股。转增股票中:

4.7 亿股由重整投资人受让,占转增后总股本的 29.97%;

2.75 亿股分配给债权人,占转增后总股本的 17.52%;

2.19 亿股(不超过该金额)向和宁化学的债权人分配,用于清偿债务,占转增后总股本的 13.98%;

1 900 万股公开处置变现后用于改善公司持续经营能力。

引进投资人

② 重整投资人有条件受让 4.7 亿股、价格为 3.5 元/股,共需投入 16.45 亿元资金。

同时,重整投资人应承诺泸天化股份 2018 年、2019 年、2020 年经审计的合并财务报表的净利润分别不低于人民币 3.1 亿元、3.4 亿元、3.5 亿元,或 2018 年、2019 年、2020 三年的合并财务报表的净利润合计达到 10 亿元。

图 22-2　泸天化股份重整方案示意图

重整投资人共投入 16.45 亿资金,受让 4.7 亿股,中标价格为 3.5 元/股,所筹集的资金将主要用于支持上市公司做好原有主营业务的持续经营、实施产业转型升级方案、购买有盈利能力与发展前景的优质经营性资产及实施产业整合并购,并将依法用于支付执行重整计划所需要发生的各项费用和依法清偿应当以现金方式清偿的债务。同时,重整投资人应承诺泸天化股份 2018—2020 年经审计的合并财务报表的净利润分别不低于人民币 3.1 亿元、3.4 亿元、3.5 亿元,或 2018—2020 年三年的合并财务报表的净利润累计达到 10 亿元。若重整投资人三年合计净利润未达到 10 亿元,由泸天化集团以现金方式向上市公司补足(2018 年和 2019 年,经审计的合并财务报表的净利润分别为 3.5 亿元和 2.81 亿元)。

(三)出资人权益调整方案

以泸天化股份截至法院受理日总股本 5.85 亿股为基数,按照每 10 股转增 16.803419 股的比例转增合计约 9.83 亿股,总股本扩大至 15.68 亿股。转增股票中,约 2.75 亿股将分配给泸天化股份的债权人用于清偿债务;不超过 2.19 亿股将提供给和宁化学的债权人以清偿债务(彻底化解和宁化学的债务风险,保全经营性资产,大幅度降低资产负债率并彻底恢复其持续盈利能力);4.7 亿股由重整投资人有条件受让;1 900 万股公开处置变现后用于改善公司持续经营能力等。

(四)债权调整及受偿方案

1. 职工债权调整及受偿

经管理人调查,泸天化股份职工债权总额为 6 566.62 万元。其中,所欠应当划入职工个人账户的基本保险费用为 2 066 万元,涉及职工 1 552 人。职工债权不作调整,将由泸天化股份在重整计划获得法院裁定批准之日起 6 个月内依法以现金方式全额清偿。

2. 普通债权调整及受偿

清偿方案中,泸天化股份普通债权总额为 29.68 亿元,包括确认债权 24.92 亿元、初步审查确定的债权 1.08 亿元、其他债权中已申报但尚未经管理人审查确定的普通债权 3.68 亿元。

普通债权以债权人为单位,每家债权人 10 万元以下(含 10 万元)的部分,由泸天化股份在重整计划获得法院裁定批准之日起 6 个月内依法以现金方式一次性清偿完毕。

超过 10 万元的部分,分以下几种情形进行清偿:

(1)金融类普通债权。每家金融类普通债权人每 100 元普通债权分得约 11.24859393 股 A 股上市公司股票,股票的抵债价格为 8.89 元/股,该部分债权的清偿比例为 100%。

(2)非金融类普通债权。债权人可以在以下两种方式中选择一种获得清偿:①每家非金融类普通债权人每 100 元普通债权分得约 11.24859393 股 A 股上市公司股票,股票的抵债价格为 8.89 元/股,该部分债权的清偿比例为 100%;②在重整计划获得法院裁定批准之日起 6 个月内,由泸天化股份以现金方式一次性清偿该部分债权的 60%,非金融类普通债权人按照该方案受偿后未获清偿的债权部分,根据《破产法》第九十四条的规定,泸天化股份不再承担清偿责任。

(3)泸天化集团债权。为支持泸天化股份重整,充分保障中小股东权益,泸天化集团作为泸天化股份的重要债权人,承诺将其对泸天化股份的 4 亿元债权转为对公司的资本性投入,由全体股东享有,并不再向公司进行追偿(承诺不再追偿的债权金额已超过对泸天化股份所享有债权总额的 50%)。公司也无需向泸天化集团清偿,以确保泸天化股份可以集中偿债资源优先清偿其他普通债权人的债权。

3. 其他债权调整及受偿

因已向管理人申报但需补充证据材料等而尚未经管理人审查确定的其他债权,重整中按照其申报金额进行相应预留,其债权经审查确定之后按同类债权清偿方案予以清偿。

其他债权中尚未申报的债权,在重整计划执行期间不得行使权利;在重整计划执行完毕后,仍可要求泸天化股份按照重整计划中规定的同类债权清偿方案进行清偿。

对于由泸天化股份对外提供担保所形成的债权,相关债权人在按照重整计划确定的同类债权的清偿方案获得受偿之前,有权依法向主债务人进行全额追索;已在相关主债务人处获得全部或部分受偿的,已获受偿部分将不在泸天化股份重整程序内重复参与受偿。

4. 债务清偿顺序

模拟破产清算下普通债权清偿率通过假定公司在破产清算条件下的偿债能力分析得到,主要来源于公司披露的《偿债能力分析报告》。而重组后清偿率是假定公司在重整条件下的名义清偿率。由图 22-3 可以看出,重整后的债权清偿率情况,比清算状态下的清偿率有一定提升。

重整计划草案披露的偿债方案显示:

(1)普通债权人 10 万元以下(含 10 万元)的债权部分以现金方式全额清偿。

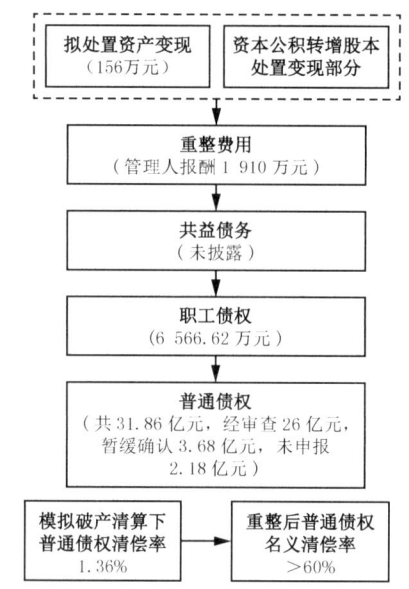

图 22-3   泸天化股份债务清偿顺序示意图

（2）金融类普通债权超过 10 万元的部分以资本公积转增股本按照 8.89 元/股的抵债价格进行股票清偿。

（3）非金融类普通债权超过 10 万元的部分可选择以资本公积转增股本按照 8.89 元/股的抵债价格进行股票清偿或者以现金方式一次性清偿该部分债权的 60%。

（4）泸天化集团债权无需清偿。

因此，重整后普通债权的名义清偿率至少大于 60%。

（五）未来经营方案

泸天化股份将以重整为契机，继续对公司实施市场化改革，推动改革脱困和转型升级工作，进一步做优做强化肥、化工主营业务，同时不断培育新的业务增长点。经营方案具体如下：

（1）剥离处置部分低效资产，全面优化资产结构。在重整计划执行阶段，泸天化股份重整前资产中的部分低效、闲置的固定资产将进行剥离并进行公开处置变现，处置变现所筹集的资金将用于支付破产费用、清偿债务。

（2）继续支持和宁化学重整及后续发展。为支持和宁化学重整并有效化解债务危机，公司将为其提供转增股票以清偿债务或支付费用等，以使和宁化学经营性资产得到保留，有效化解债务风险并全面恢复其盈利能力。同时，为保障未来和宁化学重整计划能够得到有效实施，在和宁化学重整计划经法院裁定批准生效之后，公司将根据相关法律法规要求依法履行相应决策程序，由公司为和宁化学以现金方式分期清偿的债务追加提供连带责任保证担保。

（3）加大市场化改革力度，优化经营业务结构。提升公司管理水平，提高运营效率；完善股权激励机制，提升上市公司的市场竞争力；做大做强现有主业，寻找新的业务增长点。

（4）完善上市公司治理结构，引入市场化管理机制。公司与金融机构建立稳定的沟通机制，进一步完善公司各项机制建设。

五、重整计划表决与批准

(一) 债权人会议表决

公司第一次债权人会议于 2018 年 2 月 6 日上午 10 时在四川省泸州市纳溪区泸天化工会礼堂召开,会议议程主要包括管理人作重整期间阶段性工作报告,管理人作债权申报及审查情况说明,债权人会议核查《债权表》,管理人报告管理人报酬收取方案,法院指定债权人会议主席。

公司第二次债权人会议于 2018 年 6 月 28 日上午 10 时采取网络会议和邮寄表决票相结合的方式召开,由普通债权组、职工债权组对重整计划进行分组表决。

1. 职工债权组

职工债权组于 2018 年 6 月 27 日通过书面方式表决通过重整计划。

2. 普通债权组

通过网络会议、邮寄表决票方式出席会议的有表决权的普通债权人共 129 家,代表债权金额 27.44 亿元。其中,同意重整计划的债权人共计 129 家,占出席会议的有表决权债权人人数的比例为 100%,超过到会有表决权的普通债权组债权人人数的半数;其所代表的债权金额为 27.44 亿元,占普通债权总额 27.44 亿元的 100%。表决通过。

(二) 出资人组会议表决

公司于 2018 年 6 月 28 日召开出资人组会议,对《四川泸天化股份有限公司》重整计划(草案)之出资人权益调整方案进行表决。表决方式为现场投票与网络投票相结合。

参加出资人组会议的股东及股东代理人共 174 名,代表股份 2.08 亿股,占公司总股本的35.63%。表决情况为:同意的出资人共计 144 家,持有 2.08 亿股,占出席会议所有出资人所持股份的 99.8%。表决通过。

(三) 重整计划批准

2018 年 7 月 2 日,泸州中院裁定批准重整计划,批准备查文件为(2017)川 05 破 3 号之二《民事裁定书》。泸州中院裁定批准公司重整计划,并终止公司重整程序。

六、重整计划执行与监督

(一) 执行与监督的主体

重整计划由泸天化股份负责执行,管理人负责监督。

(二) 执行与监督的期限

重整计划的执行期限为自法院裁定批准重整计划之日起 6 个月内。在此期间,泸天化股份及相关各方应严格依照重整计划的规定清偿债务,并随时支付破产费用及共益债务。

非泸天化股份自身原因,致使重整计划无法在上述期限内执行完毕的,泸天化股份应于执行期限届满 15 日前,向法院提交延长重整计划执行期限的申请,并根据法院批准的执行期限继续执行。

监督期届满或泸天化股份执行完毕重整计划时,管理人将向法院提交监督报告,自监督报告提交之日起,管理人的监督职责终止。

(三)执行的措施

1. 偿债资金的分配

偿债资金原则上以银行转账方式向债权人进行分配。债权人自身和/或其关联方原因导致偿债资金不能到账,或账户被冻结、扣划的,产生的法律后果和市场风险由相关债权人自行承担;债权人可以书面指令将偿债资金支付至债权人指定的由该债权人所有/控制的账户或其他主体所有/控制的账户内,但因该指令导致偿债资金不能到账,以及因该指令导致的法律纠纷和市场风险由相关债权人自行承担。

2. 抵债股票的分配

投资人和金融普通债权人应当在重整计划获泸州中院批准之日起 5 日内向管理人提供接受股份划转的证券账户信息。对于逾期不提供账户信息的债权人,应向其分配的股份将按照重整计划的规定处理,由此产生的法律后果和市场风险由相关债权人自行承担。债权人自身和/或其关联方原因导致分配股票不能到账,或账户被冻结、扣划的,可能产生的法律后果和市场风险由相关债权人自行承担。

重整计划下提供给和宁化学用于向其债权人分配以清偿债务的转增股票,可以由管理人在和宁化学的重整计划获得法院裁定批准之后直接划转至和宁化学管理人开立的证券账户内,并由和宁化学管理人负责后续的股票分配,或根据和宁化学执行重整计划的需要直接划转至和宁化学相关债权人自行开立的证券账户内。

3. 偿债资金和偿债股份的提存及处理

债权人未按照重整计划的规定领受偿债资金和抵债股份的,或债权属于重整计划规定的暂未确认债权、未申报债权的,应向其分配的资金和股份将提存至管理人指定的银行账户和证券账户,不得因其他原因进行处分。上述提存的偿债资金和股份中属于因债权人未按规定领受而提存的,自法院裁定批准重整计划之日起满 3 年,因债权人自身原因仍不领受的,视为放弃领受清偿资金。所提存资金用于泸天化股份的生产经营,所提存股份在处置变现后,所得资金用于泸天化股份生产经营。

4. 预留抵债股票的处理

重整计划项下用于偿债的转增股票如在清偿债务或提存之后仍有剩余的,将预留部分股票用于支持公司实施股权激励计划,剩余股票将由管理人在重整计划执行完毕之日起 2 年期满后进行公开处置,处置变现价款在支付必要的处置税费后用于补充公司经营性流动资金。在重整计划执行完毕之日起 2 年期满后,若公司未能实施股权激励计划或实施股权激励计划后有剩余股票,则原预留用于实施股权激励计划的股票将由管理人一并进行公开处置,处置变现价款在支付必要的处置税费后用于补充公司经营性流动资金。

5. 重整费用及共益债务的支付

依据《最高人民法院关于审理企业破产案件确定管理人报酬的规定》计算的管理人报酬

共计1 910万元,管理人报酬自重整计划获法院裁定批准之日起2个月内支付。在重整期间及重整计划执行期间,法院案件受理费、管理人聘请其他中介机构的费用、管理人执行职务等发生的各项破产费用、共益债务,根据实际发生数额以债务人财产随时支付或清偿。

6. 转让债权的清偿

债权人对外转让债权的,受让人按照原债权人根据重整计划就该笔债权可以获得的受偿条件及总额受偿;债权人向2人或2人以上的受让人转让债权的,债权清偿款项向受让人按照其受让的债权比例分配。

七、重整计划顺利实施的预期效果

泸天化股份重整计划如能顺利实施:

(1)泸天化股份的法人主体资格将继续存续。泸天化股份的法人主体继续存续,证券市场主体资格不变,仍是一家在深交所上市的股份有限公司。

(2)重整前产生的巨额负债获得妥善安排。重整计划实施完毕后,泸天化股份的巨额债务获得清偿,有效化解地区金融风险,实现各方共赢。

(3)资产业务结构获得优化重组。一方面,公司将现有资产中的部分低效、闲置的固定资产进行剥离并公开处置变现,根据行业竞争情况并结合公司自身品牌、技术与资源优势,降低、淘汰部分尿素产能;另一方面,适时增加新型复合肥产能、新型尿素销售量,开展和优化农化服务,通过市场化机制改革,进一步做大做强化肥、化工业务,实现现有业务的转型升级。同时,公司积极稳妥地寻求发展其他与主业关联度高、周期波动小、资金需求低、现金流转快、盈利预期好的相关业务,寻求新的业务增长点。

重整计划批准后,公司生产经营格局可得到优化,持续盈利能力将得到显著增强。

案例 23 重庆钢铁重整案例解析

背景

重庆钢铁股份有限公司(以下简称"重庆钢铁"或"公司")的主营业务为生产、加工、销售板材、型材、线材、棒材、钢坯、钢带等,成立于 1997 年 8 月 11 日,重整前注册资本为 44.36 亿元。受国内外宏观经济增速放缓、钢铁行业产能过剩等因素的影响,重庆钢铁连续 2 年亏损,不能清偿到期债务,同时自身债务负担沉重,报表层面已经资不抵债。债权人重庆来去源商贸有限公司(以下简称"来去源公司")于 2017 年 4 月 24 日申请对公司进行重整。重庆市第一中级人民法院(以下简称"重庆一中院")于 2017 年 7 月 3 日裁定受理公司重整,并指定重庆钢铁股份有限公司清算组担任重整管理人。2017 年 11 月 20 日,重庆一中院裁定批准重整计划。重庆钢铁重整案是首例"A+H"股上市公司司法重整案件,也是首家钢铁行业上市公司重整案件,该案入选 2017 年最高人民法院发布的全国法院十大破产典型案例。

方案要点

1. 出资人权益调整

以重庆钢铁重整前总股本 44.36 亿股中的 38.98 亿 A 股为基数,按照每 10 股转增 11.5 股的比例转增合计约 44.83 亿股,公司总股本扩大至 89.19 亿股。

上述转增股票占转增后重庆钢铁总股本的 50.27%,全部用于清偿债务及支付重整费用。

控股股东重庆钢铁(集团)有限责任公司(以下简称"重钢集团")让渡其所持公司的 A 股股票约 20.97 亿股,该等股票由重组方有条件受让。

2. 债权调整及受偿

1) 有财产担保债权调整及受偿

有财产担保债权将就担保财产的财产变现价款获得现金清偿或在担保财产清算评估价值范围内优先获得现金清偿,担保财产的财产变现价款或清算评估价值不能覆盖的债权将作为普通债权,按照普通债权的调整及受偿方案获得清偿。

2) 普通债权调整及受偿

普通债权以债权人为单位,每家债权人 50 万元以下(含 50 万元)的债权部分将获得全额现金清偿;超过 50 万元的债权部分,每 100 元普通债权将分得约 15.990483 股重庆钢铁 A 股股票,股票的抵债价格按 3.68 元/股计算,该部分普通债权的清偿比例约为 58.844978%。按照上述方案清偿后未获清偿的普通债权,重庆钢铁不再承担清偿责任。

3. 引入战略投资人

四源合(上海)钢铁产业股权投资基金中心(有限合伙)(以下简称"四源合基金")与重庆战略性新兴产业股权投资基金合伙企业(有限合伙)(以下简称"重庆战新基金")共同设立的重庆长寿钢铁有限公司(以下简称"重庆长寿")为重庆钢铁的战略投资人(以下简称"重组方")。

重庆长寿共投入资金人民币 64 亿元,其中 1 亿元作为受让重钢集团 20.97 亿股 A 股股票的现金条件,补充 A 股上市公司流动资金;39 亿元作为对价购买重庆钢铁账面价值为 47 亿元的资产;24 亿元为 7 年期股东信用借款,借款利率为中国人民银行公布的 5 年以上人民币贷款基准利率。

以上股票由战略投资人有条件受让,受让条件包括:①战略投资人向 A 股上市公司提供 1 亿元流动资金作为受让重钢集团 20.97 亿股股票的现金条件。②战略投资人承诺以不低于 39 亿元资金用于购买管理人通过公开程序拍卖处置的资产。③战略投资人提出经营方案,对重庆钢铁实施生产技术改造升级,提升重庆钢铁的管理水平及产品价值,确保重庆钢铁恢复持续盈利能力;为贯彻实施上述经营方案,保障公司恢复可持续健康发展能力,增强各方对公司未来发展的信心,重组方承诺,自重整计划执行完毕之日起 5 年内,不向除中国宝武钢铁集团有限公司或其控股子公司外的第三方转让其所持有的 A 股上市公司控股权。④在重整计划执行期间,由战略投资人向重庆钢铁提供年利率不超过 6% 的借款,以供重庆钢铁执行重整计划。

一、公司基本信息

(一) 公司及业务简介

重庆钢铁于 1997 年 8 月 11 日设立,1997 年 10 月 17 日,公司在香港联合交易所上市,股份编号为 1053;2007 年 2 月 28 日,公司在上交所上市,股票代码为 601005。

公司所处行业属于黑色金属冶炼及压延加工业,主营范围包括生产、加工、销售板材、型材、线材、棒材、钢坯、钢带。

根据公司重整申请前 2016 年年度报告,公司营业收入为 44.15 亿元,净亏损为 46.86 亿元,毛利率为 -39.59%,净利率为 -106.14%。

(二) 重整前股权架构图

截至 2017 年 7 月 3 日,重庆钢铁的总股本为 44.36 亿股,A 股总股本为 38.98 亿股,H 股总股本为 5.38 亿股,公司资本公积金共计 71.94 亿元,股东共计 170 246 户。公司第一大股东为重钢集团,持有重庆钢铁 20.97 亿股 A 股流通股,持股比例 47.27%。公司实际控制人为重庆市国资委,如图 23-1 所示。

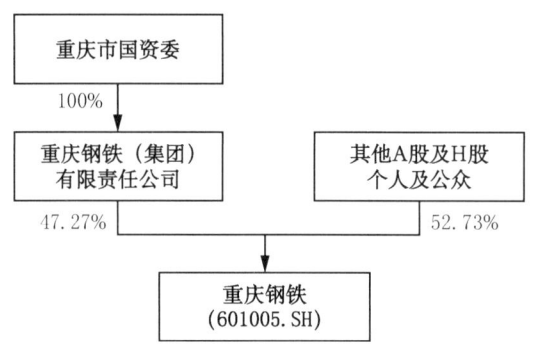

图 23-1   重庆钢铁重整前股权架构图

二、资产负债情况

（一）资产负债情况总览

如表 23-1 所示，根据评估机构出具的《资产评估报告》，以 2017 年 7 月 3 日为评估基准日，公司剔除融资租赁物后账面资产总额为 348.93 亿元；按照清算价值法进行评估，资产清算评估价值为 185.89 亿元，清算价值为账面价值的 53.27%。

表 23-1   重庆钢铁资产负债情况

单位：亿元

资产/债权类型	资产	负债	资产－负债	资产负债率
账面价值/审查确认债权	348.93	369.68	－20.75	105.95%
评估清算价值/审查确认债权	185.89	369.68	－183.79	198.87%

截至 2017 年 10 月 26 日，共有 1 456 家债权人向管理人申报债权，申报债权总金额 390.97 亿元。其中，有财产担保债权为 96.11 亿元；普通债权为 294.86 亿元。

已申报债权中，经第一次债权人会议核查并经重庆一中院裁定确认的债权总额为 346.43 亿元。其中，有财产担保债权为 96.11 亿元，普通债权为 250.32 亿元。已申报债权中，已经管理人审查确定，并已以书面核查的方式提交债权人会议核查的债权总额为 16.74 亿元，均为普通债权；经管理人调查，重庆钢铁职工债权总额约 6.51 亿元。

暂缓确认的普通债权涉及金额为 21.24 亿元，未在债权申报期限内申报但可能受法律保护的普通债权尚有约 4.73 亿元。

综上，根据重庆钢铁债权申报与审查情况、管理人对职工债权的调查情况以及截至受理日公司财务账簿的记录等，重庆钢铁经管理人初步审查确认的负债约为 369.68 亿元。

（二）债权分类

根据《破产法》对债权分类的规定，结合债权人向重庆钢铁申报债权的实际情况，重庆钢铁债权主要包括有财产担保债权、职工债权和普通债权等。

1. 有财产担保债权

有财产担保债权总额 96.11 亿元,共计 5 家债权人。

2. 职工债权

职工债权组涉及职工债权约 6.51 亿元,共计 10 046 名债权人。

3. 普通债权

普通债权组的债权总额为 267.06 亿元(未含暂缓确认的预计债权),包括确认债权 250.32 亿元、书面核查的债权 16.74 亿元。

4. 其他债权

暂缓确定债权:债权人已进行债权申报,但截至重整计划提交之日尚未经债权人会议核查的债权共计 21.24 亿元,性质均为普通债权。

未申报债权:根据公司财务账簿记载及公司说明,未在债权申报期限内申报但账面记载的债权尚有约 4.73 亿元,性质均为普通债权。

(三)偿债能力分析

根据评估机构出具的《偿债能力分析报告》,如重庆钢铁破产清算,假定其财产均能够按评估价值变现,按照《破产法》规定的清偿顺序,担保财产变现所得优先用于偿还有财产担保债权,剩余其他财产的变现所得在支付破产费用[包括案件受理费、管理、变价和分配债务人财产的费用(含预计财产处置税费)、管理人执行职务的费用、报酬和聘用工作人员的费用、聘请专业机构的费用等],并全额清偿职工债权后,剩余财产用于普通债权分配,普通债权受偿率约为 16.64%。

三、重整基本情况

(一)重整背景

受国内外宏观经济增速放缓、钢铁行业产能过剩等因素的影响,重庆钢铁连续 2 年亏损,不能清偿到期债务,同时自身债务负担沉重,报表层面已经资不抵债。2017 年 4 月 5 日,公司因连续 2 年亏损被上交所实施退市风险警示,面临退市风险。

(二)重整申请情况

2017 年 4 月 24 日,重庆钢铁债权人来去源公司以公司不能清偿到期债务且资产不足以清偿全部债务为由,向重庆一中院申请公司进行重整。

(三)重整受理情况

2017 年 7 月 3 日,公司收到重庆一中院送达的(2017)渝 01 破申 5 号《民事裁定书》及(2017)渝 01 破 3 号《决定书》,法院裁定受理来去源公司对重庆钢铁的重整申请,并指定重庆钢铁清算组担任管理人。

(四)重整管理模式

管理人管理财产和营业事务。

（五）重整大事记

• 2017 年 4 月 24 日，债权人来去源公司向重庆一中院申请对重庆钢铁进行重整。

• 2017 年 7 月 3 日，重庆一中院裁定受理重庆钢铁重整，指定重庆钢铁清算组担任公司管理人。

• 2017 年 8 月 18 日，重庆钢铁召开第一次债权人会议，会议通过了《财产管理及变价方案》与《成立债权人委员会相关事项的议案》。

• 2017 年 9 月 29 日，管理人收到四源合基金及重庆战新基金来函，拟共同出资设立钢铁平台公司作为投资人参与重庆钢铁重整。

• 2017 年 11 月 1 日，最终确定四源合基金与重庆战新基金共同设立的重庆长寿为重庆钢铁重组方，参与对重庆钢铁进行重整，公司与重庆长寿钢铁有限公司签订《投资框架协议》。

• 2017 年 11 月 17 日，第二次债权人会议对《重庆钢铁股份有限公司重整计划（草案）》进行表决，出资人组会议对《重庆钢铁股份有限公司重整计划（草案）之出资人权益调整方案》进行表决，均表决通过。

• 2017 年 11 月 20 日，重庆一中院裁定批准重整计划，终止重整程序。

• 2017 年 12 月 29 日，重庆一中院裁定重庆钢铁重整计划执行完毕。

四、重整计划主要内容

（一）重整思路概述

如图 23-2 所示，重整计划的主要思路为：

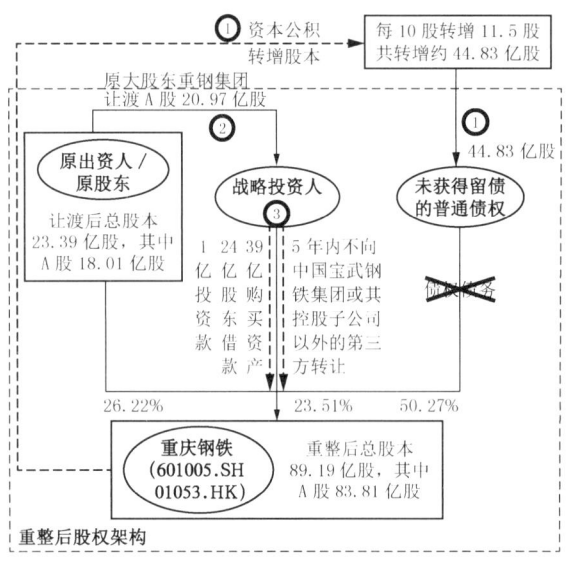

图 23-2　重庆钢铁重整方案示意图

（1）对出资人权益进行调整，在重整前股份基础上进行资本公积转增股本，共计转增

44.83 亿股,并且,重钢集团将其所持有的公司 A 股股权 20.97 亿股让渡给重庆长寿。

（2）以出售资产形式获取投资款,并获得低息股东贷款以清偿债务、补充流动资金。

（3）制定切实可行的经营发展方案,通过公开处置的方式剥离与未来业务规划方向存在偏离的资产,加速不匹配资产出清,通过资产变现取得资金,以支付重整费用、清偿债务及补充流动资金。

（二）投资人及投资方案

2017 年 9 月 29 日,管理人收到四源合基金及重庆战新基金来函,四源合基金与重庆战新基金因看好重庆钢铁司法重整后的发展前景,拟共同出资设立钢铁平台公司重庆长寿作为投资人,参与重庆钢铁重整。

四源合基金系中国宝武钢铁集团有限公司联合美国 WL 罗斯公司、中美绿色基金、招商局金融集团共同组建的中国第一支钢铁产业结构调整基金,基金投资总规模 800 亿元,基金普通合伙人为四源合股权投资管理有限公司。四源合股权投资管理有限公司由华宝投资有限公司（系中国宝武钢铁集团有限公司下属企业）、WL ROSS&Co.LLC、中美绿色东方投资管理有限公司、深圳市集盛投资发展有限公司（系招商局金融集团下属企业）合资设立。四家股东出资总额为 10 亿元,持股比例分别为 25％、26％、25％、24％。

重庆战新基金由重庆市政府产业引导股权投资基金和重庆市属国有企业共同出资设立,引入社会资本共同参与,总规模约人民币 800 亿元。该基金的设立,旨在创新财政扶持产业发展资金分配方式,引导带动社会资本支持实体经济发展,实际控制人为重庆市国资委。

重庆长寿共投入资金人民币 64 亿元,其中 1 亿元作为受让重钢集团 20.97 亿股 A 股股票的现金条件,补充 A 股上市公司流动资金;39 亿元作为对价购买重庆钢铁账面价值为 47 亿元的资产;24 亿元为 7 年期股东信用借款,借款利率为中国人民银行公布的 5 年以上人民币贷款基准利率。

以上股票由战略投资人有条件受让,受让条件包括:

（1）战略投资人向 A 股上市公司提供 1 亿元流动资金作为受让重钢集团 20.97 亿股股票的现金条件。

（2）战略投资人承诺以不低于 39 亿元资金用于购买管理人通过公开程序拍卖处置的资产。

（3）战略投资人提出经营方案,对重庆钢铁实施生产技术改造升级,提升重庆钢铁的管理水平及产品价值,确保重庆钢铁恢复持续盈利能力;为贯彻实施上述经营方案,保障公司恢复可持续健康发展能力,增强各方对公司未来发展的信心,重组方承诺,自重整计划执行完毕之日起 5 年内,不向除中国宝武钢铁集团有限公司或其控股子公司外的第三方转让其所持有的 A 股上市公司控股权。

（4）在重整计划执行期间,由战略投资人向重庆钢铁提供年利率不超过 6％的借款,以供重庆钢铁执行重整计划。

(三) 资产处置情况

2017 年 11 月 21 日,管理人收到重庆联合产权交易所的关于网络司法拍卖的情况说明,根据该说明,管理人委托的重庆钢铁所有的炼铁厂、焦化厂、烧结厂机器设备(以下简称"铁前资产")司法拍卖项目,于 2017 年 11 月 21 日成交,买受人为重庆长寿,成交价为人民币 39 亿元。管理人委托的重庆钢铁所有的二炼钢、棒线、型钢等资产的司法拍卖项目,于 2017 年 11 月 21 日成交,买受人为重钢集团,成交价为人民币 30 亿元。管理人委托的重庆钢铁所有的四川省成都市青羊区东城根下街 28 号 15F、青羊区金丝 22 号 6 楼 1 号的房产司法拍卖项目,公告期内无人报名,该项目流拍。

(四) 出资人权益调整方案

原大股东重钢集团附条件将其所持有的公司 A 股股权 20.97 亿股让渡给重庆长寿,重庆长寿在重组后成为重庆钢铁第一大股东,股权占比 23.51%。重庆长寿受让股权的条件为:提供 1 亿元流动资金作为现金条件;承诺以不低于 39 亿元资金购买铁前资产;提出经营方案,进行技术改造;重整计划执行期内,向重庆钢铁提供年利率不超过 6% 的借款。

以重庆钢铁重整前总股本 44.36 亿股中的 38.98 亿 A 股为基数,按照每 10 股转增 11.5 股的比例转增合计约 44.83 亿股,总股本扩大至 89.19 亿股,转增股票占转增后重庆钢铁总股本的 50.27%,全部用于清偿债务及重整费用支付。

(五) 债权调整及受偿方案

1. 有财产担保债权调整及受偿

有财产担保债权总额 96.11 亿元,共计 5 家债权人。有财产担保债权以其经确认的担保债权额就担保财产变现价款优先受偿,或在对应的担保财产清算评估价值范围内优先获得清偿,未受偿的债权作为普通债权,按照普通债权的调整及受偿方案获得清偿。

2. 职工债权调整及受偿

经管理人调查,重庆钢铁职工债权总额约 6.51 亿元,涉及职工 10 046 名。其他无需纳入职工债权组但依法应当予以支付的金额约为 3.17 亿元,系公司为内退人员计提的内退费用。职工债权由重庆钢铁自重整计划执行期限内以现金全额清偿,其他无需纳入职工债权组但依法应当予以支付的费用由重庆钢铁在该等费用实际发生时予以支付。

3. 普通债权调整及受偿

清偿方案中,普通债权组的债权总额为 288.3 亿元,共计 1 436 家债权人,包括确认债权 250.32 亿元、书面核查的债权 16.74 亿元,以及其他债权中已向管理人申报但截至重整计划提交之日尚未经债权人会议核查的债权 21.24 亿元。

每家普通债权人 50 万元以下(含 50 万元)的债权部分,按照 100% 的比例以现金方式清偿。

每家普通债权人超过 50 万元的债权部分,每 100 元普通债权将分得约 15.990483 股重庆钢铁 A 股股票,股票的抵债价格按 3.68 元/股计算,该部分普通债权的清偿比例约为 58.84%。

4. 已申报但截至重整计划提交之日尚未经债权人会议核查的债权的处理

已申报但截至重整计划提交之日尚未经债权人会议核查的债权,在其债权依法确认后,将按照重整计划规定的同类债权的清偿条件受偿。

5. 尚未申报但账面记载的债权的处理

未依照《破产法》规定申报但账面记载的债权,在重整计划执行期间不得行使权利;在重整计划执行完毕后,债权人可以按照重整计划规定的同类债权的清偿条件向重庆钢铁主张权利。

6. 债务清偿顺序

模拟破产清算下普通债权清偿率通过假定公司在破产清算条件下的偿债能力分析得到,主要来源于公司披露的《偿债能力分析报告》。而重组后清偿率是假定公司在重整条件下的名义清偿率。由图 23-3 可以看出,重整后的债权清偿率相比清算状态下的清偿率有一定提升。

重整计划草案披露的偿债方案显示,普通债权人 50 万元以下(含 50 万元)的债权部分以现金方式全额清偿;超过 50 万元的债权部分以资本公积转增股本按照 3.68 元/股的抵债价格进行股票清偿,该部分普通债权的清偿比例约为 58.84%。因此,重整后普通债权的名义清偿率至少大于 58.84%。

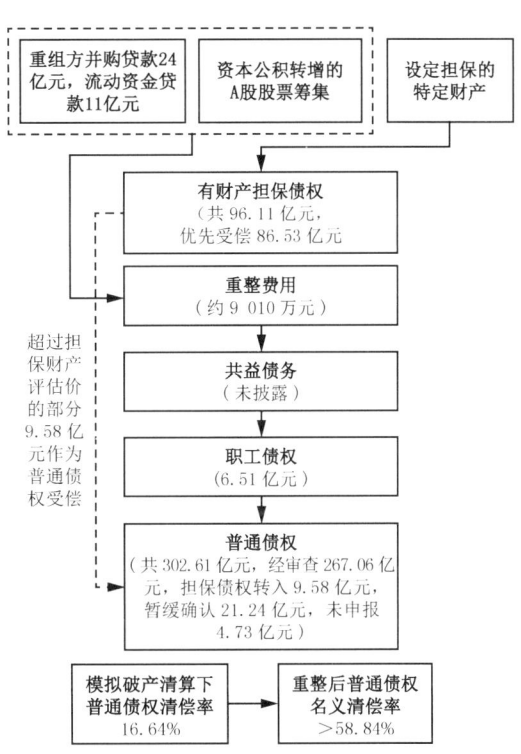

图 23-3 重庆钢铁债务清偿顺序示意图

(六) 未来经营方案

结合重庆钢铁的资源条件、能力禀赋、重庆区域市场特点和钢铁行业竞争态势,重庆钢铁钢铁业务的再造和重整将以深耕重庆区域市场为战略支点,在基本维持 800 万吨产能情况下,以"满产、满销、低成本"为核心战略目标,对产品结构、产线配置、工艺流程进行优化,纠正与优势市场的错配,弥补竞争力的差距,并谋求在目标区域市场上产品组合的差异性优势,按照"止血、造血、升级"的脉络分阶段实施,逐步从根本上重塑重庆钢铁的产业竞争力。具体说来,主要包括以下几个阶段。

1. "近期止血"阶段(重整完成后 1 年内,即 2018 年)

结合区域市场需求,"填平补齐",快速恢复停产失修的产线,充分发挥现有产线的能力,产能达到 600 万吨;去除无效低效资产,夯实资产质量;实施管理变革,提升管理效率和劳动效率。

近期阶段,重整完成后第一年(即 2018 年)重庆钢铁预计将形成 575 万吨/年的粗钢产能,钢材产量 510 万吨/年,销售钢坯 47 万吨/年。按 2016 年价格体系测算,预计税后利润 4.9 亿元;按 2016—2017 年上半年价格体系测算,预计实现税后利润约 10.3 亿元。

2. "中期造血"阶段(重整完成后的第 2 至第 4 年内,即 2019—2021 年)

在制造流程恢复、管理漏洞弥补、员工士气重振后,通过改造提高 1780mm 热轧产能、新增电炉及建材类产品产线、改造老棒/线等措施,重庆钢铁可完全发挥 800 万吨粗钢产能,实现可持续的造血能力,为后续产品升级和竞争力提升创造更好条件。

3. "远期升级"阶段(重整完成后的 5 年及以后)

远期阶段,伴随着产品升级和流程升级,重庆钢铁的盈利能力将进一步提升。按建成后 830 万吨/年的粗钢产能、钢材产量 778 万吨/年、销售钢坯 16 万吨/年,并按 2016 年价格体系测算,预计税后利润 10.5 亿元;按 2016—2017 年上半年价格体系测算,预计税后利润 23 亿元。

五、重整计划表决与批准

(一)债权人会议表决

重庆钢铁第二次债权人会议于 2017 年 11 月 17 日上午 9 时 30 分采取网络会议方式于全国企业破产重整案件信息网召开,审议表决《重庆钢铁股份有限公司重整计划(草案)》。

1. 有财产担保债权组

出席会议的有表决权的有财产担保债权人共 5 家。其中,同意重整计划草案的有财产担保债权人为 5 家,占有财产担保债权组出席会议债权人的 100%,超过有财产担保组出席会议债权人半数;其所代表的债权金额为 96.11 亿元,占有财产担保债权总额的 100%,超过有财产担保债权总额的 2/3。表决通过。

2. 职工债权组

职工债权组已于 2017 年 11 月 16 日现场审议表决了重整计划,出席职工债权组会议的职工债权人为 8 757 人。其中,表决同意重整计划草案的债权人为 8 757 人,占职工债权组出席会议债权人的 100%,超过职工债权组出席会议债权人半数;其所代表的债权金额占职工债权总额的 99.33%,超过职工债权总额的 2/3。表决通过。

3. 普通债权组

出席的有表决权的普通债权人共 1 386 家。其中,同意重整计划草案的债权人为 1 340 家,占普通债权组出席会议债权人的 96.68%,超过普通债权组出席会议债权人半数;其所代表的债权金额为 275.43 亿元,占普通债权总额的 95.54%,超过普通债权总额的 2/3。表决通过。

(二)出资人组会议表决

出席出资人组会议的股东或其代理人共计 221 人,其中 A 股股东或其代理人 219 人,H 股股东或其代理人 2 人。出席会议的股东所持表决权的股份总数为 25.54 亿股,其中 A 股股东持有股份总数 25.02 亿股,H 股股东持有股份总数 5 199 万股。出席会议的股东所持表决权股份数占公司有表决权股份总数比例为 57.58%,其中 A 股股东持股占股份总数的比例为 56.41%,H 股股东持股占股份总数的比例为 1.17%。

A 股股东同意票 24.85 亿股,占参与投票的 A 股股东所持股份的 99.31%;反对票 1 724 万股,占参与投票的 A 股股东所持股份的 0.69%;弃权票 11.2 万股,占参与投票的 A 股股东所持股份的 0.0045%。H 股股东同意 5 199 万股,占参与投票的 H 股股东所持股份的 100%;反对 0 股;弃权 0 股。

综上,同意票 25.37 亿股,占参与投票的所有股东所持股份的 99.32%;反对票 1 724 万股,占参与投票的所有股东所持股份的 0.67%;弃权票 11.2 万股,占参与投票的所有股东所持股份的 0.0044%。出资人组会议表决通过《重庆钢铁股份有限公司重整计划(草案)之出资人权益调整方案》。

(三) 重整计划批准

2017 年 11 月 20 日,重庆一中院裁定批准重整计划,批准备查文件为(2017)渝 01 破 3 号之二《民事裁定书》。

六、重整计划执行与监督

(一) 执行与监督的主体

重整计划由重庆钢铁负责执行,管理人负责监督。

(二) 执行与监督的期限

重整计划的执行期限自重整计划获得重庆一中院裁定批准之日起计算,重庆钢铁应当于 2017 年 12 月 31 日前执行完毕重整计划。在此期间内,重庆钢铁应当严格依照重整计划的规定清偿债务,并随时支付重整费用及共益债务。

如非重庆钢铁自身原因,致使重整计划无法在上述期限内执行完毕,重庆钢铁应于执行期限届满前向重庆一中院提交延长重整计划执行期限的申请,并根据重庆一中院批准的执行期限继续执行。重整计划执行的监督期限与执行期限一致。

(三) 执行的措施

1. 资产剥离事项

根据《财产管理及变价方案》,本着公开、公平的原则,管理人对铁前资产、二系统及相关资产进行公开处置。其中,重钢集团以不高于 30 亿元购买重庆钢铁账面价值为 64.8 亿元的二系统及相关资产;重组方以不低于 39 亿元购买重庆钢铁账面价值为 47 亿元的铁前资产。

2. 偿债资金和抵债股票的分配

每家债权人以现金方式清偿的债权部分,偿债资金原则上以银行转账方式向债权人进行分配,债权人应在管理人规定的时间内,按照管理人指定格式书面提供领受偿债资金的银行账户信息。债权人自身和/或其关联方原因导致偿债资金不能到账,或账户被冻结、扣划的,产生的法律后果和市场风险由相关债权人自行承担。债权人可以书面指令将偿债资金支付至债权人指定的、由该债权人所有/控制的账户或其他主体所有/控制的账户内。债权人指令将偿债资金支付至其他主体的账户的,因该指令导致偿债资金不能到账,以及该指令导致的法律纠纷和市场风险由相关债权人自行承担。

每家债权人以股票抵偿的债权部分,在重整计划执行期限内以资本公积转增的 A 股股票进行分配。债权人应在管理人规定的时间内,按照管理人指定格式书面提供领受分配股票的证券账户信息。对于逾期不提供证券账户信息的债权人,应向其分配的股票将按照重整计划的相关规定处理,由此产生的法律后果和市场风险由相关债权人自行承担。债权人自身和/或其关联方原因导致分配股票不能到账,或账户被冻结、扣划的,产生的法律后果和市场风险由相关债权人自行承担。债权人可以书面指令将抵债股票划转至债权人指定的、由该债权人所有/控制的账户或其他主体所有/控制的账户内。

3. 偿债资金和抵债股票的提存及处理

债权经法院裁定确认后的债权人未按照重整计划的规定领受分配的偿债资金和抵债股票的,根据重整计划应向其分配的资金和股票将提存至管理人指定的银行账户和证券账户,提存的偿债资金及股票自重整计划执行完毕公告之日起满 3 年,因债权人自身原因仍不领取的,视为放弃受领清偿款项的权利。已提存的偿债资金将归还上市公司用于补充流动资金,已提存的偿债股票将按照上市公司股东大会形成的生效决议予以处置。

书面核查的债权最终未获法院裁定确认的,根据重整计划为其预留的资金将归还上市公司用于补充流动资金,已提存的偿债股票将按照上市公司股东大会形成的生效决议予以处置。

因诉讼、仲裁未决,条件未成立(包括重庆钢铁对外担保债权未到期或该等债权项下主债务人未违约的)或其他因素导致管理人暂时无法作出审查结论的债权之金额,与最终确认的债权金额存在差异的,以最终确认的债权金额为准,按照重整计划的规定的受偿率受偿。已按照重整计划预留的偿债资金及股票在清偿上述债权后仍有剩余的,剩余的偿债资金将归还上市公司用于补充流动资金,剩余的偿债股票将按照上市公司股东大会形成的生效决议予以处置。

对未申报债权的债权人,在重整计划执行完毕公告之日起满 3 年未向公司主张权利的,根据重整计划为其预留的资金将归还上市公司用于补充流动资金,已提存的偿债股票将按照上市公司股东大会形成的生效决议予以处置。

4. 重整费用的支付

重庆钢铁重整费用包括重整案件受理费、管理人报酬、聘请中介机构的费用、财产处置税费、转增股票登记税费、股票过户税费及管理人执行职务的费用等。其中,重整案件受理费、管理人报酬、聘请中介机构的费用由重庆钢铁及管理人在重整计划执行完毕前,按重整计划规定或合同约定支付,费用明细如表 23-2 所示。

表 23-2　重庆钢铁重整费用分布

序号	项目	现金支付(万元)	股票偿付(万股)
1	重整案件受理费	30	—
2	管理人报酬	5 000	1 000
3	资产评估机构费用	300	—

5. 共益债务的清偿

重庆钢铁重整期间的共益债务,包括但不限于因继续履行合同所产生的债务、继续营业而应支付的劳动报酬和社会保险费用以及由此产生的其他债务,由重庆钢铁按照相关合同约定随时清偿。

6. 票据的返还

对于持重庆钢铁开具商业承兑汇票的债权人向公司主张债权的,公司根据重整计划规定在向债权人履行清偿义务前,债权人应向公司返还票据原件。

7. 财产保全措施的解除

根据《破产法》第十九条的规定,人民法院受理破产申请后,有关债务人财产的保全措施应当解除。尚未解除对重庆钢铁财产保全措施的债权人,应当在重整计划获得法院裁定批准后协助办理完毕解除财产保全措施的手续。

七、重整计划顺利实施的预期效果

重庆钢铁重整计划如能顺利实施:

(1)重组方投资人、普通债权人和其他投资者共同持有重庆钢铁全部股权。重庆钢铁的法人主体继续存续,证券市场主体资格不变,仍是一家在上交所及港交所上市的股份有限公司。重庆长寿接受原大股东重钢集团让渡的股份后成为第一大股东,持股比例预计为23.51%,普通债权人对重庆钢铁的持股比例约为50.27%。

(2)重整前产生的巨额负债获得妥善安排。重整计划实施完毕后,重庆钢铁的巨额债务获得清偿,有效化解地区金融风险,实现各方共赢。

(3)资产业务结构获得优化重组。重整计划批准后,与公司未来业务规划方向存在偏离的资产在重整中予以处置,生产经营格局得到优化,持续盈利能力将得到显著增强。

(4)中小投资者权益得到最大限度保护。债权人和出资人将共同分担重庆钢铁重整的成本,重整完成后,重庆钢铁的资产负债结构将得到优化,债务负担显著降低,净资产规模、收入及净利润均有较大幅度改善。在重整计划下,上市公司广大中小投资者所持公司股票的绝对数量未发生减少,加上重庆钢铁资产的基本面将发生根本变化,经营状况将得到改善,公司持续盈利能力逐步增强。因此,全体投资者所持有的重庆钢铁股票的实际价值将得以提升,广大中小投资者的合法权益将得到最大限度保护。

案例 24 云维股份重整案例解析

背景

云南云维股份有限公司(以下简称"云维股份"或"公司")主营石油、煤化工,是云南省重要的化工和煤化工生产基地,成立于 1996 年 6 月 26 日,重整前注册资本为 6.16 亿元。受宏观经济增速放缓、煤化板块产能过剩等因素影响,云维股份 2014 年、2015 年连续亏损,且 2015 年末净资产为负,面临被暂停上市和终止上市的紧迫局面。债权人云南省国有资本运营有限公司于 2016 年 6 月 24 日申请对公司进行重整。云南省昆明市中级人民法院(以下简称"昆明中院")于 2016 年 8 月 23 日裁定受理公司重整,并指定云维股份清算组担任重整管理人。2016 年 11 月 21 日,昆明中院裁定批准重整计划。2016 年 12 月 30 日,昆明中院裁定云维股份重整计划执行完毕,终结云维股份重整程序。同日,昆明中院裁定云南大为制焦有限公司(以下简称"大为制焦")、曲靖大为焦化制供气有限公司(以下简称"大为焦化")重整计划执行完毕,终结大为制焦、大为焦化重整程序。

方案要点

1. 出资人权益调整

以云维股份重整前总股本 6.16 亿股为基数,按照每 10 股转增 10 股股票,公司总股本扩大至 12.32 亿股。

全体股东同比例让渡转增股份的 30%,共计让渡 1.85 亿股,用于按照重整计划的规定清偿债权人;如有剩余,由管理人处置变现用于公司后续经营。

2. 债权调整及受偿

1)有财产担保债权调整及受偿

由于担保债权对应的担保财产将在重整计划执行期间被处置变现,担保债权在担保财产变现价值范围内优先清偿;未得到全额清偿的部分,列入普通债权,按照普通债权的调整及受偿方案清偿。

2）普通债权调整及受偿

金融类普通债权：每家债权人 30 万元以下（含 30 万元）的债权部分以现金全额清偿。30 万元以上部分清偿比例为 30％，其中 6％以现金方式清偿，在重整计划执行期限内清偿完毕；24％以全体股东按照出资人权益调整方案让渡的股份按照每股 7.55 元的价格抵偿。

非金融类普通债权：每家债权人 30 万元以下（含 30 万元）的债权部分以现金全额清偿，30 万元以上部分清偿比例为 30％，在重整计划执行期限内以现金方式清偿完毕。

一、公司基本信息

（一）公司及业务简介

云维股份于 1995 年经云南省人民政府批准，由云南云维集团有限公司发起并募集社会资本成立。1996 年 7 月 2 日，公司于上交所上市，股票代码为 600725。

公司产品广泛应用于化工、纺织、建材、造纸、医药、涂料、农业、化肥、冶金等行业。云维股份名列"中国大化纤企业 100 强"，是云南省重要的化工和煤化工生产基地。

根据公司重整申请前 2015 年年度报告，公司营业收入为 27.91 亿元，净亏损为 37.12 亿元，毛利率为 −12.18％，净利率为 −133.02％。

（二）重整前股权架构图

截至 2016 年 8 月 23 日，云维股份的股本总数为 6.16 亿股，注册资本为 6.16 亿元。股东人数 33 690 户，第一大股东为云南云维集团有限公司（以下简称"云维集团"），持股比例为 41.79％，实际控制人为云南省国资委，如图 24-1 所示。

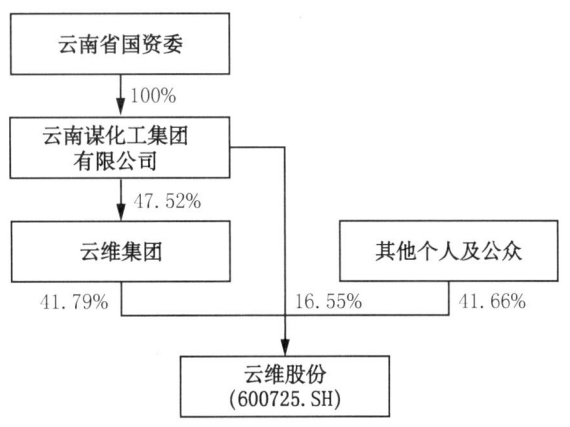

图 24-1　云维股份重整前股权架构图

二、资产负债情况

（一）资产负债情况总览

如表 24-1 所示，云维股份的账面资产主要由其他应收款（主要为应收子公司的款项，对应子公司常年亏损）、长期股权投资、无形资产及固定资产等构成。根据审计报告，截至 2016 年

8 月 23 日,公司资产清查审计值总额为 5.76 亿元。根据评估机构出具的《资产评估报告》,以 2016 年 8 月 23 日为评估基准日,云维股份资产清算评估价值为 1.98 亿元,清算价值为账面价值的 34.38%。

表 24-1　云维股份资产负债情况

单位:亿元

资产/债权类型	资产	负债	资产－负债	资产负债率
经审计	5.76	26.92	－21.16	467.36%
评估清算价值/审查确认债权	1.98	49.84	－47.86	2 517.17%

根据审计机构出具的审计报告,截至 2016 年 8 月 23 日,云维股份负债总额为 26.92 亿元(未含或有负债部分)。

截至 2016 年 11 月 14 日,共有 106 家债权人向管理人申报了 107 笔债权,申报债权总金额 59.71 亿元。其中,担保债权 1 笔,申报金额 6 606 万元;普通债权 102 笔,申报金额 58.79 亿元;税款债权 2 笔,申报金额 1 876 万元;社保债权 2 笔,申报金额 770 万元。

管理人初步审查确认的债权共计 105 笔,确认债权总金额为 49.84 亿元。其中,担保债权 1 笔,确认金额 6 605.69 万元;普通债权 100 笔,确认金额 48.94 亿元(其中 641 758.54 元债权人申报为税款债权,管理人确认为普通债权);税款债权 2 笔,确认金额 1 812.07 万元;社保债权 2 笔,确认金额 614.47 万元。

管理人初步审查不予确认的债权总金额为 2.85 亿元。

7.03 亿元已申报普通债权因债权人证据材料不足仍需补充、主债务人债务尚未到期、担保责任尚未达到履行条件、正在进行财务对账、诉讼未决等尚未作出管理人审查结论,暂时无法确认。

上述申报债权中,管理人初步审查确认的债权共计 105 笔,确认债权总金额为 49.84 亿元。

(二)债权分类

根据《破产法》对债权分类的规定,结合债权人向云维股份申报债权的实际情况,云维股份债权主要包括有财产担保债权、职工债权、税款债权、普通债权等。

1. 有财产担保债权

有财产担保债权人共 1 家,确认债权金额共计 6 605.69 万元。

2. 职工债权

社保债权 2 笔,确认金额 614.47 万元。

3. 税款债权

依法向管理人申报的税款债权共 2 笔,共计 1 812.07 万元。

4. 普通债权

经管理人审查,截至 2016 年 11 月 4 日,普通债权总额为 48.94 亿元,共 100 笔。

5. 其他债权

暂缓确定债权:约 7.03 亿元已申报普通债权因债权人证据材料不足仍需补充、主债务人债务尚未到期、担保责任尚未达到履行条件、正在进行财务对账、诉讼未决等尚未作出管理人审查结论。

(三) 偿债能力分析

根据《破产法》的有关规定,在破产清算状态下,债务人担保财产变现资金优先用于清偿担保债权,非担保财产变现资金在优先清偿破产费用、共益债务后,按照职工债权、税款债权、普通债权的顺序进行清偿。根据评估机构出具的《偿债能力分析报告》(以 2016 年 8 月 23 日为评估基准日),在模拟云维股份破产清算状态下,假定云维股份全部资产能够按评估机构出具的《资产评估报告》确定的评估价值实际变现,其资产变现款在扣除破产费用和共益债务,并清偿担保债权、职工债权、税款债权后,剩余部分向普通债权人进行分配,则普通债权所能获得的清偿比例为 1.35%。

三、重整基本情况

(一) 重整背景

煤化工集团系云南省国资委于 2005 年 8 月组建成立的省属大型集团企业,下辖近百家企事业单位,是 A 股上市公司云维股份的实际控制人。受宏观经济增速放缓、煤化板块产能过剩等因素影响,2012—2015 年煤化工集团经营性亏损合计超过 100 亿元,背负有息金融负债的主体达 40 余家,集团公司债务总规模超过 650 亿元,涉及金融机构债权人多达 50 余家,经营性债权人数千家。而云维股份因 2014 年、2015 年连续亏损,且 2015 年末净资产为负,面临被暂停上市和终止上市的紧迫局面。2015 年 10 月,云南省委、省政府成立专门工作组,经多次协调,仍未能根本化解煤化工集团债务危机和云维股份退市风险。[①]

(二) 重整申请情况

2016 年 6 月 24 日,债权人云南省国有资本运营有限公司以公司不能清偿到期债务、明显缺乏清偿能力为由,向曲靖中级人民法院申请对云维股份进行重整。2016 年 6 月 22 日,云南省高级人民法院以(2016)云民辖字 374 号《指定管辖决定书》指定该案由昆明中院管辖。

(三) 重整受理情况

2016 年 8 月 23 日,昆明中院对云维股份下达(2016)云 01 民破 6 号《民事裁定书》及《决定书》,裁定受理债权人云南省国有资本运营有限公司对公司的重整申请,《决定书》中指定云维股份清算组担任管理人。

(四) 重整管理模式

管理人管理财产和营业事务。

---

① 该段落参考 2017 年 10 月 20 日《人民法院报》文章《云南僵尸企业"煤老大"的破茧重生之路》。

（五）重整大事记

• 2016 年 6 月 24 日，债权人云南省国有资本运营有限公司向曲靖中级人民法院申请对云维股份进行重整。

• 2016 年 8 月 23 日，昆明中院裁定受理云维股份、实际控制人煤化工集团、控股股东云维集团、控股子公司大为制焦和大为焦化重整，指定各公司清算组担任各公司管理人。

• 2016 年 8 月 24 日，公司向上交所申请公司股票连续停牌并获得批准，停牌起始日为 2016 年 9 月 23 日。

• 2016 年 11 月 16 日，云维股份在法院的监督下召开了第一次债权人会议及出资人组会议，会议通报了债权审核确认情况，并分别审议表决通过了《云南云维股份有限公司重整计划（草案）》及《云南云维股份有限公司重整计划之出资人权益调整方案》。

• 2016 年 11 月 21 日，昆明中院依法裁定批准《云南云维股份有限公司重整计划（草案）》，终止重整程序，云维股份进入重整计划执行阶段。同日，云维股份因需执行重整计划中的出资人权益调整方案而向上交所申请公司股票继续停牌。

• 2016 年 12 月 30 日，昆明中院裁定云维股份重整计划执行完毕，终结云维股份重整程序。

四、重整计划主要内容

（一）重整思路概述

如图 24-2 所示，重整计划的主要思路为：

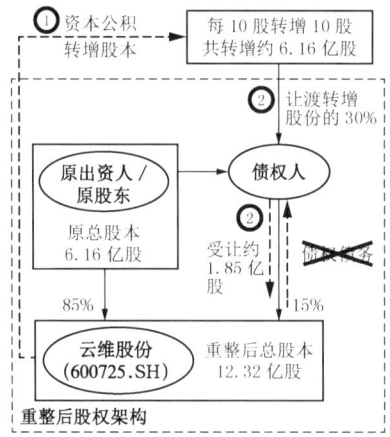

图 24-2　云维股份重整方案示意图

（1）对出资人权益进行调整，在重整前股份基础上进行资本公积转增股本，共计转增 6.16 亿股。其中，全体股东同比例让渡转增股份的 30%（全体股东实际让渡比例为转增后总股本的 15%），共计让渡 1.85 亿股，用于按照重整计划的规定清偿债权人。

（2）剥离低效亏损资产，在原有经营范围内，暂时继续开展煤焦化产品贸易业务，择机实施资产重组注入优质资产；通过包括但不限于发行股份购买资产的方式，使云维股份恢复持续经营能力和持续盈利能力,重新成为业绩优良的上市公司。

(二) 资产处置情况

云维股份于 2016 年 11 月 28 日委托云南国经拍卖有限公司(以下简称"国经拍卖")对公司其他应收款、可供出售金融资产、长期股权投资与无形资产等非货币性资产进行第一次拍卖。2016 年 12 月 13 日,公司从国经拍卖处获悉,由于在规定时间内无意向竞买人缴纳保证金并办理竞买登记手续,拍卖流拍。

国经拍卖于 2016 年 12 月 21 日 14 点 30 分在曲靖市南城门外官房大酒店三楼会议室对公司拟公开转让的资产进行第二次公开拍卖。根据《拍卖成交确认书》,通过竞拍产生的最终买受人为云南曲煤焦化实业发展有限公司,转让价格为 2.55 亿元。

(三) 出资人权益调整方案

以云维股份重整前总股本为基数,按照每 10 股转增 10 股的比例实施资本公积转增,共计转增 6.16 亿股(最终转增的准确股份数量以中国结算实际转增的数量为准)。转增后,云维股份总股本由 6.16 亿股增至 12.32 亿股。全体股东同比例让渡转增股份的 30%(全体股东实际让渡比例为转增后总股本的 15%),共计让渡 1.85 亿股(最终让渡的准确股份数量以中国结算实际划转的数量为准),用于按照重整计划的规定清偿债权人;如有剩余,由管理人处置变现用于公司后续经营。

(四) 债权调整及受偿方案

1. 有财产担保债权调整及受偿

有财产担保债权 1 笔,确认金额 6 605.69 万元。由于有财产担保债权对应的担保财产将在重整计划执行期间处置变现,有财产担保债权在担保财产变现价值范围内优先清偿,未得到全额清偿的部分,列入普通债权,按照普通债权的调整及受偿方案清偿。

2. 职工债权调整及受偿

社保债权 2 笔,确认金额 614.47 万元。经管理人调查、公示的职工债权以及经管理人确认的社保债权,全额清偿,不作调整,在重整计划执行期限内以现金方式清偿完毕。

3. 税款债权调整及受偿

税款债权 2 笔,确认金额 1 812.07 万元;税收债权全额清偿,不作调整,在重整计划执行期限内以现金方式清偿完毕。

4. 普通债权调整及受偿

普通债权 100 笔,确认金额 48.9 亿元。根据《偿债能力分析报告》,云维股份在模拟破产清算状态下的普通债权清偿比例为 1.35%。为最大限度地保护普通债权人的合法权益,根据云维股份的实际情况,重整计划将对普通债权的清偿比例作一定幅度的提高。普通债权按照不同类别债权情况制订不同的调整和清偿方案。

1) 金融普通债权

金融普通债权包括向管理人申报的金融普通债权(包括已经确认和暂未确认金额),以及担保债权因优先受偿不足转为金融普通债权的金额。金融普通债权的调整和清偿方案如下:

（1）30 万元以下（含 30 万元）部分以现金全额清偿。每家债权人 30 万元以下（含 30 万元）的债权部分，100% 全额清偿，在重整计划执行期限内以现金方式清偿完毕。

（2）30 万元以上部分以现金和股票按比例清偿。每家债权人 30 万元以上的债权部分的清偿比例为 30%，其中 6% 以现金方式清偿，在重整计划执行期限内清偿完毕；24% 以全体股东按照重整计划出资人权益调整方案让渡的股份按照 7.55 元/股的价格抵偿。

金融普通债权的受偿股份数量计算公式为：受偿股份数量＝重整计划确定的以股份受偿的债权金额÷每股偿债价格。（若股数出现小数位，则按照 1 股计算）

2）非金融普通债权

非金融普通债权基本是经营性债权，相对于金融债权有较大特殊性，涉及债权人人数众多，绝大部分债权单笔债权额度相对较小。非金融普通债权调整及清偿方案如下：

（1）30 万元以下（含 30 万元）部分全额现金清偿：每家债权人 30 万元以下（含 30 万元）的债权部分，100% 全额清偿，在重整计划执行期限内以现金方式清偿完毕。

（2）30 万元以上部分以现金按比例清偿。每家债权人 30 万元以上的债权部分（如有），清偿比例为 30%，在重整计划执行期限内以现金方式清偿完毕。

5. 暂未确认债权的处理

已依法申报但在云维股份重整程序中尚未得到管理人初步审查确认的债权，在经管理人初步审查确认并经昆明中院裁定确认后，根据昆明中院裁定确认的债权金额和性质按照重整计划规定的同类债权的调整和清偿标准予以清偿。

6. 偿债资金及股份来源

根据重整计划，云维股份支付重整费用、共益债务并清偿各类债权所需资金及股份，将通过如下方式筹集：

（1）执行重整计划所需资金将通过云维股份的自有资金、从子公司重整程序受偿的资金、剥离资产所取得的资金、第三方借款提供资金等途径筹集。

（2）执行重整计划所需的股份将通过重整计划出资人权益调整方案筹集。

7. 债务清偿顺序

模拟破产清算下普通债权清偿率通过假定公司在破产清算条件下的偿债能力分析得到，主要来源于公司披露的《偿债能力分析报告》。而重组后清偿率是假定公司在重整条件下的名义清偿率。由图 24-3 可以看出，重整

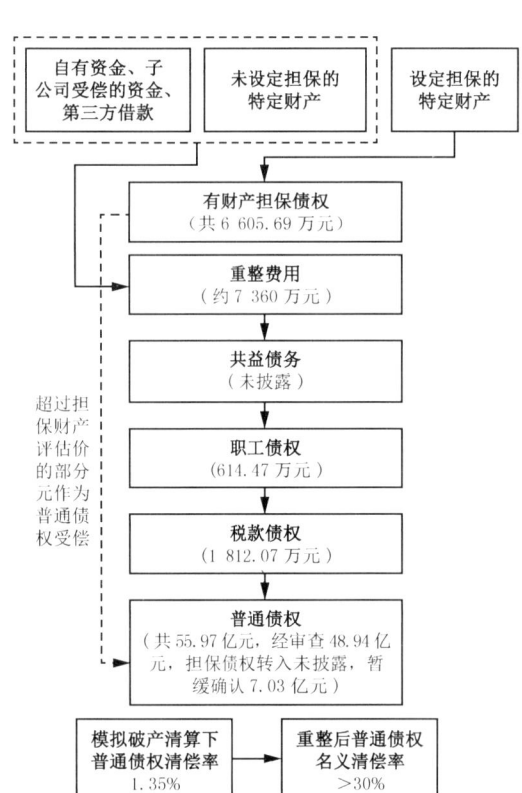

图 24-3　云维股份债务清偿顺序示意图

后的债权清偿率情况,比清算状态下的清偿率有一定提升。

重整计划草案披露的偿债方案显示,普通债权人 30 万元以下(含 30 万元)的债权部分以现金方式全额清偿;超过 30 万元的债权部分按 30％的比例现金清偿。因此,重整后普通债权的名义清偿率至少大于 30％。

(五) 未来经营方案

由于受到宏观经济形势、市场竞争等多重因素影响,煤炭行业整体低迷,云维股份进入重整程序。为使云维股份恢复持续经营能力和盈利能力,重回健康和可持续发展轨道,拟定如下经营方案:

(1) 继续开展煤焦化贸易业务。在重整计划执行完毕之后,云维股份已剥离低效亏损资产,将在原有经营范围内,暂时继续开展煤焦化产品贸易业务,维持公司正常运营。

(2) 择机注入优质资产。云维股份择机实施资产重组注入优质资产。在重整计划执行完毕之后,根据《上市公司重大资产重组管理办法》等规定,通过包括但不限于发行股份购买资产的方式,注入符合国家产业发展政策、盈利能力强的优质资产,使云维股份恢复持续经营能力和持续盈利能力,重新成为业绩优良的上市公司。

(3) 加强内部控制管理。云维股份将进一步完善法人治理结构,加强内控制度的建设和执行,构建能有效防范和化解经营风险、促进公司持续发展的长效机制,提升公司经营管理水平。同时,严格控制财务杠杆的增长,慎重选择融资方式,控制财务风险。

五、重整计划表决与批准

(一) 债权人会议表决

云维股份第一次债权人会议定于 2016 年 11 月 16 日上午 9 时在云南省曲靖市锦怡花园酒店一楼多功能厅召开,由有财产担保债权组、职工债权组、税款债权组和普通债权组对《云南云维股份有限公司重整计划(草案)》进行分组表决。

1. 有财产担保债权组

有财产担保债权组债权总额为 6 606 万元,到会有表决权的有财产担保组债权人 1 家。其中,同意的债权人 1 家,代表债权金额 6 606 万元,占出席会议的担保债权组总人数的100％,超过到会有表决权的有财产担保债权组债权人人数的半数;代表的债权额占有财产担保债权组债权总额的 100％,超过有担保债权组债权总额的 2/3。表决通过。

2. 职工债权组

职工债权组债权总额为 934 万元。职工代表大会已授权职工代表代表全体职工债权人参加会议并行使表决权,代表债权总金额 934 万元。同意的职工债权组人数占出席会议的职工债权组总人数的 100％,超过到会有表决权的职工债权组债权人人数的半数;代表的债权额占职工债权组债权总额的 100％,超过职工债权组债权总额的 2/3。表决通过。

3. 税款债权组

税款债权组债权总额为 1 812 万元,到会有表决权税款债权组债权人 2 家。税款债权组同意的债权人 2 家,代表债权金额 1 812 万元,占出席会议的税款债权组总人数的 100%,超过到会有表决权的税款债权组债权人人数的半数;代表的债权额占税款债权组债权总额的 100%,超过税款债权组债权总额的 2/3。表决通过。

4. 普通债权组

云维股份普通债权总额 55.97 亿元,到会有表决权普通债权组债权人共 90 家。普通债权组同意的债权人 81 家,代表的债权金额为 47.15 亿元,占出席会议的普通债权组总人数的 90%,超过到会有表决权普通债权组总人数的半数;代表债权额占普通债权组债权总额的 84.25%,超过普通债权组债权总额 2/3。表决通过。

(二)出资人组会议表决

出资人组会议采取现场记名投票及网络投票相结合的方式。现场会议于 2016 年 11 月 16 日下午 2 时在云南省曲靖市锦怡花园酒店 1 号会议厅召开。会议通过中国结算股东大会网络投票系统进行投票的时间为 2016 年 11 月 15 日 15 时至 2016 年 11 月 16 日 15 时。会议审议了《云南云维股份有限公司重整计划之出资人权益调整方案》。

经合并现场会议和网络投票的表决结果,总的表决结果如下:同意票约 3.64 亿股,占出席会议有表决权股份总数的 99.81%;反对票 67.96 万股,占出席会议有表决权股份总数的 0.19%。表决通过。

(三)重整计划批准

云维股份管理人于 2016 年 11 月 17 日向昆明中院提交了裁定批准重整计划的申请。2016 年 11 月 21 日,公司管理人收到昆明中院送达的《民事裁定书》,裁定批准重整计划,并终止云维股份重整程序。

六、重整计划执行与监督

(一)执行与监督的主体

重整计划由云维股份负责执行,管理人负责监督。云维股份应接受管理人的监督,对于重整计划执行情况、公司财务状况、重大经营决策以及资产处置等事项,应及时向管理人报告。

(二)执行与监督的期限

重整计划的执行期限为 3 个月,自昆明中院裁定批准重整计划之日起计算。客观原因导致云维股份重整计划相关事项无法在上述期限内执行完毕的,云维股份应于执行期限届满前 15 日,向昆明中院提交延长重整计划执行期限的申请,并根据昆明中院批准的执行期限继续执行。

重整计划执行的监督期限为 3 个月,自昆明中院裁定批准重整计划之日起计算。如根据重整计划执行的实际情况,需要延长管理人监督重整计划执行的期限,则管理人将向昆明中院提交延长重整计划执行监督期限的申请,并根据昆明中院批准的期限继续履行监督职责。自管理人向昆明中院提交重整计划执行监督报告之日起,管理人的监督职责终止。

（三）执行的措施

1. 资产处置

在昆明中院批准重整计划后，云维股份将对资产进行处置。根据《破产法》及相关法律法规和司法解释的规定，凡符合拍卖条件的云维股份资产，原则上采取公开拍卖的方式进行处置。

2. 股份划转

重整计划生效后，云维股份和管理人开始办理资本公积转增股本划转工作以及用于清偿金融普通债权的股份划转工作。

金融普通债权人应当在重整计划获昆明中院批准之日起 3 日内，向管理人提供接受股份划转的证券账户信息。股份划转所需支付的费用由云维股份承担。对于逾期不提供账户信息的债权人，应向其分配的股份将按照重整计划的相关规定处理，由此产生的法律后果和市场风险由相关债权人自行承担。债权人自身和/或其关联方原因导致分配股份不能到账，或账户被冻结、扣划的，产生的法律后果和市场风险由相关债权人自行承担。债权人可以指令将抵债股份划转至债权人指定的由该债权人所有/控制的账户或其他主体所有/控制的账户内。

按重整计划规定应当划转的股份，若在划转到管理人开立的证券账户或者各金融普通债权人开立的证券账户之前，因司法拍卖等发生权属变动的，重整计划的效力及于股份承继人或受让人。

3. 现金清偿

依照重整计划以现金清偿的债权部分，现金清偿原则上以银行转账方式向债权人进行分配，债权人应当在重整计划获得昆明中院裁定批准之日起 3 日内，按照管理人指定格式书面提供接受现金清偿的银行账户信息。

债权人自身和/或其关联方原因导致偿债资金不能到账，或账户被冻结、扣划的，产生的法律后果和市场风险由相关债权人自行承担。债权人可以书面指令将偿债资金支付至债权人指定的由该债权人所有/控制的账户或其他主体所有/控制的账户内。

债权人书面指令将偿债资金支付至其他主体的账户的，因该指令导致偿债资金不能到账，以及该指令导致的法律纠纷和市场风险由相关债权人自行承担。

4. 偿债股份和资金的提存及处理

债权人未按照重整计划的规定领受偿债资金和抵债股份的，或债权属于重整计划规定的暂未确认债权的，应向其分配的资金和股份将提存至管理人指定的银行账户和证券账户。上述提存的偿债资金和股份如属于因债权人未按规定领受而提存的，自法院裁定批准重整计划之日起满 2 年，因债权人自身原因仍不领受的，视为放弃领受清偿资金和股份的权利。所提存资金用于云维股份的生产经营和债务清偿，所提存股份由管理人处置，处置资金用于云维股份的生产经营和债务清偿。

5. 转让债权的清偿

债权人在重整受理日(即 2016 年 8 月 23 日)之后对外转让债权的,受让人按照原债权人根据重整计划就该笔债权可以获得的受偿条件及总额受偿;债权人向 2 人以上的受让人转让债权的,债权清偿款项及股份向受让人按照其受让的债权比例分配。

6. 重整费用和共益债务的支付

重整费用,包括案件受理费、管理人执行职务的费用、管理人聘请中介机构的费用、资产处置费用、股票过户费用等,共计约 7 360 万元。重整费用按照相关法律及协议的规定随时支付。共益债务,包括因继续履行合同所产生的债务、因继续营业而应支付的劳动报酬和社会保险费用以及由此产生的其他债务,由云维股份随时清偿。

7. 债务重组收益所得税减免事宜

重整计划执行完毕,云维股份将有可能因债务重组收益产生所得税。云维股份可依法向税务部门申请以账面资产的损失等方式冲抵债务重组收益,从而减轻公司重整后的税务负担。

8. 不能执行的后果

云维股份不执行或不能执行重整计划,昆明中院有权应管理人或者利害关系人的请求裁定终止重整计划的执行,并宣告云维股份破产。

七、重整计划顺利实施的预期效果

云维股份重整计划如能顺利实施:

(1)资产业务结构获得优化重组。云维股份借助于破产重整程序,成功剥离亏损资产,获得现金收益。同时,其实际控制人及控股子公司的重整工作也同步推进,调整了自身资产和业务结构,优化了商业模式。

(2)出资人和债权人权益获得妥善安排。通过出资人权益调整,较大程度地兼顾了出资人利益和债权人利益,既对债权人的清偿进行了合理安排,又尽可能地保障了出资人的利益,有利于公司逐步摆脱经营及债务困境,增强持续经营及盈利能力。

案例 25　舜天船舶重整案例解析

背景

江苏舜天船舶股份有限公司(以下简称"舜天船舶"或"公司")系江苏最大国有上市船企,成立于 2003 年 6 月 16 日,重整前注册资本为 3.75 亿元。因国际航运与船舶市场持续低迷,交船难、船东弃船等情形增多;合作造船方因资金困难无法完成船舶订单,公司作为共同卖方需承担返还船舶预付款的责任;同时,公司船舶租赁业务项下承租人拖欠租金的情况严重,公司经营和资金方面均面临严峻形势,自 2014 年起,公司本部及合并范围内均出现巨额亏损。债权人中国银行股份有限公司南通崇川支行于 2015 年 12 月 22 日申请对公司进行重整。江苏省南京市中级人民法院(以下简称"南京中院")于 2016 年 2 月 5 日裁定受理公司重整,并于 2016 年 2 月 7 日指定北京市金杜律师事务所担任重整管理人。2016 年 10 月 24 日,南京中院裁定批准重整计划。2017 年 1 月 4 日,公司披露南京中院认定舜天船舶的重整计划已经执行完毕。舜天船舶破产重整案获评"2016 年度人民法院十大民事行政案件",该案荣获全国法院 2017 年度优秀案例分析一等奖,也成为《最高人民法院公报》刊发的首例破产重整案例,入选南京中院 2016 年十大典型案例。

方案要点

1. 出资人权益调整

以舜天船舶重整前总股本 3.75 亿股为基数,按照每 10 股转增 13.870379 股的比例实施资本公积转增股本,共计转增约 5.2 亿股,全部用于清偿债务。

舜天船舶新发行 23.58 亿股向国信集团购买 8 家公司;并以每股不低于 8.91 元的价格向其他不超过 10 名特定投资者非公开发行股份进行配套融资,募集资金不超过 46.5 亿元。

资本公积转增股本、发行股份购买资产且募集配套资金后,公司总股本将从 3.75 亿股增至 37.75 亿股。

2. 债权调整及受偿

1) 有财产担保债权调整及受偿

有财产担保债权中能够就担保财产优先受偿的部分由舜天船舶在重整计划执行期限内

以现金方式向相应债权人进行分配,超出担保财产实际变现价值范围的债权转为普通债权,按照普通债权组的调整及受偿方案获得清偿。

2)普通债权调整及受偿

普通债权以债权人为单位,每家债权人 30 万元以下(含 30 万元)的债权部分将获得全额现金清偿;超过 30 万元的债权部分,按 10.56% 的比例由舜天船舶以现金方式清偿;剩余普通债权以舜天船舶资本公积转增股本抵偿,每股抵债价格为 13.72 元,每 100 元债权可分得约 7.288 股舜天船舶股票。

3. 引入特定投资人

投资人为国信集团及未确认的不超过 10 名募投资金投资者,其中,国信集团为舜天船舶的大股东江苏舜天国际集团有限公司(以下简称"舜天集团")和江苏舜天国际集团机械进出口股份有限公司(以下简称"舜天机械")的控股公司。

舜天船舶计划以不低于发行价格 8.91 元/股向其他不超过 10 名特定投资者非公开发行股份进行配套融资,募集配套资金不超过 46.5 亿元拟用于支付发行费用、增加标的公司江苏信托资本金、部分标的电厂超低排放改造项目及新建热电联产燃气机组项目。但该资金募集成功与否不影响发行股份购买资产的履行及实施。

一、公司基本信息

(一)公司及业务简介

舜天船舶于 2003 年 6 月成立,原名为"江苏舜天船舶有限公司"。2011 年 8 月 10 日,公司在深交所挂牌交易,股票名称为舜天船舶,股票代码为 002608。经历次转增、配股后,截至 2016 年 8 月 15 日,公司总股本为 37 485 万股。

舜天船舶经营范围包括船舶与非船舶交易、水路运输、煤炭批发与经营、危险化学品的批发等业务。

根据公司重整申请前 2014 年年度报告,公司营业收入为 30.08 亿元,净亏损为 18.10 亿元,毛利率为 −2.47%,净利率为 −60.17%。

(二)重整前股权架构图

截至 2016 年 2 月 5 日,公司的第一、第二大股东分别为舜天集团和舜天机械。其中,舜天集团共计持有 9 612.77 万股 A 股流通股,持股比例为 25.64%;舜天机械共计持有 7 686.99 万股 A 股流通股,持股比例为 20.51%。公司的间接控股股东为江苏省国信集团有限公司(原名为"江苏省国信资产管理集团有限公司",以下简称"国信集团"),实际控制人为江苏省国资委,如图 25-1 所示。

二、资产负债情况

(一)资产负债情况总览

如表 25-1 所示,根据评估机构出具的《资产评估报告》,以 2016 年 2 月 5 日为评估基准

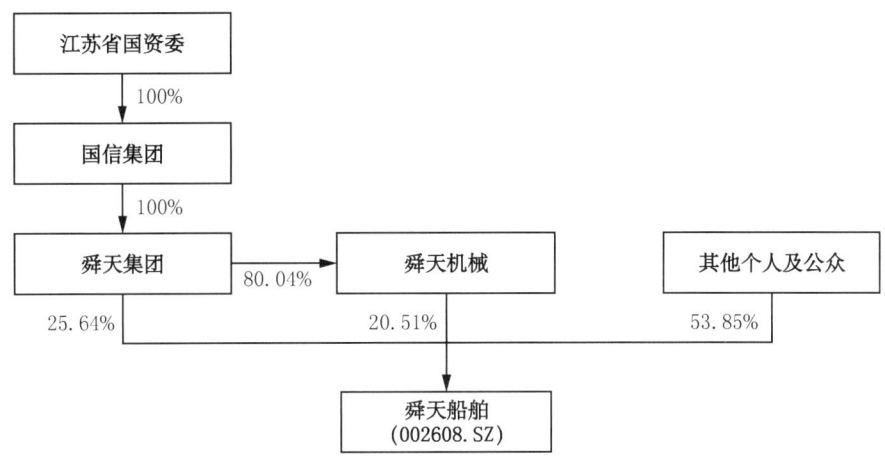

图 25-1　舜天船舶重整前股权架构图

日,公司账面资产总额为 20.63 亿元,而资产评估价值总额为 22.12 亿元,经审查确认的负债总额为 72.67 亿元,公司已资不抵债。

表 25-1　舜天船舶资产负债情况

单位:亿元

资产/债权类型	资产	负债	资产—负债	资产负债率
经审计	20.63	76.67	−56.04	371.64%
评估市场价值/审查确认债权	22.12	72.67	−50.55	328.53%

截至 2016 年 9 月 6 日,共有 171 家债权人向管理人申报债权,申报债权总金额 88.47 亿元。其中,有财产担保债权为 11.23 亿元;税款债权为 1.94 亿元;普通债权为 75.3 亿元。

经管理人初步审查确认的债权总额为 72.67 亿元。其中,有财产担保债权为 4.62 亿元;税款债权为 1.13 亿元;普通债权为 66.92 亿元。

债权人已经进行申报,但因诉讼、仲裁未决,条件未成立或其他因素导致暂时无法审查确认的债权总额为 9.2 亿元。其中,税款债权 8 123.45 万元,普通债权 8.39 亿元。根据公司账务账簿记载及公司说明,尚有约 1.73 亿元普通债权尚未向管理人申报。

(二)债权分类

根据《破产法》对债权分类的规定,结合债权人向管理人申报债权的实际情况,舜天船舶债权主要包括有财产担保债权、税款债权、普通债权等。

1. 有财产担保债权

有财产担保债权总额为 4.62 亿元,其中已经第一次债权人会议核查的债权为 3.17 亿元,已申报并经管理人初步审查确认的债权为 1.45 亿元,共计 4 家债权人。

2. 税款债权

经管理人初步审查确认,税款债权共计 1.13 亿元。

3. 普通债权

经管理人审查,截至 2016 年 9 月 6 日,普通债权总额为 66.92 亿元(不含担保债权因优先受偿不足转为普通债权受偿的债权)。其中,已经第一次债权人会议核查但尚未经南京中院裁定确认的债权 53.65 亿元;已经管理人审查但尚未经债权人会议核查及南京中院裁定确认的债权 13.27 亿元。

4. 其他债权

暂缓确定债权:债权人已经进行申报,但因诉讼、仲裁未决,条件未成立或其他因素导致暂时无法审查确认的债权总额为 9.2 亿元。其中,税款债权 8 123.45 万元,普通债权 8.39 亿元。

未申报债权:根据公司财务账簿记载及公司说明,未在债权申报期限内申报但账面记载的债权尚有约 1.73 亿元,性质均为普通债权。

(三)偿债能力分析

根据《财产管理及变价方案》,南京中院已于 2016 年 3 月 31 日启动对舜天船舶除货币资金外的整体资产的拍卖程序。2016 年 5 月 12 日,管理人与江苏舜天资产经营有限公司(以下简称"舜天资产")签署《资产转让协议》,舜天船舶除货币资金外的整体资产交易价格为 13.8 亿元。

根据资产实际处置结果,舜天船舶除货币资金外的整体资产的变现价值为 13.8 亿元(其中担保财产的变现价值为 1.43 亿元),另加上公司进入重整程序时可用的货币资金 615.77 万元,以及在重整期间收回债权及经营收入所得 5 814.33 万元,公司清算状态下可用偿债资金预计为 14.44 亿元。

根据《破产法》规定的清偿顺序,在模拟破产清算状态下,舜天船舶整体资产变现所得中的 1.43 亿元将优先用于偿还有财产担保债权,其余财产变现所得依次支付破产费用、职工安置所支付和提留的补偿金、共益债务、税款债权后,剩余部分向普通债权人进行分配,则普通债权所能获得的清偿比例为 11.099%。

三、重整基本情况

(一)重整背景

因国际航运与船舶市场持续低迷,交船难、船东弃船等情形增多;合作造船方因资金困难无法完成船舶订单,公司作为共同卖方需承担返还船舶预付款的责任;同时,公司船舶租赁业务项下承租人拖欠租金的情况严重,公司经营和资金方面均面临严峻形势。自 2014 年起,公司本部及合并范围内均出现巨额亏损。公司 2014 年度财务会计报告被会计师事务所出具无法表示意见的审计报告,公司股票交易因此自 2015 年 4 月 30 日起被实施退市风险警示,股票名称由"舜天船舶"变更为"＊ST 舜船"。

由于舜天船舶原有资产已基本丧失持续经营能力和盈利能力,本次重整同步启动重大资产重组,即由舜天船舶向国信集团非公开发行股份,购买其持有的标的资产。

(二)重整申请情况

鉴于舜天船舶受国际航运市场持续低迷及各种因素的影响,长期亏损且资金严重不足,无力偿还债务,2015 年 12 月 22 日,中国银行股份有限公司南通崇川支行向南京中院提出对舜天船舶进行重整的申请。南京中院经审查后认为,舜天船舶不能清偿到期债务,且现有资产不足以清偿全部债务,符合重整受理条件。

(三)重整受理情况

2016 年 2 月 5 日,南京中院依法作出(2015)宁商破字第 26 号《民事裁定书》,裁定受理舜天船舶重整一案,并于 2016 年 2 月 7 日作出(2015)宁商破字第 26 号《决定书》,指定北京市金杜律师事务所担任舜天船舶管理人。

(四)重整管理模式

管理人管理财产和营业事务。

(五)重整大事记

• 2015 年 12 月 22 日,中国银行股份有限公司南通崇川支行向南京中院申请对舜天船舶进行重整。

• 2016 年 2 月 5 日,南京中院裁定受理舜天船舶重整。

• 2016 年 2 月 7 日,南京中院指定北京市金杜律师事务所担任公司管理人。

• 2016 年 3 月 25 日,第一次债权人会议对《舜天船舶财产管理及变价方案》进行表决,表决通过,管理人通报舜天船舶重整框架方案。

• 2016 年 3 月 31 日,舜天船舶资产拍卖程序启动。

• 2016 年 4 月 29 日,《舜天船舶发行股份购买资产并募集配套资金暨关联交易报告书》(以下简称"《重组报告书》")发布,舜天船舶拟通过发行股份方式购买国信集团持有的 8 家公司股权,该交易将成为重整计划草案中经营方案的核心内容。

• 2016 年 5 月 12 日,舜天船舶资产三次拍卖均因无合格竞买者参与竞买而流拍,导致无法通过公开拍卖处置变现,管理人与舜天集团子公司舜天资产签署《资产转让协议》,转让价格为 13.80 亿元。

• 2016 年 6 月 20 日,公司召开职工代表大会,表决通过《舜天船舶破产重整职工安置方案》。

• 2016 年 9 月 8 日,管理人公布《出资人权益调整方案》。

• 2016 年 9 月 23 日,第二次债权人会议对《江苏舜天船舶股份有限公司重整计划(草案)》进行表决,其中包含经修订的《重组报告书》及《出资人权益调整方案》,表决通过,管理人向南京中院申请裁定批准该重整计划草案。同日,舜天船舶召开出资人组会议暨 2016 年第二次临时股东大会,审议通过了包括重整计划草案之出资人权益调整方案、重大资产重组方案等 14 项议案。

• 2016 年 10 月 24 日,南京中院裁定批准重整计划,终止重整程序。

• 2017 年 1 月 4 日,公司披露南京中院认定舜天船舶的重整计划已经执行完毕。

四、重整计划主要内容

(一)重整思路概述

如图 25-2 所示,重整计划的主要思路为:

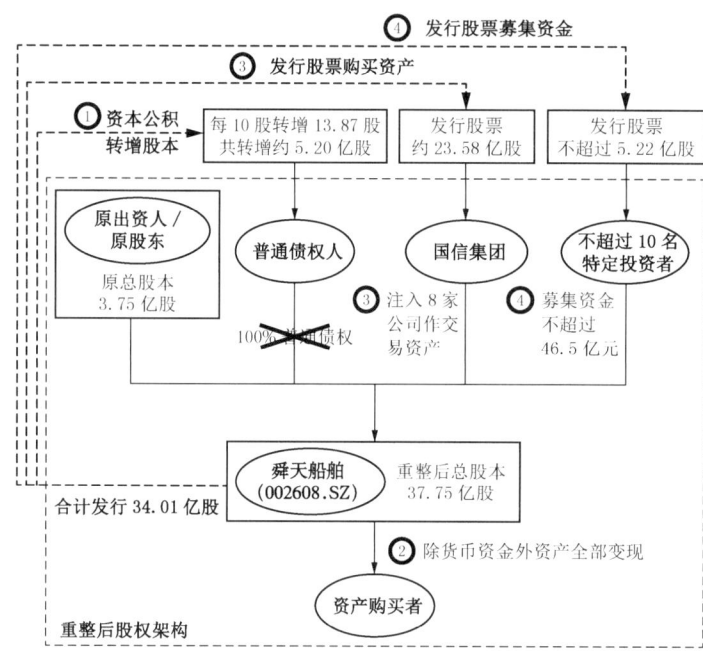

出资人权益调整方案

① 舜天船舶以资本公积转增资本,每 **10 股转增 13.87 股票**,共计转增 5.20 亿股,全部分配给普通债权人;
扣除现金清偿部分,普通债权人剩余债权中每 100 原债权可分得约 7.288 股股票。每股抵债价格 13.72 元,名义上 100% 实现清偿。

处置 24 家子公司资产

② 舜天船舶将其除货币资金外所有资产全部出售,资产购买方为舜天资产,变现价值为 13.80 亿元。

重大资产重组——注入资产

③ 舜天船舶以发行股票形式,购买原股东实际控制人国信集团 8 家公司,标的资产交易价格为 210.13 亿元,发行新股价格为每股 8.91 元,共**增发 23.58 亿股**;
新注入的资产主要为信托及电力资产,实现原有亏损业务向信托业务及火力发电业务双主业转型,共涉及 8 家公司。

重大资产重组——募集资金

④ 舜天船舶以发行股份形式,向不超过 10 名特定投资者募集重组配套资金不超过 46.5 亿元,发行新股价格为每股 8.91 元,共需**增发不超过 5.22 亿股**;
该重组配套资金募集用于支持注入 8 家公司的业务发展,但募集资金成功与否,不会影响发行股票购买资产的履行及实施。

注:重整后持股比例按照募集资金为 46.5 亿的最高限额估算。公司于 2016 年 10 月 26 日发布的《第三届董事会第八十二次会议决议公告》,审议通过了《关于取消本次重组配套募集资金方案的议案》。考虑到企业实际情况,董事会同意公司调整本次交易方案,取消本次重组涉及的配套募集资金方案,即公司在本次发行股份购买资产的同时不再实施配套募集资金交易。

图 25-2 舜天船舶重整方案示意图

(1)对出资人权益进行调整,以资本公积转增股本,共计转增 5.20 亿股,用于抵偿普通债权人的债务。

(2)以发行股份方式购买国信集团持有的 8 家公司,确定标的资产的交易价格为 210.13 亿元,舜天船舶拟全部以 8.91 元/股发行股份的方式向交易对方支付对价,发行的股票数量合计 23.58 亿股。

(3)以不低于发行价格 8.91 元/股向其他不超过 10 名特定投资者非公开发行股份进行配套融资,配套资金不超过 46.5 亿元拟用于支付上述交易的发行费用、增加标的公司江苏信托资本金、部分标的电厂超低排放改造项目及新建热电联产燃气机组项目。

(4)将启动智慧电厂建设,借助移动互联网、云计算、大数据、物联网等互联网技术与现代制造业结合。

(二)投资人及投资方案

投资人为国信集团及未确认的不超过 10 名募投资金投资者。其中,国信集团为舜天船舶的大股东舜天集团和舜天机械的控股公司。

国信集团是于 2001 年 8 月经省政府批准,在江苏省国际信托投资公司和江苏省投资管理有限责任公司基础上组建的大型国有独资企业集团,也是江苏省政府授权的国有资产投资主体,从事授权范围内的国有资产经营、管理、转让、投资、企业托管、资产重组以及经批准的其他业务,注册资本金为人民币 300 亿元。

舜天船舶拟通过发行股份方式购买国信集团持有的江苏信托 81.49% 的股权、新海发电 89.81% 的股权、国信扬电 90% 的股权、射阳港发电 100% 的股权、扬州二电 45% 的股权、国信靖电 55% 的股权、淮阴发电 95% 的股权、协联燃气 51% 的股权。其中,江苏信托是经江苏省人民政府和原中国银行业监督管理委员会批准设立的非银行金融机构,专业从事金融信托业务;其余 7 家公司主营发电业务,通过燃煤发电机组与燃气发电机组产出电力和热力并进行销售获得营业收入。交易标的资产的交易价格以评估值为基础,经交易双方协商,确定标的资产的交易价格为 210.13 亿元,舜天船舶拟全部以 8.91 元/股发行股份的方式向交易方支付对价,发行的股票数量合计 23.58 亿股。

同时,舜天船舶计划以不低于发行价格 8.91 元/股向其他不超过 10 名特定投资者非公开发行股份进行配套融资,募集配套资金不超过 46.5 亿元拟用于支付发行费用、增加标的公司江苏信托资本金、部分标的电厂超低排放改造项目及新建热电联产燃气机组项目。但该资金募集成功与否不影响发行股份购买资产的履行及实施。

国信集团承诺,采用收益法估值的江苏信托的信托业务和 7 家火电公司 2016 年度、2017 年度和 2018 年度经审计的合并报表范围扣除非经常损益归属于上市公司净利润分别不低于人民币 16.56 亿元、17.36 亿元和 17.48 亿元。上述盈利预测承诺是国信集团综合考虑信托、电力行业发展前景、标的公司业务发展规划等因素所作出的预测。

(三)资产处置情况

2016 年 3 月 25 日,公司第一次债权人会议表决通过了《舜天船舶财产管理及变价方案》。该方案规定,管理人将舜天船舶重整前资产以评估价值为依据,委托南京中院以网络拍卖方式进行处置。管理人分别于 2016 年 4 月 16 日、4 月 25 日、5 月 3 日委托南京中院对舜天船舶整体资产进行拍卖,但均因无合格竞买者参与竞买而流拍。2016 年 5 月 12 日,管理人与公司控股股东舜天集团的子公司舜天资产签署《资产转让协议》,将资产转让予受让方,转让价格为 13.80 亿元。

(四)出资人权益调整及重大资产重组方案

以舜天船舶重整前总股本为基数,按每 10 股转增 13.87 股的比例实施资本公积转增股本,共计转增约 5.2 亿股,全部由管理人根据重整计划的规定向债权人进行分配或处置。

除此之外,公司进行重大资产重组,新发行 23.58 亿股向国信集团购买 8 家公司,并以 8.91 元/股价格向其他不超过 10 名特定投资者非公开发行股份进行配套融资,募集资金不超过 46.5 亿元。

出资人权益调整、发行股份购买资产且募集配套资金后,公司总股本将从 3.75 亿股增至 37.75 亿股。

(五)债权调整及受偿方案

1. 有财产担保债权调整及受偿

有财产担保债权总额为 4.62 亿元,其中已经第一次债权人会议核查的债权为 3.17 亿元,已申报并经管理人初步审查确认的债权为 1.45 亿元,共计 4 家债权人。

按照《破产法》的规定,有财产担保债权人就担保财产享有优先受偿的权利。根据已处置担保财产的成交情况,有财产担保债权中有 1.43 亿元可以就担保财产获得优先清偿,其余 3.19 亿元债权由于无法就担保财产优先受偿,将按照普通债权组的受偿方案获得清偿。具体调整情况如表 25-2 所示。

表 25-2　舜天船舶有财产担保债权具体情况

单位:亿元

债权人名称	债权金额	优先受偿金额	按普通债权清偿部分
南京银行	1.00	0.30	0.70
包商银行	1.28	0.34	0.94
苏州银行	0.89	0.36	0.53
浦发银行	1.45	0.43	1.02
合计	4.62	1.43	3.19

有财产担保债权中能够就担保财产优先受偿的部分,由舜天船舶在重整计划执行期限内以现金方式向相应债权人进行分配。在舜天船舶履行完毕上述有财产担保债权清偿义务后,有财产担保债权人应解除对担保财产设定的抵押手续,并就担保财产不再享有优先受偿权。

2. 税款债权调整及受偿

依法向管理人申报的税款债权共计 1.94 亿元,将在重整计划执行期限内以现金方式清偿完毕。

3. 普通债权调整及受偿

经管理人审查,截至 2016 年 9 月 6 日,经管理人初步审查的普通债权总额为 75.3 亿元、无法就担保财产价值优先获偿而依法转入的普通债权 3.19 亿元。

未申报债权在重整计划执行期间不得行使权利,在重整计划执行完毕后,债权人可以按照重整计划规定的同类债权的清偿条件向舜天船舶主张权利。重整计划按照已确认债权受偿方案为上述未申报债权及已申报但暂未审查确认债权预留现金及股票,待其债权获得最终确认后对其进行清偿。

每家债权人 30 万元以下(含 30 万元)的债权部分,由舜天船舶在重整计划执行期限内以现金方式清偿完毕。

每家债权人超过 30 万元的债权部分，按 10.56% 的比例由舜天船舶在重整计划执行期限内以现金方式清偿完毕。

扣除上述以现金方式清偿的债权后，剩余普通债权在重整计划执行期限内以舜天船舶资本公积转增股本抵偿，每股抵债价格为 13.72 元，每 100 元债权可分得约 7.288 股股票。股票清偿过程中，债权人按照每股 13.72 元计算分得的股票存在不足 1 股的情况的，则该债权人分得的股票数量按照"进一法"处理，即去掉拟分配股票数小数点右侧的数字后，在个位数上加"1"。

4. 已申报但暂未审查确认债权的处理

因诉讼、仲裁未决，条件未成立或其他因素导致暂时无法确认的债权，待其符合债权确认条件后，可以按照重整计划规定的同类债权的清偿条件受偿。

重整计划按照已确认债权受偿方案为上述已申报但暂未审查确认债权预留现金及股票，待其债权获得最终确认后对其进行清偿。

5. 未申报债权的处理

未依照《破产法》规定申报但仍受法律保护的债权，在重整计划执行期间不得行使权利；在重整计划执行完毕后，债权人可以按照重整计划规定的同类债权的清偿条件向舜天船舶主张权利。

重整计划按照已确认债权受偿方案为上述未申报债权预留现金及股票，待其债权获得最终确认后对其进行清偿。

6. 债务清偿顺序

模拟破产清算下普通债权清偿率通过假定公司在破产清算条件下的偿债能力分析得到，主要来源于公司披露的《偿债能力分析报告》。而重组后清偿率是假定公司在重整条件下的名义清偿率。由图 25-3 可以看出，重整后的债权清偿率情况，比清算状态下的清偿率有一定提升。

重整计划草案披露的偿债方案显示：

（1）普通债权人 30 万元以下（含 30 万元）的债权部分以现金方式全额清偿。

（2）超过 30 万元的债权部分按 10.56% 的比例以现金方式清偿完毕。

（3）超过 30 万元的剩余部分以资本公积转增股本按照 13.72 元/股的抵债价格进行股票清偿。

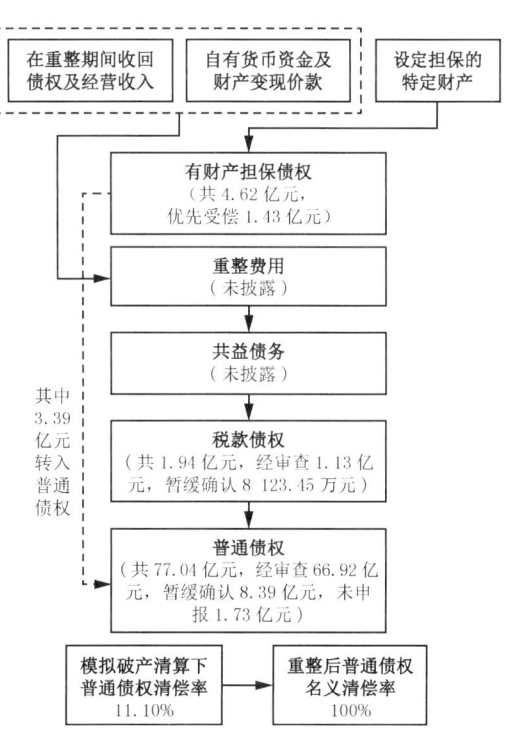

图 25-3　舜天船舶债务清偿顺序示意图

因此,重整后普通债权的名义清偿率为 100%。

(六) 未来经营方案

为使舜天船舶恢复持续经营能力和盈利能力,重回健康和可持续发展轨道,公司通过发行股份购买资产并募集配套资金的方式对公司实施重大资产重组。重组完成后,公司将继续保持运营独立性,实现原有亏损业务向信托业务及火力发电业务双主业的转型发展,通过加大技术与服务投入力度及市场开拓力度,进一步提升公司的盈利水平。公司未来的经营方案以国信集团注入的 8 家公司为主,具体安排如下:

(1) 火电板块智慧电厂建设。公司将启动智慧电厂建设,借助移动互联网、云计算、大数据、物联网等互联网技术与现代制造业结合,以"智慧电厂"为基础,优化管理流程,提升工作效率。通过"智慧电厂"建设,依据大数据分析平台对整个电厂进行诊断与管理,提升响应速度,简化管理流程,提高电厂服务水平与技术能力,同时优化组织分工,减少成本。

(2) 江苏信托业务转型与优化。优化私募股权业务,改变过去市场机会驱动的粗放式发展模式,转移至以专业能力驱动的精细化发展模式;转型资产管理业务,通过特定投资组合的构建,丰富可投资金融产品,缓释理财产品本身的风险集中度;转型财富管理业务,计划转型财富管理业务,着重培育理解客户需求的能力、个性化资产配置方案的设计能力、资产配置方案的实施能力。

五、重整计划表决与批准

(一) 债权人会议表决

公司第二次债权人会议及出资人组会议暨 2016 年第二次临时股东大会于 2016 年 9 月 23 日上午 9 时 30 分在江苏省南京市江宁区佳湖东路 8 号湖滨金陵饭店钟山厅召开,债权人会议由有财产担保债权组、税款债权组和普通债权组对《江苏舜天船舶股份有限公司重整计划(草案)》进行分组表决,重整计划草案中涉及的出资人权益调整方案及重大资产重组方案有关议案由出资人组表决。舜天船舶职工在重整计划提交法院及债权人会议前已基本安置完毕,相应职工安置费用已向职工支付或提留,故不设职工债权组。

1. 有财产担保债权组

通过现场会议方式出席会议的有表决权的有财产担保债权人共 4 家,其中同意的债权人为 4 家,占有财产担保组出席会议债权人的 100%,超过有财产担保组出席会议债权人半数;其所代表的债权金额为 4.62 亿元,占有财产担保债权总额的 100%,超过有财产担保债权总额的 2/3。表决通过。

2. 税款债权组

通过现场会议出席会议的有表决权的税款债权人共 4 家,其中同意的债权人为 4 家,占税款债权组出席会议债权人的 100%,超过税款债权组出席会议债权人的半数;其所代表的债权金额为 1.94 亿元,占税款债权组债权总额的 100%,超过税款债权组债权总额的 2/3。表决通过。

3. 普通债权组

通过现场会议、邮寄投票方式出席会议的有表决权的普通债权人共 162 家,其中通过邮寄投票方式参加会议的有 89 家。出席会议的普通债权人中,同意的债权人为 160 家,占普通债权组出席会议债权人人数的 98.76%,超过普通债权组出席会议债权人的半数;其所代表的债权金额为 74.12 亿元,占普通债权总额 75.3 亿元的 98.43%,超过普通债权组债权总额的 2/3。表决通过。

(二) 出资人组会议表决

出资人组会议与第二次债权人会议一同于 2016 年 9 月 23 日召开,出席出资人组会议现场会议的股东及股东代理人以及通过网络投票的股东共计 205 人,代表股份 2.3 亿股,占公司股本总额 3.75 亿股的 61.11%。出资人组会议暨第二次临时股东大会审议内容包括重整计划草案之出资人权益调整方案、重大资产重组方案等 14 项议案,均为特别决议事项,14 个议案(含每个子议案)均获得通过。

(三) 重整计划批准

2016 年 10 月 24 日,南京中院裁定批准重整计划,批准备查文件为(2015)宁商破字第 26 号之四《民事裁定书》。批准理由为:税款债权组、担保债权组、普通债权组和出资人组均已通过重整计划草案;启动与证监会的会商机制后,证监会安排的并购重组专家咨询委员会亦出具了专家咨询意见;重整计划制订、表决程序合法、内容符合法律规定,公平对待债权人,对出资人权益调整公平、公正,经营方案具有可行性。

六、重整计划执行与监督

(一) 执行与监督的主体

重整计划由舜天船舶负责执行,管理人负责监督。

(二) 执行与监督的期限

重整计划的执行期限自重整计划获得南京中院裁定批准之日起计算,舜天船舶应当于 2016 年 12 月 31 日前执行完毕重整计划。在此期间内,舜天船舶及相关各方应严格依照重整计划的规定清偿债务,并随时支付破产费用及共益债务。

如非舜天船舶自身原因,致使重整计划无法在上述期限内执行完毕,舜天船舶应于执行期限届满 15 日前,向南京中院提交延长重整计划执行期限的申请,并根据南京中院批准的执行期限继续执行。

重整计划执行的监督期限与执行期限一致。监督期届满时,管理人将向南京中院提交监督报告,自监督报告提交之日起,管理人的监督职责终止。

(三) 执行的措施

1. 偿债资金的支付

每家债权人以现金方式清偿的债权部分,偿债资金原则上以银行转账方式向债权人进行分配,债权人应自重整计划获得法院裁定批准之日起 1 个月内按照管理人指定格式书面提供领受偿债资金的银行账户信息。

债权人自身和/或其关联方原因导致偿债资金不能到账，或账户被冻结、扣划的，产生的法律后果和市场风险由相关债权人自行承担。债权人可以书面指令将偿债资金支付至债权人指定的，由该债权人所有/控制的账户或其他主体所有/控制的账户内。

债权人指令将偿债资金支付至其他主体的账户的，因该指令导致偿债资金不能到账，以及该指令导致的法律纠纷和市场风险由相关债权人自行承担。

2. 抵债股票的分配

每家债权人以股票抵偿的债权部分，在重整计划执行期限内以资本公积转增股本进行分配。债权人应自重整计划获得法院裁定批准后 1 个月内，按照管理人指定格式提供领受分配股票的证券账户信息。

对于逾期不提供证券账户信息的债权人，应向其分配的股票将按照重整计划的相关规定处理，由此产生的法律后果和市场风险由相关债权人自行承担。债权人自身和/或其关联方原因导致分配股票不能到账，或账户被冻结、扣划的，产生的法律后果和市场风险由相关债权人自行承担。债权人可以书面指令将抵债股票划转至债权人指定的，由该债权人所有/控制的账户或其他主体所有/控制的账户内。

3. 偿债资金和偿债股份的提存及处理

管理人未审查完毕的债权（包括因诉讼、仲裁未决等导致暂未审查确认的债权）金额与最终确认的债权金额存在差异的，以最终确认的债权金额为准，按照重整计划的规定受领偿债资金及股票。已按照重整计划预留的偿债资金及股票在清偿上述债权后仍有剩余的，剩余的偿债资金将归还上市公司用于补充流动资金，剩余的偿债股票在处置变现后也将归还上市公司用于补充流动资金。

4. 转让债权的清偿

债权人在重整受理日（即 2016 年 2 月 5 日）之后对外转让债权的，受让人按照原债权人根据重整计划就该笔债权可以获得的受偿条件及总额受偿；债权人向两个以上的受让人转让债权的，偿债资金及股票向受让人按照其受让的债权比例分配。

5. 破产费用的支付

舜天船舶的破产费用预计 1.23 亿元，包括管理人报酬、管理人聘请财务顾问费用、审计费、资产评估费、财产处置费用、诉讼保全费用等，由舜天船舶及管理人在重整计划获得南京中院批准后，按照相关法律及协议的规定支付。其中，管理人报酬将由法院确定。在重整计划执行的监督期限内，管理人执行职务的费用根据实际需要由舜天船舶随时支付。

6. 共益债务的支付

舜天船舶重整期间的共益债务，包括因继续履行合同所产生的债务、继续营业而应支付的劳动报酬和社会保险费用以及由此产生的其他债务，由舜天船舶随时清偿。

7. 票据的返还

对于持舜天船舶开具商业承兑汇票的债权人向公司主张债权的，公司根据重整计划规定在向债权人履行清偿义务前,债权人应向公司返还票据原件。

七、重整计划顺利实施的预期效果

舜天船舶重整计划如能顺利实施:

（1）债务重整与重大资产重组同步进行,大幅提高清偿率。在对公司实施债务重整的同时,舜天船舶以发行股份的方式购买国信集团 8 家优质公司和募集配套资金,该重大资产重组方案是重整计划中的重要组成部分。在实施重整过程中同步进行重大资产重组,开创了我国上市公司破产重整实践先河。舜天船舶首次采用层报最高院启动与证监会的会商机制,有效解决上市公司重整中涉及的司法程序与行政程序的衔接问题,为我国上市公司重整案件的审理提供了值得借鉴的样板且通过首创式同步操作,大幅度提高重整债权清偿率。

（2）业务发展实现转型。重整与重大资产重组同步进行,注入优质的信托及电力资产,实现原有亏损业务向信托业务及火力发电业务双主业的转型发展,从根本上改善公司的经营状况,增强公司的持续盈利能力和发展潜力,提高公司的资产质量和盈利能力。

案例 26　川化股份重整案例解析

背景

川化股份有限公司(以下简称"川化股份"或"公司",重整后公司更名为"四川省新能源动力股份有限公司",股票名称变更为"川能动力")本部主营业务为化工产品(含锂矿)及电力设备、机电产品等机电物资的贸易业务。公司控股子公司能投风电的主营业务为风力发电、光伏发电。公司成立于 1997 年 10 月 20 日,重整前注册资本为 4.7 亿元。川化股份进入重整程序前已经资不抵债,2015 年 12 月,公司主要生产装置全面停产。债权人四川省天然气投资有限责任公司于 2016 年 2 月 15 日申请对公司进行重整。成都市中级人民法院(以下简称"成都中院")于 2016 年 3 月 24 日裁定受理公司重整,并指定北京大成律师事务所担任重整管理人。2016 年 12 月 29 日,成都中院裁定确认川化股份有限公司重整计划执行完毕。川化股份破产重整成功转型案入选 2016 年度四川省法院十大典型案例。

方案要点

1. 出资人权益调整

以川化股份重整前总股本 4.7 亿股为基数,按照每 10 股转增 17.02 股的比例实施资本公积转增股本,共计转增 8 亿股,公司总股本增加至 12.7 亿股。

上述资本公积转增股本,由重整投资人有条件受让。

2. 债权调整及受偿

1) 有财产担保债权调整及受偿

有特定财产担保债权将在担保财产实际变现所得范围内优先获得清偿,未获清偿的部分作为普通债权,按照普通债权的调整及清偿方案获得清偿。

2) 普通债权调整及受偿

每家普通债权人债权额 100 万元以下(含 100 万元)的债权全额清偿;每家普通债权人债权额超过 100 万元的部分按照 50％的比例清偿,在重整计划执行期限内以川化股份无担保财产及转增股票实际变现所得的资金一次性予以清偿。上述债权中未获清偿的部分,根据《破产法》的规定,川化股份不再承担清偿责任。

3. 引入重整投资人

由四川省能源投资集团有限责任公司(以下简称"能投集团")等 13 家企业组成的联合体担任川化股份重整投资人。

能投集团等 13 家企业组成的联合体与川化股份签订了《投资协议》,同意以均价 4.3 元/股受让川化股份资本公积转增股本 8 亿股,交易总价款为 34.42 亿元。股份受让完成后,能投集团直接持有川化股份 26.2% 的股份。

川化股份重整投资人参加遴选受让资本公积转增股本的条件包括但不限于:

(1) 以不低于 4 元/股的价格标准受让川化股份资本公积转增股本,受让资本公积转增股本所支付价款按照重整计划的规定用于支付重整费用、共益债务,清偿债权人的债权,剩余资金由川化股份作为后续经营发展资金使用。

(2) 承诺使川化股份 2016 年度经审计的期末净资产为正值、经审计的净利润及扣除非经常性损益后的净利润均可达到正值且经审计的营业收入不低于 1 000 万元,并通过恢复经营、注入优质资产、整合人员、优化业务等系列工作,使川化股份具备持续经营能力,满足 2017 年申请恢复上市的各项要求。

(3) 承诺川化股份 2017 年度实现的经审计归属于母公司的净利润不低于 3.15 亿元,承诺川化股份 2018 年度实现的经审计归属于母公司的净利润不低于 3.5 亿元。如果实际实现的净利润低于上述承诺净利润的,由重整投资人在相应会计年度审计报告出具后 1 个月内以现金方式补足未达到承诺净利润的差额部分。

(4) 作出利润承诺的重整投资人受让资本公积转增股本,在利润承诺期以及如果未能满足承诺利润,在完成现金补足差额之前,不得通过二级市场抛售、协议转让等任何方式进行减持。

一、公司基本信息

(一) 公司及业务简介

川化股份于 1997 年 9 月根据《公司法》等有关法律法规,由川化集团有限责任公司(以下简称"川化集团")作为唯一发起人,以川化集团下属的第一化肥厂、第二化肥厂、三聚氰胺厂、硫酸厂、硝酸厂、催化剂厂、气体厂、供应公司、销售公司及相关部门经评估确认的净资产折股,发起设立的股份有限公司。公司设立时的注册资本为 3.4 亿元,按每股面值 1 元,折合 3.4 亿股,全部由川化集团持有,股权性质为国有法人股。2000 年 9 月 8 日至 9 日,川化股份在深交所向社会公众公开发行人民币普通股 1.3 亿股。

公司本部主营业务为化工产品(含锂矿)及电力设备、机电产品等机电物资的贸易业务。公司控股子公司能投风电的主营业务为风力发电、光伏发电。2010—2014 年,川化股份累计亏损 26.20 亿元,且 2014 年期末净资产为负。

根据公司重整申请前 2015 年年度报告,公司营业收入为 3.19 亿元,净亏损为 7.11 亿元,毛利率为 7.46%,净利率为 −222.31%。

(二)重整前股权架构图

截至 2016 年 3 月 24 日,川化股份的股本总数为 4.7 亿股,实缴资本为 4.7 亿元。第一大股东为四川化工控股(集团)有限责任公司(以下简称"四川化工"),持股比例为 30.53%,实际控制人为四川省国资委,如图 26-1 所示。

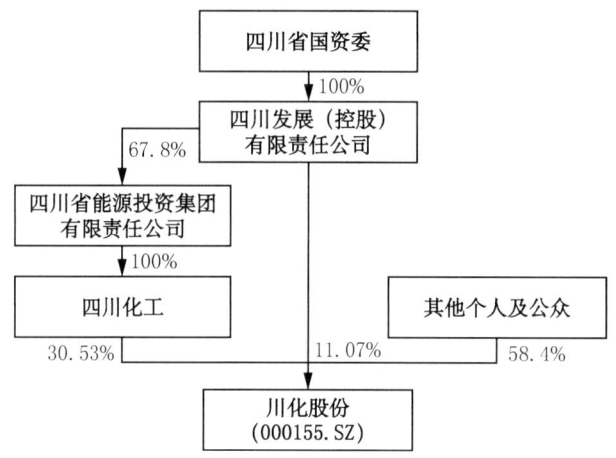

图 26-1　川化股份重整前股权架构图

二、资产负债情况

(一)资产负债情况总览

如表 26-1 所示,根据评估机构出具的评估报告,以 2016 年 3 月 24 日为评估基准日,川化股份资产账面值为 3.94 亿元,清算评估价值为 3.59 亿元,评估价值为账面价值的 91.11%。

表 26-1　川化股份资产负债情况

单位:亿元

资产/债权类型	资产	负债	资产-负债	资产负债率
经审计	3.94	15.13	-11.19	384.01%
评估市场价值/审查确认债权	3.59	15.13	-11.54	421.45%

根据川化股份第一次债权人会议通过的《川化股份资产处置方案》,四川省嘉士利拍卖有限公司对川化股份非货币资产进行公开拍卖,变现所得价款为 4.5 亿元,另有未纳入拍卖范围内的资产为 978 万元,前述两项资产合计 4.6 亿元。

在重整期间,管理人根据《破产法》规定聘请审计机构对川化股份资产负债情况进行审计,审查债权人申报的债权,并对职工债权进行调查公示。川化股份负债整体情况如下:有特定财产担保债权 1.11 亿元;职工债权 2.85 亿元;税款债权 2 711.86 万元;普通债权 10.9 亿元;已向管理人申报但经管理人审查暂不确认的债权,以及川化股份账面记载在其进入重整程序前已成立但未依法申报的债权 6 925.21 万元；另有债权人申报合计 7 788.05 万元债权，经管理人审查不予确认。

上述申报债权中，管理人初步审查确认债权总金额为 15.13 亿元。

(二) 债权分类

根据《破产法》对债权分类的规定，结合债权人向川化股份申报债权的实际情况，川化股份债权主要包括有财产担保债权、职工债权、税款债权、普通债权等。

1. 有财产担保债权

有财产担保债权金额共计 1.11 亿元。

2. 职工债权

已公示的职工债权共计 2.85 亿元。

3. 税款债权

税款债权共计 2 711.86 万元。

4. 普通债权

经管理人审查，普通债权总额为 10.9 亿元。

5. 其他债权

已向管理人申报但经管理人审查暂不确认的债权，以及川化股份账面记载在其进入重整程序前已成立但未依法申报的债权 6 925.21 万元。

(三) 偿债能力分析

为测算破产清算状态下川化股份普通债权的清偿率，管理人委托评估机构对川化股份在破产清算状态下的偿债能力进行分析。根据偿债能力分析报告，在假设对川化股份进行破产清算的情况下，分析确定 2016 年 3 月 24 日川化股份的无财产担保的普通债权清偿率为零。

三、重整基本情况

(一) 重整背景

川化股份进入重整程序前已经资不抵债，2015 年 12 月公司主要生产装置全面停产。2016 年 3 月 24 日，成都中院裁定受理债权人对川化股份的重整申请。公司于 2016 年 5 月 6 日收到深交所《关于川化股份股票暂停上市的决定》，公司股票自 2016 年 5 月 10 日起暂停上市，公司面临退市风险。如果川化股份破产清算，公司现有资产将无法满足公司各类债务的清偿，出资人权益将为零。为挽救川化股份，降低退市和破产清算的风险，重整安排对公司具有必要性。

(二) 重整申请情况

2016 年 2 月 15 日，川化股份债权人四川省天然气投资有限责任公司(以下简称"四川天投")以公司不能清偿到期债务、明显缺乏清偿能力，符合重整条件为由，向成都中院申请公司进行重整。公司因经营状况恶化，持续亏损无法按期偿还上述到期债务。

（三）重整受理情况

2016 年 3 月 24 日,公司收到成都中院送达的(2016)川 01 民破 1-1 号《民事裁定书》及(2016)川 01 民破 1-1 号《决定书》,裁定受理四川天投对公司的重整申请,并于 2016 年 4 月 5 日指定北京大成律师事务所担任管理人。

（四）重整管理模式

管理人管理财产和营业事务。

（五）重整大事记

• 2016 年 2 月 15 日,债权人四川天投向成都中院申请对川化股份进行重整。

• 2016 年 3 月 24 日,成都中院裁定受理川化股份重整。

• 2016 年 4 月 5 日,成都中院作出(2016)川 01 民破 1-1 号《决定书》,指定北京大成律师事务所为管理人开展重整工作。

• 2016 年 5 月 13 日,公司第一次债权人会议在成都中院大法庭召开,会议表决通过了《川化股份成立债权人委员会及债权人委员会组成、议事规则》和《川化股份资产处置方案》。

• 2016 年 9 月 23 日,川化股份召开了第二次债权人会议与出资人组会议,由债权人会议对《川化股份重整计划(草案)》进行分组表决,表决通过;由出资人组对《川化股份重整计划(草案)之出资人权益调整方案》进行表决,表决通过。

• 2016 年 9 月 29 日,成都中院送达(2016)川 01 民破 1-3 号民事裁定书,裁定批准川化股份重整计划,并终止川化股份重整程序。

• 2016 年 10 月 28 日,川化股份与重整投资人签署了《关于川化股份重整的投资协议书》。

• 2016 年 12 月 21 日,在成都中院及管理人的监督下,川化股份已完成重整债权清偿及偿债资金的提存工作,重整计划已按期执行完毕。

• 2016 年 12 月 29 日,成都中院裁定确认川化股份有限公司重整计划执行完毕,并终止川化股份有限公司管理人监督职责和终结川化股份有限公司破产程序。

四、重整计划主要内容

（一）重整思路概述

如图 26-2 所示,重整计划的主要思路为:

(1) 依法拍卖原有资产,通过公开处置的方式剥离与未来业务规划方向存在偏离的资产,加速不匹配资产出清,通过资产变现取得资金,用于偿还部分债务。

(2) 对出资人权益进行调整,在重整前股份基础上进行资本公积转增股本,共计转增 8 亿股,由重整投资人以 34.42 亿元对价受让。

(3) 注入符合承诺利润要求的优质资产并完成川化股份组织架构重建、人员整合、业务优化等系列工作,使川化股份恢复持续经营能力和盈利能力,满足恢复上市的条件,力争使川化股份成为经营稳健、业绩优良的上市公司。

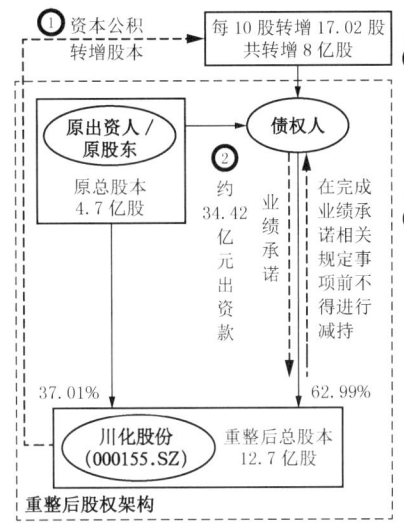

出资人权益调整方案

① 以川能股份重整前总股本 4.7 亿股为基数；按照每 **10 股转增 17.02 股**的比例**转增合计约 8 亿股**，总股本扩大至 12.7 亿股；

上述转增股本不向原股东分配，**全部由重整投资人**有条件**受让**川能股份资本公积转增股本 8 亿股。

引进投资人增资

② 2016 年 10 月 28 日，能投集团等 13 家企业组成的联合体与川能股份签订了《投资协议》，同意以均价 4.3 元/股受让川能股份资本公积转增股份 8 亿股，交易总价款为 34.42 亿元。其中，能投集团受让 3.33 亿股，受让完成后，持有重整后川能股份总股本的 26.20%。

按川能股份暂停上市时的收盘价 10.27 元/股计算，该交易投资人赚取约 47.76 亿元。

川化股份重整投资人受让资本公积金转增股票的条件包括但不限于：A. 承诺使川化股份 2016 年度经审计的期末净资产为正值、经审计的净利润及扣除非经常性损益后的利润均可达到正值且经审计的营业收入不低于 1 000 万元，并通过恢复经营、注入优质资产、优化业务等系列工作，满足 2017 年申请恢复上市的各项要求。B. 承诺川化股份 2017 年度实现的经审计归属于母公司的净利润不低于 3.15 亿元，承诺川化股份 2018 年度实现的经审计归属于母公司的净利润不低于 3.5 亿元。如果实际实现的净利润低于上述承诺净利润的，由重整投资人在相应会计年度审计报告出具后 1 个月内以现金方式补足未达到承诺净利润的差额部分。C. 作出利润承诺的重整投资人受让的资本公积金转增股票，在利润承诺期以及如果未能满足承诺利润，在完成现金补足差额之前，不得通过二级市场抛售、协议转让等任何方式进行减持。

图 26-2　川化股份重整方案示意图

(二) 投资人及投资方案

2016 年 10 月 11 日，公司发布《川能动力重整投资人遴选公告》，明确遴选投资人的规则和条件。2016 年 10 月 25 日，在成都中院的监督下，川化股份重整投资人遴选委员会对意向投资人提交的遴选文件进行了评审，确定由能投集团等 13 家企业组成的联合体担任川化股份重整投资人。2016 年 10 月 28 日，川化股份与重整投资人签署了《关于川化股份重整的投资协议书》。

能投集团是四川省人民政府批准组建的国有资本投资公司，是四川推进能源基础设施建设、加快重大能源项目建设的重要主体，主要从事能源项目的投资与管理。能投集团成立以来以"开发能源、服务社会、改善民生、推动发展"为企业使命，充分发挥省级产业性投资公司的优势，进行股权投资和资产经营管理，与省内外各市州县政府、国际国内大中型企业、科研机构等建立了战略伙伴和项目合作关系，在传统能源、新能源、绿色能源领域得到快速发展，实现了存量资产的保值增值和新增业务的快速发展。截至 2016 年 9 月底，能投集团旗下共有参控股公司 207 家，业务涵盖能源、金融、化工、服务贸易、康养旅游、新材料新技术六大领域。

2016 年 10 月 28 日，能投集团等 13 家企业组成的联合体与川化股份签订了《投资协议》，同意以均价 4.30232 元/股受让川化股份资本公积转增股本 8 亿股，交易总价款为 34.42 亿元。股份受让完成后，能投集团直接持有川化股份 26.2% 的股份。

川化股份重整投资人参加遴选受让资本公积转增股本的条件包括但不限于：

(1) 以不低于 4 元/股的价格标准受让川化股份资本公积转增股本。受让资本公积转增股本所支付价款按照重整计划的规定用于支付重整费用、共益债务，清偿债权人的债权，剩余资金由川化股份作为后续经营发展资金使用。

（2）承诺使川化股份 2016 年度经审计的期末净资产为正值、经审计的净利润及扣除非经常性损益后的净利润均可达到正值且经审计的营业收入不低于 1 000 万元，并通过恢复经营、注入优质资产、整合人员、优化业务等系列工作，使川化股份具备持续经营能力，满足 2017 年申请恢复上市的各项要求。

（3）承诺川化股份 2017 年度实现的经审计归属于母公司的净利润不低于 3.15 亿元，承诺川化股份 2018 年度实现的经审计归属于母公司的净利润不低于 3.5 亿元。如果实际实现的净利润低于上述承诺净利润的，由重整投资人在相应会计年度审计报告出具后 1 个月内以现金方式补足未达到承诺净利润的差额部分。

（4）作出利润承诺的重整投资人受让资本公积转增股本，在利润承诺期以及如果未能满足承诺利润，在完成现金补足差额之前，不得通过二级市场抛售、协议转让等任何方式进行减持。

（三）资产处置情况

川化股份管理人委托四川省嘉士利拍卖有限公司于 2016 年 5 月 22 日 10 时在四川省成都市青羊区西玉龙街 210 号 14 楼拍卖大厅对以下标的按现状进行公开拍卖。

拍卖标的包括川化股份全部非货币资产，具体资产类型包括：存货、机器设备、车辆、房产、土地、股权、知识产权、债权以及其他有财产价值的权利和实物。

在本次拍卖会上，共三家公司参加竞买，竞买人川化集团有限责任公司以人民币 4.5 亿元竞得拍卖标的。

（四）出资人权益调整方案

川化股份以重整前总股本为基数，按照每 10 股转增 17.02 股的比例实施资本公积转增股本，共计转增 8 亿股。资本公积转增股本实施完毕后，川化股份总股本将由 4.7 亿股增加至 12.7 亿股，最终实际转增的股份数量以中国结算登记确认为准。

上述资本公积转增股本，在重整计划批准后按照重整计划规定由重整投资人有条件受让。转增股票变现所得用于支付重整费用、共益债务，清偿债权人的债权，剩余部分由川化股份作为后续经营发展资金使用。

（五）债权调整及受偿方案

1. 有财产担保债权调整及受偿

有特定财产担保债权以担保财产实际变现所得优先清偿，以担保财产实际变现所得未获清偿的部分作为普通债权，按照普通债权的调整及清偿方案进行清偿。

2. 职工债权调整及受偿

经管理人调查，职工债权共计 2.85 亿元，职工债权在重整计划执行期限内，以川化股份无担保财产及转增股份实际变现所得的资金一次性全额清偿。

3. 税款债权调整及受偿

依法向管理人申报的税款债权共计 2 711.86 万元，在重整计划执行期限内，以川化股份无担保财产及转增股份实际变现所得的资金一次性全额清偿。

4. 普通债权调整及受偿

根据偿债能力分析报告,川化股份在破产清算状态下普通债权清偿比例为零。重整计划将提高普通债权清偿比例,具体调整方法如下:

(1) 每家普通债权人债权额 100 万元以下(含 100 万元)的债权全额清偿。

(2) 每家普通债权人债权额超过 100 万元的部分按照 50% 的比例清偿。

对于上述债权中未获清偿的部分,根据《破产法》的规定,川化股份不再承担清偿责任。

以川化股份无担保财产及转增股份实际变现所得的资金按照重整计划规定的普通债权清偿比例一次性予以清偿。

5. 其他债权调整及受偿

经管理人审查确定,但尚未经债权人会议核查和法院裁定确认的债权,在法院裁定确认后,按照重整计划规定的同类债权的清偿条件获得清偿。已向管理人申报但经管理人审查暂不确认的债权,待该债权依法得到最终确认后,按照重整计划规定的同类债权清偿条件进行清偿。川化股份账面记载在川化股份进入重整程序前已成立但未依法申报的债权,在重整计划执行完毕后,按照重整计划规定的同类债权的清偿条件获得清偿。

6. 债务清偿顺序

模拟破产清算下普通债权清偿率通过假定公司在破产清算条件下的偿债能力分析得到,主要来源于公司披露的《偿债能力分析报告》。而重组后清偿率是假定公司在重整条件下的名义清偿率。由图 26-3 可以看出,重整后的债权清偿率情况,比清算状态下的清偿率有一定提升。

重整计划草案披露的偿债方案显示,普通债权人 100 万元以下(含 100 万元)的债权部分以现金方式全额清偿;超过 100 万元的债权部分按照 50% 的比例清偿。因此,重整后普通债权的名义清偿率至少大于 50%。

(六) 未来经营方案

未来经营方案的总体思路是在能投集团作为投资人参与的情况下,进一步扩大上市公司贸易性经营活动,增强上市公司盈利能力,

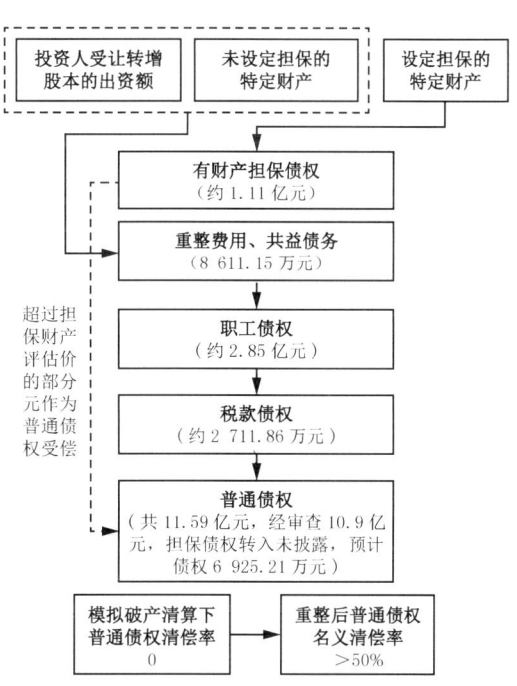

图 26-3　川化股份债务清偿顺序示意图

同时计划在重整结束后逐步、适时注入具有良好经营业绩、运作规范的优质资产,积极帮助上市公司实现主营业务转型升级,从而进一步改善上市公司财务状况,使上市公司恢复持续经营和盈利能力。具体包括以下几个方面:

（1）剥离处置川化股份原有资产。川化股份原有主营业务受到产能过剩和市场环境等的影响，长期处于亏损状态。2015 年 12 月 16 日，川化股份第六届董事会 2015 年第三次临时会议审议通过了《公司关于装置长期全面停产的议案》。川化股份从 2016 年 5 月 10 日起暂停上市。川化股份需要调整业务方向，全面转型以实现盈利和恢复上市。在重整期间，根据川化股份债权人会议表决通过的《川化股份资产处置方案》，管理人依法处置了川化股份非货币资产，变现所得按照重整计划的规定进行使用。

（2）开展贸易经营活动。由于川化股份已被暂停上市，且存在退市风险，如不及时采取措施，川化股份退市风险加大，不利于川化股份重整。为保护债权人和股东利益，在重整期间，川化股份开展了贸易经营活动。贸易经营活动开展后，一定程度弥补了公司在 2016 年的亏损，降低了川化股份的退市风险。

（3）处置资本公积转增股本，引入重整投资人。根据偿债能力分析报告，在破产清算条件下，川化股份普通债权的清偿率为零。如川化股份不能满足《深圳证券交易所股票上市规则》（2014 年修订）关于恢复上市的条件，川化股份将面临退市的风险。为挽救川化股份，降低川化股份退市和破产清算的风险，在重整计划中，安排对出资人权益进行调整，实施资本公积转增股本，引入有实力的投资人。处置转增股票变现所得按照重整计划的规定用于支付重整费用、共益债务，清偿债权人的债权，剩余资金由川化股份作为后续经营发展资金使用。

（4）投资人注入资产使公司恢复持续经营能力，满足恢复上市条件。重整投资人依法注入符合承诺利润要求的优质资产，并完成川化股份组织架构重建、人员整合、业务优化等系列工作，使川化股份恢复持续经营能力和盈利能力，满足恢复上市的条件，力争使川化股份成为经营稳健、业绩优良的上市公司。

（5）遴选确定重整投资人。重整计划批准后，在法院的监督下，通过公开遴选方式确定重整投资人，由重整投资人有条件受让川化股份资本公积转增股本。川化股份重整投资人参加遴选受让资本公积转增股本的条件包括但不限于：①以不低于 4 元/股的价格标准受让川化股份资本公积转增股本，受让资本公积转增股本所支付价款按照重整计划的规定用于支付重整费用、共益债务，清偿债权人的债权，剩余资金由川化股份作为后续经营发展资金使用。②承诺使川化股份 2016 年度经审计的期末净资产为正值、经审计的净利润及扣除非经常性损益后的净利润均可达到正值且经审计的营业收入不低于 1 000 万元，并通过恢复经营、注入优质资产、整合人员、优化业务等系列工作，使川化股份具备持续经营能力，满足 2017 年申请恢复上市的各项要求。③承诺川化股份 2017 年度实现的经审计归属于母公司的净利润不低于 3.15 亿元；承诺川化股份 2018 年度实现的经审计归属于母公司的净利润不低于 3.5 亿元。如果实际实现的净利润低于上述承诺净利润的，由重整投资人在相应会计年度审计报告出具后 1 个月内以现金方式补足未达到承诺净利润的差额部分。④作出利润承诺的重整投资人受让资本公积转增股本，在利润承诺期以及如果未能满足承诺利润，在完成现金补足差额之前，不得通过二级市场抛售、协议转让等任何方式进行减持。

五、重整计划表决与批准

(一) 债权人会议表决

公司第二次债权人会议于 2016 年 9 月 26 日上午 10 时在成都中院大法庭召开,对《川化股份重整计划(草案)》由有财产担保债权组、职工债权组、税款债权组和普通债权组进行了分组表决。

1. 有财产担保债权组

有财产担保债权组共有 3 人出席会议,其中同意的债权人共计 3 人,占出席会议的有表决权债权人人数的比例为 100%;代表债权金额 1.11 亿元,占有财产担保债权总额的比例为 100%。表决通过。

2. 职工债权组

职工债权组表决通过。

3. 税款债权组

税款债权组共有 1 人出席会议,其中同意的债权人共计 1 人,占出席会议的有表决权债权人人数的比例为 100%;代表债权金额 2 712 万元,占税款债权总额的比例为 100%。表决通过。

4. 普通债权组

普通债权组共有 212 人出席会议,代表债权金额 10.91 亿元,其中同意的债权人共计 210 人,占出席会议的有表决权债权人人数的比例为 99.06%;代表债权金额 8.86 亿元,占普通债权总额的比例为 80.59%。表决通过。

(二) 出资人组会议表决

公司于 2016 年 9 月 23 日召开出资人组会议,对《川化股份重整计划(草案)之出资人权益调整方案》进行表决。表决方式为现场表决与网络投票相结合。

出席出资人组会议的股东及股东代理人共 637 人,代表股份 2.47 亿股,占 A 股上市公司总股份的 52.52%。其中,通过现场投票的股东 13 人,代表股份 1.98 亿股,占 A 股上市公司总股份的 42.13%;通过网络投票的股东 624 人,代表股份 4 882.87 万股,占 A 股上市公司总股份的 10.39%。

表决情况为:同意票 2.29 亿股,占出席会议有表决权股份总数的 92.63%;反对票 1 748.26 万股,占出席会议有表决权股份总数的 7.08%;弃权票 705 901 股(其中,因未投票默认弃权 0 股),占出席会议有表决权股份总数的 0.29%鉴于同意票数已超过出席会议股东所持表决权的 2/3。表决通过。

(三) 重整计划批准

川化股份于 2016 年 9 月 29 日收到成都中院送达的(2016)川 01 民破 1-3 号《民事裁定书》,裁定批准重整计划,并终止重整程序。

六、重整计划执行与监督

（一）执行与监督的主体

重整计划由川化股份负责执行，管理人负责监督。

（二）执行与监督的期限

重整计划的执行和监督期限为 3 个月，自法院裁定批准重整计划之日起计算。在此期间内，川化股份应当严格依照重整计划的规定清偿债务，并随时支付重整费用和共益债务。

重整计划提前执行完毕的，执行期限在执行完毕之日到期。如非川化股份自身原因，致使重整计划无法在上述执行期限内执行完毕，川化股份应于执行期限届满前，向法院提交延长重整计划执行期限的申请，并根据法院批准的执行期限继续执行。重整计划执行期限延长的，执行监督期限相应延长。重整计划执行期限提前到期的，执行监督期限相应提前到期。监督期届满或者重整计划被提前执行完毕时，管理人将向法院提交监督报告。

重整计划的监督期限为 3 个月，自法院裁定批准重整计划之日起计算。重整计划执行期限延长的，执行监督期限相应延长。重整计划执行期限提前到期的，执行监督期限相应提前到期。监督期届满或者重整计划被提前执行完毕时，管理人将向法院提交监督报告。自管理人向成都中院提交重整计划执行监督报告提交之日起，管理人的监督职责终止。

（三）执行的措施

1. 关于重整费用和共益债务的支付

川化股份重整期间产生的重整费用、共益债务约 8 611.15 万元，由债务人财产随时清偿，并确保在重整计划执行期限内支付完毕。除前述重整费用、共益债务外，为降低川化股份退市风险，重整期间川化股份对外借款开展贸易经营活动，由此所产生的共益债务（包括贸易借款及因贸易活动所产生的债务），将以贸易借款的余额及贸易活动产生的收益随时进行清偿，不足清偿的部分将劣后于重整费用、共益债务（贸易借款及因贸易活动所产生的债务除外）、有特定财产担保债权、职工债权、税款债权，但优先于普通债权全额获得清偿。

2. 关于分配款项的领取及提存

债权人应自重整计划获法院批准后 7 日内，向川化股份书面提交领取分配款项的银行账户信息，该银行账户须为债权人自己所有及控制的账户。非川化股份的原因导致分配款项不能转入其指定账户，或转入该等账户的分配款项被查封、冻结、扣划等，产生的一切法律后果和市场风险由相关债权人自行承担。债权人未及时领取的分配额将提存至管理人指定的银行账户。

已向管理人申报，但经管理人审查暂不确认的债权以及川化股份账面记载在川化股份进入重整程序前已成立但未依法申报债权对应的偿债资金，提存至管理人指定的银行账户；前述债权如最终未获确认的，提存的预留偿债资金作为川化股份生产经营资金使用。

3. 执行出资人权益调整方案的措施

重整计划批准后,在法院的监督下,通过公开遴选方式确定重整投资人,由重整投资人有条件受让 8 亿股资本公积转增股本。重整投资人确定并于管理人收到足额股份转让款后,申请办理前述转增股票的过户手续,将转增股票过户登记至重整投资人名下。

七、重整计划顺利实施的预期效果

川化股份重整计划如能顺利实施:

(1)上市地位得以保全。川化股份的法人主体继续存续,证券市场主体资格不变,仍是一家在深交所上市的股份有限公司。重整后,川化股份的原控股股东四川化工的直接持股比例由 30.53% 下降至 11.3%,能投集团的直接持股比例上升至 26.2%,四川发展的直接持股比例下降至 4.1%,四川国资委合计持股比例为 41.6%,实际控制人仍为四川省国资委。

(2)清偿率提高,资本结构得到明显改善。在公司已全面停产的情况下,通过公开拍卖的形式对川化集团剥离处置川化股份原有全部非货币资产,筹集 4.5 亿元。根据重整计划,清偿率有假设清算条件下的 0 提高到 50% 以上,尽可能地保护了债权人的利益,缓解债务人的财务危机并优化其资产负债结构。

(3)新能源业务注入。2017 年,能投集团将风电资产注入川化股份。交易完成前,川化股份主营业务为化工及机电物资类产品贸易。通过交易,川化股份一方面能快速进入风电运营领域,实现业务转型和产业升级;另一方面将建立新的盈利增长点,进一步强化自身持续经营能力。

(4)改善企业整体情况。川化股份破产重整案解决了众多职工安置、债权人及股东权益保护、淘汰落后产能、危化品处置监管等诸多复杂问题;实现整体转移妥善安置职工;争取债权人支持,依法拍卖处置化工资产,使企业轻装重新上阵;指导管理人科学确定借款开展贸易活动的方案及安排,推动企业淘汰落后产能,向朝阳产业转型,增强了企业盈利能力,最大限度保障债权人、股东合法权益。

主要参考文献

［1］徐根才.破产法实践指南［M］.2版.北京：法律出版社，2018.

［2］江苏省注册会计师协会.会计师事务所担任破产管理人实务［M］.北京：经济科学出版社，2019.

［3］王欣新.破产法［M］.3版.北京：中国人民大学出版社，2011.

［4］曹文兵.上市公司重整中出资人权益调整的检视与完善——基于51家上市公司破产重整案件的实证分析［J］.法律适用，2018，17：105-113.

［5］闻长智，李力.对上市公司破产重整程序中股东权益调整的思考［J］.中国审判，2010，06：100-103.

［6］江丁库.破产预重整法律实务［M］.北京：人民法院出版社，2019.

［7］王兆同.庭外重组——一种债务危机应对机制［EB/OL］.（2020-04-06）［2021-08-11］.http://www.acla.org.cn/article/page/detailById/28300？from＝singlemessage&isappinstalled＝0.

［8］王巍.掘金困境企业——破产重整程序中的投资问题［EB/OL］.（2018-04-19）［2021-08-11］.http://www.360doc.com/content/18/0519/21/26934091_755301313.shtml.

［9］尹悦红.用预重整规则架起庭外重组和庭内重整衔接的桥梁［EB/OL］.［2021-08-11］.http://www.gdlaw.org/news/358.html.

［10］许胜锋，庞晓春.财务困境企业的司法拯救路径［EB/OL］.（2020-04-16）［2021-08-11］.http://www.zhonglun.com/Content/2020/04-16/1855542445.html.

［11］王光明，施卉.浅析预重整制度及在我国的实践运用［EB/OL］.（2018-10-05）［2021-08-11］.https://mp.weixin.qq.com/s？_biz＝MzAxNTExMjYxNQ＝＝&mid＝2650435626&idx＝1&sn＝c2358049aac4457b21fe9abeead20112&chksm＝8387d0e2b4f059f4e6ed6dd64e4f1b19468a890e21c47ebf2d0cc5cf3a00c74a2ccfe264aa5a&token＝324542725&lang＝zh_CN&scene＝21♯wechat_redirect.

［12］金玉成.《预重整工作方案》实例分享［EB/OL］.（2020-04-14）［2021-08-11］.http://www.sohu.com/a/387877168_100015913.

［13］苏颖.预重整的近期发展及地方预重整指引分析［EB/OL］.（2020-04-16）［2021-08-11］.http://www.org.cn/news/detail/5996_1.html.

［14］陈浩.预重整制度简介——破产法探析（二）［EB/OL］.（2019-05-15）［2021-08-11］.https://www.sohu.com/a/314196109_722889.

［15］张皓然.破产预重整及其风险点［EB/OL］.（2020-04-24）［2021-08-11］.https://zhuanlan.zhihu.com/p/42571674.